DETAILED EXPLANATION
OF MANAGEMENT
ACCOUNTING TOOLS

管理会计工具详解

与应用案例

主　编　魏厚寨　罗胜强

副主编　韩　素　王　琳

立信会计出版社
LIXIN ACCOUNTING PUBLISHING HOUSE

图书在版编目（CIP）数据

管理会计工具详解与应用案例 / 魏厚寨，罗胜强主编 .
-- 上海 : 立信会计出版社 , 2021.4
ISBN 978-7-5429-6806-7

Ⅰ . ①管… Ⅱ . ①魏… ②罗… Ⅲ . ①企业管理—管
理会计—案例 Ⅳ . ① F275.2

中国版本图书馆 CIP 数据核字（2021）第 059484 号

策划编辑　蔡伟莉
责任编辑　蔡伟莉

管理会计工具详解与应用案例

出版发行	立信会计出版社				
地　　址	上海市中山西路 2230 号		邮政编码	200235	
电　　话	（021）64411389		传　　真	（021）64411325	
网　　址	www.lixinaph.com		电子邮箱	lxaph@sh163.net	
网上书店	www.shlx.net		电　　话	（021）64411071	
经　　销	各地新华书店				

印　　刷	北京鑫海金澳胶印有限公司
开　　本	710 毫米 ×1000 毫米　1/16
印　　张	34.5
字　　数	529 千字
版　　次	2021 年 4 月第 1 版
印　　次	2021 年 4 月第 1 次
书　　号	ISBN 978-7-5429-6806-7/F
定　　价	88.00 元

如有印订差错，请与本社联系调换

前　言

我国财政部于 2016 年 6 月发布了《管理会计基本指引》（以下简称《基本指引》），总结和提炼了管理会计的四项关键要素——应用环境、活动、工具方法、信息与报告，这是 2014 年 10 月《财政部关于全面推进管理会计体系建设的指导意见》（以下简称《指导意见》）出台以来，财政部发布的第一份落实《指导意见》的专业性文件，是我国管理会计发展进程中标志性的重要文件。《基本指引》开创了我国管理会计的历史先河，为我们提供了管理会计的概念框架，为进一步推进管理会计理论体系的建设提供了强有力的制度保障。2017 年以来，我国财政部根据《基本指引》的规定又陆续发布了多项管理会计应用指引（以下简称《应用指引》），该些应用指引规范了企业应用管理会计基本工具的流程和步骤，有利于管理会计在企业管理实践的落地和扎根，让管理会计基本工具深深植入企业的管理体系之中，从而最终推动企业的业财融合和财务转型。

在我国供给侧结构性改革的背景下，"中国制造 2025""互联网＋"等战略与理念的提出与运用，使得管理会计工具的运用与实践进入崭新的大发展时期。与此同时，我国管理会计的理论研究者与实践工作者，也在不断面临着各种的难题与挑战。如何根据我国的具体国情与企业管理实践，对管理会计理论与实践开展更为深入的研究，提高管理会计整体的功能发挥与应用效果，都需要对管理会计工具方法的应用、创新与整合开展更为深入的分析。因此，根据当前我国的经济背景，厘清管理会计工具的变迁，综合考虑市场结构、市场竞争、生产方式等现实环境并选择恰当的管理会计工具，对管理会计工具的创新与整合运用具有重要的理论意义和实践价值。

为了更好地推动管理会计在会计实践领域的应用和推广，我们特组织实务界工作者编写了本书，期待能帮助相关人员从业务层面加深对管理会计工具和方法的认识和理解，精准把握管理会计的实质和精髓，熟练掌握和运用常见的管理会计工具。总体而言，本书具有以下两个特点：

一是从理论与实务层面同时进行深入探讨，但更强调实务层面的可操作性。本书的几位编者既有较高的管理会计理论素养，又有较强的业财融合的实战经验。

二是各部分内容均配备了丰富的案例详解，有助于相关人员理解管理会计工具在会计实践中的具体运用，并吸取前人的经验和教训。

在本书编写过程中，我们也参阅并引用了前人的研究成果，在此对他们表示衷心的感谢。本书可作为高校 EMBA、MBA、MPAcc 学生以及中高级会计人员后续教育的教材或参考书籍，也可作为财经专业本科生的教材或参考书籍。对于实务界工作人士而言，本书也是不可多得的重要参考书籍。

管理会计体系庞大，工具与方法繁多，非一本书所能概括。由于时间和水平所限，本书一定存在不当或疏漏之处，恳请读者不吝批评指正。如有相关意见或建议，请与我们联系。

编　者

2021 年 4 月

目　　录

第1章　管理会计工具

第1节　管理会计概述

一、管理会计的目标

管理会计的目标是通过运用管理会计工具，参与单位规划、决策、控制、评价活动并为之提供有用信息，推动单位实现战略规划。管理会计的直接目标是为企业内部管理者提供有用的决策信息，管理会计的根本目标是帮助单位管理层提升企业价值，实现企业战略目标。

二、应用管理会计的原则

各个单位在应用管理会计方法和工具时，应遵循下列原则：

（1）战略导向原则。管理会计的应用应以战略规划为导向，以持续创造价值为核心，促进单位可持续发展。战略导向原则在管理会计中的呈现是全方位的、全过程的。

（2）融合性原则。管理会计应嵌入单位相关领域、层次和环节，以业务流程为基础，利用管理会计工具，将财务、业务等有机融合。

（3）适应性原则。管理会计的应用应与单位应用环境和自身特征相适应。单位自身特征包括单位性质、规模、发展阶段、管理模式、治理水平等。

（4）成本效益原则。管理会计的应用应权衡实施成本和预期效益，合理、有效地推进管理会计应用。

管理会计应用主体视管理决策主体而确定，可以是单位整体，也可以是单位内部的责任中心。

第2节　管理会计工具概述

一、管理会计工具的含义

管理会计工具是实现管理会计目标的具体手段，是单位应用管理会计时所采用的战略地图、滚动预算管理、作业成本管理、本量利分析、平衡计分卡等模型、技术、流程的统称。管理会计工具具有开放性，随着实践发展不断丰富完善。

二、管理会计工具的应用领域

管理会计工具主要应用于战略管理、预算管理、成本管理、营运管理、投融资管理、绩效管理、风险管理等领域。

（1）战略管理领域应用的管理会计工具包括但不限于波特五力分析法、态势分析法、波士顿矩阵分析法、战略地图、价值链管理等；

（2）预算管理领域应用的管理会计工具包括但不限于全面预算管理、滚动预算管理、作业预算管理、零基预算管理、弹性预算管理等；

（3）成本管理领域应用的管理会计工具包括但不限于目标成本管理、价值工程法、标准成本管理、变动成本管理、作业成本管理、生命周期成本管理等；

（4）营运管理领域应用的管理会计工具包括但不限于本量利分析、敏感性分析、边际分析、约束资源优化工具、内部转移定价等；

（5）投融资管理领域应用的管理会计工具包括但不限于贴现现金流法、挣值法、资本成本分析等；

（6）绩效管理领域应用的管理会计工具包括但不限于关键指标法、经济增加值、平衡计分卡等；

（7）风险管理领域应用的管理会计工具包括但不限于单位风险管理框架、风险清单、风险矩阵模型等。

单位在应用管理会计工具时，应结合自身实际情况，根据管理特点和实践需要选择适用的管理会计工具，并加强管理会计工具的系统化、集成化应用。每种工具适用于不同的管理活动，单位应根据实际情况选择适合自身的工具。如果单位是追寻规模经济效益，应重视成本管理活动，优选成本管理方法；如果单位规模较小，且投资风险较高，则应重视预算管理和投融资管理，谨慎选择预算管理方法，进行资本成本分析等。

第3节　管理会计工具的应用环境

单位在应用管理会计工具时，应充分了解和分析其应用环境。管理会计工具的应用环境，是单位应用管理会计的基础，包括内部环境与外部环境。

一、管理会计工具应用的内部环境

管理会计工具应用的内部环境主要包括与管理会计建设和实施相关的价值创造模式、组织架构、管理模式、资源保障、信息系统等因素。

（1）单位应准确分析和把握价值创造模式，推动财务、业务等的有机融合。

（2）单位应根据组织架构特点，建立健全能够满足管理会计活动所需的由财务、业务等相关人员组成的管理会计组织体系。有条件的单位可以设置管理会计机构，组织开展管理会计工作。组织管理是内部管理活动的起点，组织结构管理混乱会波及企业文化，不利于各部门协调工作。

（3）单位应根据管理模式确定责任主体，明确各层级以及各层级内的部门、岗位之间的管理会计责任权限，制订管理会计实施方案，以落实管理会计责任。

（4）单位应从人力、财力、物力等方面做好资源保障工作，加强资源整合，提高资源利用效率效果，确保管理会计工作顺利开展。单位应注重管理会计理念、知识培训，加强管理会计人才培养。

（5）单位应将管理会计信息化需求纳入信息系统规划，通过信息系统整合、改造、新建等途径，及时、高效地提供和管理相关信息，推进管理会计实施。

二、管理会计工具应用的外部环境

管理会计工具应用的外部环境可分为宏观外部环境和行业环境。宏观外部环境通常包括政治和法律、经济、社会文化、科学技术这四大因素。行业环境通常包括供应商定价能力、购买者的讨价还价能力、潜在进入者的威胁、替代品的威胁、同行业竞争者的力量这五大因素。

第2章 战略管理工具

第1节 战略管理概述

一、战略管理的含义

英文的 strategy（战略）一词来源于希腊语 strategos，其含义是将军。到中世纪，这个词演变为军事术语，指对战争全局的筹划与谋略。后来，战略演变为泛指重大的、全局性的、左右胜败的谋划。

战略思想运用于企业经营管理之中，即企业战略。企业战略的概念来自企业生产经营获得的实践，不同的管理学家或从业者由于自身的管理经历和对管理的不同认识，对企业战略给予了不同的界定。

（1）广义界定。在战略的广义界定中，战略包含着企业的目的。如美国哈佛大学商学院教授安德鲁斯认为："战略是目标、意图或目的，以及为达到这些目的而制定的主要方针和计划的一种模式。这种模式界定着企业正在从事的或者应该从事的经营业务，以及界定着企业所属的或应该属于的经营类型。"哈佛大学的迈克尔·波特教授认为："战略是公司为之奋斗的一些终点与公司为达到它们而寻求的途径的结合物。"

（2）狭义界定。在战略的狭义界定中，确定目的的过程与战略制定的过程虽然互相有联系，但又是两个截然不同的过程。美国著名管理学家安索夫就是持这种观点，他认为企业战略是贯穿于企业经营与产品和市场之间的一条"共同经营主线"，决定着企业目前所从事的或者计划要从事的经营业务的基本性质。安索夫的观点影响了后来很多研究者。

按照我国财政部管理会计应用指引的界定，战略管理，是指对企业全局的、长远的发展方向、目标、任务和政策，以及资源配置做出决策和管理的过程。

企业战略管理是企业在激烈竞争的市场经济环境下，在总结历史经验、调查现状、预测未来的基础上，为谋求生产和发展而做出的长远性、全局性的谋划或方案，是建立在企业对宏微观环境的分析，包括在SWOT分析和波特五竞争力分析等的基础上，结合企业自身的条件，合理分配自身的资源，扬长避短，从而为企业的可持续发展做出的一种规划。

企业在制订战略时，首先要界定其所承担的使命并构想企业的愿景，从而为企业战略的制订提供基础性的依据。企业的愿景和使命陈述共同表达了企业的根本特征及其所从事的领域，并指明了企业的发展方向。

二、企业战略的分类

企业战略，是指企业从全局考虑做出的长远性的谋划。一般而言，根据企业所指定相关战略的影响范围和负责部门层次的差异，可以将企业战略分为三个层次，包括选择可竞争经营领域的公司战略、某经营领域具体竞争策略的竞争战略和涉及各职能部门的职能战略。

（一）公司战略

公司战略，也称总体战略，是企业最高管理层指导和控制经营活动的战略，其主要目的是实现企业的总体目标，为企业未来的发展方向进行规划，是所有战略层次中的最高层次战略。总体战略关注两个不同的问题，包括企业应该进入哪个行业竞争，以及企业如何管理旗下的各业务单位，其目的在于使各个业务单位互相协同，以产生高于单个业务单位相加的整体绩效。

例如，阿里巴巴集团的总体战略可以描述如下[①]：

按照马云对阿里业务"履带式前进"的规划，各个板块会轮流领跑：

---

① http://www.sohu.com/a/165221376_711885

2017—2019 年，当下已成 600 亿美元估值的超级独角兽蚂蚁金服领跑；2019—2021 年，阿里云接棒；2021—2024 年，菜鸟将挑头。其中并无阿里大文娱，但谁敢断言阿里大文娱不会成为领跑者呢？

"阿里的业务演进，有点像所谓'一生二，二生三，三生万物'，"张勇历数起阿里的业务脉络——从最早的 B2B，到支付宝，又从 C2C 到 B2C，天猫崛起，2009 年开始投资阿里云，阿里云搞了六七年开始出现点响声，这两年开始起来了，2013 年以后开始"种菜鸟"，2015 年、2016 年这两年着力对文娱进行了布局。

（二）竞争战略 [①]

竞争战略，也称业务战略，是指在企业总体战略的指导下，各业务单位为了在参与市场竞争中取得竞争优势，在充分考察外部市场环境，结合自身发展状况的基础上，制订的战略决策。

竞争战略主要包括：成本领先战略、差异化战略和集中战略。一般来说，企业需要从中选出一种战略作为企业的主要竞争战略。成本领先战略要求把成本控制到行业的平均水平之下，比竞争对手的成本更低；差异化战略要求企业的产品或者服务不同于竞争对手，给消费者创造更多的惊喜；集中化战略要求企业主攻某个特殊的消费群、某产品线的细分市场或某一特殊地域的市场。总而言之，三种竞争战略的区别还是很大的，要根据自身的条件和外部环境来综合分析从而选择其中的一种作为企业的主要竞争战略。

1. 成本领先战略

成本领先战略，也叫作低成本战略，是指企业通过控制内部以及外部的经营活动，使得成本最大限度地降低，从而取得竞争优势的战略。成本领先战略想要实施成功，必须在消费者最看重的产品以及服务方面满足消费者的需求，同时相比较于竞争对手拥有可持续的低成本优势。成本领先战略需要企业改善经营模式、尽可能地规模化生产，最大限度地降低成本；企业在成本管理上必须下大工夫，最后才能使总成本相比竞争对手有优势；拥有低成本的企业便会拥有高于行业平均的利润，从而获得企业持

---

① 迈克尔·波特著，陈小悦译：《竞争战略》华夏出版社，2005 年版。

续竞争优势。

1）实施成本领先战略的行业要求

行业内现有竞争者之间的竞争很激烈；所在行业生产的产品或者服务同质化比较严重；产品和服务差异化的实现途径不多；消费者大多用同样的方式使用产品；客户的转换成本低；客户议价能力较强。

2）实施成本领先战略的企业条件

具有稳定的融资渠道和持久的资金投入；具有比较高生产水平；有稳定工作监督保障；产品或者服务相对来讲可复制能力强；销售分销渠道成本比较低。

3）实施成本领先战略的收益

成本领先战略的实施会使企业与行业内现有竞争厂商保持竞争优势；可以抵抗客户的议价能力；可以抵抗供应商的议价能力；在行业内建立比较高的进入壁垒；建立替代产品或者服务的竞争壁垒。

4）实施成本领先战略的风险

过低的价格压缩导致企业甚至行业的利润率的不断下降；行业新的多金进入者会借助规模优势得到更低成本而完成反超；对瞬息万变的市场的预测力会降低；新技术的发展可能会导致企业现有条件的无法运用；宏观环境的变化会对企业形成一定的冲击。

2. 差异化战略

差异化战略，是指将企业所提供的产品或者服务与其他竞争对手的区分开来，并且能够树立几个整个产业范围所独有的东西，从而使企业获得一定竞争优势的战略。差异化战略最重要的是能带给消费者极具价值的产品或者服务。打造品牌文化及形象、完善技术、提高服务能力、推出新的业务等，都可以实现差异化战略。如果在几个方面都和其他竞争对手区分开来，有差异化，可以建立很多方面的竞争优势，自然是最好的情况。一般情况下，差异化战略的实施都会给企业带来很高的收益，但是与成本领先战略不同的是，差异化战略实施后，由于通常其成本比较高，导致价格会相对偏高，从而会影响企业的市场占有率。但另一方面，差异化战略可以建立起抵抗五力的防御壁垒，从而用品牌忠诚度吸引客户，使企业具有竞争优势。

1）实施差异化战略的行业要求

企业与行业内现有竞争厂商之间的产品或者服务的差异有许多方式可以建立，同时消费者很认可这些不同点；消费者对产品和服务的需求是多样化和差异化的；行业内现有竞争厂商选择相同差异化战略的不多；本行业内的技术发展速度快，竞争优势很多是要建立在新的产品或者服务的推出的基础上的。

2）实施差异化战略的企业条件

企业的研发团队有创新技能，企业的研发能力在同行业中较强；企业的产品性能与质量以及技术能力在行业内有较好口碑；企业在行业中积淀比较多，有丰富的行业经验，形成了独树一帜的风格；企业的市场营销能力比较强；企业各个职能部门如研发部门、营销部门之间合作紧密，能够共同参与产品的设计与研发；企业的基础设施完善，并且对高精尖人才和创造性人才具有较强的吸引力；企业的销售渠道合作紧密执行力强。

3）实施差异化战略的收益

差异化战略能够建立消费者的忠诚度，差异化战略建立起的忠诚消费者，一般替代品无法与其竞争；树立比较高的行业进入壁垒；提高企业的边际收益能力，从而提高企业对供应商的议价能力；差异化战略使得产品及服务的独特性更加突出，从而提高企业对客户的议价能力。

4）实施差异化战略的风险

由于差异化战略一般会因为研发成本高、服务特殊个性化等方面导致价格无法压低，可能会因此丢失一部分对价格特别敏感的消费者；当消费者使用产品时间较长后，会对产品性能等差异感觉不突出，从而导致消费者对差异化的体验降低；产品发展到一定阶段后，会出现行业内的其他竞争厂商模仿其产品，从而使得差异化减弱，差异化作用降低；过度差异化，而丧失了产品的本质。

3. 集中化战略

集中化战略也叫作聚焦战略，指的是企业重点进攻某个特殊的消费群、某产品线的一个细分市场或某一特殊地域的市场，通过种种市场活动，最终赢得所定位的市场的竞争优势的战略。集中化战略是把目标放在某个特定的而又相对狭小的范围内，在局部市场获得成本领先或者差异化，从而确立竞争优势。细分的话，集中化战略包括：产品集中化战略、地域集中化战略、客户集中化战略和低占有率集中化战略。集中化战略要想实施成功，必须要有如下条件：企业用更高的效率达成更优异的成果来服务于一个相对范围较小的战略对象，依靠一个小方面的成功，带动大范围的超越竞争对手，从而使得公司的盈利能力在整个行业的平均水平之上。

1）实施集中化战略的企业条件

企业有细分的消费者群体，这些群体中对产品或者服务都有着不同的需求；在同一个目标市场领域里，同行业现有竞争厂商没有进行集中化战略的部署；企业的自身条件达不到对各个细分市场的开拓。

2）实施集中化战略的收益

集中化战略可以更好地整合整个企业的资源，从而可以更好地突破目标市场；企业目标集中后，可以在锁定的市场中更好的调研行业环境情况，从而制订更加细致的战略部署；集中的战略目标使得企业的管理模式控制也更加有效，使得管理上更加便利。

3）实施集中化战略的风险

企业把自身最优质的资源投入了某一个细分市场或者某种产品和服务，而当有重大的技术变革出现、新的可替代产品或服务的出现以及生活方式的进步导致消费者的喜好发生变化时，会使得这一细分市场或者产品服务的需求度下降，从而使企业受到影响；同行业的竞争厂商进入企业集中化战略实施的市场，同时又实施了更加优异的集中化战略；由于是细分市场，产品的销量可能并不大，而产品的更新换代要求反而可能增高，产品生产成本随之会提高，从而减弱了企业的成本优势。

4. **竞争战略的应用案例**[1]

京东商城从创立至今，已经获得了多个方面的成功，但是面对日新月异的市场环境，京东也有着一些 B2C 企业所惯有的问题。通过对京东商城进行 SWOT 分析[2]得知，京东的优势和机会很多，但劣势和威胁同样存在，如何在这样的环境和条件下保持竞争优势，京东必须要对其面临的几个竞争战略进行慎重选择。

---

[1] 本案例改编自：史文丰："京东商城的竞争战略研究"，山东大学硕士学位论文，2014。

[2] 详见本章后续态势分析法的应用案例。

由于运营成本低，互联网电子商务对传统零售行业造成了巨大的冲击，虽然京东商城希望打造出一个"高效率，低成本"的平台，但是在整个 B2C 电子商务领域成本都很低的大环境下，要探索出能进一步缩减成本的经营模式已经绝非易事。成本领先战略想要实施成功，必须在消费者最看重的产品以及服务方面满足消费者的需求，同时相比较于竞争对手拥有可持续的低成本优势，因此京东商城想要把低成本作为自己主要的竞争战略，显然有很大的难度。

集中化战略是把目标放在某个特定的而又相对狭小的范围内，在局部市场获得成本领先或者差异化，从而确立竞争优势。集中化战略需要重点进攻某个特殊的消费群、某产品线的一个细分市场或某一地区市场。中国的 B2C 电子商务市场复杂多变，无论是环境、产品还是消费者都存在着种种变数，因此京东商场实施集中化战略也不太现实。

将公司所提供的产品或者服务与其他竞争对手的区分开来，并且能够树立几个整个产业范围所独有的东西，这就是差异化战略。打造品牌文化及形象、完善技术、提高服务能力、推出新的业务等，都可以实现差异化战略。如果在几个方面都和其他竞争对手区分开来，有差异化，当然是最好的情况。京东商城正在逐步进行战略转变，更加重视品牌文化的建设，从确定了京东的宣传口号"网购上京东，放心又轻松"开始，京东商城花了大量精力和财力放在品牌培育上。京东商城不断丰富自己的产品品类，力求把更多的白领和中高端消费人群聚集在自己身边。同时，京东商城一直希望能够实现产业链的共赢局面，而为了赢得这个局面，实施差异化战略，是京东商城必须迈出的一步。经过上述对京东商城的分析，也只有实施差异化战略，京东商城才能在中国电商高速发展的环境下持续保持竞争力。

（三）职能战略及财务战略

职能战略是为总体战略和业务战略的实施提供支撑的职能管理领域制订的战略，描述了在执行公司战略和业务单位战略的过程中，企业的每一个职能部门所采用的方法和手段。职能战略的主要目的是提高企业资源的使用效率，一般分为财务战略、人力资源战略、营销战略和生产战略等[①]。

公司财务战略是指基于公司战略和战略目标对财务资源进行优化配置，同时也是融合财务管理决策与公司战略决策的一个复杂决策过程。具体地说，财务战略旨在对企业战略进行补充，并为组织增加价值的过程。财务战略可以分为两部分，第一部分是组织以最合理的方式筹资；第二部分是组织的资金管理，以及对于再投资和如何合理分配利润的决策。财务战略的重点是在股东与资本市场之间建立联系。一个合理的财务战略必须考虑到公司内部股东和外部股东整体的利益，这类似于一个公司的竞争战略。资本市场理论研究主要关注的是微观层面的，但财务战略是特定的，能够专门为个别公司而调整适应的战略。

按与企业战略的匹配关系，财务战略可以分为扩张型财务战略、稳健型财务战略和防御型财务战略。

1）扩张型财务战略

扩张型财务战略是一种积极的财务战略，一般处于成长期的企业为了实现企业资产规模的快速扩张会选择扩张型财务战略。扩张型财务战略的特点是：负债高、收益少、分配少。这种财务战略成长型企业使用得比较多。国有企业通过股份制改造上市，随后在资本市场筹集资金，或是向银行等金融中介机构借款，从而实现对外扩张的目的，满足企业投资对资金的需求。

2）稳健型财务战略

稳健型财务战略相比较扩张型财务战略而言，会使企业利润增长较为稳定，资产规模扩张较为平稳。稳健型财务战略坚持适度稳健的原则。处于成熟期的企业为了保持企业的市场份额或是为了获得较高的收益率会去选择稳健型财务战略。

3）防御型财务战略

防御型财务战略的目的是防止财务风险过大，甚至出现财务危机，从而威胁到企业的持续经营导致破产。企业运营不稳定，盈利水平低，财务状况不佳的企业一般会采用防御型财务战略。这种财务战略有收

---

① 本章只简单地介绍一下财务战略。

益较少、支出较多的特点。防御型财务战略一般会由处于衰退期的企业采纳。

按公司财务的具体领域分，公司财务主要包括投资决策、筹资决策与股利分配三个方面内容。因此，也可将财务战略按照本标准划分为投资型财务战略、筹资型财务战略和股利分配型财务战略。

（四）三个战略层次的关系

对跨行业多元化经营的大型企业而言，三个层次的战略结构十分清晰，共同构成了企业的战略体系。三个不同层次战略的制定与实施都是各管理层综合考虑、密切配合的结果。每一个战略层次都构成了其他战略层次赖以发挥作用的环境，只有任何一个层次的战略充分实现，企业的整体战略才会达到预期目的，否则企业战略都无法达到预期目的。如图 2-1 所示，当企业战略的各个部分与层次相互配合、密切协调时，就能增加企业的凝聚力，就能最有效地贯彻实施企业战略。职能层与业务层战略的协调一致能够增强业务层战略的力量。同样，协同业务层战略的各个要素，集中各职能部门专家和员工的建设性意见，也能够极大地改善和强化公司层战略。因此，能否有效黏合不同部分和不同层次间的战略，统一与协调各部分在各自战略下的行动，直接关系企业战略的成败，也是战略管理的关键内容。

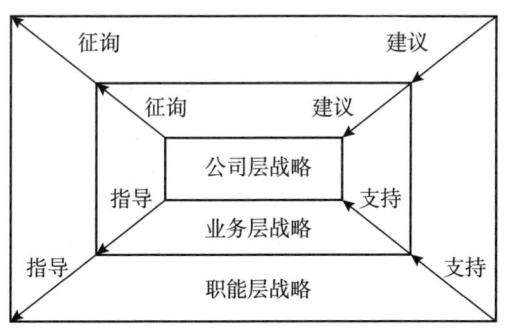

图 2-1　战略管理层次互动

三、战略管理的基本原则

企业进行战略管理，一般应遵循以下原则。

1）目标可行原则

战略目标的设定，应具有一定的前瞻性和适当的挑战性，使战略目标通过一定的努力可以实现，并能够使长期目标与短期目标有效衔接。

2）资源匹配原则

企业战略管理重视企业与环境互动的关系，应根据各业务部门与战略目标的匹配程度进行资源配置，正确制定恰当的战略或及时修订现行的战略，使企业能够适应内外部环境的动态变化。

3）责任落实原则

战略管理要求企业高层管理者的英明决策，也要求企业中下层管理者及全体员工的广泛参与和全力支持，应将战略目标落实到具体的责任中心和责任人，构成不同层级彼此相连的战略目标责任圈。这种全员参与、责任落实，即使高层管理者对战略管理作出慎重抉择，也表现在实施过程中下层管理者及全体员工的全心全意地投入。

4）整体最优原则

企业战略管理将企业看作一个不可分割的整体，以整体和全局的观点来管理企业，应以实现战略目标为核心，目的是提高企业整体的优化程度。战略管理不是强调企业某个战略经营单位或某个职能部门的重要性，而是考虑不同责任中心业务目标之间的有效协同，通过制定企业的宗旨、目标、战略来协调、统一各部门、各单位的活动，加强各部门之间的协同管理，使之形成合力，有效提高资源使用的效率和效果。某个局部的最优如果对整体产生不利影响，则需要对局部最优实施调整；反之，整体最优使某个局部受到不利影响，却是可以接受的。

5）反馈修正原则

企业战略管理关心的是企业长期、稳定的发展。由于在企业经营过程中环境是不断发生变化的，在战略实施过程中，只有不断地跟踪反馈才能确保企业战略的适应性。从某种意义上说，对现行战略的评价和控制又是新一轮企业战略管理的开始。

四、战略决策模式

使命、愿景、目标和战略都是计划的形式，它们都关系到企业的长期表现。战略管理是确立企业的愿景和使命，根据企业外部环境和内部条件设立企业的战略目标，通过战略方案的制定和实施来保证目标的落实，并使企业的愿景和使命最终实现的一个动态过程。简单地说，战略管理是决定企业长期表现的一系列重大决策和行动。

战略管理的独特之处是它强调战略决策。随着企业变得更大、更复杂，加之环境不确定性增强，决策变得越来越复杂，也越来越难以做出。一般而言，战略决策有四种模式，即企业家模式、适应模式、规划模式和循序渐进模式。

1. 企业家模式

企业战略是由一个铁腕人物制定，关注的焦点是机遇，而问题是次要的。由公司创始人自己左右对未来发展的判断，并在一系列大胆的重要决策中展示出来，公司增长是主导目标。如杰夫·贝佐斯（Jeff Bezos）创立的亚马逊网站就是这种战略决策模式的典型例子，公司反映了贝佐斯运用因特网销售图书和其他商品的愿景。

2. 适应模式

适应模式有时也被称为"走一步，看一步"模式，主要特点是响应现有问题，给出解决方案，而不是主动寻求新机会，战略是零碎和发展的，推动公司逐渐往前走。战略决策中争论的焦点是目标的优先次序。如著名的不列颠百科全书公司，常年依赖"门到门"方式销售其久负盛名的百科全书，这种营销方式在随着新技术的不断普及日益陈旧，1996 年该公司被收购，其后才开始制作百科全书的电子版，营销策略也转变为电视广告。

3. 规划模式

规划模式涉及系统收集用于战略分析的信息，总结出多种可行战略方案，以及合理选择最合适的战略。这种模式既主动寻求新机会，也被动响应存在的问题。如路易斯·郭士纳领导下的 IBM 公司。郭士纳担任 CEO 后最初的行动之一是召开了一次为期两天的关于公司战略的会议，与会者均为高级管理人员。深入分析 IBM 公司产品线后，郭士纳做出了提供完整的系列服务而非计算机硬件的投资战略决策。

4. 循序渐进模式

这种决策模式由规划模式、适应模式以及较小程度的企业家模式综合而成，公司高层管理者对公司使命和目标有合理而明确的想法，但在战略制定时，他们选择"交互式过程"：企业探索未来，进行试验，以及从一系列局部的（渐进的）努力中学习，而不是一下子确定面向全球或整体战略。因此，虽然使命和目标已经先确定，但允许战略经过争论、讨论和试验再提出来。当环境迅速变化且在整个公司着手实施一个特定战略之前需要取得共识和开发必要的资源时，这种模式似乎很有效。

在某些情况下，企业应该采取什么样的战略决策模式值得讨论，各种决策模式各有其优势与劣势。一般而言，规划模式较为常见，整个过程较为理性与科学，适合于应对复杂多变的环境，较少涉及政治利益关系，决策经得起推敲，从而可以避免企业战略决策出现重大的失误，造成不可挽回的损失。

五、战略管理流程

战略管理过程是战略分析、战略选择及评价与战略实施及控制三个环节相互联系、循环反复、不断完善的一个动态管理过程。这个过程建立在充分拥有相关信息的基础上，需要严格按照基本程序，实施必要环节，以确保企业战略管理体系的完整性。企业应用战略管理工具，一般按照战略分析、战略选择与评价、战略实施与控制、战略调整等程序进行，如图 2-2 所示。

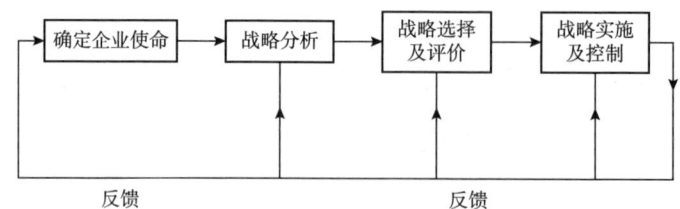

图 2-2　战略管理流程

（一）确定企业的使命与愿景

企业在制订战略时，首先要界定其所承担的使命或构造企业的愿景，或两者同时进行，从而为企业战略的制订提供基础性的依据。使命陈述（mission statements）表述的是组织存在的目的或理由（purpose or reason）。愿景陈述（vision statements）用来表述组织的价值观与渴望（values and aspirations）。有些场合，组织可能会将愿景陈述与使命陈述合并为一项。无论是分开表述还是合并表述，其意图都在于沟通组织的价值观、渴望及目的，以便员工的决策能与这些目标相一致并对之形成支持。企业的使命与愿景陈述共同表达了企业的根本特征及其所从事的领域，并指明了企业的发展的方向。

1. 企业使命

企业使命就是阐明企业的根本性质与存在的目的或理由，说明企业的经营领域、经营思想，为企业目标的确立与战略的制订提供依据。

简单地理解，企业使命应该包含以下含义：

（1）企业的使命实际上就是企业存在的原因或者理由，也就是说，是企业生存的目的定位。不论这种原因或者理由是"提供某种产品或者服务"，还是"满足某种需要"或者"承担某个不可或缺的责任"，如果一个企业找不到合理的原因或者存在的原因连自己都不明确，或者连自己都不能有效说服，则说明这个企业"已经没有存在的必要了"。

（2）企业使命是企业生产经营的哲学定位，也就是经营观念。企业确定的使命为企业确立了一个经营的基本指导思想、原则、方向、经营哲学等，它不是企业具体的战略目标，或者是抽象的存在，不一定表述为文字，但影响经营者的决策和思维。这中间包含了企业经营的哲学定位、价值观凸现以及企业的形象定位：我们经营的指导思想是什么？我们如何认识我们的事业？我们如何看待和评价市场、顾客、员工、伙伴和竞争对手？等等。

（3）企业使命是企业生产经营的形象定位。它反映了企业试图为自己树立的形象，诸如"我们是一个愿意承担责任的企业""我们是一个健康成长的企业""我们是一个在技术上卓有成就的企业"等，在明确的形象定位指导下，企业的经营活动就会始终向公众昭示这一点，而不会"朝三暮四"。

2. 企业愿景

企业愿景，是指组织成员普遍接受和认同的组织的长远目标。企业愿景具有强大的驱动力，共同的愿望将组织成员紧紧结合起来，拥有企业愿景的企业可以有效协调各经营单位之间的关系。

一般而言，企业愿景都具有前瞻性的计划或开创性的目标，作为企业发展的指引方针。在西方的管理论著中，许多杰出的企业大多具有一个特点，就是强调企业愿景的重要性，因为唯有借助愿景，才能有效地培育与鼓舞组织内部所有人，激发每个员工的个人潜能，激励员工竭尽所能，增加组织生产力，从而达到顾客满意度的目标。

3. 知名公司的使命与愿景

有效的企业使命或愿景陈述常常用激励员工实现高绩效水平的语言来表述。此外，为了促进员工的承诺，企业制定使命或愿景陈述时最好有员工的广泛参与，而不是用布告来推行高层管理者的想法。一旦完成了企业总的使命和愿景陈述，其事业部、部门、过程团队、项目团队、工作小组等也都要制定各自的使命和愿景陈述，以支持总的陈述，从而加强企业的整体行动以及各部分对企业使命和愿景陈述的认同。我国互联网企业使命和愿景陈述的例子如表 2-1 所示。

表 2-1　我国互联网企业使命与愿景陈述的例子

公司名称	产品与服务	使命	愿景
阿里巴巴	淘宝、支付宝、蚂蚁金服和优酷等	让天下没有难做的生意	让客户相会、工作和生活在阿里巴巴，并持续发展至少 102 年
腾讯控股	微信、QQ、腾讯游戏等	通过互联网服务提升人类生活品质	最受尊敬的互联网企业
百度公司	搜索引擎业务等	用科技让复杂的世界更简单	成为全球知名的搜索服务商
京东集团	京东商城、京东物流、京东云等	科技引领生活	成为全球最值得信赖的企业
美团点评集团	美团、大众点评、美团外卖、美团打车等	帮大家吃得更好、生活更好	以客户为中心、合作共赢

（二）战略分析

战略分析，是指对企业的战略环境进行分析、评价，并预测这些环境未来发展的趋势，以及这些趋势可能对企业造成的影响及影响方向。战略分析的主要任务是对为保证组织在现在和未来始终处在良好状态的那些关键性影响因素形成一个概观，即对企业的战略形成有影响的关键因素进行分析，并根据企业目前的"位置"和发展机会来确定未来应该达到的目标。战略分析包括企业外部环境分析和企业内部环境或条件分析两部分。

1. 外部环境分析

外部环境分析的目的就是要了解企业所处的战略环境，掌握各环境因素的变化规律和发展趋势，发现环境的变化将给企业的发展带来哪些机会和威胁，为制定战略打下良好的基础。

2. 内部条件分析

战略分析还要了解企业自身所处的相对地位，分析企业的资源和能力，明确企业内部条件的优势和劣势；还需要了解不同的利益相关者对企业的期望，理解企业的文化，为制定战略打下良好的基础。

3. 重新评价企业的使命和愿景，确定战略目标

当掌握了环境的机会和威胁，并且识别了自身的优势和劣势后，需要重新评价企业的使命和愿景，必要时要对它们做出修正，以使它们更具有导向作用，进而确定下一步的战略目标。

战略分析的目标包括：①在全面和系统的战略分析的基础上得到企业的科学竞争战略；②有明确的发展方向，有清晰的业务发展阶梯；③企业战略在组织内得到充分沟通并达成共识；④企业发展方向一致，上下同心协力达成战略目标；⑤让员工认同并支持企业的战略和目标，加强员工责任感；⑥建立战略决策机制，决策具有科学性和前瞻性；⑦不但重视短期绩效，更重视长期发展；⑧企业的整体业绩和核心竞争力不断提升。

战略分析工具是企业战略咨询及管理咨询实务中经常使用的一些分析方法，常用的方法包括 PEST 分析法，波特五力分析法、态势分析法、产业生命周期模型和波士顿矩阵分析法等，详见本章的后续介绍。

（三）战略选择与评价

一个企业可能会面临达到战略目标的多种战略方案，这就需要对每种方案进行鉴别和评价，以选择出合适企业自身实际情况的适宜方案。

战略选择是决定达到战略目标的途径，为实现战略目标确定适当的战略方案。这包括确定总体战略、经营单位战略和国际化战略。企业战略管理人员在战略选择阶段的主要工作是产生战略方案。根据外部环境和企业内部条件、企业使命、愿景和目标,拟订要供选择的几种战略方案。

战略评价是检测战略实施进展,评价战略执行业绩,不断修正战略决策,最终选出供执行的满意战略,以期达到预期目标。战略评价包括三项基本活动:①考察企业战略的内在基础;②将预期结果与实际结果进行比较;③采取纠正措施以保证行动与计划的一致。

一般而言,战略评价的内容包括:①战略是否与企业的内外部环境相一致;②从利用资源的角度分析战略是否恰当,考虑选择的战略是否发挥了企业的优势,克服了劣势,是否利用了机会;③战略涉及的风险程度是否可以接受,是否将威胁削减到最低程度;④战略实施的时间和进度是否恰当;⑤战略是否可行;⑥该战略能否被利益相关者所接受。需要指出的是,实际上并不存在最佳的选择标准,经理们和利益相关者的价值观和期望在很大程度上影响着战略的选择。此外,对战略的评估最终还要落实到战略收益、风险和可行性分析的财务指标上。

(四)战略实施与控制

1. 战略实施

战略实施即战略执行,是为实现企业战略目标而对战略规划的实施与执行。企业在明晰了自己的战略目标后,就必须专注于如何将其落实转化为实际的行为并确保实现。战略实施是一个自上而下的动态管理过程。所谓"自上而下"主要是指战略目标在公司高层达成一致后,再向中下层传达,并在各项工作中得以分解和落实。所谓"动态"主要是指在战略实施的过程中,常常需要在"分析—决策—执行—反馈—再分析—再决策—再执行"的不断循环中达成战略目标。一般来说,可从在三个方面来推进一个战略的实施:

(1)制订职能战略,如生产战略、研究与开发战略、市场营销战略、财务战略等。在这些职能战略中要能够体现出战略推出步骤,采取的措施、项目,大体的时间安排等。

(2)对企业的组织框架进行构建,以使构造出的机构能够适应所采取的战略,为战略实施提供一个有利的环境。

(3)要使领导者的素质及能力与所执行的战略相匹配,即挑选合适的企业高层管理者来贯彻既定的战略方案。

战略实施过程中要遵行三个原则，此战略可以作为企业实施经营战略的基本依据：

（1）适度合理性。在战略实施过程中，不可能完全按照原先制定的战略计划从事，但战略实施不是一个简单机械的执行过程，在战略实施过程中某些内容或特征可能改变而需要执行人员大胆创造，大量革新。只要不妨碍总体目标及战略的实现，就是合理的。

（2）统一领导，统一指挥。战略的施行应当在高层领导的统一领导、统一指挥下进行，每个部门只能接受一个上级的命令，在战略实施中所发生的问题，能在小范围、低层次解决，就不要放到更大范围、更高层级去解决，这样成本最低，只有这样才能使企业为实现战略目标而有条不紊地推进。

（3）战略实施的权变。在战略实施过程中，事情的发展与原来的假设有所偏离是不可避免的，因为战略实施过程本身就是不断解决问题的过程。若果内外环境发生重大变化，以至于原定战略无法实现，就要对原定战略进行重大调整，这就是战略实施的权变问题。当然，关键在于如何掌握与判断环境变化问题，而且必须是重大变化。若是不重要变化就修订原来的战略，很容易造成人心浮动，带来消极后果，损害员工信心与企业执行力。

2. **战略控制**

战略控制是指在企业战略的实施过程中，检查企业为达到目标所进行的各项活动的进展情况，评价实施企业战略后的企业绩效，把它与既定的战略目标与绩效标准相比较，发现战略差距，分析产生偏差的原因，纠正偏差，使企业战略的实施更好地与企业当前所处的内外环境、企业目标协调一致，从而使企业战略得以实现。

对企业战略的实施进行控制的主要内容包括：①设定绩效标准。根据企业战略目标，结合企业内部人力、物力、财力及信息等具体条件，确定企业绩效标准，作为战略控制的参照系。②绩效监控与偏差评估。通过一定的测量方式、手段、方法，监测企业的实际绩效，并将企业的实际绩效与标准绩效对比，进行偏差分析与评估。③监控外部环境的关键因素。外部环境的关键因素是企业战略赖以存在的基础，这些外部环境的关键因素的变化意味着战略前提条件的变动，必须给予充分的注意。

④激励战略控制的执行主体，以调动其自控制与自评价的积极性，以保证企业战略实施的切实有效。⑤设计并采取纠正偏差的措施。一旦企业判断出外部环境的机会或威胁可能造成的后果，就必须采取相应的纠正或补救措施，以顺应变化着的条件，保证企业战略的圆满实施。当然，当企业的实际效益与标准效益出现较大的差距时，也应及时纠正措施。

（五）战略管理流程的应用案例

图 2-3 展示了某公司的战略管理流程。

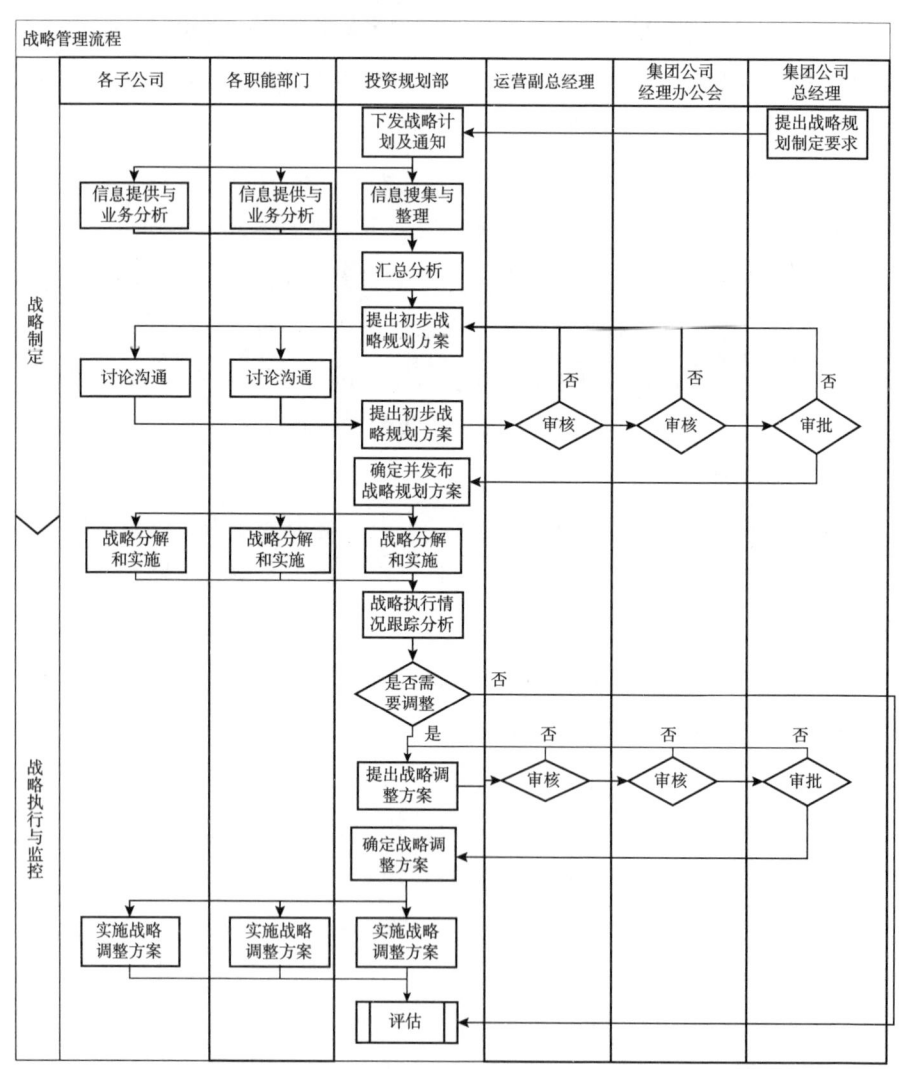

图 2-3　某公司战略管理流程

第 2 节　战略管理工具详解与应用案例

战略管理领域应用的管理会计工具，一般包括 PEST 分析、价值链分析法、波特五力分析法、态势分析法等。战略管理工具，可单独应用，也可综合应用，以加强战略管理的协同性。

一、PEST 分析详解与应用案例

（一）PEST 分析的含义

宏观环境是对企业中长期发展具有战略性影响的环境因素。宏观外部环境因素通常是指政治和法律、经济、社会文化和技术这四大因素。通过对这四大因素的分析，公司面临的重要发展机会和主要生存威胁可以被揭示出来，从而为企业战略的制订奠定基础。因此，对企业外部环境的分析又被称为 PEST 分析，如图 2-4 所示。

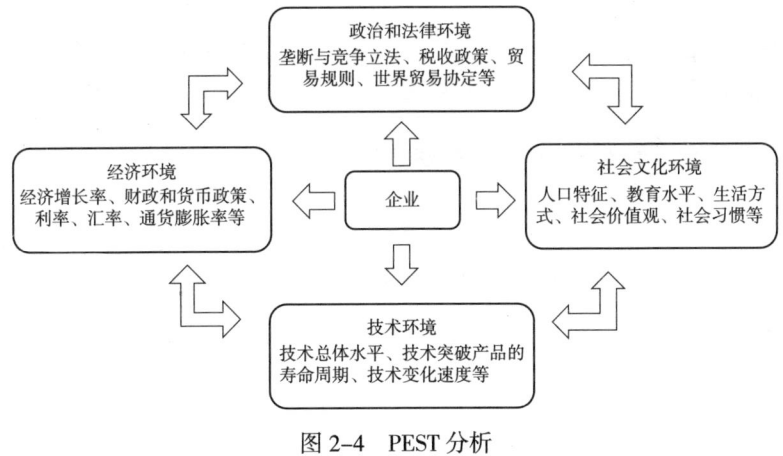

图 2-4　PEST 分析

（二）PEST 分析的要素

1. 政治和法律环境

企业的政治和法律环境是指制约和影响企业的各种政治、法律要素及其运行所形成的环境系统，包括地区和国家的政治制度、法律法规、政策方针等。政治环境包括国际的和国内的政治环境。国际的政治环境主要包括国际的政治局势、进口限制、外汇管制、国际关系等。国内的政治环境包含国家的体制与制度、政治局面的稳定与否、国家的基本政策以及国家政策的稳定性和连续性。企业的法律环境包括公司法、反不正当竞争法、税法、商标法等法律法规。企业的政治和法律环境对企业来说是不可控的，具有强制约束力，对企业的经营生产活动具有重要影响。

2. 经济环境

经济环境是指构成企业生存和发展的社会经济状况及国家经济政策，包括社会经济结构、经济体制、经济发展速度、经济运行情况等。经济环境对企业的生产经营活动具有更广泛、更直接的影响。

3. 社会文化环境

社会文化环境是指企业所处的一定时期整个社会文化发展的一般状况，主要包括有关社会结构、社会风俗习惯、价值观念、生活方式等。

4. 技术环境

技术环境是指企业所处的国家和地区与经营业务相关的技术水平、技术发展动向等。技术环境对企业的生存和发展具有深远的影响。技术进步可以提高企业的生产效率，降低企业经营成本，对行业竞争态势和格局造成一定的影响。

（三）PEST 分析的应用案例 [①]

企业是社会大系统中的一个子系统，它的发展离不开社会大环境。只有立足整合社会环境，充分分析各种外部风险和机会因素，才能制订出有效的企业发展战略。作为平台企业的公司也不例外。

1）政治和法律环境

我国政府非常重视互联网经济的发展，特别是十八届三中全会以来，出台了若干有利于互联网经济发展的政府文件。2013 年 8 月 15 日，国务院发布《关于信息消费扩大内需的若干意见》。意见里提出，到 2015 年，信息消费规模要超过 3.2 万亿元，年均增长 20% 以上，并带动相关行业新增

---

① 本案例改编自：李伟："腾讯公司发展战略研究"，中国海洋大学硕士学位论文，2014。

产出超过 1.2 万亿元，其中，基于互联网新型信息消费规模要达到 2.4 万亿元，年增长 30% 以上。同年的 8 月 17 日，国务院发布《关于印发"宽带中国"战略及实施方案的通知》。2013 年 10 月 31 日，李克强总理在中南海主持的经济形势座谈会上指出，新经济不仅是解放了老的生产力，更主要的是创造了新的生产力。由此可见新一届中国政府对互联网经济非常重视。

在重视发展互联网经济的同时，中国政府也逐步加强对互联网服务和应用的管制，推出网游防沉迷系统、绿坝软件等。从长期来看，网民在互联网上的自由是相对的，必须平衡网络开放与网络管制，以使整体社会效益最大化。政府对互联网企业的要求越来越严格，压缩了不正规经营的互联网公司的发展空间。反过来看，这更有利于腾讯这一规范的互联网公司的发展。但同时，也对腾讯公司的发展提出了更高的要求，腾讯公司在未来的发展中必须考虑所推出产品和服务的社会效益和影响。

作为互联网企业，尤其是产品和服务多为即时通信的腾讯公司，其坚实的消费者基础不仅是一种优势资源，也会带来一定的危机。再加上互联网虚拟世界、虚拟身份是最吸引消费者的特点，因而互联网安全成为互联网企业应当关注的重点。黑客、人肉搜索、散布黄色信息等不良的网络行为，很容易产生网络暴力，甚至会将虚拟世界的暴力行为演化成为现实世界的暴力行为乃至于犯罪行为。因此，避免、减少甚至是杜绝这种现象的产生，获得政府部门的支持，与相关部门建立合作关系，成为腾讯公司获得更好发展的必然选择。

2）经济环境

世界金融危机之后，中国经济的表现虽然存在隐患但仍稳定发展。随着世界经济的衰退，中国经济也发生了一定改变，投资、消费、净出口这三驾马车的拉动力也产生了相应改变，面对中国具有的巨大的储蓄能力，如何拉动人民的消费需求，成为国家关注的重点。尽管有着诸如"家电下乡"这样的拉动政策，我们不可否认的是，诸如网购这样的互联网经济在拉动内需中起到非常重要的作用。2013 年"双十一"当日，支付宝成交额达到 350 亿元，其中手机淘宝成交额为 53.5 亿元，是 2012 年的 5.6 倍。

中国互联网经济规模庞大，发展速度迅猛，原有的缺乏规章制度和初期的市场泡沫，都随着时间变化、企业的成长以及国家的扶持政策，发生了改变，不再是"虚无经济"，而成为真正意义上的虚拟经济。

3）社会文化环境

中国人口规模庞大，随着中国互联网的迅速普及和飞速发展，互联网在人们工作和生活中的作用日益增强，互联网用户继续增加的空间仍然很大。网民数量持续上升，市场潜力巨大是腾讯公司发展的有力支撑。中国的企业更了解中国的文化。中国人更尊重权威，精神压抑更强，面对面地表达沟通更加含蓄。中国人在网络上的行为与欧美国家不同。相对欧美的电子邮件应用广泛，在中国，即时通信工具更受欢迎。中国人以自我为中心，关心与自己有着亲缘、血缘联系的"集体"，这使得腾讯公司能够迅速积累起大量的用户。

4）技术环境

随着智能手机技术的发展，手机上网更加普及。手机成为互联网企业争相抢夺的宝地，各种手机应用应运而生。腾讯公司的微信是占领手机客户端的一个重要的工具。随着智能手机技术的不断进步，应用程序的竞争更加激烈。互联网技术的发展催生了许多新的商业模式。依托于云、大数据等新技术的产品仍然没有形成有效的商业模式，腾讯公司如果能够在商业模式颠覆中独占鳌头，将获得不可限量的发展契机。

二、价值链分析法详解与应用案例

（一）价值链分析法的含义

价值链分析法是由美国哈佛商学院教授迈克尔·波特提出来的，是一种寻求确定企业竞争优势的工具。价值链分析更多地关注于企业内部活动的价值产生。通过分析、识别企业活动，将企业活动归类分析、加以区分，确定企业价值链的关键环节，从而确立企业的竞争优势来源。

任何一个企业都是其产品在设计、生产、销售、交货和售后服务方面所进行的各项活动的聚合体。每一项经营管理活动就是这一价值链条上的一个环节。企业的价值链及其进行单个活动的方式，反映了该企业的历史、战略、实施战略的方式以及活动自身的主要经济状况。企业从事价值链活动，一方面创造客户认为有价值的产品或劳务，另一方面也需负担各项价值链活动所产生的成本。企业经营的主要目标，在于尽量增加客户对产品或劳务所愿支付的价格与价值链活动所耗成本之间的差距（即利润），一定水平的价值链是企业在一个特定产业内的各种作业的组合。

（二）价值活动的分类

价值链分析法把企业内外增加价值的活动分为基本活动和辅助性活动如图 2-5 所示。基本活动是指生产经营的实质性活动，与商品实体的加工流转直接相关，是企业的基本增值活动。任何产业内涉及的各种基本活动可以被分为五种类型：

（1）流入物流。与接收、存储和分配相关联的各类作业，如原材料搬运、仓储、库存控制、车辆调度、向供应商退货等。

（2）运营。与将各种投入转化为最终产品形式（或服务）相关的各种作业，如机械加工、包装、组装、设备维护、检测等。

（3）流出物流。与集中、存储和将产品发送给客户有关的各种作业，如产成品库存管理、送货车辆调度等。

（4）营销与销售。与提供客户购买产品的方式和引导它们进行购买等相关的各种作业，如广告、促销、销售队伍、渠道建设等。

（5）售后服务。与提供服务以增加或保持产品价值有关的各种活动，如安装、维修、培训、零部件供应等。

任何产业内所涉及的各种辅助性活动可以被分为四种类型：

（1）采购。与购买用于企业价值链各种投入的活动，既包括企业生产原料的采购，也包括辅助性活动相关的购买行为，如研发设备的购买等，另外也包括物料的管理作业。

（2）研究与开发。包括产品研究与开发、流程研究与开发、业务方案的改善等有关活动。

（3）人力资源管理。包括各种涉及所有类型人员的招聘、雇佣、培训、开发、报酬等各种活动。人力资源管理不仅对基本活动和辅助性活动起到辅助作用，而且支撑着整个价值链。

（4）企业的基础设施。企业基础设施支撑了企业的价值链条，如会计制度、行政流程等。

对企业价值链进行分析的目的在于分析公司运行的哪个环节可以提高客户价值或降低生产成本。对于任意一个价值增加行为，关键问题在于：①是否可以在降低成本的同时维持价值（收入）不变；②是否可以在提高价值的同时保持成本不变；③是否可以在降低工序投入的同时保持成本收入不变；④更为重要的是，企业能否同时实现①②③条。

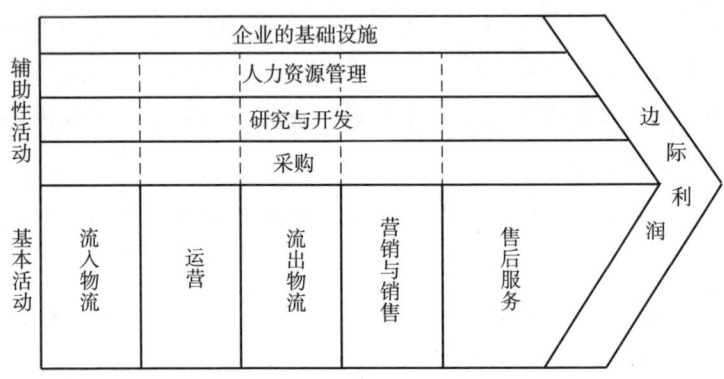

图 2-5　企业价值链图

（三）价值链分析法的特点

（1）价值链分析的基础是价值，其重点是价值活动分析。各种价值活动构成价值链。价值是买方愿意为企业提供给他们的产品所支付的价格，也代表着客户需求满足的实现。价值活动是企业所从事的物质上和技术上的界限分明的各项活动。它们是企业制造对买方有价值的产品的基石。

（2）价值链列示了总价值。价值链除包括价值活动外，还包括利润。利润是总价值与从事各种价值活动的总成本之差。

（3）价值链的整体性。企业的价值链体现在更广泛的价值系统中。供应商拥有创造和交付企业价值链所使用的外购输入的价值链（上游价值），许多产品通过渠道价值链（渠道价值）到达买方手中，企业产品最终成为买方价值链的一部分，这些价值链都在影响企业的价值链。因此，获取并保持竞争优势不仅要理解企业自身的价值链，而且也要理解企业价值链所处的价值系统。

（4）价值链的异质性。不同的产业具有不同的价值链。同一产业，不同的企业的价值链也不同，这反映了他们各自的历史、战略以及实施战略的途径等方面的不同，同时也代表着企业竞争优势的一种潜在来源。

（四）价值链分析法的基本步骤

第一步，确认产业的价值链。产业价值链联结不同的产业创造作业（或活动）。符合下列性质的作业活动才需被单独辨认：①在营运成本中占重大比例或快速成长者；②成本习性（或成本动因）异于其他之价值活动者；③执行方法与竞争对手不同者；④可能使产品更具差异化能力者；⑤该价值作业与其他经营单位共享者。图 2-6 展示了不同行业的价值链。

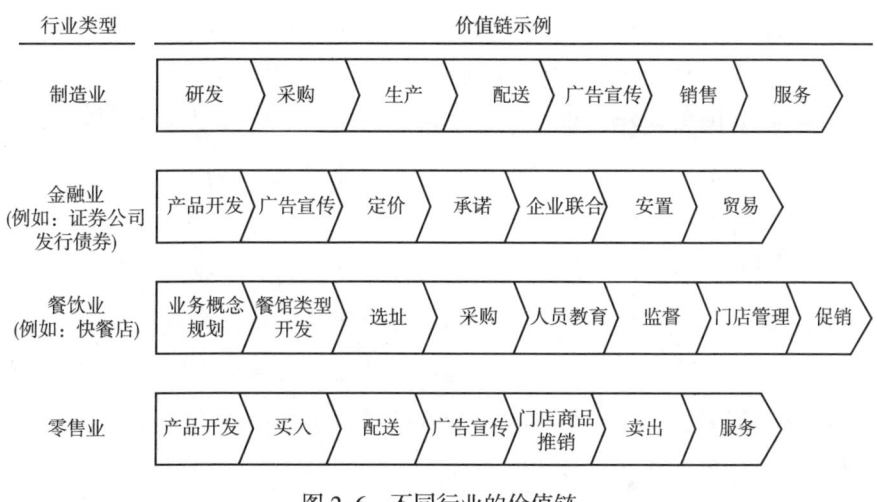

图 2-6　不同行业的价值链

第二步，分析相关的成本动因。企业必须了解自身在产业价值链中的相对地位，分析内外部作业联结关系，确认作业成本动因，才能做出正确的决策，确保企业的竞争优势。

外部联结是指企业执行的作业与外部供应商及客户所执行作业之间的关系。强化组织与外部供应商和客户之间的联结关系，可提升公司价值，创造竞争优势。例如，供应商提供高质量的原材料，有助于公司达成全面质量控制目标。同样地，销售低维修及低耗油产品给客户，有助于提升客户满意度，从而增加未来的市场占有率。公司必须明确自身与上游供应商及下游客户之间的联结关系，进而成为价值共同体，一起合作成长。

内部联结是指企业内部所执行创造价值的各项作业之间的关系。评估企业内部各项作业联结的关系，有助于产品成本的降低与价值的提升。例如，产品的设计将影响产品的制造成本。如果设计人员对零件数量、材料采购、材料移动，以及质量检验等作业的成本动因有所认知，则重新设计产品，使每单位产品所需的零件数量减少，将会降低产品的制造成本。

成本动因分为两大类：

第一类，结构性成本动因，与企业组织因素有关，主要反映一家公司为满足客户需求可以采取的作业方案，属于长期决策问题。主要包括：企业规模、范围、经验、技术、复杂性等。结构性成本动因具有以下一些特点：

（1）这些因素的形成常需要较长时间，而且一经确定往往很难变动，因此对企业成本的影响将是持久的和深远的。

（2）这些因素往往发生在生产开始之前，其支出属资本性支出，构成了以后生产产品的约束成本。因此，企业必须慎重行事，在支出前进行充分评估与分析。

（3）这些因素既决定了企业的产品成本，也会对企业的产品质量、人力资源、财务、生产经营等方面产生极其重要的影响，并最终决定了企业的竞争态势。由此看来，一个企业的结构性成本动因的决定必须与企业的竞争战略相联系，即不仅要从影响成本的角度去看待结构性成本动因，而且要从企业竞争优势的高度去看待成本动因。

第二类，执行性成本动因，反映企业通过业务、管理决策与资源的运用，有效地达到目标，即选定满足客户需求的作业。主要包括：员工参与程度、全面质量管理、设备利用率、工厂配置效率、产品规格设计、与供应商和客户之联结。执行性成本动因具有以下特点：

（1）与结构性成本动因相比，执行性成本动因属中观成本动因，即这些成本动因是在结构性成本动因决定以后才成立的成本动因。

（2）这些成本动因多属非量化的成本动因，因此在分析的过程中进行定量分析较为困难，必须设法予以量化。

（3）这些成本动因因企业而异，即不同的企业有不同的执行性成本动因，而并无固定的因素。

（4）执行性成本动因的形成与改变均需要较长时间。因此，企业在分析的过程中应挖掘潜力，尽量找出可能的成本动因，从多个角度探索降低成本的途径。

结构性与执行性作业成本动因案例，如表 2-2 所示。

表 2-2　结构性与执行性作业成本动因案例

活动层次	活动项目	成本动因
结构性作业	建设厂房	厂房的个数、规模、地点
	管理结构	管理类型和管理哲学
	部署员工	员工人数、工作单位的形态
	产品线的复杂程度	产品总数量、特殊程序数量、特殊零件数量
	垂直整合程度	购买能力、销售能力
	选择和使用技术	技术的种类
执行性作业	运用员工	员工参与管理的程度
	提供质量	质量管理的方法
	提供厂房布置	厂房布置的效率程度（现场的路线）
	设计和制造产品	产品属性
	提供产能	产能的使用度

第三步，发展出比竞争对手更佳的竞争优势。利用价值链分析，需要做到：①比竞争对手更有效地控制成本动因。每项作业活动，必须达到降低成本或者增加收益的目标。②重新设计价值链作业流程，获得持续的竞争优势。

（五）价值链分析法的应用案例 [1]

腾讯公司的价值主张是为用户提供"一站式在线生活服务"，在企业发展的不同阶段采取不同的价值创造方式。

1. 初创期：高价值和低盈利

腾讯公司在创业初期以 QQ 业务为核心，为了维持经营和持续地为用户提供便利的网络沟通，公司通过以下三种模式来盈利：①提供广告服务，收取广告佣金；②提供 QQ 会员服务，收取会员费；③移动 QQ 业务，通过与通信运营商的利润分成，收取无线增值费。具体如表 2-3 所示。

---

① 本案例改编自：李伟："腾讯公司发展战略研究"，中国海洋大学硕士学位论文，2014。

表2-3　初创期腾讯公司价值创造逻辑

业务类型	价值创造	价值获取
QQ 即时通信	满足用户即时通信需求	广告业务
移动 QQ	随时随地进行信息交流	电信运营商利润分成
QQ 会员	提供会员增值服务	会员会费

在初创期，由于技术的创新，产生了即时聊天工具这个全新的产品，为网络用户的交流提供了极大的方便，其创造的价值得到了用户的认可，并由此拉动了客户的需求。腾讯公司在创业之初，以 OICQ 为核心的业务模式并不能维系自身生存，为了维持生存，必须将千万级的用户流量转换成为利润。在探索的过程中，腾讯公司敏锐抓住了商机转变了经营主业，对公司创造价值的核心逻辑进行了重构，对商业模式的价值主张和价值实现方式进行了重新定义，以新的策略解决了困境。

2. 成长期：提高价值和注重盈利

成长期，腾讯公司创造价值的核心逻辑是不断地满足用户新需求，跟随市场先行者，不断地推出新业务，持续调整公司的收入模式和价值内容。通过成长期的发展，腾讯公司初步搭建起能承载所有业务的大平台，提高了公司整体抗风险能力，增强了其适应动态环境的能力。具体如表2-4所示。

表2-4　成长期腾讯公司创造价值逻辑

通信工具	业务体系	具体业务类型	价值创造	价值获取
QQ、手机 QQ、腾讯通 RTX、腾讯 TM、Email、Foxmail、QQ 概念版	无线增值业务	移动 QQ、手机腾讯网、手机 QQ 游戏等	随时随地聊天、查询分享信息、娱乐	电信运营商利润分成
	互联网增值业务	QQ 会员、QQ 秀、QQ 宠物	提供会员用户高体验性、高价值服务	发售虚拟 Q 币、广告费
	网络媒体业务	门户网站 QQ.COM、QQ 空间	综合的互联网入口，提供各种服务	流量费、广告费
	互联网业务	拍拍网、财付通、搜搜	满足用户购物、支付、搜寻信息需求	平台使用费、广告费
	互动娱乐业务	QQ 游戏平台、QQ 幻想等大型网络游戏	满足用户休闲娱乐的需求	出售点卡、道具、欢乐豆等

在成长期，腾讯公司在即时通信这个核心业务上面对的竞争加剧，互联网的快速发展提供了越来越多可利用的互联网资源，腾讯公司尽其所能

提高自身的市场占有率，满足各个用户群的需求，同时提高经营管理水平和企业创新能力。腾讯公司在成长期基本完成企业的业务布局，根据业务的需要和新业务体系划出五个业务系统，即无线增值业务、互联网业务、互动娱乐业务、网络媒体业务以及互联网增值业务，形成一个全方位的业务布局。由于寻找到了正确的路径，成长期的腾讯公司快速发展，资源整合能力得到增强，开始形成独特性，竞争力逐渐增强，并形成自身的核心竞争力，企业抗风险能力得到极大的提高。

3. 成熟期：商业生态系统初步成型

腾讯公司在成熟期构建的价值链具有非常强的竞争力，具体表现在两方面：①独特性高，业务布局较完善，在无线端的发力使腾讯公司处于无线端这个日益壮大市场的领头羊，同时 Web 端、PC 客户端与无线客户端之间完成了业务的搭建。②腾讯公司以即时通信业务为核心，形成了七大联系紧密的业务体系，产品几乎涉及互联网的各大业务，资源整合程度高，基本实现了一站式互联网社区，形成了一个庞大的商业生态系统。具体如表 2-5 所示。

表 2-5 成熟期腾讯公司业务构成

七大业务体系	具体业务构成
即时通信业务	微信、QQ、QQ 办公版、TM、RTX、TT 浏览器、QQ 医生、QQ 邮箱、Foxmail、QQ 影音、QQ 旋风、QQ 拼音
网络媒体	腾讯网（qq.com）、搜搜（sousou.com）
无线互联网增值	手机腾讯网、手机 QQ、超级 QQ、QQ 手机游戏、手机 QQ 音乐
互动娱乐业务	大型 MMOG、QQ 游戏平台、3D 网游、桌面游戏、幻想世界、QQ 宠物、休闲游戏
互联网增值业务	QQ 空间、QQ 会员、QQ 秀、QQ 音乐、QQLive、校友、城市达人
电子商务	拍拍网、财付通、高朋网
广告业务	DTP、TTT、CO、TAMS 等广告平台

在成熟期，腾讯公司整合信息流、收益流，注重改善用户体验，增强企业的整体竞争力，整合行业资源，把握行业发展趋势，业务模式的完善使其形成了较为完善的一站式生活平台。这种腾讯公司特有的商业生态系统，独特性较高，布局完善，支持体系完善，盈利能力强，业务整合度高，具有极高的综合竞争力。

三、波特五力分析法详解与应用案例

（一）波特五力分析法的含义

波特五力分析法（Michael Porter's Five Forces Model），是指将供应商的定价能力、购买者的讨价还价能力、潜在进入者的威胁、替代品的威胁、同行业竞争者的力量作为竞争主要来源的一种竞争力分析方法。

波特五力分析法在竞争战略分析中有着举足轻重的地位，可以对企业的行业竞争环境进行有效的分析。五种力量的互相影响，导致整个行业的竞争环境发生着变化，也会影响行业利润等诸多方面的变化。波特五力分析法把许多不同的影响因素全部集合到一个简单的模型里面来，用这个模型来分析行业的竞争局面。依靠波特五力分析法可以确定竞争的来源，而竞争战略的制订必须通过分析这五种力量来进行，五种力量的重要性次序会由于行业以及企业的不同而有所区别，但是影响整个行业最重要的五种力量，一定包含在这个模型中，如图2-7所示。

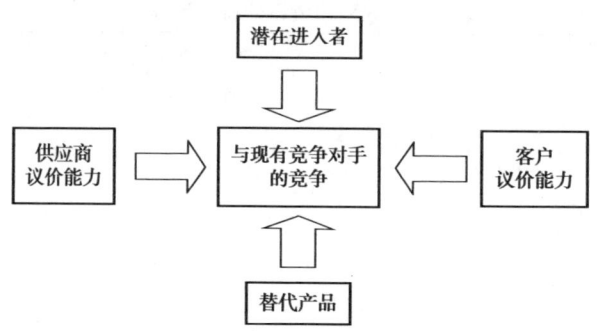

图 2-7　波特五力分析法的基本框架

（二）决定进入壁垒强弱的主要因素

决定进入壁垒强弱的主要因素包括但不限于：①规模经济；②技术专长的多少；③品牌的强弱；④客户转变成本；⑤是否资本密集；⑥获得分销渠道的难易；⑦成本优势的坚固程度；⑧现有厂家的行为特点。

（三）决定供应商力量大小的主要因素

决定供应商力量大小的主要因素包括但不限于：①所供应货品 / 服务的差别程度；②供应商变更成本；③是否存在替代品；④供应商的市场份额；⑤采购量对于供应商是否重要；⑥该供应货品 / 服务占总成本的比例；⑦该供应货品 / 服务对下游产品区别性的影响。⑧行业供应链上竖向一体化的趋势。

（四）决定买方力量大小的主要因素

决定买方力量大小的主要因素包括但不限于：①讨价还价能力；②相对市场份额；③数量；④转换成本；⑤信息；⑥竖向一体化的能力；⑦替代产品；⑧价格敏感性；⑨采购总量；⑩产品差异性；⑪品牌；⑫对质量感受的影响；⑬买方的利润；⑭决策者的动机。

（五）决定替代威胁性的主要因素

决定替代威胁性的主要因素包括但不限于：①替代品的价格；②转换成本；③买家对替代品的接受程度。

（六）决定行业内部竞争程度的主要因素

决定行业内部竞争程度的主要因素包括但不限于：①行业增长速度；②固定成本 / 附加价值；③能力利用率；④产品差异程度；⑤品牌认知度；⑥转换成本；⑦市场份额的集中与平衡；⑧信息复杂度；⑨竞争者的背景；⑩退出成本。

（七）波特五力分析法的应用案例[1]

由于京东商城处在一个对其发展十分有利的外部环境中，京东商城通过及时的介入市场，明确清晰的定位，把握住互联网发展的机遇，迅速地扩张自身而让所有人惊叹。京东商城在创立伊始，就明确了自身的定位，即最为专业的 3C 产品互联网零售商，用 3C 产品作为切入点，建立了十分

---

① 本案例改编自：史文丰："京东商城的竞争战略研究"，山东大学硕士学位论文，2014。

正面的互联网零售商形象，在增进用户体验的同时，最大限度地获取了用户的忠诚度。随后，京东商城转而向综合电商企业迈进，改变并优化产品品类结构，改善利润率，在自身高速扩张的同时，对各项服务进行创新，优化物流配送水平并改善仓储系统结构，不断增强用户的消费和购物体验。京东商城把握互联网大潮这一机遇，快速抢占并划分市场，不断提升自身品牌价值，到目前为止已经取得了很大的规模优势。

1. 新进入者的威胁

我国的互联网 B2C 电子商务行业目前正处于一个快速发展的时期，因此引起许多互联网企业甚至传统企业的关注。潜在进入者寄希望于能在已被现有电子商务企业划分的市场中占得一席之地，而这就极有可能会导致现有 B2C 企业与新进入者发生原材料的竞争和市场份额的抢夺，最终导致 B2C 电子商务行业的盈利水平下降，严重的话还很可能会危及现有 B2C 电子商务企业的生存。潜在竞争性进入者的威胁程度主要取决于两个因素，一个是进入新领域的壁垒或者说障碍的大小；另一个是已有企业对于新进入者的预期反应。而对于所有想要进入 B2C 电子商务行业的企业来说，还有两个十分重要的方面：①任何潜在进入者想要进入这个行业并且存活下来，最为关键的要素就是资金链，因为 B2C 电子商务行业是一个极度烧钱的行业；②建立自己的物流体系、完善自己的供应链，并且获得更多供应商的支持从而完善产品品类，也是潜在进入者必须考虑的。

最主要的潜在进入者包括一些已经在其他领域获得成功的互联网企业和一些传统零售企业。百度由于自身庞大的用户群和独有的搜索数据库，是众多潜在进入者中是最具有竞争力的，而许多传统零售企业也都在积极开发自身的互联网电子商务业务。百度进军 B2C 电子商务领域主要基于其在搜索领域的龙头老大的地位。作为中国互联网搜索领域的巨头，在互联网高速发展的今天，要想建立一个完整的产业价值链，互联网电子商务业务自然必不可少。从近些年百度高调宣布涉足电子商务企业，到最近的一系列行动，可以初步看出百度的战略是以 B2C 电商业务作为其进军互联网电子商务的切入点，利用其平台的不断完善，逐步扩大自己在互联网电子商务领域的市场占有率，同时利用其在电商领域的发展，进一步稳固自己在互联网行业的市场地位。传统零售行业的企业进军互联网电子商务主要是基于原有业务模式的延伸。由于传统零售企业已经具备了很多线下资源如品牌、渠道、客户等，它们转型成为互联网零售商的发展模式相对来讲更加稳健，其相比于没有实体店作为基础的纯粹的 B2C 电子商务企业有着独有的竞争力。传统零售行业的优势主要体现在良好的品牌影响力、完善的物流系统、较为稳定的供货渠道以及健全的售后服务能力。

另外，近些年 B2C 电子商务行业的竞争愈发激烈，未来几年将会步入一个全面大淘沙的阶段。B2C 电子商务网站创立之初，是划行业而治的，不同行业如图书、洗化用品等都有自己的领头企业，然而伴随着当当、卓越亚马逊等企业相继进入百货市场，凡客逐步涉足童装家具配饰等领域，B2C 电子商务的行业区分已经不再明显，划行业而治的局面开始被打破。之前各大 B2C 电子商务网站在各自的领域内精耕细作、拓展疆土，而近些年来他们都在努力打破这种局面，试图在竞争对手的领域内抢夺用户，B2C 电商的市场竞争日渐白热化。

2. 供应商讨价还价的能力

互联网电子商务行业的企业单体规模并不足够巨大，对很多大型的供应商的议价能力并不强。互联网零售市场上，目前最大的话语权还是在大的供应商手上，B2C 电子商务企业的产品质量和价格，都要受到供应商的牵制，而一些关键供应商对 B2C 平台的支持与否，对 B2C 电商企业的影响巨大。

近些年来，各大供应商尤其是生产导向的企业开始进入互联网电子商务领域，纷纷组建自己的电子商务部来发展其自有的电商业务，这些实体企业如果可以找到自己的电子商务发展方向和模式，那么就不会再对平台类的电子商务企业有很大的依赖性，此时 B2C 平台类电子商务企业的议价能力便会进一步降低。而对于中小型的企业甚至是个体卖家来说，由于要考虑到自营电子商务的成本问题，这些企业自然会继续使用第三方的电子商务平台来发展自己的互联网电商业务，他们会十分依赖 B2C 平台类电子商务企业，同时，B2C 平台类电子商务企业对中小型企业或者个体卖家的议价能力会比较高。

B2C 电子商务的老大天猫商城，为平台类电子商务寻求盈利迈出了试探性的一步，但是对于大多数的 B2C 平台卖家来讲，B2C 平台的付费使用还是很难接受的，天猫商城发生的中小卖家联合抵制涨价就是很好的例证。

互联网电商的卖家一般都是趋向于电子商务交易平台所提供的服务，来选择使用哪个电商企业的交易平台。通过利用免费模式，淘宝网用后来者的姿态轻松地打败了来自美国的巨头易趣。可以想象的是，如果天猫商城开始对所有的卖家都收取平台费用，那么拍拍、当当等就会用淘宝的方式打败天猫，取而代之其地位。因此，只有继续不断地实行免费模式，才是所有 B2C 企业的发展之道，这里面当然也包括京东商城。

另外，还有一个十分值得关注的方面，就是如何保障 B2C 平台卖家的权益的问题。尽管互联网电子商务中买卖双方的利益是由第三方电子交易平台来保障，但是对卖方的保障并没有做到十足，在某种程度上会影响卖家进驻 B2C 电子商务平台，例如普遍存在的买卖双方责任划分不清楚，由于物流问题而使卖家承受一些损失等。有很多情况目前无法对责任的归属进行界定，比如有些不良消费者的刻意破坏，商品在邮寄过程中发生了损坏等。还有，个别不良消费者对卖家的恶意评价和报复，也会造成卖家的损失，因此，进一步完善信用评价系统的工作也迫在眉睫。

3. 客户的讨价还价能力

随着互联网技术的进步，网民想要获得产品的各种信息越来越便利，途径也越来越多，比如产品的质量、性能、价格等信息。网民们通过多种渠道获得产品的详细信息，然后再通过 B2C 网站的条件进行比对，就可以对 B2C 平台出售的产品进行一定的成本估量。由于各大 B2C 电商平台竞争激烈，网民的选择也越来越多，他们可以在充分了解产品信息的基础上，对各个平台的价格、售后服务、物流、评价等环节上进行充分对比，这样就提高了其自身的议价能力。

最近几年各大电子商务公司都在为了划分市场大兴价格战，尤其是京东发起的几场"战役"效果卓著，使得 B2C 电子商务公司甚至网民已经把价格战当作了其正常发展的重要手段之一，各大电商企业为吸引更多的网民注册会员并使其成为忠实购物者，纷纷自觉加入价格战，对商品竞相降价。另外，很多 B2C 电商公司还通过团购的方式来丰富自己的产品品类及服务类型，这也提高了客户讨价还价的能力。

但是，从另一方面来看，互联网电子商务具有无法接触实物这样一个特殊性，客户了解商品的具体信息只能通过其图片、文字描述等来进行，而对卖家的信用评估，则只能来自过往消费者对其之前交易行为的评价。这样对消费者来说就存在一个风险，消费者买到的产品可能和卖家描述的产品有一定的差距，无法达到消费者的心理预期值。这样，消费者就要考虑商品的可退换问题，售后保障范围的问题以及发生的物流费用谁来承担的问题。还有，即便支付宝、财付通等可以对买卖双方的基本权益进行保障，但是无法避免有不良卖家利用操作上的"技巧"甚至是工具的漏洞使买家受到损失，这里面当然也包括有的不法分子在即时聊天工具、社交网站、各种交易平台上发布各种虚假信息，使部分消费者上当受骗。因此，进一步完善互联网电子商务购物的流程，从技术以及政策上杜绝互联网购物中的欺诈行为，从而根本上保障买卖双方的利益，是目前亟待解决的问题。

4. 替代产品或服务的威胁

目前来看，尽管互联网电子商务在我国发展十分迅猛，但是经济社会上最主流的交易方式仍然是传统的交易方式。传统的购物方式与互联网电子商务相比，具有许多不可比拟的优点，例如，产品可以接触、交易更直接、承担风险更小、可以直接讨价还价等。传统购物方式，消费者可以避免由于产品描述、图片与实际商品有所不同而造成的损失。尤其是一些高档产品或者数码商品，消费者出于习惯或者对商品质量的顾虑，会更希望去传统的商城或者其他终端商处购买。

以淘宝网为首的 C2C 电子商务行业在我国已经发展了多年。相比于 C2C 电商的模式，B2C 电子商务的购物一样方便快捷，但相对来说会具备更好的物流配送体系及服务，同时由于消费者面对的是 B2C 企业，支付安全及信任度肯定更高。但是，不可否认的是，随着支付宝、财付通等一系列第三方支付手段的日益完善，以及各大 C2C 电子商务网站信用系统水平的提高，C2C 行业已经取得了越来越多消费者的信赖，C2C 对 B2C 的威胁也逐渐加大。

近些年不断发展的电视购物等一系列的直销手段，由于依托传统媒介的效应，同时具有成规模的运作方式，相比 B2C 电子商务模式也较为直观，因此一直有一批忠诚的中老年消费群体。但是近些年随着国家新闻出版广电总局及其他有关单位对电视购物广告的限制，电视购物的模式未来对 B2C 电子商务模式不会构成太大威胁。

5. 行业内现有竞争者的竞争

京东商城在 B2C 电子商务行业的主要竞争对手有：天猫、卓越亚马逊、苏宁易购、当当、1 号店和唯品会等。从市场份额的角度来对比，和 C2C 市场呈现的高度集中的格局不同的是，B2C 的市场份额比较分散。

2013 年，天猫依旧保持领先地位，占比 49.08%，这主要得益于其背靠阿里巴巴拥有淘宝和阿里多年积累的用户资源和商业资源，使其在商品的丰富度和品牌实力上有非常大的优势；加之多次"双十一"的活动也为其迅速地扩大了市场规模并提高了行业影响力。但把 2013 年与 2012 年相比，其市场份额略有下降，主要原因在于像京东、苏宁易购、当当等大型 B2C 网站也开始走平台化路线，当然也包括京东商城这样的流量大户。根据调研发现，绝大部分京东商城的入驻商家都在天猫上有自己的店铺，这部分平台收入也给京东带来了约 20% 的交易及收入贡献，预计今后，京东这部分份额将会进一步提升。

2013 年，腾讯业务（含 QQ 网购和易迅）占比 5.68%；腾讯 B2C 虽然拥有大量的流量资源，但流量的转化效率较低。2013 年，腾讯公司对其 B2C 业务进行整合，将 QQ 网购和 QQ 商城整合，优化了商家资源并提出了重合业务，提升了其资源利用效率。

2013 年，苏宁易购占比 4.3%，凭借其自身品牌影响力、强大的线下供应链资源和产品价格的优势迅速占领了市场。加之其收购了 PPTV，扩展了其流量渠道，为其抢占市场和用户打下了很好的基础。在平台入驻方面，苏宁易购也有较大的投入，但由于流量受限及苏宁易购发力较晚，在平台方面还没有多大进展。

2013 年，亚马逊中国占比 2.72%。亚马逊虽然在国际市场有着非常不错的成绩，但在中国市场却并没有发挥出其自身的实力，这主要是因为其本土化能力较差，在网站设计和运营以及用户体验上没能符合中国消费者的使用习惯。但亚马逊在产品价格、丰富度、IT 技术和配送方面仍有一定优势，因此其有较多忠诚用户。

当当网以图书切入电商市场，目前也在百货类商品上慢慢发展。从 2012 年开始，当当网入驻天猫商城，给其市场份额带来一定的提升。2013 年当当网的市场份额维持在 2.12%，在市场推广费用水涨船高及竞争更加白热化的情况下，当当网靠入驻和自我商城的发展，能够保住自己的市场份额实属不易。

另外，移动互联时代已经到来，移动电子商务市场的发展越来越不可小视。据易观智库数据显示，2013 年中国移动电子商务市场交易规模达到 1 570.4 亿元，较 2012 年增长了 161.5%，整体市场仍然处于快速发展期。2013 年移动购物领域的竞争延续着 PC 端的态势。分析认为，这主要是因为购物领域除了前端产品的竞争，还包括后端整体的供应链竞争，纯移动端的厂商虽然先发地在三四线城市做主流 PC 端电商、厂商并不关注的领域，但是在供应链端与品牌力缺失的情况下，专注于三四线城市的纯移动电商往往面对高昂的成本结构。在 2013 年，除了买卖宝以外的纯移动电商都逐渐失去了自己的竞争力。在市场份额中，淘宝无线由于支付宝的原因，在整体移动端购物有着较为领先的体验优势，占据着 81.45% 的市场份额，手机京东、买卖宝、手机苏宁易购、掌上亚马逊分列二至五位。

四、态势分析法详解与应用案例

（一）态势分析法的含义

态势分析法又称 SWOT 分析，S 表示优势（Strength）、W 表示劣势（Weakness）、O 表示机会（Opportunity）、T 表示威胁（Threat），是指基于内外部竞争环境和竞争条件下的综合分析，就是将与研究对象密切相关的各种主要内部优势、劣势和外部的机会和威胁等，通过调查列举出来，并依照矩阵形式排列，然后用系统分析的思想，把各种因素相互匹配起来加以分析，从中得出相应结论，而结论通常带有一定的决策性，对制订相应的发展战略、计划以及对策起到支撑作用。按照态势分析法，战略目标应是一个企业"能够做的"（即企业的强项和弱项）和"可能做的"（即环境的机会和威胁）之间的有机组合。

态势分析法是研究企业竞争战略十分重要的分析工具，是通过把企业内外部情况结合起来分析，从而可以在制订竞争战略时对企业的优势、劣势、机会与威胁进行比对分析，最终形成企业独有的竞争战略，使企业可以获得持续的竞争优势。

（二）态势分析法的不同类型

SWOT分析框架如图2-8所示。态势分析法有以下四种不同类型的组合。

（1）SO战略。SO战略是指在外部行业机遇良好的情况下利用公司自有优势来发展壮大。对公司而言，SO战略是比较理想的战略。

（2）WO战略。WO战略是指当市场机会比较好的情况，虽然公司本身有弱点，但却可以通过加强管理和投入来克服弱点，增强竞争能力，从而赢得市场。

（3）ST战略。ST战略是指当公司受到竞争对手压迫或行业环境变差，公司可利用本身的优势，消除或减少外部因素对公司生存和发展的威胁。

（4）WT战略。WT战略是一种防御性战略。当公司内部存在很多问题，面对外部的强大竞争压力时，公司努力加强管理和投入来减少自己的弱点，来规避外部竞争对手或行业变化的威胁。

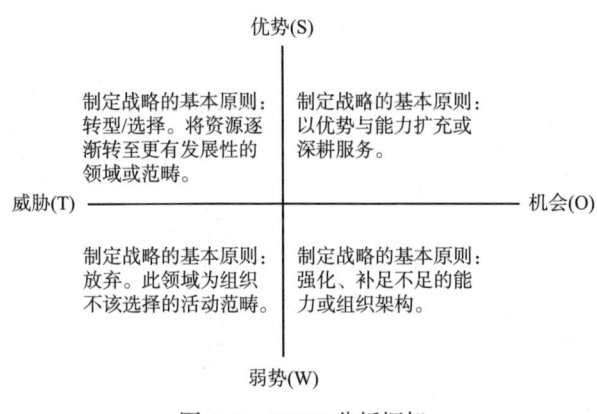

图2-8　SWOT分析框架

使用SWOT分析，企业可以选择最佳的、可实施的战略，把有限的资源、营运的重点集中于公司优势和行业机会最多之处，并最大限度地减少外部环境的威胁。

（三）态势分析法的应用案例[①]

1.京东商城的主要优势

京东在B2C电商行业多年积累的品牌优势、强大的物流配送系统以及

---

① 本案例改编自：史文丰：“京东商城的竞争战略研究”，山东大学硕士学位论文，2014。

出色的用户体验等是京东商城相对于其他中国 B2C 电子商务企业具有的最大优势。

1）多年积累的品牌优势

京东商城由于产品的物美价廉以及服务的快捷便利，赢得了许多消费者的认可，已经是互联网电子商务 B2C 的龙头企业之一。中国的互联网电子商务市场将要步入成熟期，市场划分情况已经日渐明朗，正式进入成熟期后，发生价格战的情况会逐步减少，留住消费者最重要的要素就是企业的品牌价值。截至 2013 年 12 月，京东商城全年销售额首次突破 1 000 亿元人民币。京东商城的官网数据显示，京东商城在过去的 7 年中增长率都超过了两倍，目前注册用户已经超过了 6 000 万，订单处理量超过了 50 万 / 天，京东商城官网的日平均访问量超过 1 亿。

2）物流系统

京东商城近些年一直致力于打造自己的物流系统，并组建自身的配送队伍，建立了中国所有互联网电子商务公司中最大的全国型的物流基础架构。截至 2013 年年底，京东商城在全国 34 个城市拥有 82 个仓库。一方面，京东商城建立了自己的投递网络，尽可能地扩大覆盖面积，满足客户的订单需求。另一方面，随着时间的推移，京东商城订单数量增加，订单密度也会在区域范围内越来越大，其作为基础设施的投资开支分摊到每一个订单上，物流成本会越来越低。经营自己的物流系统，使京东商城可以在互联网购物旺季如期完成并交付订单。

3）出色的用户体验

京东商城一直秉承的最有效的营销方式就是不断增强用户体验，以客户满意度来酝酿口碑营销及促成额外购买。京东商城已经通过提供卓越的用户体验、必要的市场及品牌推广活动，来建立越来越多的忠诚的客户。京东商城打造自己"多快好省"的口号，从产品、价格、服务、价值等几个方面深化打造，以此为目标来不断提升用户体验，主要体现在以下几个方面：丰富的产品品类、具有竞争力的价格、精准定位的客户服务、安全快捷的付款及配送等。

4）网站广告联盟推广及电子商务联盟的发展

京东商城通过发起广告联盟的方式，用十分低廉的价格，在中小网站上面投放了大量商业广告，利用各个网站的流量来为京东商城做推广工作。另外，京东商城近些年发起了很多形式的电子商务联盟，利用这些电子联盟和其他企业进行资源互补，在把核心优势和资源发挥好的情况下，更好地利用其他企业的资源，强化突出自己的竞争优势。京东商城的定位以及商业模式，决定了其只有销售、物流以及售后服务等部分，自身没有生产和研发等价值链上同样重要的核心部分，而通过电子商务联盟的模式，与其他企业进行资源互补，就可以使京东更加专注地在销售、物流和服务方面强化，进一步增强其竞争优势。

2. 京东商城的主要劣势

由于京东商城是一家互联网公司，是纯粹的 B2C 电子商务企业，因此会有一些与生俱来的劣势；同时由于身处高速发展也是高度竞争的大环境中，为了扩张规模而忽略了一些方面的建设，京东商城也留下了一些需要转变的地方。

1）无法完成实体门店的体验

互联网电子商务的购物方式满足不了许多用户的消费心理。许多传统型的消费者更喜欢体验型消费，他们习惯于可触摸的实物，对于互联网购物完全虚拟的情况心存芥蒂。另外，与传统购物相比，消费者不太可能享受到任何实体商店的购物氛围。因此仍然有许多传统消费者对于传统的购物方式很青睐，而京东商城是纯粹的互联网公司，没有一家实体店，这无形中就对那些仍然有传统消费行为的消费者产生了隔阂。而其竞争对手苏宁易购和国美网上商城，之前都是发展实体门店起家，其 O2O 可以完美地融合进自己的竞争战略中。

2）对价格的依赖性较高

由于目前阶段互联网消费者对价格的关注很高，京东商城一直以低价的姿态出现，这就影响了京东商城的利润，同时减弱了京东对其他环节的关注程度。京东商城应该给自己一个更加明晰的定位，提升自己在消费者心中的定位，附加给消费者更多的增值服务，如果一直把价格当作自己主要的竞争手段之一，这样的定位势必会极大地影响未来的发展。现在 B2C 电子商务的消费者的构成，很大一部分是受过高等教育的网民，这些消费者通常并不会仅仅关注价格，而是更加关心快捷、便利的程度，因此只有把更多的精力投入到提升用户体验上，才会吸引到更多的消费者。

京东商城的商业目标一直在 2007 年才正式明确，因此之前的定位遗留了一些历史问题。由于京东商城擅长打"价格战"，在很多消费者心中被定义为"便宜的京东"，这对于致力于成为中国乃至国际上 B2C 电子商务的龙头的企业来说，是一个比较致命的弱点。低价的形象或多或少都会影响其品牌建设，持久的源源不断发起的价格战会逐渐稀释京东商城多年建立不易的品牌优势。"价格战"只能在市场划分初期作为一时之用，长期打"价格战"，甚至把其作为自己的"常规武器"，长远来讲，对本企业乃至全行业都有很大的负面影响。香港大学著名教授杨仕名先生这样说过，"价格战会危害到整个行业，也会不断降低消费者的心理价位，市场价值便会受到影响。当市场利润无法正常开展时，企业也会陷入不愿更新产品的泥潭中，从长远来看对企业的发展影响很大，而在博弈后存活的厂商想要把市场重新引导至平衡就需要付出更大的努力。"

3）商业模式缺乏创新

京东商城的商业模式很像发展初期的亚马逊商城，京东商城把握了互联网电子商务中最核心的几个方面：对产品的把控、对消费者心理的把控、对 B2C 平台的市场推广工作等，成功地把京东商城打造成了一座 3C 网上商城。在发展初期，京东商城着实在商业模式的创新上做得十分到位。但是，后期亚马逊发展的商业模式创新，逐步向产业链前后延伸。亚马逊开放了其位于全球的 20 多个物流中心，以此来为他的客户提供物流方面的支持；在云计算方面，也大力投入建设，为其商业用户提供信息技术、平台与服务方面的支持，这些创新已经不仅仅局限于 B2C 电子商务的领域。而受到政策和技术等方面的影响，京东商城在这些领域做的还远远不够。另外，作为中国最大的 B2C 电子商务企业之一，京东商城在 CRM 方面的建设一直不够出彩，反而仍然依靠低价参与竞争，这样的商业模式显然会影响其今后的长期发展。京东商城虽然也在逐步向亚马逊靠拢，开始了其 B2C 平台业务，但是天猫在这一领域的王牌地位很难撼动，是京东不可回避的问题。京东商城必须在垂直和平台电商模式中做出一个平衡的发展选择，同时投入更多的精力对商业模式进行更深的改革，不能仅仅通过"价格战""口水战"等方式来博眼球。

4）追求规模，后续乏力

京东商城从最早的只做 3C，到现在的百货商城，产品品类一直在扩充，目的就是扩大其市场占有率，而这也离不开物流系统的支持。京东商城的自有物流系统配送比例达到了 70% 以上，在不断扩大的规模面前，物流压力越来越大。京东商城在中国已经建立了 6 个物流运营中心，在 7 个城市建立了配送中心。在另外 21 个城市中，京东还设立了独立的仓库，在全国 34 个城市拥有 82 个仓库，总建筑面积超过了 130 万平方米。如此庞大的物流系统仍然无法完全支撑其业务，当初原定于 2010 年 4 月开工的上海"亚洲一号"仓库推迟了一年才动工，其他仓库的建立也都或多或少比原定计划推迟一些。从以上的说明中可以看出，京东商城已经出现了一些发展规模过快过大、后续乏力的问题。

3. 京东商城的外部机会

京东商城要把握住外部机会，充分利用这些条件来发展自己的竞争力，使自身在 B2C 行业一直处于领先地位。

1）国家政策上对互联网电子商务的支持

根据"十二五"的规划，预计到 2015 年，中国的电子商务将会形成一个可持续发展的良好局面，会有更加规范的市场，更加成熟的计算机技术，更加完善的物流配送体系，以及更加便利的购物体验。随着互联网电子商务水平的提高，电子商务产业成为中国最重要的新兴产业，未来中国要把电子商务产业建设成为支柱产业之一，这些政策都为京东商城的发展提供了非常好的外部环境。另外，C2C 行业的快速发展，解决了很多互联网电子商务环节上的缺陷，使整个互联网电商进入了一个正规的发展通道，很大程度上也便促进了 B2C 行业的发展。

2）互联网电子商务市场发展迅猛，B2C 购物需求增长强劲

近些年随着基础设施的大幅度提升以及 IT 互联网技术的发展，中国的互联网进入高速发展时期。中国互联网网民规模一直在稳定增长，互联网电子商务应用群体的规模也在不断增加。2012 年，中国互联网购物规模达人民币 12 594 亿元，年增长率达到 66.5%，并且在过去的五年里一直保持高速增长，同时这一扩张速度超过了世界上所有国家，市场规模已经有了超过 10 倍的增长。剔除通货膨胀等因素，2020 年中国互联网购物规模预估

值将达到 25 000 亿～ 40 000 亿元。

中国的 C2C 电子商务发展迅速，但是其存在着质量、服务、售后等一系列无法控制的问题，随着人们对互联网购物各种需求的提高，互联网电子商务 B2C 模式越来越受到消费者的青睐。人们对互联网电子商务中的产品要求日趋增高，而 C2C 电子商务模式由于其经营模式的限制，在这方面的提高空间有限，这样一来就大大有利于 B2C 模式的增长。B2C 模式能够对产品质量、服务、售后等方面进行严格把控和控制，满足了消费者的需求，在中国互联网电子商务市场中迅速发展起来。人们对 B2C 模式越来越多的需求，为京东商城提供了一个良好的外部成长环境。

3）信息技术的发展

中国的互联网信息基础设施快速发展，并逐步向宽带化、智能化、数字化的方向发展，互联网规模、技术手段和服务方式都已经达到了非常高的水平。云计算的成熟发展及大数据时代的到来，同时伴随着互联网技术的不断完善与发展，互联网由三四线城市的普及逐步向农村等地区渗透。电子支付和电子认证、网银及手机支付、用户安全保障和网络安全维护等技术的不断发展，为互联网购物提供了足够的技术保障。不断发展、日益规范的物流行业，以及物流技术的日趋成熟，都对互联网电子商务的发展起到很大的推动作用。另外，移动互联技术、物联网技术和视频技术等都将应用在互联网电子商务企业尤其是 B2C 企业运营的很多环节中。京东商城如果能将这些新的技术应用到物流、资金流和信息流的管理，将大大提升企业的营运效率，同时对提高用户的服务质量和改进用户体验具有十分重要的意义。

4）灵活的经营模式

从经营模式的角度上，可以更多地从产品和服务细节上入手，细分市场，找寻特色，探寻 B2C 电子商务领域里更好的盈利模式。互联网电子商务消费者的需求多种多样，尽管 B2C 电商的产品品类也很多且不断扩充，但是仍然无法满足很多网民的需要，尤其是对虚拟商品的需求量越来越大。虚拟商品的交易目前在互联网电子商务市场中并不占主流，但是由于其产品特殊性，以及不需要物流和配送等方面的服务，大大缩减了交易成本，这也是为京东商城降低成本、提高利润率提供了的一个发展机遇。

4. 京东商城的外部威胁

中国目前整个 B2C 的行业环境，还是有一些对企业发展不利的要素。京东商城应当及时发现外部威胁因素，采取一系列对策来消除或者规避这些有害要素，尽可能将其转化为对公司有利的因素。

1）相关法律法规的不健全

尽管已经出台了一系列的法律法规，但是我国目前对于规范互联网电子商务活动的相关法律还是不够完善。消费者在互联网购物过程中的合法权益并不能得到足够的保护，以至于许多网民对互联网电子商务购物持观望的态度，这严重影响了京东商城乃至于整个行业的发展。只有尽早完善互联网电子商务交易的法律法规，才能彻底规范互联网交易行为，对电子商务交易双方的行为进行监督，从而保障买卖双方的权益。另外，小件商品出现的问题，通过法律渠道或者法院解决显然不现实，必须建立健全互联网电子商务的仲裁机构以及诉讼机构，用仲裁和诉讼的方式来解决。但是截至目前，法律法规与仲裁机构的相互结合还很不到位，严重影响了我国互联网电子商务产业的发展。

2）互联网安全问题

互联网安全问题是我国电子商务企业最根本要解决的问题，也是消费者最关心的问题。互联网电子商务的一个核心研究模块就是怎样更好地保障互联网电子商务的交易安全。互联网电子商务系统的性质，决定了其既要有可靠通畅的网络来保障交易过程的安全，又要有安全有保障的数据库来防止黑客的侵入。目前我国的诚信体系还很不健全，很多违反诚信的行为没有相应的处罚，互联网电子商务交易的方式，更是需要建立全国性的诚信体系。在大部分的城市，诚信制度仍然处在空白阶段，从而导致互联网电子商务的信誉度难以打造。只有借助于政府和社会的力量，才能更好地建立安全和诚信体系。

3）全球经济不稳定性和国内经济不确定性

一方面，当前全球经济形势不是十分乐观，美国经济不稳定，欧元区深陷僵局，新兴经济体普遍低迷，给全球的互联网电子商务都造成了影响。从整体看，全球经济复苏仍存在很大的不确定性。而另一方面，国内经济近期同样不稳定，国内经济受产能过剩、内需疲软的影响增速趋于放缓，内外需环境不容乐观，这会在很大程度上降低网民的购买力，也会给民间资本进入互联网电子商务领域增加了一个很大的壁垒。

4）互联网购物商品价格的可对比性

互联网电子商务中的商品价格具有极高的可对比性，消费者在互联网购物中会轻易得到各个网站的价格，从而对这些价格进行比对，从中选择性价比最高的产品，这样使得电子商务网站的价格战很难避免，而价格战也逐步成为各个电商的常规武器。但是，长期的价格战损害的是整个行业，通过对比而不断下降的价格，使得互联网电子商务公司的利润不断下降，无法把更多精力和财力投入到例如提升用户体验等领域的建设，这方面尤其对经常发起价格战的京东来说是一个很大的考验。

五、产业生命周期模型详解与应用案例[①]

（一）产业生命周期的含义

产业生命周期是每个产业都要经历的一个由成长到衰退的演变过程，是指从产业出现到完全退出社会经济活动所经历的时间。一般分为初创期、成长期、成熟期和衰退期四个阶段，如图 2-9 所示。识别产业生命周期所处阶段的主要标志有：市场增长率、需求增长潜力、产品品种多少、竞争者多少、市场占有率状况、进入壁垒、技术革新、用户购买行为等。

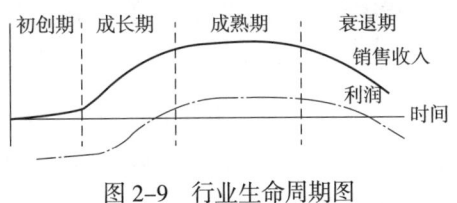

图 2-9　行业生命周期图

（二）产业生命周期各个阶段的特征

1. 初创期

在这一时期，由于新产业刚刚诞生或初建不久，只有为数不多的创

---

①　关于产业生命周期模型的讨论，主要参考 https://baike.baidu.com/item/%E4%BA%A7%E4%B8%9A%E7%94%9F%E5%91%BD%E5%91%A8%E6%9C%9F/6310482。

业公司投资于这个新兴的产业。由于初创阶段行业的创立投资和产品的研究、开发费用较高，而产品市场需求狭小（因为大众对其尚缺乏了解），销售收入较低，因此这些创业公司可能不但没有盈利，反而普遍亏损；同时，较高的产品成本和价格与较小的市场需求还使这些创业公司面临很大的投资风险。另外，在初创阶段，企业还可能因财务困难而引发破产的危险，因此，这类企业更适合投机者而非投资者。这一时期的市场增长率较高，需求增长较快，技术变动较大，产业中各行业的用户主要致力于开辟新用户、占领市场，但此时技术上有很大的不确定性，在产品、市场、服务等策略上有很大的余地，对行业特点、行业竞争状况、用户特点等方面的信息掌握不多，企业进入壁垒较低。在初创阶段后期，随着行业生产技术的提高、生产成本的降低和市场需求的扩大，新行业便逐步由高风险低收益的初创期转向高风险高收益的成长期。

2. 成长期

在这个时期，拥有一定市场营销和财务力量的企业逐渐主导市场，这些企业往往是较大的企业，其资本结构比较稳定，因而它们开始定期支付股利并扩大经营。在成长阶段，新产业的产品经过广泛宣传和消费者的试用，逐渐以其自身的特点赢得了大众的欢迎或偏好，市场需求开始上升，新产业也随之繁荣起来。与市场需求变化相适应，供给方面相应地出现了一系列的变化。由于市场前景良好，投资于新产业的厂商大量增加，产品也逐步从单一、低质、高价向多样、优质和低价方向发展，因而新行业出现了生产厂商和产品相互竞争的局面。这种状况会持续数年或数十年。由于这一原因，这一时期有时被称为投资机会时期。这种状况的继续将导致市场竞争不断发展，生产厂商的产品产量不断增强，市场的需求日趋饱和。生产厂商不能单纯地依靠扩大生产量，提高市场的份额来增加收入，而必须依靠追加生产、提高生产技术、降低成本，以及研制和开发新产品的方法来争取竞争优势，战胜竞争对手和维持企业的生存。这一时期的特点是市场增长率很高，需求高速增长，技术渐趋定型，产业特点、产业竞争状况及用户特点已比较明朗，企业进入壁垒提高，产品品种及竞争者数量增多。

但上述方法只有资本和技术力量雄厚，经营管理有方的企业才能做到。那些财力与技术较弱，经营不善，或新加入的企业（因产品的成本较高或不符合市场的需要）则往往被淘汰或被兼并。因而，这一时期企业的利润虽然增长很快，但所面临的竞争风险也非常大，破产率与合并率相当高。在成长阶段的后期，由于产业中生产厂商与产品竞争优胜劣汰规律的作用，市场上生产厂商的数量在大幅度下降之后便开始稳定下来。由于市场需求基本饱和，产品的销售增长率减慢，迅速赚取利润的机会减少，整个行业开始进入稳定期。在成长阶段，虽然行业仍在增长，但这时的增长具有可测性。由于受不确定因素的影响较少，产业的波动也较小。此时，投资者蒙受经营失败而导致投资损失的可能性大大降低，因此，他们分享产业增长带来的收益的可能性大大提高。

3. 成熟期

产业的成熟阶段是一个相对较长的时期。在这一时期里，在竞争中生存下来的少数大厂商垄断了整个行业的市场，每个厂商都占有一定比例的市场份额。由于彼此势均力敌，市场份额比例发生变化的程度较小。厂商与产品之间的竞争手段逐渐从价格手段转向各种非价格手段，如提高质量、改善性能、加强售后维修服务等。产业的利润由于一定程度的垄断达到了很高的水平，而风险却因市场比例比较稳定，新企业难以打入成熟期市场而较低，其原因是市场已被原有大企业比例分割，产品的价格比较低。因而，新企业往往会由于创业投资无法很快得到补偿或产品的销路不畅，资金周转困难而倒闭或转产。

在产业成熟阶段，产业内行业增长速度降到一个更加适度的水平。在某些情况下，整个产业的增长可能会完全停止，其产出甚至下降。由于丧失其资本的增长，致使产业的发展很难较好地保持与国民生产总值同步增长，当国民生产总值减少时，产业甚至蒙受更大的损失。但是，由于技术创新，产业中的某些行业或许实际上会有新的增长。在短期内很难识别何时进入成熟阶段，但总而言之，在这一阶段一开始，投资者便希望收回资金。

这一时期的特征表现为市场增长率不高，需求增长率不高，技术上已经成熟，行业特点、行业竞争状况及用户特点非常清楚和稳定，买方市场形成，行业盈利能力下降，新产品和产品的新用途开发更为困难，行业进入壁垒很高。

4. 衰退期

这一时期出现在较长的稳定阶段之后。由于新产品和大量替代品的出现，原产业的市场需求开始逐渐减少，产品的销售量也开始下降，某些厂商开始向其他更有利可图的产业转移资金。因而，原产业出现了厂商数目减少，利润下降的萧条景象。至此，整个产业便进入了产业生命周期的最后阶段。在衰退阶段里，厂商的数目逐步减少，市场逐渐萎缩，利润率停滞或不断下降。当正常利润无法维持或现有投资折旧完毕后，整个产业便逐渐解体了。

这一时期的特征为市场增长率下降，需求下降，产品品种及竞争者数目减少。从衰退的原因来看，可能有四种类型的衰退，它们分别是：①资源型衰退，即由于生产所依赖的资源的枯竭所导致的衰退。②效率型衰退，即由于效率低下的比较劣势而引起的行业衰退。③收入低弹性衰退，即因需求—收入弹性较低而衰退的行业。④聚集过度性衰退，即因经济过度聚集的弊端所引起的行业衰退。

（三）产业生命周期各个阶段的战略选择

1. 产业初创期及成长期企业竞争的战略选择

产业初创期及成长期企业竞争的战略选择包括两个方面：①尽快使产业结构成型；②进入新兴产业时间的选择。

在下列情况下早期进入新兴产业是有利的：企业的形象和名望对客户至关重要，企业可因作为先驱者而发展和提高声望；当经验曲线对一个产业至关重要时，早期进入可以使企业较早地开始学习过程；客户忠诚非常重要，因此，那些首先对客户销售的企业将获益；通过早期进入投资于原材料供应、零配件供应和批发渠道等，因而可以取得成本优势。

在下列情况下早期进入新兴产业是非常危险的：产业早期竞争和市场与产业发展后的市场有很大的不同，早期进入企业因此而建立错误的技能，以后面临很高的转换成本；开辟市场代价高昂，其中包括对客户的宣传教育、法规批准、技术首创等，而开辟市场的利益并不能为本企业所专有；早期与小的新的企业竞争代价高昂，但以后这些小企业将被更难对付的竞争者所取代；技术变化将使早期投资陈旧，并使晚期进入的企业获得新产品，得到生产过程的益处。

2. 产业成熟期企业竞争的战略选择

作为产业生命周期的一个重要阶段，一个产业必然要经历从高速发展的成长期进入有节制发展的成熟期。在这个时期中，企业的竞争环境经常发生根本性的变化，要求企业在战略上做出相应的反应。产业成熟期企业竞争的战略选择包括以下几个方面：①产品结构的调整；②正确定价；③改革工艺和革新制造方法；④选择适当的客户；⑤购买廉价资产；⑥开发国际市场。

成熟产业中企业应注意的问题：①对企业自身的形象和产业状况存在错误的假设；②防止盲目投资；③为了短期利益而轻易地放弃市场份额；④对产业实践中的变化做了不合理的反应；⑤坚持以"高质量"为借口，而不去适应竞争者进攻性的价格和市场行为；⑥过于强调开发新产品，而不是改进和进取性地推销现存产品；⑦企业应避免过多地使用过剩生产能力。

3. 产业衰退期企业竞争的战略选择

目前国内理论界对产业衰退期企业的战略选择基本定位在战略转移和退出。事实上，由于下述因素的影响使得产业衰退期企业的战略行为远远不止战略转移及退出这两种选择。第一，产业的生命周期不同于产品的生命周期，一些产业的生命周期的成熟期无限延长。第二，一些产业的生命周期会出现反复。第三，不同的企业对产业未来发展形势的判断也不尽相同。判断产业生命周期所处阶段的主要指标是整个产业的市场需求和利润，但是在经济实践中影响产业销售的因素很多，有经济的因素、政治的因素，也有文化以及风俗习惯的因素等。第四，即使是一个产业真正进入了衰退期，企业在什么情况下会选择退出战略，企业退出的时机和方式也是值得深入研究的问题。

除了战略转移和退出，还有如下战略在产业衰退期可供选择：

（1）领先战略。领先战略是指利用一个衰退产业的优势，企业通过面对面的竞争，成为产业中保留下来的少数企业之一，甚至是保留下来的唯一企业。这样企业或剩余企业拥有达到平均水平以上的利润潜力，形成一个较优越的市场地位，以此来保持自己的地位或实行抽资转向战略。实行领先战略的一般措施为：在定价、进入市场以及其他为建立市场而采取的积极的竞争行动上进行投资，并且使本产业的其他企业能迅速退出一部分生产能力。

（2）坚壁战略。该战略的目的是鉴别出衰退产业中那些能保持稳定的需求或者需求下降很慢而且还具有获取高收益特点的某一部分。企业在这部分市场存在不确定性，企业可以采取在领先战略中所列举出的一些措施。最终企业或者转向执行收获战略，或者转向放弃战略。

（3）抽资转向战略。抽资转向战略的目标是减少或取消新的投资，减少设备维修，甚至削减广告和研究与开发费用，以及为提高价格或今后销售中获利于以往的信誉而最大限度地利用企业现存的一切实力。普通的抽资转向战略方法有：减少样品数量；减少使用的销售渠道；放弃小的客户；减少因销售而引起的各种服务等。在衰退产业中企业要注意，并非所有的业务都是可抽资转向的，实施抽资转向战略有一些先决条件，这些条件是：①企业具有能够生存的实力；②在衰退阶段，一个产业不至于衰退到更加激烈的竞争中；③若企业不拥有相当的实力，企业的产品价格将升高，产品质量将降低，广告宣传将停止，其他措施将会引起大幅度的销售量下降；④在衰退阶段，如果产业的结构导致竞争反复无常，竞争者就可能会利用企业投资不足的弱点夺取市场或迫使价格下降，由此消除了企业通过抽资转向所拥有的低成本的优势；⑤同样，由于一些企业具有一些降低投资的选择，使企业不易抽资转向。

（4）快速放弃战略。该战略的依据是在衰退阶段的早期，企业能够从此业务中最大的限度地得到最高卖价。原因是：出售这项业务越早，资产市场如国外市场，需求没有饱和的可能性越大，企业能从这项业务的出售中实现最高的价值。

（四）产业生命周期模型的应用案例 [①]

腾讯公司于1998年年底成立于深圳，目前其已经成长为中国互联网企业中具有举足轻重地位的企业之一，其创始人为马化腾。腾讯公司在开曼群岛注册并于2004年在中国香港上市。

---

① 本案例改编自：李伟："腾讯公司发展战略研究"，中国海洋大学硕士学位论文，2014。

腾讯公司逐步成长为一个极具责任心的企业，该公司的愿景是成为"最受尊敬的互联网企业"。在这样的愿景的指导下，腾讯公司不仅在互联网技术上进行开拓升级，在服务上更符合大众的需求，更是在降低网络犯罪，保护个人隐私上做出努力，努力使企业成为一个不仅是消费者喜欢更是消费者尊敬的企业。目前，腾讯公司将战略目标制定为客户提供"一站式在线生活服务"，全方位一站式的服务于消费者，提供增值服务、广告服务等，同时升级网络平台，健全网络社区，使客户全方位的需求得以满足。据统计，腾讯公司目前所拥有的消费者群体将近 8 亿，并仍在继续增加。

腾讯公司是一个极具创新能力的互联网企业，其不仅具有有利于创新能力发挥的组织结构，也在于其员工的整体素质水平。腾讯公司的员工整体创新能力较强，一半以上是具有研创能力的专业人员。在这样一个有助于自主创新的环境下，腾讯公司也积极申请专利，在其相关产品方面都有一定的专利，很好地保护了腾讯公司的知识产权，也激发了企业的再创新能力。2007 年，腾讯公司依托于企业自身，建立了腾讯研究院，使其创新更为规范化，也为腾讯公司的不断创新注入了新的动力。

1. 初创期

腾讯公司成立于 1998 年，是一家民营互联网企业。在成立之初，受到 ICQ 启发的腾讯，专注于建立开发面向企业的网络寻呼系统的软件；仅仅在成立几个月后，腾讯公司就拓展了该项服务，开通即时通信。2000 年 5 月，QQ 用户注册数达 500 万。在腾讯公司的初创期，由于当时中国的互联网还处于起步阶段，缺乏成功的互联网先行者案例，腾讯公司一直处于徘徊的发展阶段。利用对于 ICQ 的模仿和创新，腾讯公司的 QQ 社交软件迅速吸引了数以万计的网络用户，但此时的腾讯公司却处于尴尬的局面之中，一方面，QQ 的迅猛发展及强大的吸引力蕴藏着巨大的商机；另一方面，公司为了养活 QQ，每天都必须花巨额的费用，这是一个处于初创期的小型互联网企业所无法承担的。QQ 用户群的快速扩张并没有给腾讯公司带来销售收入，不仅如此，公司还需要承接其他小型的项目以获得资金，投入到产品的市场推广与维护，企业在财政压力下几乎要将 QQ 的所有权出售。

腾讯公司对于 ICQ 的模仿和创新，给中国的网络用户带来了全新的体验和更加便捷的沟通，促进了互联网即时通信的发展。2000 年 8 月，OICQ

的信息窗口上出现了 Banner 广告。新浪从广告业务上的获利给了腾讯公司新的启示，此前并不熟悉广告业务的腾讯公司开始尝试在广告上获取收益。由于 OICQ 庞大的用户群，Banner 广告带来了惊人的曝光率，广告收入占到了当时公司总收入的 70% 以上。

但是，随后的网络泡沫给腾讯公司浇了一盆冷水，广告业务的收入在 2001 年 2 月锐减了一半。除了在广告业务上做文章以外，腾讯公司还进行了大胆的创新和尝试，开辟新的盈利渠道。2000 年 11 月，腾讯公司推出了会员服务，向付费的用户提供免费用户享受不到的服务，会费为每年 120～200 元。然而，由于不成熟的电子商务市场以及高额的会员费，最终付费的会员只有 3 000 多名，远远没有实现预期的目标。

随着 2000 年互联网寒冬的到来，腾讯公司的发展遭遇了巨大的资金困难，若想继续发展，公司必须另辟蹊径。2000 年 5 月，腾讯公司与联通联合推出"移动 OICQ"服务。同年 8 月，腾讯公司与移动通信公司签订了"即时通——移动 OICQ"业务试运行协议，其后，随着移动梦网的发展，腾讯公司的移动 OICQ 业务蒸蒸日上。到了 2001 年，随着北京、四川、浙江等地的移动公司相继推出了"移动 OICQ"服务，此服务占到了整个移动梦网短信业务的一半以上，甚至达到 70% 的比例，获利能力实在惊人。

2. 成长期

从 1998 年创建公司到 2001 年，腾讯公司通过探索初步找到了一个适合自身发展的模式。2000 年 8 月，腾讯公司同广东移动合作，从而使腾讯公司扭亏为盈，实现了 1 000 万元人民币的纯利润。此后，腾讯公司相继推出广告业务、移动 QQ 业务，付费 QQ 用户达到 5 000 万。2001 年年底，腾讯公司实现了 1 022 万元人民币的纯利润。OICQ 不仅深得用户喜欢，并为腾讯公司带来了盈利。然而，处于发展初期的中国互联网市场瞬息万变，新技术、新模式层出不穷，腾讯公司若要维持自身发展，则不可避免地要参与到激烈市场竞争中来。作为成立于九十年代末的互联网企业，腾讯公司目睹了门户网站、搜索引擎、网络游戏等业务的成长，这些业务巨大的发展前景吸引了无数的互联网企业竞相跟随。腾讯公司谋取新的发展遇到更多的挑战。2002 年，腾讯公司进一步发展壮大，并走在中国互联网规范发展的前端，签署了《中国互联网行业自律公约》，这一行动，不仅是腾讯公司做出的表率，同样也为中国互联网行业发展的规范化和健康化做出了贡献。在这一年，腾讯公司也采用举办选秀比赛的形式，进一步推广了 QQ 这一社交软件，使得 QQ 的消费者群得到大范围的扩大。鉴于腾讯公司的快速健康发展，其亦得到了政府部门的认可和支持，如获得"2002 年度深圳市重点软件企业"的荣誉称号。2002 年腾讯公司的净利润是 1.44 亿元，比上一年增长了 10 倍多。

为了进一步满足互联网用户的需求，腾讯公司于 2003 年 8 月推出的"QQ 游戏"。以休闲游戏为核心的互动娱乐业务在吸引大量网络用户并提供高质量的互联网娱乐体验的同时，也为腾讯公司增加了丰厚的收入。随后，针对 MSN 的竞争，腾讯公司又推出了腾讯通（RTX）和腾讯 TM 这两款办公级的即时通信工具，有效填补了市场空白。与此同时，腾讯公司迅速布局网络媒体业务，腾讯网（QQ.COM）作为以青年人为目标客户群的时尚娱乐门户网站，依托 QQ 客户端获得了迅速的发展。

为了争夺互联网入口，腾讯公司先是开通了 QQ 电子邮件，紧接着于 2004 年 10 月推出了腾讯 TT 浏览器，试图掌握更多的互联网资源。2004 年，腾讯公司在香港联交所主板上市。腾讯控股公布 2004 年业绩财报，腾讯公司实现营业额为 11.44 亿元，上升了 55.99%；实现净利润 4.46 亿元，增长了 38.6%。而在腾讯公司的营业收入中，互联网增值服务收入所占比例越来越大，营销手段越来越灵活。与此同时，腾讯 QQ 的注册用户数也大幅度地逐年递增。

为了应对阿里巴巴、百度等平台企业的竞争，2005 年 9 月，腾讯公司正式布局电子商务市场，开通了 C2C 网站拍拍网并推出了一款功能类似于支付宝的软件财付通。2005 年年底，腾讯公司在成长期的业务布局基本完成，因业务的需要，公司根据新的业务体系划分出五个业务系统：互动娱乐业务、互联网业务、无线增值业务、网络媒体业务和互联网增值业务。

3. 成熟期

2006 年 11 月，腾讯公司推出超级旋风，提供下载加速服务；12 月推出 QQ 医生，专门针对 QQ 提供更好的网络安全保护，标志着腾讯公司开始进入互联网安全领域；2007 年推出 QQ 拼音输入法，继续争夺互联网的入口权。QQ 空间、朋友网、腾讯微博的相继推出，使腾讯网络社区化的概念越来越清晰。

这一时期，苹果公司推出的苹果手机引爆智能手机风潮，智能手机迅速普及，手机网民数量急剧增加，根据中国互联网络信息中心的《第30次互联网络发展状况统计报告》，截至2012年6月底，我国手机网民规模达3.88亿，在整体网民中的比例为72.2%。随着3G网络优化、智能手机普及和应用软件的丰富，手机已成为网民接入互联网的主要方式。腾讯公司抓住移动互联网发展的良机，开始布局移动互联网的市场，腾讯移动互联网的战略思路如下：第一步，先发制人、抢占市场，通过在较短时间内推出多种手机移动业务，抢占移动终端的互联网市场，而积累用户资源。第二步，平台间嫁接业务，随着移动终端的迅猛发展，市场的差异化越来越明显，腾讯公司的软件平台能够非常方便地在众多操作系统上运行，便于产品的迅速推向市场。第三步，开发自有手机操作平台，形成一个内容丰富、使用便捷、运行优秀的QQ生态圈，使一站式生活社区成为可能。

2011年1月21日，腾讯公司推出具有零资费、跨平台、移动即时通信、发照片等功能的微信产品。之后在这一年进行了几次重大投资，包括腾讯公司入股华谊兄弟传媒股份有限公司，购买金山软件股份等。在这样的投资下，腾讯公司的规模进一步扩张，资金运作更为熟练。2012年，腾讯公司继续壮大，在这样的背景下，通过调整企业的组织结构，与其他企业合作，树立良好的社会形象等一系列措施，进一步巩固了腾讯公司的发展。2013年9月16日，搜狐公司、搜狗公司与腾讯公司共同宣布达成战略合作。腾讯公司向搜狗公司注入资本4.48亿美元，并将旗下的腾讯搜搜业务以及其他相关资产并入搜狗，在交易完成后腾讯公司获得搜狗完全摊薄后36.5%的股份，并且腾讯公司的持股比例会在近期内增至40%左右。2013年9月16日，腾讯公司股价上涨，报417港元，市值约7 749.82亿港元，约合1 000亿美元，成为中国首家市值超1 000亿美元互联网公司。

随着微信用户规模的进一步扩大，腾讯公司拥有了手机端的利器。2013年，微信支付叫板支付宝，在一系列手机支付领域抢夺用户。随着在无线互联网方面业务的成功开展，腾讯公司的业务初步整合成功，形成面向三大端口的七大业务模块，构建成一个较为便捷、全面、开放的网络社区平台。

六、波士顿矩阵分析法详解与应用案例

（一）波士顿矩阵分析法的含义

波士顿矩阵分析法（BCG Matrix），是指在坐标图上，以纵轴表示企业市场增长率，横轴表示相对市场份额（即市场占有率），将坐标图划分为四个象限，依次为"明星"业务、"问题"业务、"现金牛"业务和"瘦狗"业务。其目的在于通过产品所处不同象限的划分，使企业采取不同决策，以保证其不断地淘汰无发展前景的产品，保持"问题""明星""现金牛"产品的合理组合，实现产品及资源分配结构的良性循环。波士顿矩阵图如图 2-10 所示。

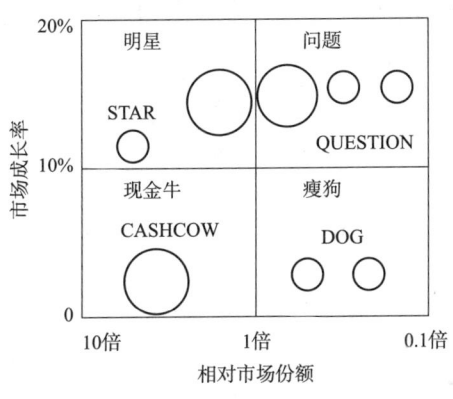

图 2-10　波士顿矩阵图

（二）波士顿矩阵分析法划分的四种业务

1. "问题"业务

"问题"业务是指高市场成长率、低相对市场份额的业务，这类业务往往是一个公司的新业务。为发展"问题"业务，公司必须建立工厂，增加设备和人员，以便跟上迅速发展的市场，并超过竞争对手，这些意味着大量的资金投入。"问题"，非常贴切地描述了公司对待这类业务的态度，因为这时公司必须慎重回答是否继续投资并发展该业务这个问题。只有那些符合企业发展长远目标，企业具有资源优势，能够增强企业核心竞争能力的业务才能得到肯定的回答。图 2-10 中所示的公司有三项"问题"业务，不可能全部投资发展，只能选择其中的一项或两三项，集中投资发展。

2. "明星"业务

"明星"业务是指高市场成长率、高相对市场份额的业务,这是由"问题"业务继续投资发展起来的,可以视为高速成长市场中的领导者,它将成为公司未来的"现金牛"业务。但这并不意味着"明星"业务一定可以给企业带来滚滚财源,因为市场还在高速成长,企业必须继续投资,以保持与市场同步增长,并击退竞争对手。企业没有"明星"业务,就失去了希望,但群星闪烁也可能会耀花了企业高层管理者的眼睛,导致做出错误的决策。这时必须具备识别"行星"和"恒星"的能力,将企业有限的资源投入在能够发展成为"现金牛"的"恒星"上。

3. "现金牛"业务

"现金牛"业务是指低市场成长率,高相对市场份额的业务,是成熟市场中的领导者,是企业现金的来源。由于市场已经成熟,企业不必大量投资来扩展市场规模,同时作为市场中的领导者,该业务享有规模经济和高边际利润的优势,因而给企业带大量财源。企业往往用"现金牛"业务来支付账款并支持其他三种需大量现金的业务。图2-10中所示的公司只有1种"现金牛"业务,说明它的财务状况是很脆弱的。因为如果市场环境一旦变化导致这项业务的市场份额下降,公司就不得不从其他业务单位中抽回现金来维持"现金牛"业务的领导地位,否则这个强壮的"现金牛"业务可能就会变弱,甚至成为"瘦狗"。

4. "瘦狗"业务

"瘦狗"业务是指低市场成长率、低相对市场份额的业务。一般情况下,这类业务常常是微利甚至是亏损的。"瘦狗"业务存在的原因更多是由于感情上的因素,虽然一直微利经营,但就像人对养了多年的狗一样恋恋不舍而不忍放弃。其实,"瘦狗"业务通常要占用很多资源,如资金和管理部门的时间等,多数时候是得不偿失的。图2-10中的公司拥有两项"瘦狗"业务,可以说,这些业务都是公司沉重的负担。

(三)四种业务的不同战略

波士顿矩阵分析法可以帮助我们分析一个公司的投资业务组合是否合理。如果一个公司没有"现金牛"业务,说明它当前的发展缺乏现金来源；如果没有"明星"业务，说明在未来的发展中缺乏希望。一个公司的业务投资组合必须是合理的，否则必须加以调整。在明确了各项业务单位在公司中的不同地位后，就需要进一步明确战略目标。通常有四种战略目标分别适用于不同的业务。

1. 发展战略

继续大量投资，目的是扩大战略业务单位的市场份额。主要针对有发展前途的"问题"业务和"明星"中的"恒星"业务。

2. 维持战略

投资维持现状，目标是保持业务单位现有的市场份额，主要针对强大稳定的"现金牛"业务。

3. 收获战略

收获战略实质上是一种榨取，目标是在短期内尽可能地得到最大限度的现金收入，主要针对处境不佳的"现金牛"业务及没有发展前途的"问题"业务和"瘦狗"业务。

4. 放弃战略

放弃战略的目标在于出售和清理某些业务，将资源转移到更有利的领域。这种目标适用于无利可图的"瘦狗"和"问题"业务。

（四）对波士顿矩阵分析法的评价

1. 优点

波士顿矩阵分析法的应用产生了许多收益，它提高了管理人员的分析和战略决策能力，帮助他们以前瞻性的眼光看问题，更深刻地理解公司各项业务活动的联系，加强了业务单位和企业管理人员之间的沟通，及时调整公司的业务投资组合，收获或放弃萎缩业务，加强在更有发展前景的业务中投资。

2. 缺点

这种方法也有其局限性，首先，由于评分等级过于宽泛，可能会造成两项或多项不同的业务位于一个象限中；其次，由于评分等级带有折中性，使很多业务位于矩阵的中间区域，难以确定使用何种战略；最后，这种方法也难以同时顾及两项或多项业务的平衡。因此，使用这种方法时要尽量占有更多资料，审慎分析，避免因方法的缺陷造成决策的失误。

七、营运矩阵分析详解与应用案例 ①

（一）营运矩阵分析的含义

营运矩阵分析，是指通过横向联系和纵向联系的营运方式，分析企业营运中分权化与集权化的问题，考虑各个管理部门（或岗位）之间的相互协调和相互监督，以更加高效地实现企业营运目标。

矩阵图法就是从多维问题的事件中，找出成对的因素，排列成矩阵图，然后根据矩阵图来分析问题，确定关键点的方法，它是一种通过多因素综合思考，探索问题的好方法。

在复杂的质量问题中，往往存在许多成对的质量因素，将这些成对因素找出来，分别排列成行和列，其交点就是其相互关联的程度，在此基础上再找出存在的问题及问题的形态，从而找到解决问题的思路。

如图 2-11 所示，A 为某一个因素群，a1、a2、a3、a4、…是属于 A 这个因素群的具体因素，将它们排列成行；B 为另一个因素群，b1、b2、b3、b4、…为属于 B 这个因素群的具体因素，将它们排列成列；行和列的交点表示 A 和 B 各因素之间的关系，按照交点上行因素和列因素是否相关联及其关联程度的大小，可以探索问题的所在和问题的形态，也可以从中得到解决问题的启示。

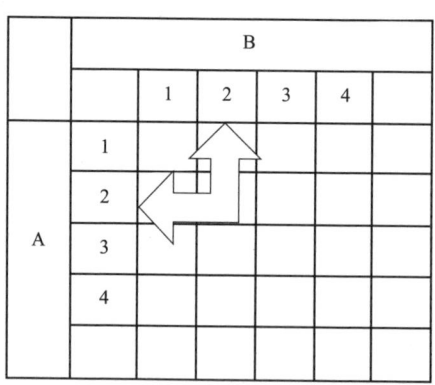

图 2-11　矩阵图的示意图（L 型）

---

① 关于营运矩阵分析的讨论，主要参照 https://baike.baidu.com/item/%E7%9F%A9%E9%98%B5%E5%9B%BE%E6%B3%95/1675324。

（二）营运矩阵分析的优势及用途

营运矩阵分析的最大优点在于，寻找对应元素的交点很方便，而且不会遗漏，显示对应元素的关系也很清楚。矩阵图法还具有以下几个特点：①可用于分析成对的影响因素；②因素之间的关系清晰明了，便于确定重点；③便于与系统图结合使用。

营运矩阵分析的用途十分广泛，例如，在质量管理中，常用矩阵图法解决以下问题：①把系列产品的硬件功能和软件功能相对应，并要从中找出研制新产品或改进老产品的切入点；②明确应保证的产品质量特性及其与管理机构或保证部门的关系，使质量保证体制更可靠；③明确产品的质量特性与试验测定项目、试验测定仪器之间的关系，力求强化质量评价体制或使之提高效率；④当生产工序中存在多种不良现象，且它们具有若干个共同的原因时，希望搞清这些不良现象及其产生原因的相互关系，进而把这些不良现象一举消除；⑤进行多变量分析、研究从何处入手以及以什么方式收集数据。

（三）营运矩阵分析的类型

营运矩阵分析法在应用上的一个重要特征，就是把应该分析的对象表示在适当的矩阵图上。因此，可以把若干种矩阵图进行分类，表示出他们的形状，按对象选择并灵活运用适当的矩阵图形。常见的矩阵图有以下几种：

（1）L型矩阵图。如图2-12所示，L形矩阵图是最基本的矩阵图，也是最为常见且使用较多的矩阵图。用来表示两组事件之间的关系，或关系的程度，也适用于各种结果与原因的关系。

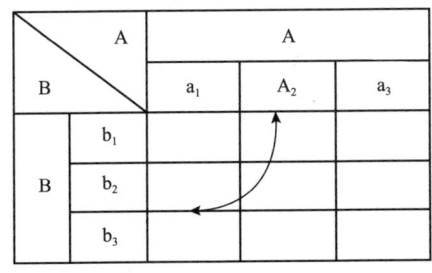

图 2-12　L 型矩阵图

（2）T型矩阵图。T形矩阵图是用来表示 A、B 两组事件及 A、C 两组事件，两两之间的关系。亦即，将 A 与 B 的 L 形矩阵图，和 A 与 C 的 L 形矩阵图连接，以 A 共通而组合成 T 字形的矩阵图，由图2-13可看出 A 与 B、C 间的关系。

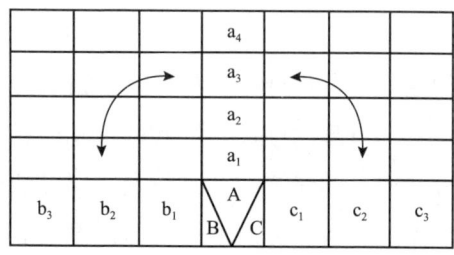

图 2-13　T 型矩阵图

（3）Y 型矩阵图。Y 形矩阵图是由 A 与 B、B 与 C、A 与 C 的三个 L 形矩阵图组合而成的矩阵图，因其外形类似 Y 字，所以称为 Y 形矩阵图。如图 2-14 所示，可以清楚表示出：① A 与 B、C；② B 与 A、C；③ C 与 A、B，彼此间的关系。

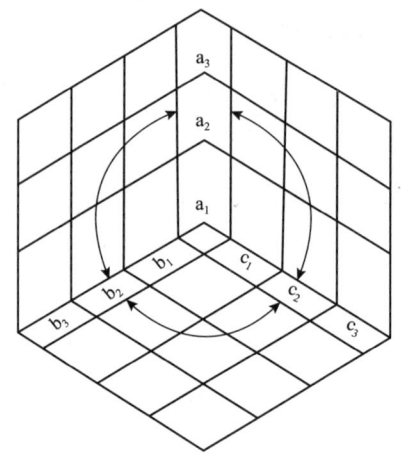

图 2-14　Y 型矩阵图

（4）X 型矩阵图。X 形矩阵图是由 A 与 B、B 与 C、C 与 D、D 与 A 的四个 L 形矩阵图组合而成，因其外形类似 X 字，所以称为 X 形矩阵图。如图 2-15 所示，可以清楚表示出：① A 与 B、D；② B 与 A、C；③ C 与 B、D；④ D 与 A、C，彼此间的关系。

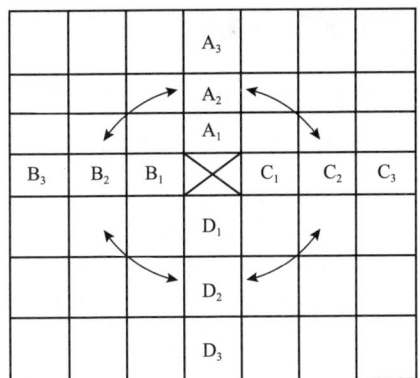

图 2-15　X 型矩阵图

（5）C 型矩阵图。C 形矩阵图最复杂，用来表示 A、B、C 三组事件的立体空间上的关系。如图 2-16 所示，其特点是以 A、B、C 各因素在三度空间上的交点为构想点。

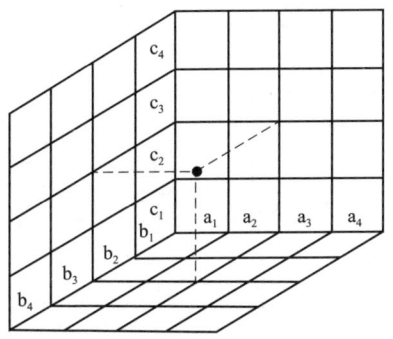

图 2-16　C 型矩阵图

（6）P 型矩阵图。P 型矩阵图如图 2-17 所示。

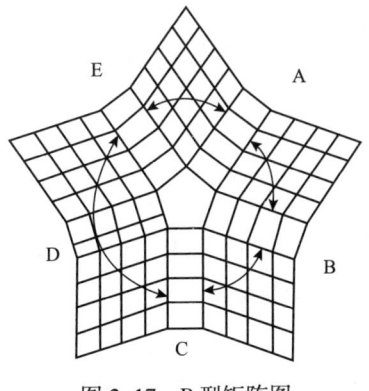

图 2-17　P 型矩阵图

（四）营运矩阵分析的应用案例

某厂为提高产品的性能，从各工序和原料入手，分析查找原因，通过作 T 型矩阵图（如图 2-18 所示），对影响质量的工序和原材料进行分析筛选，找出了影响质量的主要工序和原料，并采取了有效措施，提高了质量。

原料	2.6酚色泽深							
	催化剂含量大	○					△	△
	甲酯酸值大	○					△	△
原料 工序	质量特性	透光率	挥发粉	灰份	水份	澄清度	外观	黑点
生产工序	烷化	△						
	加成	○					○	
	中和	○						
	酯交换	◎				○	○	
后处理工序	过滤	○		○		△	○	○
	结晶	○	△				△	
	离心	○	○			△	○	
	洗涤	○				△	○	
	运料	△		○			△	○
	干燥	○	○	△	○	○	△	○
	包装			○	△			

注：◎表示强相关，○表示弱相关，△表示可能有关系或不相关。

图 2-18　某氧化剂产品质量矩阵图

第 3 节　战略地图详解与应用案例

一、战略地图的含义

战略地图，是指为描述企业各维度战略目标之间因果关系而绘制的可视化的战略因果关系图。战略地图由企业使命、愿景、价值观、战略以及四个维度的指标构成，通过描述指标间的因果关系，形象地表达了驱动企业绩效的关键目标以及它们之间的重要关系，为企业战略的贯彻执行指明了方向。

战略地图通常以财务、客户、内部业务流程、学习与成长等四个维度为主要内容，通过分析各维度的相互关系，绘制战略因果关系图。企业可根据自身情况对各维度的名称、内容等进行修改和调整。

战略管理是企业管理的重要组成部分，企业的长期目标只有与企业战略保持一致，企业才可能长远发展下去。战略地图作为一种战略描述工具，能够将企业战略与平衡计分卡四个层面目标间的相互关系清晰地表述出来，引导企业做正确的事，提高管理者与员工之间的沟通效率，确保战略能够在企业得到更好的贯彻执行，促进企业长期发展。

战略地图不是将战略划分成孤立的不同层面指标，而是描述各指标之间的相互作用机制，它使原本零星的、看似无关的指标联系在一起。战略地图作为战略描述工具，将四个层面指标联系在一起，形象地表现出各个指标之间的因果关系。

战略地图的主要优点在于，能够将企业的战略目标清晰化、可视化，并与战略 KPI 和战略举措建立明确联系，为企业战略实施提供有力的可视化工具。

战略地图的主要缺点在于，需要多维度、多部门的协调，实施成本高，并且需要与战略管控相融合，才能真正实现战略实施。

企业应用战略地图工具，一般按照战略地图设计和战略地图实施等程序进行。

二、战略地图设计 [①]

企业设计战略地图，一般按照设定战略目标、确定业务改善路径、定位客户价值、确定内部业务流程优化主题、确定学习与成长主题、进行资源配置、绘制战略地图等程序进行 [②]。

（一）财务层面

企业应根据已设定的战略目标，对现有客户（服务对象）和可能的新

[①]　关于战略地图的设计部分，主要参考：罗伯特·卡普兰、大卫·诺顿著，刘俊勇、孙薇译：《战略地图：化无形资产为有形成果》广东经济出版社，2005 年版。

[②]　本部分采用的战略地图及相应的案例都来自：https://wenku.baidu.com/view/8915f0d428ea81c758f57897.html?rec_flag=default&mark_pay_doc=2&mark_rec_page=1&mark_rec_position=1&mark_rec=view_r_1&clear_uda_param=1&sxts=1526715375699。

客户以及新产品（新服务）进行深入分析，寻求业务改善和增长的最佳路径，提取业务和财务融合发展的战略主题。

在财务层面，战略主题一般可划分为两个层次（见图 2-19）：第一个层次一般包括生产率战略和营业收入增长战略等；第二个层次一般包括改善成本、提高资产利用率、增加客户机会、提高客户价值等。

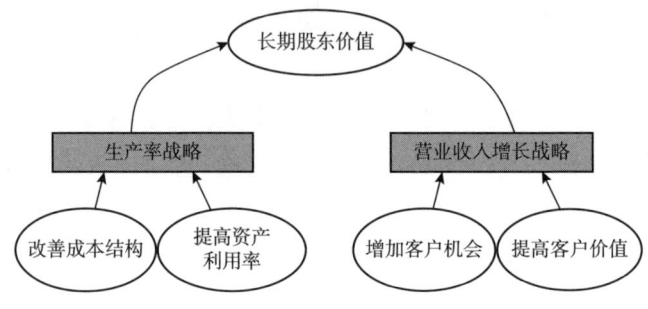

图 2-19　财务层面的战略地图

1. 营业收入增长战略

通过密切与现有客户的联系，挖掘潜在的业务，企业能够创造高附加值营业收入的增长。这能使它们销售更多的现有或者额外产品和服务。例如，银行试图使它们的经常账户客户也使用本行发行的信用卡，并从本行借款购房或买车。

通过销售新型的产品，企业也能够提升销售额使营业收入得到增长，如亚马逊公司除了销售书籍还销售 CD 和电子设备；企业可以向新的被细分过的客户销售产品来扩大收入；企业可以通过向新开发市场或被新感知的市场销售来扩大收入，如从国内销售扩展到国际销售。

2. 生产率战略

生产率改进是财务战略的另一个维度，它也可以通过两种方式发生。首先，企业通过降低直接和间接成本来减少成本。这样的成本降低方式使企业生产同样数量的产品却消耗更少的人力、物力、能源和供给。其次，通过更有效地利用他们的财务和实物资产，企业可以减少支持既定业务量水平所必需的营运和固定资本。例如，通过适时制方法，企业可以用更少的存货来支持既定的业务量水平；通过减少计划外的设备停工时间，企业可以在不增加厂房和设备的情况下生产更多的产品。

当企业在营业收入增长和生产率这对矛盾的力量之间进行权衡时，就引发了财务层面战略的连接问题。改善收入增长的行动通常比改善生产率的行动花费更长的时间。出于向股东展示财务成果的日常压力，企业的倾向自然是支持短期行动而非长期行动。战略地图第一个层次的开发，迫使企业处理这种压力，企业的财务目标也必须包括股东价值的持续增长。因此，战略的财务要素必须要有长期（增长）和短期（生产率）两个维度。

（二）客户层面

企业应对现有客户进行分析，从产品（服务）质量、技术领先、售后服务、稳定标准等方面确定、调整客户价值定位。在客户价值定位维度，企业一般可设置客户体验、双赢营销关系、品牌形象提升等战略主题，详见图 2-20。

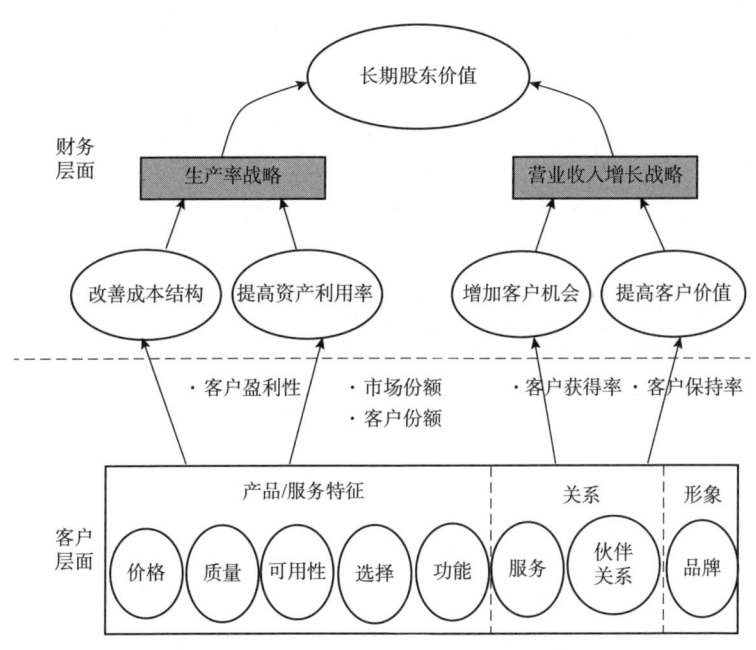

图 2-20　客户层面的战略地图

客户层面界定了目标客户的价值主张。如果客户看重销售质量和交付的及时性，则生产和交付高质量产品和服务的技能、系统和流程对企业具有很高的价值。如果客户看重创新和高性能，则创造功能卓越的新产品和服务的技能、系统和流程则更有高价值。企业的作为和能力与客户价值主张的高度协调一致是战略执行的核心。

1. 价值主张的类型

在客户层面，营业收入增长战略要求独特的价值主张，独特的价值主张描述了企业将如何为目标客户提供差异化、可持续的价值，如图 2-21 所示。

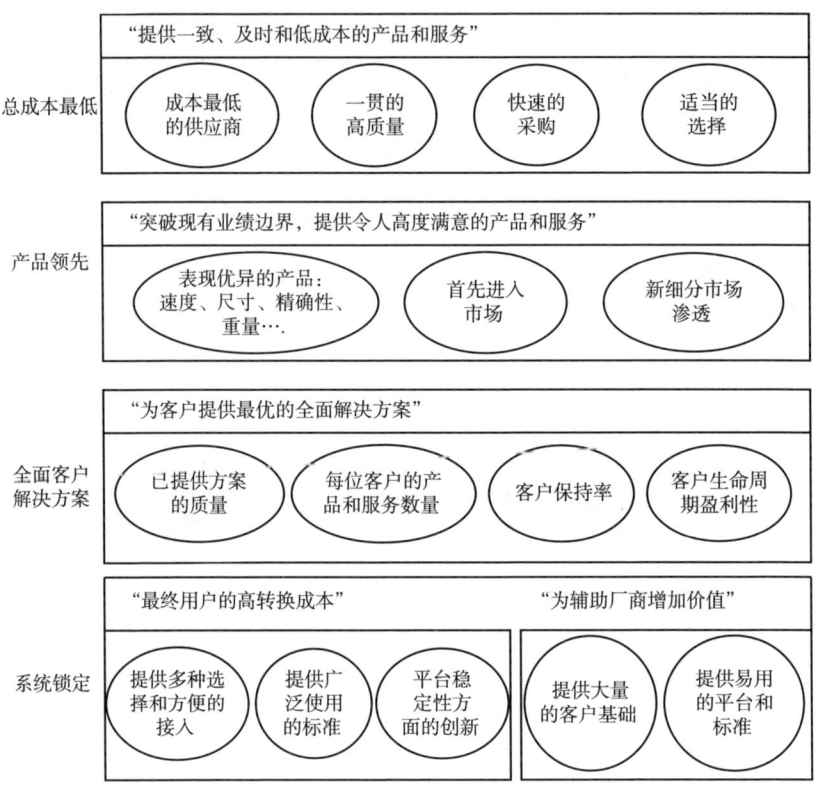

图 2-21　不同价值主张的客户目标

第一种类型的价值主张强调总成本最低。例如，西南航空、戴尔、沃尔玛、麦当劳和丰田等公司在各自的行业中都十分成功地向他们的客户提供了最佳购物环境或总成本最低的价值主张。总成本最低价值主张的目标应该强调有吸引力的价格、卓越而一致的质量、较短的交货期、方便的购物和良好的选择。

第二种类型的价值主张强调高品质产品。像索尼、奔驰和英特尔这样的公司，他们强调产品创新和领先。这些公司率先引领各自行业平均价格水平之上的价格领域，因为他们提供性能出众的产品。他们的价值主张目标强调独特的产品特征和性能，这些特征和性能是最前卫的客户所看重的并愿意为其付出高价钱。目标的衡量指标可以是速度、尺寸、准确性、消耗功率或其他超出竞争产品所具有并被客户看重的性能特征。拥有这种特征和性能的产品第一时间面市是首先推出这些产品公司的另一个目标。

第三种类型的价值主张强调为客户制订全面解决方案。这种价值主张的成功典范当属 IBM 公司和高盛（Goldman Sachs）公司。对于这个价值主张，客户应该感受到公司了解他们并能提供客户个性化的、满足他们特殊需要的产品和服务。

第四种类型的价值主张强调系统平台，它是在公司为客户创造了高转换成本时发生的。理想的情况是，像计算机操作系统或微芯片硬件构造这样的私人所有产品变成行业标准。在这种情形下，买方和卖方都想让他们的产品与标准保持一致以便从庞大的用户网络平台中受益。变为像 eBay 和黄页（Yellow Pages）这样的主流交换平台，是另一种成功系统平台战略典范。买方将挑选拥有大量提供产品和服务的卖方的交换平台；卖方提供产品和服务的交换平台将是能够达到买方要求可以发展大量潜在购买者的交换平台。在这种情形下，一家或两家公司将有趋向成为交换平台的主导供应商，并且他们将筑造的壁垒阻止其他交换平台提供商进入，也给买方和卖方制造了高昂的转换成本。

特定价值主张的目标和指标决定了企业的战略。通过设计特定价值主张的目标和指标，企业将战略转化为能使所有员工理解并通过努力工作来实现的有形指标。

2. 客户维度的 KPI

在客户层面，战略确定了业务单位竞争的目标细分客户和业务单位在目标细分客户方面的业绩衡量指标，常用的典型指标包括客户满意度、客户保持率、客户获得率、客户获利率、市场份额、客户份额等。这些指标代表了精心设计并良好实施的战略成功结果。

这些常用的客户绩效指标能够在因果递进关系中看到。例如，客户满意度通常产生客户保持率，然后通过大家的传播，企业新增了客户获得率；通过保持客户，企业增加了业务份额——客户份额，当然它也需要忠诚的客户；获得新客户加之现有客户的业务增长，企业的目标客户市场份额将迅速增长；最后，客户保持率将带来客户获利率的增加，因为保持一个老客户的成本将远低于获得一个新客户的成本。

实际上所有的企业都试图改善这些常用的客户指标，但是，只凭使客户满意，并保留客户几乎不可能成为战略。战略应确定特殊的细分客户，即为企业带来增长和赢利的目标客户。例如，西南航空公司以低价来满足并保留价格敏感性客户。一旦企业锁定它的目标客户，它将为此设计目标和指标来反映它想要提供的价值主张。通过描述企业为目标客户群体提供的独特产品组合、价格、服务、关系和形象，价值主张定义了企业的战略并向客户传达这样的信息：企业期望并有措施比竞争对手更好或不同寻常。

（三）内部业务流程层面

内部流程层面确定的几个关键流程被认为对战略产生最大的影响。例如，一个企业可以增加它的内部研发投资并再造它的产品开发流程，以便能为客户开发高性能的创新产品。另一个试图传送价值主张的企业，则可能选择合资生产方式开发新产品。

客户层面的目标描述了战略（目标客户和价值主张），财务层面的目标描述了成功战略（收入和利润增长以及生产率）的结果。一旦企业对这些财务和客户目标有了清晰的设想，内部流程层面和学习与成长层面的目标将描述战略被实现的过程。企业管理它的内部流程和传送战略差异化价值主张的人力、信息和组织资本。这两个层面的卓越业绩将驱动战略的实现。

内部流程实现两个关键的企业战略要素：①他们向客户生产和传递价值主张；②为了财务层面的生产率要素，他们改善流程并降低成本。企业无数的内部流程可分为4组：①运营管理流程；②客户管理流程；③创新流程；④法规与社会流程。具体如图2-22所示。

1. 运营管理流程

运营管理流程是基本的、日常的流程，通过这些流程，公司生产他们的现有产品和服务并交付给客户。制造企业的运营管理流程包括下列内容：①从供应商获得原材料；②将原材料转变为产成品；③向客户分销产成品；④管理风险。服务企业的运营流程是生产并交付客户使用的服务。

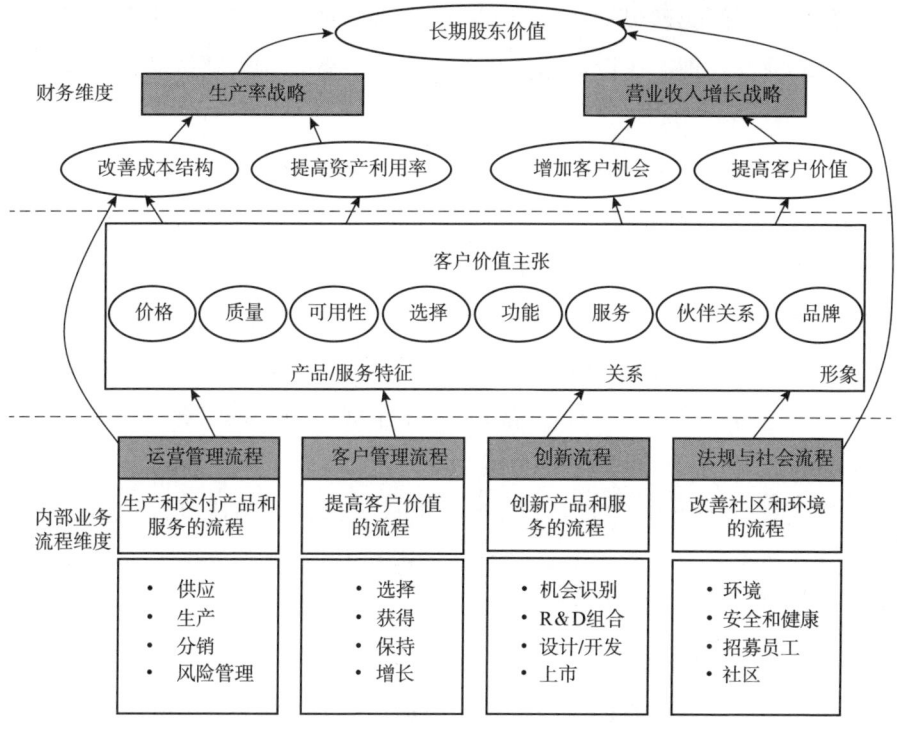

图 2-22 为客户和股东创造价值的内部流程

2. 客户管理流程

客户管理流程拓展并加深了与目标客户的关系。客户管理流程包括下列内容：①目标客户选择；②目标客户获得；③目标客户保持；④增长客户业务。

客户选择包括确定企业价值主张中选定的目标人群。目标客户选择过程确定了客户特征，以描述对企业最具有吸引力的细分客户。对于消费品公司来讲，细分客户可以通过收入、财富、年龄、家庭规模和生活习惯方式来界定。目标客户获得与创新领先、沟通潜在新客户、选择入门产品、产品定价、销售结算有关。目标客户保持是优质服务和客户需求反馈跟进的结果。及时、专业化的服务单位是维持客户忠诚并减少客户背叛可能性的关键。增长客户业务包括高效地管理客户关系、交叉开发销售多种产品和服务、成为值得信赖的知名顾问和供应商。

3. 创新流程

创新流程开发新产品、方法和服务，常常能使企业渗入新的市场和细分客户。创新管理包括四个流程：①识别新产品和服务的机会；②对研究和开发进行管理；③设计和开发新产品和服务；④将新产品和服务推向市场。

产品设计者和管理者产生新理念的途径有：扩展现有产品和服务的能力，运用新发现和技术，了解客户建议。一旦产生了新产品和服务的理念，管理者必须权衡决策为哪个项目筹资、哪个项目完全利用内部资源开发、哪个项目采用合资方式合作完成、哪个项目要得到其他组织的许可或完全外包。设计和开发流程是产品开发的核心，它将新概念带入市场。当产品达到了期望的功能，对目标市场产生了吸引力，按照稳定的质量生产并获得令人满意的成果时，一个成功的设计和开发周期结束时，项目小组将新产品带入了市场。对一个特殊的项目来讲，当企业以特定的产品功能、质量和成本水平实现了目标水平的销售和生产时，创新流程才能画上句号。

4. 法规与社会流程

法规与社会流程有助于企业在生产和销售所处的社区和国家持续赢得经营的权利。按照下列几个关键维度企业管理并报告他们的法规和社会表现：①环境；②安全和健康；③招募实践；④社区投资。

法规与社会流程有助于企业在生产和销售所处的社区和国家持续赢得经营的权力。有关环境、员工健康和安全、招募和解雇的国家和地方性法规为企业的实践规定了标准。然而，有些企业不满足仅仅遵守法规确立的最低标准，他们希望表现得优于法规限制，从而建立声望，树立形象，创造企业品牌。

在开发战略地图的内部业务流程层面时，管理者将确定对战略最为重要的流程。实行产品领先战略的企业将强调卓越的创新流程；实行总成本最低战略的企业必须擅长运营流程；实行客户解决方案战略的企业将强调他们的客户管理流程。

但即使强调4组内部流程之一，公司仍必须实行"平衡"战略并投资改善所有4组流程。财务层面典型地受益于内部层面流程的改善，这四个主体不同的内部流程具有不同时间周期（参见图2-23）。得益于运营流程改善的成本节约，传递快速：6～12个月。源于加强客户关系的收入增长出现在中期：12～24 个月。创新流程通常需要更长的时间才能产生收入和利润改善：24～48 个月。法规与社会流程的好处也需要较长时间才能获得，那时企业将规避诉讼和倒闭，提高社会形象，成为其经营所处社区选择的雇主和供应商。

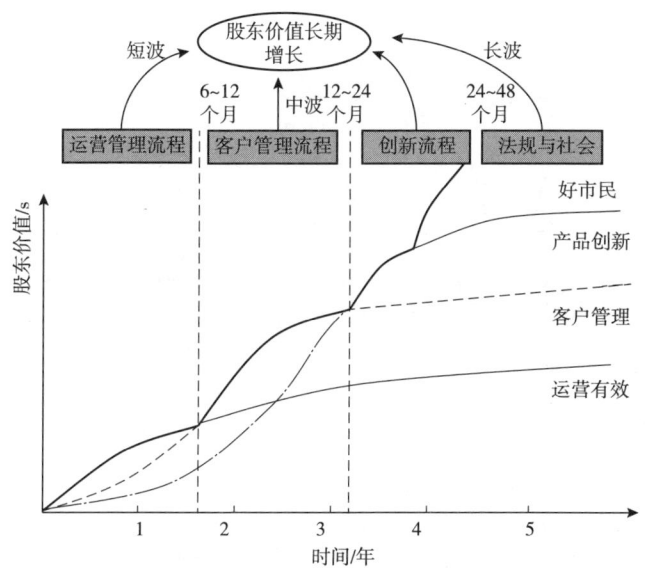

图 2-23　内部流程创造价值的周期

严格来讲，在一个企业中同时存在着数以百计的流程，每个流程都以某种方式创造着价值。战略的艺术是确定并擅长少数几个关键的流程，这些流程对客户价值主张至关重要。所有流程都应被管理好，但是少数战略流程必须受到特别关注和重视，因为这些流程创造了战略的差异化。已选的战略流程也应从四组流程中画出。每个战略都应在运营管理、客户管理、创新、法规与社会中确定一个或多个流程。少数关键战略流程经常被有机组成战略主题。战略主题允许企业强调行动方案并提出责任框架。战略主题是战略执行时的构筑模块。

图 2-24 说明某高科技制造公司的 7 个战略主题。它的战略是扩大价值主张，从片面强调产品质量到传递量体裁衣的、能够解决客户问题的产品配置。这个战略的核心是两个客户管理主题（解决方案销售和关系管理）。这些主体提供了新客户伙伴关系的基础。两个运营管理主题（适时生产和弹性制造）确保产品能够在客户要求的较短时间水平内配置和交付。两个

创新流程主题（内部产品开发和技术伙伴关系）提供了保持领先地位所需知识的两个平衡来源。战略的法规与社会要素（建设社区）反映了公司作为杰出雇主的期望，即帮助巩固影响员工生活质量的制度。这样公司将复杂的战略简化为 7 个战略主题，每个主体合乎逻辑地与客户价值主张和财务成果相衔接。

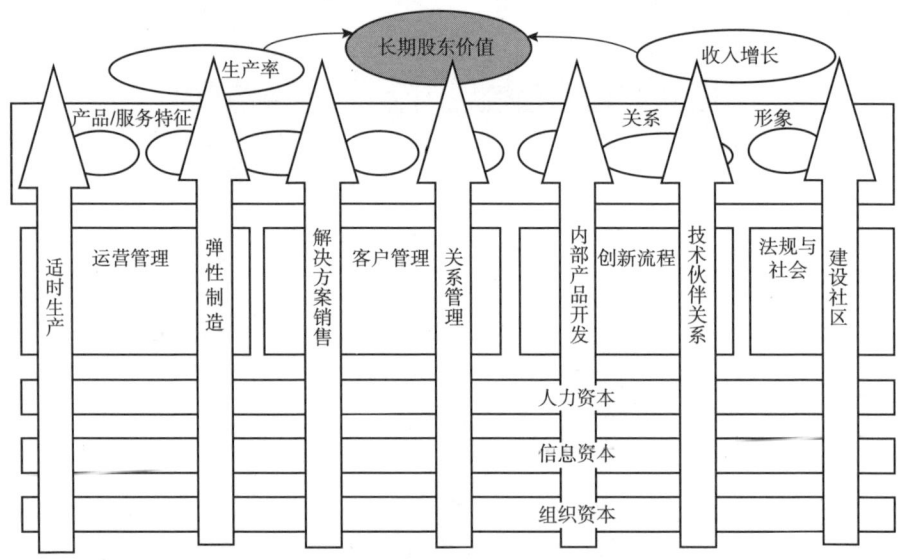

图 2-24　某高科技制造公司的 7 个战略主题

（四）学习与成长层面

平衡计分卡战略地图的第四个层面为学习与成长，描述了组织的无形资产及其在战略中的作用，详见图 2-25。我们将无形资产分为三类：①人力资本。支持战略所需技能、才干和知识的可用性。②信息资本。支持战略所需信息系统、网络和基础设施的可用性。③组织资本。执行战略所需的发动并持续变革流程的组织能力。

创造协调一致的关键是粒度（granularity），也就是跳出诸如"开发我们的人才"或"激活我们的核心价值"等俗套，重视关键战略内部流程所需的特殊能力和特征。战略地图能使管理者查明战略所需的特殊人力、信息和组织资本。

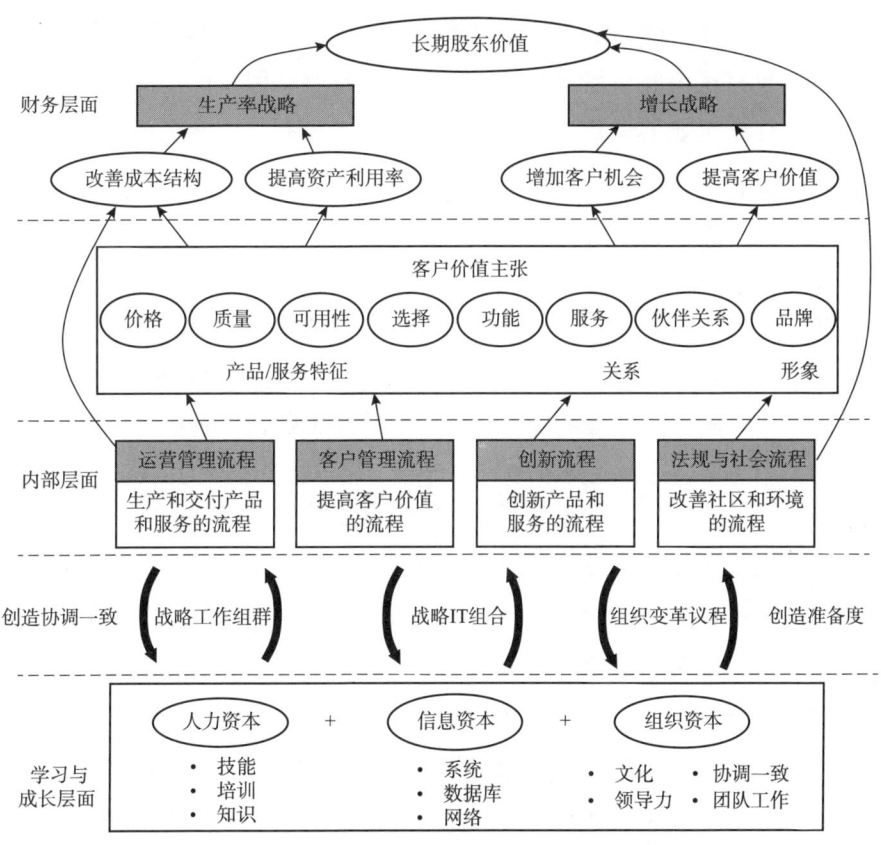

图 2-25　与战略协调一致的学习与成长层面

　　企业应根据业务提升路径和服务定位，分析创新和人力资本等无形资源在价值创造中的作用，识别学习与成长维度的关键要素，并相应确立激励制度创新、信息系统创新、智力资本利用创新等战略主题，为财务、客户、内部业务流程维度的战略主题和关键业绩指标（Key Performance Indicator，KPI）提供有力支撑。

　　综上，四个层面的目标通过因果关系联系在一起。从顶部开始的假设是，只有目标客户满意了，财务成果才能实现。客户价值主张描述了如何创造来自目标客户的销售额和忠诚度。内部流程创造并传送客户价值主张。然后，支持内部流程的无形资产为战略提供了保障。这四个层面目标的协调一致是价值创造的关键，因此也是一个重点突出、内部一致战略的关键。

　　战略地图描述了企业价值创造的过程，从各层面目标的驱动关系可以看出，价值创造的源泉在于学习成长层面的无形资产及人力、信息及组织资本，只有运用好该层面的价值创造的关键驱动因素，发挥人的聪明才智，不断优化企业的运营流程，提高企业管理效率，才能实现企业财务及非财务战略目标。

（五）战略地图绘制的具体程序

企业可应用平衡计分卡的四维度划分绘制战略地图，以图形方式展示企业的战略目标及实现战略目标的关键路径。具体绘制程序如下：

第一步，确立战略地图的总体主题。总体主题是对企业整体战略目标的描述，应清晰表达企业愿景和战略目标，并与财务维度的战略主题和KPI对接。

第二步，根据企业的需要，确定四维度的名称。把确定的四维度战略主题对应画入各自战略地图内，每一主题可以通过若干KPI进行描述。

第三步，将各个战略主题和KPI用路径线链接，形成战略主题和KPI相连的战略地图。

在绘制过程中，企业应将战略总目标（财务维度）、客户价值定位（客户维度）、内部业务流程主题（内部流程维度）和学习与成长维度与战略KPI链接，形成战略地图。

企业所属的各责任中心的战略主题、KPI相应的战略举措、资源配置等信息一般无法都绘制到一张图上，一般采用绘制对应关系表或另外绘制下一层级责任中心的战略地图等方式来展现其战略因果关系。

图2-26说明了一家低成本航空公司的"快速地面周转"主体的行动计划和业务集合。

三、战略地图实施

（一）战略地图实施的含义

战略地图实施，是指企业利用管理会计工具，确保企业实现既定战略目标的过程。战略地图实施一般按照战略KPI设计、战略KPI责任落实、战略执行、执行报告、持续改善、评价激励等程序进行。企业应用战略地

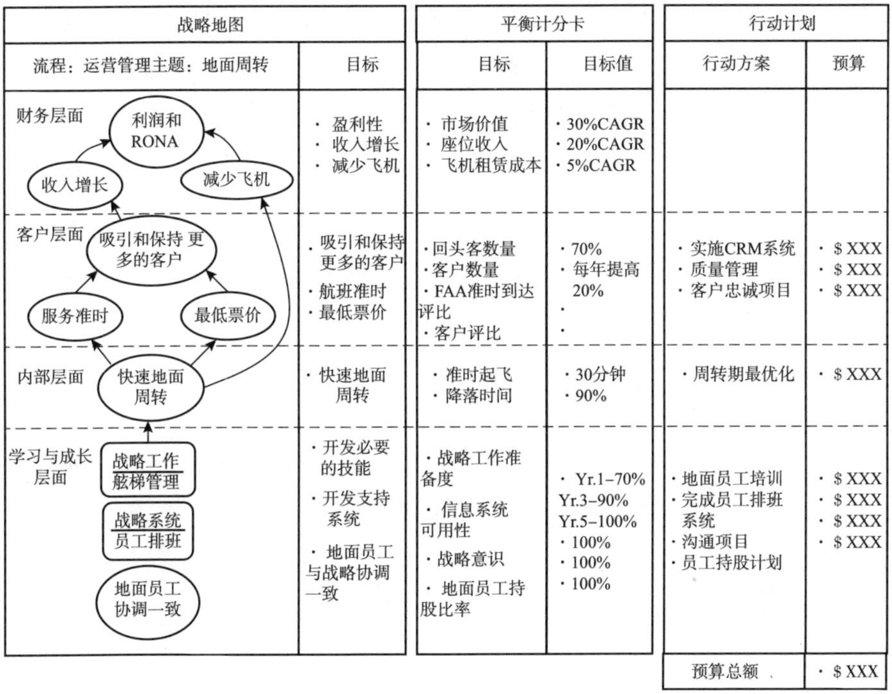

战略地图		平衡计分卡		行动计划	
流程：运营管理主题：地面周转	目标	目标	目标值	行动方案	预算
财务层面 利润和 RONA ← 收入增长 / 减少飞机	・盈利性 ・收入增长 ・减少飞机	・市场价值 ・座位收入 ・飞机租赁成本	・30%CAGR ・20%CAGR ・5%CAGR		
客户层面 吸引和保持更多的客户 ← 服务准时 / 最低票价	吸引和保持更多的客户 航班准时 最低票价	・回头客数量 ・客户数量 ・FAA准时到达评比 ・客户评比	・70% ・每年提高20%	・实施CRM系统 ・质量管理 ・客户忠诚项目	・$ XXX ・$ XXX ・$ XXX
内部层面 快速地面周转	快速地面周转	・准时起飞 ・降落时间	・30分钟 ・90%	・周转期最优化	・$ XXX
学习与成长层面 战略工作舷梯管理 / 战略系统员工排班 / 地面员工协调一致	・开发必要的技能 ・开发支持系统 ・地面员工与战略协调一致	・战略工作准备度 ・信息系统可用性 ・战略意识 ・地面员工持股比率	・Yr.1-70% Yr.3-90% Yr.5-100% ・100% ・100% ・100%	・地面员工培训 ・完成员工排班系统 ・沟通项目 ・员工持股计划	・$ XXX ・$ XXX ・$ XXX ・$ XXX
				预算总额	・$ XXX

图 2-26　低成本航空公司的"快速地面周转"主体的行动计划和业务集合图

图，应设计一套可以使各部门主管明确自身责任与战略目标相联系的考核指标，即进行战略 KPI 设计。

（二）战略 KPI 分解的流程

企业应对战略 KPI 进行分解，落实责任并签订责任书。具体可按以下程序进行：

（1）将战略 KPI 分解为责任部门的 KPI。企业应从最高层开始，将战略 KPI 分解到各责任部门，再分解到责任团队。每一责任部门、责任团队或责任人都有对应的 KPI，且每一 KPI 都能找到对应的具体战略举措。企业可编制责任表，描述 KPI 中的权、责、利和战略举措的对应关系，以便实施战略管控和形成相应的报告。每一责任部门的负责人可根据上述责任表，将 KPI 在本部门进行进一步分解和责任落实，层层建立战略实施责任制度。

（2）签订责任书。企业应在分解明确各责任部门 KPI 的基础上，签订责任书，以督促各执行部门落实责任。责任书一般由企业领导班子（或董事会）与执行层的各部门签订。责任书应明确规定一定时期内（一般为一个年度）要实现的 KPI 任务、相应的战略举措及相应的奖惩机制。

企业应以责任书中所签任务为基础，按责任部门的具体人员和团队情况，对任务和 KPI 进一步分解，并制订相应的执行责任书，进行自我管控和自我评价。同时，以各部门责任书和职责分工为基础，确定不同执行过程的负责人及协调人，并按照设定的战略目标实现日期，确定不同的执行指引表，采取有效战略举措，保障 KPI 实现。

（三）战略执行报告

企业应编制战略执行报告，反映各责任部门的战略执行情况，分析偏差原因，提出具体管控措施。每一层级责任部门应向上一层级责任部门提交战略执行报告，以反映战略执行情况，制订下一步战略实施举措。

战略执行报告一般可分为以下三个层级：①战略层（如董事会）报告，包括战略总体目标的完成情况和原因分析；②经营层报告，包括责任人的战略执行方案中相关指标的执行情况和原因分析；③业务层报告，包括战略执行方案下具体任务的完成情况和原因分析。

企业应根据战略执行报告，分析责任人战略执行情况与既定目标是否存在偏差，并对偏差进行原因分析，形成纠偏建议，作为责任人绩效评价的重要依据。企业应在对战略执行情况进行分析的基础上，进行持续改善，不断提升战略管控水平。

企业应根据战略执行报告，将战略执行情况与管控目标进行比对，分析偏差，及时发现问题，提出解决问题的具体措施和改善方案，并采取必要措施。企业在进行偏差分析时，一般应关注以下问题：①所产生的偏差是否为临时性波动；②战略 KPI 分解与执行是否有误；③外部环境是否发生重大变化，从而导致原定战略目标脱离实际情况。企业应在分析这些问题的基础上，找出发生偏差的根源所在，及时进行纠正。

达成战略地图上所列的战略目标时，企业一般可考虑适当增加执行难度，提升目标水平，按持续改善的策略与方法进入新的循环。

第3章　预算管理工具

第1节　预算管理概述

一、预算管理的含义

预算管理，是指企业以战略目标为导向，通过对未来一定期间内的经营活动和相应的财务结果进行全面预测和筹划，科学、合理配置企业各项财务和非财务资源，并对执行过程进行监督和分析，对执行结果进行评价和反馈，指导经营活动的改善和调整，进而推动实现企业战略目标的管理活动。对预算管理的理解要点如下：

（1）本处所指预算管理不是单纯的财务预算，而是全面预算。预算管理是全面控制企业生产经营活动，引导企业战略目标落地的重要工作，是为数不多的几个能把组织（企业）所有关键问题融合于一个体系之中的管理控制方法之一。

（2）预算管理是以战略目标为导向，并推动实现企业战略目标的管理活动。预算管理应起于企业战略规划，止于业绩考核评价，形成一个完整的管理闭环，将企业战略规划与经营管理活动有效连接起来，使经营管理活动始终服务于企业战略规划的贯彻落实。实践证明，不能体现企业战略的预算管理可能将企业发展带入歧途，而离开预算管理，企业战略规划也难以得到有效的贯彻实施。预算管理与企业战略之间的关系，如图 3-1 所示。

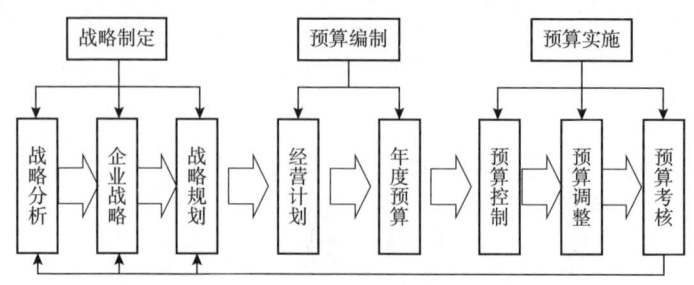

图 3-1　企业战略与预算管理的关系

（3）预算管理是业务系统，而不仅仅是财务系统。预算管理是企业管理者将企业所有经营、投资、财务等活动，通过运用数量化的系统工具编制为预算，并使之成为企业预算期内具有高度权威性的行动指南，因此预算管理是计划未来工作、实现预定目标的过程，是对有限的企业资源进行分配的过程，是对计划实施进行控制的过程。总而言之，预算管理是协调完成战略与业务目标的业务系统。

（4）预算管理是管理平台而不仅是管理工具。预算管理是企业战略目标达成的重要工具，必然有预算管理自身的工具，一般包括滚动预算、零基预算、弹性预算、作业预算等。但是预算管理更需要根据其战略目标、业务特点和管理需要，借助和融和各种管理工具，才能达到预期目标，如：整合战略管理领域的工具，强化预算对战略目标的承接分解；整合成本管理、风险管理领域的管理会计工具，强化预算对战略执行的过程控制；整合营运管理领域的管理会计工具，强化预算对生产经营的过程监控；整合绩效管理领域的管理会计工具，强化预算对战略目标的标杆引导，从而使预算管理成为各管理领域工具整合和协同的平台。

（5）预算管理是筹划控制而不仅仅是预测经营。预算管理的前提是预计经营成果，但本质作用在于筹划、在于控制。预算管理是实现资源优化配置的重要工具，科学、合理配置企业各项财务和非财务资源，发挥投入产出效益最大化，并推动战略目标的实现。预算管理的核心理念是过程控制，对执行过程进行监督和分析，对执行结果进行评价和反馈，指导经营活动的改善和调整。

二、预算管理的主要内容

企业预算管理内容的本质是企业经营、投资、筹资等经济管理活动，表现为预算形式即经营预算、专门决策预算和财务预算。这些预算按经济管理内容及相互关系有序排列、相互关联、相互制约、环环相扣，形成一个完整的、科学的、系统的全面预算体系。

（一）经营预算

经营预算是指与企业日常业务直接相关的一系列预算，包括销售预算、生产预算、采购预算、费用预算、其他经营预算等。

（1）销售预算是指预算期内企业销售产品或提供劳务等经营管理活动的预算，主要内容包括销售量、营业收入、营业成本、销售资金回款等。

（2）生产预算是指预算期内企业生产产品或提供劳务等经营管理活动的预算，主要内容包括业务量（产品产量、服务量提供量）、直接材料、直接人工、制造费用、产品成本等。

（3）采购预算是指预算期内企业物资与服务的采购储备、货款支付等经营管理活动的预算，主要内容包括采购量、存量周转期、库存结余、货款额等。

（4）费用预算是指预算期内企业组织管理、销售和融资等经营活动而发生的管理费用、财务费用和销售费用的预算。

（5）其他经营预算是指预算期内企业日常经营活动中有关折旧、税费、薪酬等方面的预算。一般情况下，这些预算涉及采购、生产和销售及管理的各个方面。

（二）专门决策预算

专门决策预算是指企业重大的或不经常发生的、需要根据特定决策编制的预算，包括固定资产投资预算、股权投资预算、筹资预算等。

（1）固定资产投资预算是指预算期内企业为购建、改扩建厂房、设备等而进行资本性投资预算，常见的固定资产投资预算包括基本建设项目预算、更新改造项目预算、设备购置预算等。

（2）股权投资预算是指预算期间企业为获得外部企业的经营决策、利润分配等股权性收益权而进行资本投资预算，常见的股权投资预算包括产业性股权投资预算、财务性股权投资预算等。

（3）筹资预算是指预算内企业为经营、投资等业务活动所需资金的筹措及借款偿还安排的预算，常见的筹资预算包括股权筹资预算、债权筹资预算等。

（三）财务预算

财务预算是指与企业资金收支、财务状况或经营成果等有关的预算，包括资金预算、预计资产负债表、预计利润表等。

（1）资金预算是反映预算期内企业现金收支及结余的预算，主要内容包括经营资金、投资资金、筹资资金等。

（2）预计资产负债表是预算期初和预算期末，企业财务状况情况的预算，主要内容包括资产、负债及所有者权益。

（3）预计利润表是预算期内企业经营成果及利润分配的预算，主要内容包括损益项目和利润分配。

三、预算管理的业务流程

企业应用预算管理工具，一般按照预算编制、预算控制、预算调整、预算考核等程序进行。

首先，预算编制是预算管理的基础。根据确定企业整体战略规划和经营目标，编制经营计划和预算，经过授权审批手续，形成具有约束力的企业年度预算的过程。

其次，预算控制是全面预算目标得以顺利实现的保障。企业以预算为标准，通过预算分解、过程控制、差异分析、执行反馈等措施，确保企业及各部门全面落实和实现预算目标的过程。

再次，预算调整是保障预算科学性的重要措施。经批准的年度预算原则上不作调整，但当内外战略环境发生重大变化或突发重大事件等特定原因，按照规定的程序对预算进行修改、完善的过程。

最后，预算考核是推动预算落地的重要推动力。通过定期与不定期对各项经营指标进行考核评价，对责任部门和个人进行奖励，并总结经验教训，为提升预算管理水平提供指导的过程。

四、预算管理的基本原则

（1）战略导向原则。预算管理应围绕企业的战略目标和业务计划有序开展，引导各预算责任主体聚焦战略、专注执行、达成绩效。

企业应按照战略目标，将战略目标和业务计划具体化、数量化作为预算目标，确立预算管理的方向、重点和目标，促进战略目标落地。

（2）过程控制原则。预算管理应通过及时监控、分析等把握预算目标的实现进度并实施有效评价，对企业经营决策提供有效支撑。

通过过程监督、差异分析等促使日常经营不偏离预算标准的管理活动，及时发现预算执行过程存在的偏差，或采取必需的补救措施，或调整预算，以应对实际情况的办法。

（3）融合性原则。预算管理应以业务为先导、以财务为协同，将预算管理嵌入企业经营管理活动的各个领域、层次、环节。

预算管理有许多融入企业管理的切入点，其中最基本是预算管理工具要与经营管理工具的融合，编制预算与经营计划的融合。

（4）平衡管理原则。预算管理应平衡长期目标与短期目标、整体利益与局部利益、收入与支出、结果与动因等关系，促进企业可持续发展。

各责任单位在编制经营计划时，都是从自己的职责范围出发的编制的，容易局限于短期目标、局部目标，缺乏对长远利益和整体利益的把握，而过于重视长远利益，又会影响企业当前的发展，因此，预算管理就是要综合平衡，实现均衡发展。

（5）权变性原则。预算管理应刚性与柔性相结合，强调预算对经营管理的刚性约束，又可根据内外环境的重大变化调整预算，并针对例外事项进行特殊处理。

预算的刚性是预算管理中一直强调的重要原则，但是企业战略、组织架构、市场环境等重大变化，可能使预算编制的基础随着变化，使预算企业的指导偏离于实际情况，预算就须及时进行调整。而这样做即减少预算编制时因不可预算因素导致的复杂性，也利于预算可以灵活应对现实经济活动中的特殊状况。

第2节 预算组织与制度

一、预算管理组织

预算管理组织是预算编制、控制、调整、考核等预算管理活动的承担主体,是预算管理有效开展的组织基础,对预算管理的正常运行起到关键性作用。实际预算管理工作中,预算管理的机构设置、职责权限需要依据企业的组织架构和管理体制而设置,因此,各企业预算管理组织设置各有特色,表现形式多样,但一般包括预算管理决策机构、预算管理工作机构和预算管理执行机构。预算管理组织基本架构如图3-2所示。

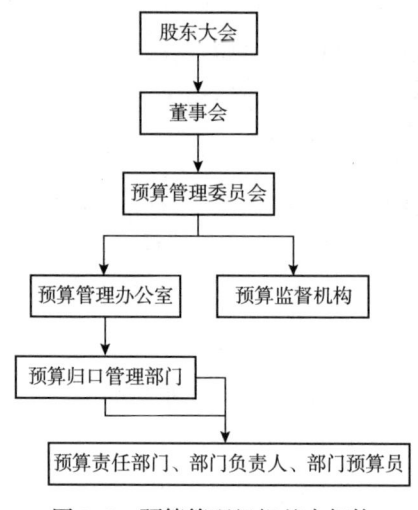

图 3-2 预算管理组织基本架构

(一)预算管理决策机构

预算管理决策机构拥有企业预算管理的领导权和决策权,能够对预算管理重大事项做出决策,在预算管理组织中居于最高层次。企业可设置预算管理委员会等专门组织机构以主导预算管理工作,主要职责包括:审批预算管理制度、审议年度预算草案、审议预算调整草案、监控与考核预算执行情况、决定预算管理过程中的重大问题等。

因企业性质不同、规模不同，预算管理决策机构的设立形式也会有所不同。上市公司一般要根据《上市公司治理准则》的规定，设立董事会预算专业委员会。非上市公司的预算管理决策机构一般由企业负责人担任决策机构负责人，财务负责人担任副职，其成员由企业高级管理人员、职能部门负责人以及重要子公司负责人组成。而在一些规模较小的企业中，也可以不单独设立预算管理决策机构，有关预算决策事项由企业负责人或其授权的高层直接负责。

（二）预算管理工作机构

预算管理工作机构是指负责预算编制、审核、协调、控制、调整、分析、考评等具体预算管理工作的部门。在预算管理组织架构中，预算管理办公室是不可缺少的机构，而预算归口管理部门根据预算管理职责分工而定。

预算管理办公室主要负责全面预算的编制、过程控制、预算分析及反馈落实等工作，即可单独设置，也可由财务部门担任这一角色，或在财务部门设立专门预算管理团队。由于预算管理办公室与财务部门常常合署办公，设置预算管理办公室时需特别注意，预算管理办公室的职能管理不能仅限于财务方面，而应涵盖整个企业的经营、投资、财务等各方面的业务活动，组成人员除了财务人员外，还应有经营、人力、技术等专业人员。

预算归口管理部门主要以其某方面的专业技能负责而某项具体预算项目的资源统筹、预算控制等工作，如人力资源部负责人力成本预算和培训预算，行政办公室负责会议费预算和办公场所预算等，即利于明确预算控制责任，又利于充分发挥部门职责和专长。

（三）预算管理执行机构

预算管理执行机构是各级预算责任和分项预算责任的执行主体，在预算目标实现过程中承担直接责任，是预算执行的第一责任人，一般情况是享有相应权力的企业内部预算责任中心。预算管理执行机构是以企业内部组织结构为基础，遵循分级分层、权责利相结合原则而建立的，开展本组织的预算编制、预算执行、预算报告等预算管理工作，表现形式为以部门、事业部、子公司等形式存在的责任中心，包括投资中心、利润中心、收入中心、成本中心等，涉及企业人财物、产供销各个部门，覆盖企业全体工作人员。

（四）集团公司预算管理组织

在集团公司中，子公司通过股东大会和派驻董事，接收集团预算的精神和要求，因此集团公司（股权大会）、董事会和经营者之间的权责界定就是预算管理组织基础，如表 3-1 所示。

表 3-1　股东大会、董事会和经营者的权责界定

	股东大会	董事会	经营者
基本权责定位	审批权	决策管理权	决策执行权
预算权责定位	预算最终审批权	（1）战略、预算目标决策权 （2）监督权	（1）编制预算 （2）预算执行 （3）自我控制

（五）设置预算管理组织注意事项

（1）预算管理组织既要符合预算管理的内在规律，也要符合国家相关规定，不能与法律法规相抵触。

（2）预算管理组织要结合企业的实际情况，繁简适度、经济适用，保证预算管理组织高效运行，节约运行成本。

（3）预算管理的机构设置、职责权限和工作程序应与企业的组织架构和管理体制互相协调，保障预算管理与业务管理有效融和。

（4）预算管理的各个组织机构必须有明确、清晰的管理权限和责任，减少预算管理过程中的推诿扯皮等现象。

二、预算管理制度

（一）预算管理基本制度

预算管理是一个系统性、技术性的工程，涉及业务管理各个方面，需

要企业全面参与，因此需要有效的预算管理基本制度，来指导各部门、各环节的预算管理工作。同时，预算管理基本制度要不断修订和完善，才能适应内外部环境的变化，以确保预算管理基本制度有效运行。预算管理基本制度一般包括：预算管理组织机构设置、预算编制、预算执行控制、预算分析、预算调整、预算考核等。预算管理基本制度至少应包括的重点内容如表3-2所示。

表3-2 预算管理基本制度的重点内容

序号	项目	重点内容
1	组织机构设置	预算管理权限设置
		预算管理委员会构成及职责
		预算管理办公室构成及职责
		预算归口管理部门及职责
2	预算编制	编制流程和时间节点
		编制模块及相应表格模板设定
		业务计划编制格式和方法
3	预算执行控制	预算执行审批规定
		预算控制点设置
		预算控制岗位设置
4	预算分析	预算分析流程及时间节点
		预算分析模板
		预算分析方法及报告内容
5	预算调整	预算调整（调剂）的界定
		预算调整（调剂）流程和权限
		预算调整（调剂）档案管理
		预算调整（调剂）考核规定
6	预算考核	预算指标与考核指标的关系界定
		预算考核的流程和原则
		预算考核的结果反馈

（二）预算管理相关管理制度

预算管理是经营管理模式与方法的集中反映，服务于经营管理，也区别于经营管理制度。经营管理制度运行设计与运行效果直接影响预算管理的结果，因此，无论是从企业管理角度，还是预算管理的需求，都要求企业建立健全、可行的各项管理制度，如会计核算制度、定额标准制度、内部控制制度、内部审计制度、绩效考核、激励制度等内部管理制度，夯实预算管理的制度基础。

定额标准制度影响着成本费用预算的编制基础和执行效果；采购管理制度是预算中库存量、付款周期等业务计划的基础；环保、研发、投资等制度是审核专项支出的重要依据；绩效考核制度对预算管理的重要性更是不言而喻；等等。这些制度涵盖企业运行的方方面面，在此无法详述。预算管理运行制效果不但是预算管理制度良性运行的结果，更是企业各项管理制度协调、有序、健康运行的结果。

第 3 节　预算编制的基本流程

企业一般按照分级编制、逐级汇总的方式，采用自上而下、自下而上、上下结合或多维度相协调的流程编制预算。预算编制流程与编制方法的选择应与企业现有管理模式相适应。同时，为保障预算编制质量，企业要通过预算编制制度，明确预算编制依据、编制内容、编制程序和编制方法，确保预算编制依据合理、内容全面、程序规范、方法科学，确保形成各层级广泛接受的、符合业务假设的、可实现的预算控制目标。

预算编制的基本流程包括启动预算编制、战略规划检视与更新、业务计划与预算编制、财务预算编制、预算审核与下发，如图 3-3 所示。

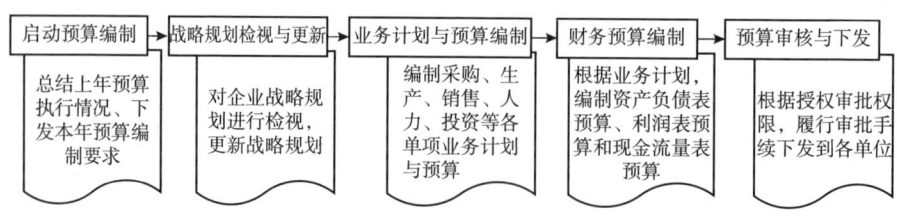

图 3-3　预算编制流程

一、战略规划

编制预算时，企业应先更新战略规划，确定年度目标。战略规划应该以客观预测信息为依据，具有可实现性和挑战性，过高或过低的定位都无法切实发挥战略规划的导向性作用。具体操作流程与方法，参见第2章的相关内容。

二、业务预算

根据检视和更新的战略规划，各预算责任主体编制业务计划，并量化为业务预算。业务预算要以业务计划为依据，要能够支撑公司的经营目标和方针，全面完整反映影响企业目标实现的业务和事项，业务预算主要解决以下问题：一是预算年度产品或服务成本；二是预算年度各项费用支出；三是预算年度人员需求与人力成本。

（一）销售预算

销售预算是预算编制的起点，是生产和采购业务的关键输入，而且销售收入是企业资金的主要来源，因此销售预算的准确度对整个预算编制的科学性起着至关重要的作用。预售预算一般包括销售收入预算、应收账款预算、产品销售成本预算。

根据过往销售、现有订单和市场环境等信息，预测企业未来销售情况，推测预算期的销售量和单价，从而计算出预算销售收入。然后根据企业的赊销信用政策，确定预算内销售回款情况。在编制销售预算过程中，销售价格和赊销水平需多次在销售部门和财务部门之间平衡，以及与生产制造部门协调交货周期。

1. 销售收入预算

销售部门以战略规划的收入目标为导向，根据销售预测结果，测算预算期内销售量、销售价格和销售收入，编制销售收入预算，编制方法如下：

（1）收集预算基础资料。销售收入预算主要是依据销售数量、销售政策、产品价格走势，以及经营目标等资料编制而成。因此，销售部门要通过多种渠道搜集上述基础资料，并进行深度调研、分析和预测。

（2）测算销售业务量。在收集预算基础资料的基础上，以产品或服务为预算对象，逐一或分类测算预算期内销售数量、销售金额及销售时间。当测算结果与公司预定收入目标存在差距时，销售部门需采取有效的销售措施，提高销售收入，重新测算，缩小差距。

（3）编制销售收入预算。在测算销售业务量的基础上，编制销售收入预算。销售收入预算可以分别按品种、区域、客户、部门等不同形式进行编制，从而形成多维度的销售收入数据，如表 3-3、表 3-4、表 3-5 和表 3-6 所示。

表 3-3　销售收入预算表（品种维度）

销售收入预算表（品种维度）

编制单位：　　　　　　　　　　　　　　　　　　　　编制时间：

产品名称	计量单位	销售单价	月 / 季 / 年	
			数量	金额
合计				

表 3-4　销售收入预算表（区域维度）

销售收入预算表（区域维度）

编制单位：　　　　　　　　　　　　　　　　　　　　编制时间：

销售区域	产品名称	计量单位	销售单价	月 / 季 / 年	
				数量	金额
合计					

表 3-5　销售收入预算表（客户维度）

销售收入预算表（客户维度）

编制单位：　　　　　　　　　　　　　　　　　　　　编制时间：

客户名称	产品名称	计量单位	销售单价	月 / 季 / 年	
				数量	金额
合计					

表 3-6 销售收入预算表（部门维度）

销售收入预算表（部门维度）

编制单位：   编制时间：

部门名称	产品名称	计量单位	销售单价	月 / 季 / 年	
				数量	金额
合计					

这些多维度的信息，可以为企业评价市场，进行销售区域的合理布局，调整销售结构等经营决策提供可靠的数据资料。

2. 应收账款预算

销售部门以销售收入预算、赊销政策、期初余额等资料为依据，测算预算期内企业应收账款增减变动和回款情况，编制应收账款预算，编制方法如下：

（1）收集预算基础资料。应收账款预算主要是依据预算期的销售收入、产品供求关系、赊销政策、客户付款政策及付款能力、客户信用记录、应收账款期初余额等信息资料编制而成。为了编好应收账款预算，销售部门必须尽力归集上述预算基础资料，并和财务部门一起研究制订预算期的赊销政策。

（2）明确赊销政策。采赊销政策对于应收账款预算的编制具有决定性的影响，直接影响到企业的现金流量，也影响到企业经济效益。宽松的赊销政策有利于扩大销售收入，但也会加长货款的回收周期，更会引起较高的坏账风险。

（3）计算预算指标，编制应收账款预算。在收集预算基础资料的基础上，以客户为预算对象，逐一或分类计算并列示客户在预算期内的应收账款增加、减少和期末余额。应收账款预算表如表 3-7 所示。

表 3-7　应收账款预算表

应收账款预算表

编制单位：　　　　　　　　　　　　　　　　　　　　　编制时间：

序号	客户名称	1月份				......			
		期初余额	本期增加	本期减少	期末余额	期初余额	本期增加	本期减少	期末余额
	重点客户								
	一般客户								
	合计								

3. 产品销售成本预算

财务部门以销售数量预算、产品制造成本预算和产品库存成本预算为依据，将销售产品或提供劳务按配比原则计算实际成本，编制产品销售成本预算，编制方法如下：

（1）收集预算基础资料。销售成本预算主要是依据预算期内的销售数量、产品制造成本、产品库存成本等信息编制而成。为此，财务部门需要归集、整理上述基础资料，夯实编制预算的基础工作。

（2）测算单位产品销售成本。由于企业不同时期的产品或服务成本是各不相同的，而预算期内销售的产品或服务中，既有本期生产的，也有上期结转的，因此企业应根据会计政策一致性，选择恰当的成本核算方法计算单位销售成本，如先进先出法、后进先出法、加权平均法、个别计价法等。

（3）编制销售成本预算。在计算单位销售成本的基础上，财务部门将单位销售成本乘以产品销售数量，逐一计算出预算期各种产品或服务的销售成本，并编制销售成本预算。单位销售成本预算表和销售成本预算表如表 3-8 和表 3-9 所示。

表 3-8　单位销售成本预算表

单位销售成本预算表

编制单位：　　　　　　　　　　　　　　　　　　　　　　　编制时间：

产品名称	月 / 季 / 年				单位产品销售成本
	期初库存		预算期入库		
	数量	成本	数量	成本	
合计					

表 3-9　销售成本预算表

销售成本预算表

编制单位：　　　　　　　　　　　　　　　　　　　　　　　编制时间：

产品名称	月 / 季 / 年		
	数量	单位成本	总成本
合计			

（二）生产预算

生产预算的表达形式主要是产量、生产成本等形式，主要包括产量预算、直接材料预算、直接人工预算、制造费用预算和生产成本预算。根据销售量、现有库存以及企业的生产能力、物料计划表等，编制产量、材料消耗、人员需求等业务量预算，然后财务部进一步编制直接材料成本、直接人工成本和制造费用等方面的预算。如果产品制造周期长，还需要编制在产品预算及合理产成品库存预算。

1. 产量预算

生产部门根据库存安排销售预算，结合生产部门的实际情况，安排预算期内各项生产数量和生产时间。

（1）收集预算基础资料。产量预算主要是依据预算期的销售数量预算、销售数量预算、产品存货预算等信息编制而成。由于企业生产计划不但受市场需求和库存影响，还受生产能力、生产工艺、材料供应状况等因素的影响，因此各项影响因素、信息、资料都要归集到位。

（2）计算产量，编制产量预算。在企业生产能力、材料供应等因素都能满足产品生产的情况下，预算期的产量 = 销售数量 + 期末库存量 − 期初库存量，其中，销售数量来源于销售收入预算，期末库存量可以依据库存策略测算。如果销售数量与发货数量不一致，则公式中的销售数量，应该换为发货数量。产量预算表如表 3-10 所示。

表 3-10　产量预算表

产量预算表

编制单位：　　　　　　　　　　　　　　　　　　　　　　编制时间：

产品名称	月 / 季 / 年			
	期初库存	本期生产	本期销售	期末库存

2.直接材料预算

生产部门根据产量预算中安排的生产数量，根据企业核定的材料消耗目标和材料预算价格，安排预算期内各种生产使用的材料品种、数量和金额，主要包括原材料、辅助材料、燃料与动力等材料。

（1）收集预算基础资料。直接材料预算主要是依据预算期的产量预算、材料消耗量和材料预算价格等信息编制而成，包括各种原料、外购半成品、包装材料、燃料与动力等。

（2）计算并编制直接材料预算。根据产量预算、材料消耗目标、材料预算价格，编制材料消耗量和材料消耗额，形成材料需求和材料成本，材料成本 = 产品产量 × 材料预算消耗量 × 材料预算价格。材料预算消耗额是指预算期内所制订的单位产品或单位劳务消耗材料的预算目标。在保证质量的前提下，生产部门根据企业生产部门的具体条件，结合工艺要求，以技术测定为主、经验统计为辅来制订合理的材料消耗量目标。直接材料预算成本表如表 3-11 所示。

表 3–11 直接材料预算成本表

直接材料成本预算表

编制单位： 编制时间：

材料名称	计量单位	预算单价	产品 A			...	合计	
			单位消耗	总消耗量	总消耗额		数量	金额
合计								

3. 直接人工预算

生产部门根据产量预算中安排的品种和数量，以及企业工资制度，安排预算期内所需的直接人工工资和其他直接人工成本，详见人力成本预算。

4. 制造费用预算

生产部门根据产量预算中安排的品种和数量，根据企业核定的制造费用项目、历史数据、消耗目标等资料，安排预算期内各车间、分厂、部门制造费用的预算额。

（1）归集预算基础资料。制造费用预算主要是依据预算期的产量预算、制造费用项目、基期费用情况、成本驱动因素、预算编制要求等信息资料编制而成。要通过细致的工作将上述基础资料归集到位，特别是成本驱动因素的选择直接影响制造费用预算的准确性。

（2）计算制造费用金额。一般情况下，制造费用总额与产量之间缺乏直接的因果关系，在制造费用各项目中既有变动性费用，也有固定性费用，还有混合性费用。因此不宜完全采用产量等业务量作为预算编制的基础，而应分项分析其成本驱动因素，根据不同成本项目的不同成本驱动因素时进行分析和测算，目前较多采用作业成本法。

（3）编制制造费用预算。制造费用预算项目及金额确认之后，以车间、分厂或部门为单位编制制造费用预算。制造费用预算表如表3–12所示。

表 3–12　制造费用预算表

制造费用预算表

编制单位：　　　　　　　　　　　　　　　　　　　　　　　　　　编制时间：

费用项目	月 / 季 / 年				
	成本驱动因素			总消耗量	总消耗额
	内容	目标消耗	预算单价		
（　　）部门					
1					
2					
小计					
费用项目	月 / 季 / 年				
	成本驱动因素			总消耗量	总消耗额
	内容	目标消耗	预算单价		
（　　）部门					
1					
2					
小计					
合计					

5. 生产成本预算

生产部门根据直接材料、直接人工和制造费用预算汇总编制预算期内各种产品的制造总成本和单位成本。财务部将上述预算审核无误后，先将制造费用在不同产品之间进行分摊，之后将直接人工、直接材料和制造费用按产品归集，即可计算出生产成本。制造费用分摊预算表如表 3–13 所示，生产成本预算表如表 3–14 所示。

表 3–13　制造费用分摊预算表

制造费用分摊预算表

编制单位：　　　　　　　　　　　　　　　　　　　　　　　　　　编制时间：

费用项目	总消耗额	产品 A			…
		分摊标准	分摊数量	分摊金额	
合计					

表3-14 生产成本预算表

生产成本预算表

编制单位： 　　　　　　　　　　　　　　　　　　　　　　　　　　　编制时间：

产品名称	总成本				单位成本
	直接材料	直接人工	制造费用	合计	
合计					

（三）采购预算

采购预算是企业预算期内物资采购、控制采购成本、采购业绩考核的主要依据。采购预算主要包括仓储预算、采购预算、应付账款预算。在以销定产的情况下，按照销售、生产、采购预算的顺序编制各项预算，销售预算和生产预算是采购预算的重要输入。同时，采购预算还要在资金安排上与销售预算、生产预算、现金预算衔接起来，保障整体经营活动的顺利进行。

1. 仓储预算

仓储部门根据直接材料预算和其他物资预算中的各种物资耗用量，结合物资库存定额，测算预算期内各种物资的期初期末结余量、本期出入库量，一般由仓储部门负责编制，采购、财务、生产等部门予以协助。

（1）收集预算基础资料。仓储预算主要是依据预算期的直接材料预算、其他材料耗用预算，以及不同物资的库存定额、物资供求关系等信息资料编制而成，上述基础资料归集到位后仍需不断更新。

（2）计算各项仓储预算指标。编制仓储预算的关键是合理确定各种物资的期末库存量，也就是核定各种物资库存定额。库存定额 = 预算期物资日均消耗量 × 物资库存预期天数 × 预算期物资单位成本。式中，预算期物资日均消耗量可以根据预算年度物资耗用量除以预算年度生产日数得出；预算期物资单位成本根据物资买价、运输费、装卸费、保险费以及合理损耗等项目合理预估；物资库存预期天数是指企业提出物资采购申请到把物资投入生产为止所占用的天数，以及为了防止特殊原因造成物资不能正常供应而建立的保险储备所占用的天数。为了简化工作量，可以仅对用量大、价值高的重要物资应按品名逐一详尽核定，而数量少、品种多的物资，可按类别粗略估计。

（3）编制仓储预算。当各项仓储预算指标确定之后，就可以按物资类别、名称汇总编制预算，主要内容包括各种物资库存的期初、期末结存，预算期各种物资的出入库情况，既要反映实物数量，又要反映资金价值。仓储预算基础数据表如表 3-15 所示，物资仓储预算表如表 3-16 所示。

表 3-15　仓储预算基础数据表

仓储预算基础数据表

编制单位：　　　　　　　　　　　　　　　　　　　　　　　　编制时间：

材料名称	计量单位	预算单价	期初数量	消耗量		定额天数
				年消耗量	日消耗量	

表 3-16　物资仓储预算表

物资仓储预算表

编制单位：　　　　　　　　　　　　　　　　　　　　　　　　编制时间：

材料名称	计量单位	月 / 季 / 年			
		期初	入库	出库	期末

2. 采购预算

采购部门根据仓储预算中安排的预算期物资入库品种和数量，结合对采购价格及供应市场调查情况，安排预算期内企业各种物资的采购数量、采购成本和采购时间。

（1）收集预算基础资料。需要收集的主要资料包括仓储预算、物资市场供求关系、价格变动趋势等信息资料。

（2）编制采购量预算。按物资类别、名称汇总编制采购预算，主要内容包括采购物资名称、计量单位、采购数量、采购单价、采购金额和采购时间。采购预算表如表 3-17 所示。

表 3-17　采购预算表

采购预算表

编制单位：　　　　　　　　　　　　　　　　　　　　　　　　编制时间：

材料名称	计量单位	月 / 季 / 年			
		数量	预算价格	金额	备注

3. 应付账款预算

采购部门以采购预算、付款政策、应付账款期初余额等资料为依据，测算预算期内企业应付账款增减变动情况。

（1）收集预算基础资料。需要收集的主要资料包括预算期物资采购金额、物资供求关系、付款政策、企业信用记录、供应商收款政策、应付账款期初余额、预算期现金宽裕度等信息资料。

（2）明确付款政策。编制应付账款预算之前，首先要明确企业采购货款的付款政策。采购部门必须归集、整理相关资料，并和财务部门一起综合研究制订科学、合理、符合实际的预算期采购付款政策，并提前与供应商沟通，获得认可。

（3）编制应付账款预算。在收集预算基础资料的基础上，以客户为预算对象，按照付款政策逐一或分类计算客户在预算期内的应付账款增加、减少和期末余额。按供应商名称进行排序，同时还要反映采购业务的内容，以便与采购预算相衔接。当企业应付账款户数过多时，可采取重点管理法编制应付账款预算。具体做法与应收账款预算的编制方法相同。应付账款预算表如表 3-18 所示。

表 3-18　应付账款预算表

应付账款预算表

编制单位：　　　　　　　　　　　　　　　　　　　　　　编制时间：

序号	供应商名称	月 / 季 / 年			
		期初余额	本期增加	本期减少	期末余额
	重点供应商				
	一般供应商				
	合计				

（四）期间费用预算

期间费用预算包括销售费用预算、管理费用预算、财务费用预算。各销售和管理部门年度费用预算必须以业务计划为基础，将部门业务工作进行分类，然后针对不同业务类别，采用不同的方法编制各项明细项目费用预算。

1. 销售费用预算

（1）收集预算基础资料。主要资料包括销售收入预算、销售政策、销售内容、费用开支标准、销售费用率、基期销售费用水平等信息资料。另外，还需按照企业对销售费用的管理要求，有针对性、有重点地收集资料。例如，根据企业要求，"销售费用增长率要低于销售收入增长率10个百分点"，需要重点归集基期销售收入和销售费用的实际发生额及其相关资料，特别是控制增长率的潜在措施。

（2）测算销售费用数额。销售费用与销售收入、销售利润之间具有内在联系，编制人员要通过分析销售收入、销售费用和销售利润的量本利关系，找出测算销售费用的最佳方法。

常用的销售百分比法，指用基期销售费用与基期销售收入的百分比，结合预算期的销售收入预算来测算销售费用的方法。但销售百分比法不适用于销售费用中的固定性费用，因此企业采用销售百分比法测算销售费用时，首先应将销售费用划分为变动性费用和固定性费用，然后采用销售百分比法测算出变动性费用，再加上固定性费用。

（3）编制销售费用预算。在测算预算期销售费用数额的基础上，编制销售费用预算。销售费用预算表如表 3-19 所示。

表 3-19　销售费用预算表

销售费用预算表

编制单位：　　　　　　　　　　　　　　　　　　　　　　　　　　　编制时间：

费用类别	费用项目	月 / 季 / 年		
		金额	占收入比	同比增长率
变动性费用				
固定性费用				
	合计			

2. 管理费用预算

（1）收集预算基础材料。管理费用预算编制的基础材料包括基期费用情况、预算期管理费用增减变动因素、管理费用预算编制管理要求等信息资料。

（2）测算各项费用指标。首先将管理费用分为约束性费用和酌量性费用。约束性费用是指此项费用是否发生、发生多少不受管理人员决策控制，如固定资产折旧费、土地使用税等。酌量性费用是指此项费用是否发生、发生多少受到管理人员决策的影响，如研发费、招待费、差旅费等。然后根据不同类型的管理费用，采取不同的管控措施和编制方法，约束性费用主要依据历史数据及预算期新变化测算，而酌量性费用主要依据预算期工作计划编制。

（3）编制管理费用预算。在归口编制、部门编制、分类编制的基础上，由预算管理部门汇总编制预算年度的管理费用预算。为了将管理费用预算控制目标落实到位，有效发挥预算对管理费用的控制作用，应将管理费用预算表设计成分部门、分项目的形式。管理费用预算表如表3-20所示。

表3-20 管理费用预算表

管理费用预算表

编制单位： 编制时间：

费用类别	费用项目	费用金额	同比增长率	部门明细		
				（ ）部门	（ ）部门	（ ）部门
约束性费用						
	小计					
酌量性费用						
	小计					
合计						

3.财务费用预算

（1）收集预算基础资料。财务费用预算编制的主要依据包括：预算期内企业各项借款金额、借款利率及手续费，预算期内企业在银行办理承兑汇票贴现的额度与贴现利率，预算期内企业在银行的平均存款余额和存款利率，预算期内企业结汇、购汇的额度与汇率，预算期内发生的其他财务费用。

（2）编制财务费用预算。按照各自的计算公式就可以将财务费用测算出来，按照费用项目、费用金额、发生时间的结构，汇总编制财务费用预算。在计算财务费用时，应分清费用化的财务费用和资本化的财务费用。

（五）其他预算

除了上面的销售、生产、采购和期间费用预算，企业经营活动还涉及税务、人力、折旧、减值等方面的预算，下面介绍人力成本预算和固定资产折旧预算。

1.人力成本预算

人力资源部门应该按照本年度企业运营规模和薪酬预测，确定销售、生产、采购和管理部门的在岗员工人数、薪酬总额度等信息，汇总编制预算期内薪酬成本费用，应包括所有的工资、奖金、补贴、提成等。人力资源部发生的日常业务费用，如招聘费和培训费用，一般在管理费用预算列示。

（1）收集预算基础资料。需要收集的资料主要包括企业工资结构、工资总额限制、工资调整政策、"五险一金"政策等。

（2）测算职工薪酬指标。以各部门为单位进行统计和测算，确定基期工资总额和预算期各部门的员工数量及各类人员构成；根据不同部门、不同人员和不同的工资制度，分别测算预算期的工资总额、"五险一金"和其他相关支出。

（3）编制职工薪酬预算。在完成各项测算的基础上，汇总编制职工薪酬预算，并根据职工提供服务的受益对象进行分配，分别计入生产成本、制造费用、销售费用、管理费用、在建工程等科目。人力成本预算表如表3-21所示。

表 3-21　人力成本预算表

人力成本预算表

编制单位：　　　　　　　　　　　　　　　　　　　　　　　　　　编制时间：

部门	月 / 季 / 年					
	人数	工资	奖金	五险一金	补贴	其他
合计						

2. 固定资产折旧预算

折旧摊销是固定性成本费用，根据预算期实的固定资产、长期待费用清单，并考虑预算期新增的项目，采用统一的会计政策与会计估计，即可测算出。

（1）确定预算期固定资产总额及月度增减变化。需计提折旧的固定资产范围不但包括预算期初在用固定资产，还应考虑预算期新增固定资产，逐一确认这些固定资产的原值、类别和使用部门，并按月测算固定资产原值增减额，以便准确计算折旧。

（2）确定计提折旧方法是否调整。一般情况下，固定资产折旧方法、年限和残值率应保持一致性，但与固定资产有关的经济利益预期实现方式、可使用年限等有重大改变的，可以改变。

（3）计算预算期的折旧数据，编制折旧预算。固定资产折旧预算表如表 3-22 所示。

表 3-22　固定资产折旧预算表

固定资产折旧预算表

编制单位：　　　　　　　　　　　　　　　　　　　　　　编制时间：

项目	月 / 季 / 年			
	期初金额	本期增加	本期减少	期末余额
1.生产用				
2.非生产用				
合计				

三、专项决策预算

专门决策预算影响比较重大的、发生频率较低，且根据决策特殊需求编制，格式与逻辑千差万别。一般情况下，企业会组建专业团队，分析项目情况，编制专项决策预算，下面介绍固定资产投资预算和股权投资预算的基本情况。

（一）固定资产投资预算

固定资产预算是预算期内固定资产支出的总体安排，包括建筑工程施工、机器设备，涵盖固定资产达到预算可使用状态所需的全部费用支出的预算。

（1）建筑工程施工类固定资产，此类支出由直接费、间接费、计划利润和税金及附加组成。其中，直接费包括人工费、材料费、施工单位机械使用费和其他直接费、现场经费等，可按建筑工程量和当地建筑工程概算综合指标计算，房屋建筑按每平方米造价估算。间接费包括施工管理费和其他间接费，一般以直接费为基础，按照施工现场所在地区规定的间接费率执行。计划利润以直接费和间接费之和为基数，按一定的利润率计取。税金及附加包括增值税、城市维护建设税和教育费附加，可按照税法规定税率计算得出。施工过程中，还会发生一些其他费用，如拆迁费、设计费等，也应根据实际情况列示。

（2）机器设备类固定资产，包括需要安装设备和不需要安装设备。不需要安装设备预算根据预计采购价格、运输费、保险费及相关税费测算。需要安装设备预算，不但要考虑设备本身的价格、税费，还需考虑安装工程费。安装工程费包括设备安装费及管道（线）安装费用，由直接费、间接费、计划利润和税金组成。其中，直接费按每台设备或每台设备占全部设备价格的百分比计算；间接费以直接费用为基础，按间接费用率计算；计划利润以安装工程的直接费和间接费之和为基数，按一定的利润率计算；税金包括增值税、城市维护建设税和教育费附加，根据有关的税率、费用率和纳税项目数额计算。

（二）股权投资预算

通过股权投资活动，企业拥有了被投资企业的全部或部分产权，按投资比例分享权益和承担风险。兼并、收购或参股企业等活动都属于股权投资范畴，由投资部门负责编制，财务部门予以协助。

（1）根据企业年度投资策略，提出投资建议。投资部门要在企业投资策框架内进行投资的市场研讨和可行性分析，向企业投资决策机构提交投资建议书，包括投资方式、投资内容、投资金额、投资效益、投资风险等事项。

（2）企业投资决策机构审议投资建议，议定投资计划。根据企业投资决策管理制度规定，投资活动要经过投资决策权限和程序进行审议、决策，形成正式的投资计划，明确投资标准，甚至是具体的投资标的，为投资预算编制提供依据。

（3）根据投资决策及投资计划，编制投资预算。根据投资项目的不同，投资部门与财务部门密切合作，编制具体的投资预算。投资项目需要确定的事项包括：投资的时间、金额与股份比例、投资性质与方式、被投资企业的年度净利润、收回投资的时间与金额等。

四、财务预算

作为全面预算编制过程的最后环节，财务预算主要从利润、现金流、财务状况三个方面总括地反映企业在预算期的整体情况，在全面预算管理体系中具有十分重要的地位，其具体作用体现为：

（1）目标导向作用。财务预算是全面预算体系的核心，对全面预算的编制起着明确目标的作用。为了防止各单项预算的编制偏离企业的战略规划和经营目标，在编制预算前，企业会下达预算编制的总目标，而预算编制的总目标基本都体现在财务预算，财务预算的关键预算指标就是经营目标的综合体现。

（2）控制约束作用。在全面预算体系中，财务预算居于全局地位，综合反映各项经营预算和投资预算的财务影响。在编制预算过程中，通过财务预算的系统规划与综合平衡功能，将各单项预算统筹到一起，统一服从于企业预算期的经营总目标。在预算编制后，企业又会将财务预算结果与经营目标对比，审视预算编制是否达到预期目标。

（3）合理配置资源作用。财务预算通过编制财务预算，控制低效率开支，优化业务结构，将企业资源分配到企业高效率的业务活动中，综合平衡企业各项企业资源的合理配置，从而确保公司资源的合理配置，提高资源的投入效率。

（4）制订绩效评价标准作用。财务预算的指标可以综合反映企业各项业务、各个部门的绩效成果，通过将经营活动、投资活动、财务活动目标化、具体化和系统化，可以综合评价企业业绩和部门成绩，为考核和评价企业及内部各层次在实现企业经营目标过程中的工作绩效提供依据。

编制财务预算的信息资料主要来自业务预算和专项决策预算，而且大部分财务预算指标也都是经营预算指标、专项决策预算指标汇总或加减计算的结果，编制难度不高，重点在于编制后各项业务指标的综合平衡。

（一）利润预算

利润预算表与实际利润表的内容、格式相同，只不过数据是面向预算期的。它汇总了销售收入、销货成本、销售费用、管理费用等预算的损益数据。通过编制利润预算表，才可以了解各项业务计划后企业预期的盈利水平。如果利润预算指标与战略规划中的年度目标有较大的不一致，就需要反向检视各单项预算并进行调整，采取有效措施设法达到目标，或者经预算管理决策机构同意后修改目标。

（1）"销售收入"和"销售成本"项目的数据，来自销售预算。

（2）"销售费用"和"管理费用"项目的数据，来自期间费用预算。

（3）"利息"项目的数据，来自财务费用预算。

（4）"所得税费用"项目的数据，通常不是根据"利润"和所得税税率计算出来的，而是在利润预测时估计的，因为有诸多纳税调整的事项存在。此外，从预算编制程序上看，如果根据"本年利润"和税率重新计算所得税，就需要修改"现金预算"，引起信贷计划修订，进而改变"利息"，最终又要修改"本年利润"，从而陷入数据的循环修改。利润预算表如表 3-23 所示。

表 3-23　利润预算表

利润预算表

编制单位：　　　　　　　　　　　　　　　　　　　　　　　编制时间：

项目	月 / 季 / 年
销售收入	
减：销售成本	
毛利	
销售费用	
管理费用	
财务费用	
利润总额	
所得税费用	

（二）资金预算

资金预算由四部分组成：现金收入、现金支出、现金多余或不足、现金的筹措和运用。

（1）"现金收入"指预算期现金收入，销售取得的现金收入是其主要来源，数据来自销售预算。

（2）"现金支出"部分包括预算期的各项现金支出。"直接材料""直接人工""制造费用""销售费用""管理费用"的数据分别来自前述各单项预算。此外，还包括购置设备、股权投资等现金支出的数据，都来自专门决策预算。

（3）"现金多余或不足"列示现金收入与现金支出的差额。差额为正，说明现金有多余，可用于偿还外部借款、分配股利或者对外投资。差额为负，说明现金不足，还需要新增外部借款或股权增资。现金预算表如表3-24所示。

表 3-24　现金预算表

现金预算表

编制单位：　　　　　　　　　　　　　　　　　　　　编制时间：

项目	月 / 季 / 年
期初现金余额	
加：销售现金收入	
减：直接材料	
直接人工	
制造费用	
销售费用	
管理费用	
所得税	
购买设备款	
股权收购款	
现金多余或不足	
偿还外部借款	
新增外部借款	
借款利息	
股权增资款	
分配股利	
期末现金余额	

（三）资产负债预算

资产负债预算表与实际的资产负债表内容、格式基本相同，只是表内数据是反映预算期内的资产、负债和所有者权益信息。资产负债预算表与利润预算表一样，也是根据销售、生产、资本等预算的有关数据加以计算编制的。资产负债预算表如表 3-25 所示。

表 3-25　资产负债预算表

资产负债预算表

编制单位：　　　　　　　　　　　　　　　　　　　　　　　　　　编制时间：

项目	期初余额	期末余额
现金		
应收账款		
原材料		
库存商品		
固定资产		
累计折旧		
资产总额		
应付账款		
短期借款		
长期借款		
股本		
资本公积		
留存收益		
权益合计		

资产负债预算表可以反映预算期内企业财务状况的稳定性和流动性。如果资产负债表预算反映预算期内某些财务比率出现异常，必要时可修改有关预算，以改善财务状况。

五、预算审批

预算编制完成后，应按照相关法律法规及企业章程的规定报经企业预算管理决策机构审议批准，以正式文件形式下达执行，预算审核时的要点如下：

（1）预算编制结果是否与预算部署一致，达到预期结果"反映战略目标，推动企业战略的实现"。预算编制以企业战略为起点，最终要回归企业战略，这是衡量预算编制质量的最根本标准。

（2）业务预算与财务预算之间是否有效平衡。业务预算的重点是关注业务有效开展，对资源投入成效等因素考虑较少，财务预算则关注有限资源的最优配置。因此，预算就是要在这两者之间进行协调平衡，以最经济资源达到战略目标。

（3）各单项预算之间是否有效衔接。业务预算、专门决策预算和财务预算三个模块及其内部子模块之间不是孤立的，相互之间有着深刻和广泛的联系，如投资算执行效果必然会影响到业务预算的折旧费用、产量，生产预算执行效果直接限制销售预算达成率，采购预算的价格水平直接影响生产预算的成本水平等。因此在预算编制时应充分考虑并反映预算各部分间的平衡。

六、信息化条件下的预算编制

信息化条件下，IT技术并没有改变预算编制的流程和方法，而是预算编制流程和方法借助了IT技术，更便捷、更准确地达到预算编制的管理目标。

（1）借助IT技术，与业务系统有效集成，准确收集预算编制的基础信息，如企业远景与战略规划、内外部环境信息、往年绩效数据、经营状况预测以及公司战略举措、预算驱动因素、管理费用标准等。

（2）借助IT技术，建立更科学的业务预测模型，辅助企业制订预算目标，如趋势预测、平滑预测、回归预测等。

（3）借助IT技术，辅助完成预算目标设定、预算分解和目标下达、预算编制和汇总以及预算审批过程，提高工作效率。

（4）借助IT技术，实现自上而下、自下而上等多种预算编制流程，并提供固定预算、弹性预算、零基预算、滚动预算、作业预算等一种或多种预算编制方法的处理机制。

（5）借助IT技术，提供给企业根据业务需要编制多期间、多情景、多版本、多维度预算计划的功能，以满足预算编制的要求。

第4节 预算执行与考核

一、预算执行与考核的内涵

全面预算编制完成并批准下达，企业应将预算目标层层分解至各预算责任中心，就意味着企业预算期内的经营活动的方方面面有了明确的目标和方向，但是预算能不能达到预期目标，关键还在于企业是否能够搞好预算的控制与考核，并适时调整预算，使预算与业务完美契合。

预算执行与考核流程如图3-4所示。

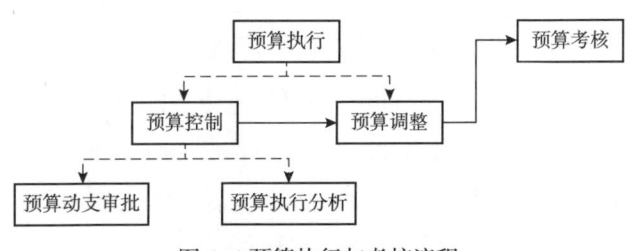

图3-4 预算执行与考核流程

预算执行，是指以预算为标准开展企业业务活动的行为，包括从预算审批下达到预算期结束的全过程。预算执行一般按照预算控制、预算调整等程序进行。

预算控制，是指企业以预算为标准，通过预算分解、过程监督、差异分析等促使日常经营不偏离预算标准的管理活动，主要控制手段包括预算动支审批和预算执行分析。

预算动支审批，是指在办理各项经济业务时，必须经过规定程序的授权批准。预算动支审批是一种事前控制，对于授权审批范围内的行为给予充分信任，但对于授权审批之外的行为则认定为越权。

预算执行分析，是指以预算目标指标、预算执行报告以及其他相关资料为依据，采用专门的分析方法，对预算执行过程和结果进行分析、确认的管理活动。

预算调整，是指预算正式批准下达以后，由于特定原因，按照规定的程序对预算进行修改、完善的过程。

预算考核，是指以预算完成情况为考核核心，通过预算执行情况与预算目标的比较，确定差异并查明产生差异的原因，进而据以评价各责任中心的工作业绩，并通过与相应的激励制度挂钩，促进其与预算目标相一致。

二、预算控制

企业预算一经批复下达，各预算执行单位就必须认真组织实施，将预算指标层层分解，从横向到纵向落实到内部各部门、各单位、各环节和各岗位，形成全方位的预算控制体系。

（一）预算控制分类

预算控制形式多种多样，适用条件也不相同，无法一一详述，但是可以按控制方法、功能、时序等标准将预算控制措施分为不同种类。

（1）按控制方法，预算控制可分为授权控制、反馈控制、制度控制等。授权控制是指企业通过建立授权批准制度，确保一切业务活动都在授权的范围内进行。反馈控制是指通过采取实时汇报、定期报告、专题汇报等内部报告手段，实现对业务活动的有效控制。制度控制是指通过制订管理制度，实现对业务活动的制度化约束与管理。

（2）按控制功能，预算控制可分为预防性控制、导向性控制、纠正性控制和补偿性控制等。预防性控制是指为防范风险、舞弊、错误等行为而采取的预先控制措施。导向性控制是指为引导企业员工自觉推动各项业务活动向预期目标发展而采取措施。纠正性控制是指针对业务活动中出现的偏离预算的行为所采取的控制措施。补偿性控制是指针对业务活动环节中出现的某些不足或缺陷而采取的控制措施。

（3）按控制时序，预算控制可分为事前控制、事中控制和事后控制。事前控制是指在经济活动行为发生之前进行的控制。事中控制是指在经济活动行为发生过程中进行的控制。事后控制是指在经济活动行为发生后进行的控制。

（二）预算授权控制

授权控制是指授予特定主体对于某项或某类业务做出决策或执行的权力，一般通过授权文件的形式来规定，是一种事前控制。企业所有人员不经合法授权，不能行使权力；所有业务，不经授权，不能执行，而一经授权，必须予以执行。

1. 授权控制的形式

授权控制的形式可分为一般授权和特别授权。

（1）一般授权是对开展常规性业务活动的权责利等做出的规定，适应于重复性的日常生产经营活动，其时效性较长。通常以文件的形式规定一般性交易办理的条件、范围和对该项交易的责任关系。例如，企业对各职能管理部门按照职责范围做出的权限划分就属于一般授权；企业的各级领导通过文件形式规定的权限范围也属于一般授权。

（2）特别授权是指对办理例外的、非常规性交易事件的权责利等做出的规定，一般只涉及开展特定业务的相关人员，特别授权一般集中在高层管理者手中。例如，非经常的、重大的筹资行为、投资行为、资产重组、收购兼并、担保抵押、关联交易等，对于超过一般授权限制的常规交易也需要特别授权。

2. 授权控制的内容

一个完善的授权控制体系应该包括以下四个方面的内容：①授权范围：企业各项业务活动都应纳入。②授权层次：根据业务活动的重要性和金额大小划分权限，以保证企业的不同层级都能权责利对等。③授权程序：每类经济业务都应有具体的审批程序，避免越权审批、重复审批等现象。④授权责任：明确授权批准人所承担的经济责任，有多大权力，就承担多大责任。

3. 预算授权审批原则

企业应建立预算授权控制制度，强化预算责任，严格预算控制。预算授权审批包括预算内审批、超预算审批、预算外审批等。预算内审批事项，应简化流程，提高效率；超预算审批事项，应执行额外的审批流程；预算外审批事项，应严格控制，防范风险。

（三）预算执行分析

在全面预算管理体系中，预算分析处于承上启下的作用。通过预算分析可以发现预算编制与执行中存在的问题，不仅为预算执行注入动力，也为以后预算管理打下基础。企业应建立预算执行的监督、分析制度，并通过信息系统展示、会议、报告、调研等多种途径及形式，及时监督、分析预算执行情况，分析预算执行差异的原因，提出对策建议，提高预算管理对业务的控制能力。

1. 预算执行分析方法

预算执行分析方法由定量分析方法和定性分析方法两大类组成。定量分析方法是最基本的分析方法，定性分析方法是辅助分析方法，两者优势互补、有机结合，才能达成完整、系统、科学的预算分析效果。在预算执行分析中，应根据具体分析对象和管理要求，选择合适的定量分析方法和定性分析方法，实现两者的有机结合、灵活运用。

1）定量分析方法

定量分析方法是借助于数学模型，从数量上测算、比较和确定各项预算指标变动的数额，以及影响预算指标变动的原因和金额的一种分析方法。常用的定量分析方法主要有因素分析法、比较分析法、比率分析法、因果分析法、价值分析法、趋势分析法、量本利分析法、敏感性分析法等。预算分析常用的定量分析法是比较分析法和比率分析法。

比较分析法，通过某项经济指标与性质相同的指标评价标准进行对比，揭示企业经济状况和经营成果的一种分析方法。在运用比较分析法时，要注意各项指标的可比性，相互比较的经济指标必须是相同性质或类别的指标。一般而言，应做到指标的计算口径、计价基础和时间单位都保持一致，以保证比较结果的正确性。在预算执行分析中，一般是通过预算执行结果与预算标准之间的比较，来揭示结果与标准之间的差异，为进行进一步深入分析指明方向。

比率分析法，通过计算和对比各种比率指标来确定经济活动变动程度的分析方法。采用比率分析法首先要将对比的指标数值变成相对数，然后再进行对比分析。比率分析法具有计算方法简便，计算结果也比较容易判断，适应范围较广的优点。但采用比率分析法时，应当注意对比项目的相关性、对比口径的一致性和衡量标准的科学性。

2）定性分析方法

定性分析方法是指运用归纳和演绎、分析与综合、抽象与概括等方法，对企业各项经济指标变动的合理性、有效性进行思维加工、去粗取精、去伪存真、由此及彼、由表及里的科学论证和说明。它是对定量分析的结果，根据国家有关法规、政策和企业的客观实际进行相互联系的研究，考虑各种不可计量的因素加以综合论证，并对定量分析结果进行切合实际的修正，并做出"质"的判断的分析方法。定性分析方法的具体方法包括实地观察法、经验判断法、会议分析法、类比分析法等。

2.预算执行分析步骤

预算执行分析通常包括确定目的、前期准备、确定差异、分析原因、提出措施等基本步骤。

（1）确定分析对象，明确分析目的。在开展预算执行分析之前，先要确定分析的对象及范围，明确分析的目的，以保证有的放矢地开展分析工作。

（2）收集信息资料，掌握真实情况。进行预算执行分析时，必须广泛收集内容真实、数字正确的资料，包括预算标准及其执行情况等内部资料、影响预算执行结果的外部因素和可比信息等外部资料，例如原材料市场价格的变动情况、同行业竞争对手的销售及盈利状况、相关技术指标的变动等。

（3）对比预算目标，确定执行差异。通过预算执行结果与预算标准的对比，可以得到两者之间的差额，然后，采用比率分析法、因素分析法等定量分析步的定性分析指明方向。

（4）分析差异原因，找出问题根源。一般情况下，先通过定量分析，找出执行数量上的差异，再通过定性分析进行深入研究，分析造成差异的原因，抓住主要矛盾。

（5）提出改进措施，形成分析报告。找出问题原因后，就应根据分析的结果，提出加强全面预算编制、执行和控制的具体措施，指导企业的提高经营管理水平，并归纳分析的内容，编写书面分析报告。

3.预算执行分析反馈

预算分析反馈是指通过会议、报告、调度、分析等多种形式，及时掌握预算执行情况的预算管理活动。建立健全预算信息反馈系统是确保全面预算管理系统高效、协调运行的基础与保障，也是实施预算控制的重要工具。预算执行分析反馈主要包括预算执行分析反馈例会和预算执行分析反馈报告两种形式。

1）预算执行分析反馈例会

在预算执行过程中，预算管理部门和预算执行部门定期召开的各种预算例行会议，通报预算执行情况及存在问题。通过召开各种例会，可以对照预算指标及时掌握预算执行情况、掌握差异、分析原因、提出改进措施。例如，"月度财务分析会""月度经营总结会"等都是预算执行分析反馈例会的有效形式。

2）预算执行分析反馈报告

预算执行分析反馈报告是指采用报表、报告、通报等书面或电子文档形式进行预算执行分析信息反馈的预算管理方式。根据使用对象的不同，可以将预算反馈报告设计成标准反馈报告和专题反馈报告两种类型。其中，标准反馈报告是针对日常业务活动的常规分析报告，专题反馈报告是针对特定对象、特定目的的专项分析报告。

标准反馈报告一般以表格方式展现，简单明了，主要反映预算项目、预算指标、预算执行情况、预算执行差异和预算执行说明五个方面的情况。其基本格式如表 3-26 所示。

表 3-26　预算执行情况反馈报告

预算执行情况反馈报告					
项目	预算	实际	差异	说明	措施

专题反馈报告是指非定期编报的、对预算执行中出现的重大事件或非

常规事件所编报的反馈信息。一般在下列情况下需要编制专题反馈报告：一是对重大预算事件进行的专题调研分析；二是标准反馈报告不能涵盖的预算事项；三是根据企业管理需要而报送专题反馈报告的预算事项。

（四）信息化条件下的预算控制

信息化条件下，新 IT 技术的出现，为预算控制提供了更便利、更可靠的控制方法，能达到原来人为控制难以实现的效果。

（1）借助 IT 技术，实现预算信息模块与各财务和业务系统的及时数据交换，实时监控财务和业务预算执行情况。

（2）借助 IT 技术，建立预算监控模型，预警和冻结超预算情形，自动控制财务和业务预算的执行。

（3）借助 IT 技术，实现在预算执行的数据基础上，对预算数和实际发生数进行多期间、多层次、多角度的预算分析，最终完成预算的业绩评价，为绩效考核提供数据基础。

（4）借助 IT 技术，建立差异计算模型，实现预算差异的计算，辅助实现差异成因分析过程，最终输出部门、期间、层级等多维度的预算差异分析报告等。

随着大数据、AI 等新技术的出现和升级，将催生出更多的有效的预算控制方法和手段。

三、预算调整

预算正式批准下达以后，由于内外战略环境发生重大变化或突发重大事件等特定原因，导致预算编制的基本假设发生重大变化时，按照规定的程序对预算进行修改、完善。

年度预算经批准后，原则上不作调整。因为如果预算调整过于频繁，就会动摇预算管理制度的权威性，冲击预算对企业的业务活动的"硬约束"，而且会造成"计划不如变化快"的感觉，员工也就不会以严肃的态度去对待预算编制工作了，因此预算调整必须谨慎从事，严格执行预算调整的程序和原则。

（一）预算调整的条件

为了保证预算的科学性和可操作性，在预算执行过程中，当发生下列情况，致使预算的编制基础发生变化时，或者将导致预算执行结果产生重大偏差时，就需要对现有预算进行调整。

（1）国家相关政策发生重大变化，导致无法执行现有预算时。国家产业、财政税收、对外贸易等相关政策的调整，对本行业、企业的生产经营、对外投资等业务活动产生重大影响。

（2）企业管理层对生产经营做出重大调整，致使现有预算失去对业务活动的指导意义。为了更好地利用企业的各项资源，实现价值最大化目标，企业会根据内部资源条件的变化而主动调整业务结构，因此必须及时调整预算，适应经营调整的需求。

（3）国内外市场环境发生重大变化，企业必须调整营销策略和产品结构时。预算编制起点是销售预算，销售预算编制的重要依据是市场环境，当国内外市场需求发生重大变化时，企业必须调整营销策略和产品销售结构，预算跟着市场进行调整也是必需的。

（4）突发事件及其他不可抗力导致现有预算无法执行时。如果发生诸如战争、瘟疫、地震、水灾、火灾等重大自然灾害和企业无法控制的重大事件，导致企业无法正常生产或无法执行现行预算时，必须调整预算。

实际预算管理过程中，调整预算的原因千差万别，特殊情况层出不穷，如企业刚刚推行预算管理，大家对预算编制不科学，导致预算与实际差距太大而无法执行时，等等。调整事项的判断权应集中在预算管理决策机构，而不是预算管理执行机构，当公司预算管理决策机构认为出现应该调整预算事项，也应根据管理需要求，适时调整预算。

（二）预算调整的程序

预算调整同预算编制一样，是预算管理的一个既重要又严肃的环节，必须建立严格、规范的调整审批制度。一般而言，需要经过以下程序：

（1）预算调整申请，预算调整申请由预算执行部门或预算编制部门向企业预算管理工作机构提出申请，申请报告包括但不限于以下内容：①

现行预算执行情况和执行进度；②预算调整的原因和理由；③建议调整方案；④预算调整后对企业预算总目标的影响；⑤预算调整后的措施等。

（2）审议调整方案。预算管理办公室应当对各预算执行部门提交的预算调整方案进行审核分析。对于预算执行单位提出的预算调整事项，企业进行审核分析时，一般应当遵循以下要求：①预算调整事项不能偏离企业发展战略；②预算调整方案应当在经济上能够实现最优化；③预算调整重点应当放在预算执行中出现的重要的、非正常的、不符合常规的关键性差异方面。

（3）批准调整申请。经过审议后的预算调整申请，需要根据预算调整事项性质或预算调整金额的不同，按照依据授权进行审批，或提交原预算审批机构审议批准，然后下达执行。一般情况下，如果只是调整产品结构、成本结构、筹资结构的经营预算调整事项，而不涉及收入利润等预算总目标，由预算管理工作机构即可批准；涉及收入、利润等预算总指标，甚至涉及重大投资、股权结构变更等重大预算调整事项，一般需要由公司董事会审批，或报请股东（大）会审议批准。

企业应当建立内部弹性预算机制，对于不影响预算目标的业务预算、资本预算、筹资预算之间的预算内调整，企业可以按照内部授权批准制度执行，鼓励预算执行单位及时采取有效的经营管理对策，保证预算目标的实现，从而提高企业经营活动的灵活性。而对于预算外调整和重大事项的调整，则应充分讨证、逐级审核、严格审批。

（三）预算调整的频率和时间

预算调整的频率一般为一年 2～3 次，调整的时间一般在每年的 4 月初、7 月初或 10 月初，选择这个时间的主要原因是便于总结、分析过去一个季度、半年及三个季度的预算执行情况。半年度的预算调整范围和幅度较大，而季度的预算调整则基本是微调。

在预算实务中，企业可以采取分大项预先设置预算调整额度的办法，解决某些预算项目由于基础资料掌握不全或由预算项目本身的复杂性而导致的预算编制不准确的问题。通过设置预算调整额度，日常预算的微调，就可以由预算管理办公室或预算执行部门自行调节处理了。这样既可以使预算保持一定的灵活性，又不失预算的控制力，有利于预算的顺利执行。

四、预算考核

（一）预算考核的意义

预算考核是预算管理的一项重要职能，是企业预算管理的生命线。预算管理如果缺少考核环节，预算执行者就缺乏预算执行的积极性和主动性，预算就会流于形式，预算管理的功能作用就会大打折扣。

1. 预算考核是预算管理顺利实施的保障

预算管理包括预算编制、控制、调整、考核等一系列环节构成，各个环节相互关联、密不可分，任何一个环节出现问题都会影响到预算管理的实施。只有对各个环节实施有效的考核，才能使企业各级员工重视预算管理，才能把预算编制与执行等各项工作落到实处，从而确保全面预算管理所有环节的顺利实施。

2. 预算考核是促使预算目标实现的保证

预算目标从确定到实现的过程中，通过对各责任中心预算执行的考核，督促其主动分析预算执行与预算标准之间的差异，找出差异的原因，提出纠正预算偏差的对策，从而强化预算执行力和约束力，促进各执行部门及时发现并迅速纠正预算执行中的偏差，为预算目标的实现提供可靠的保障。

3. 预算考核是绩效激励与约束机制的重要内容

在预算管理实施过程中，通过严格的预算考核制度，强化预算执行的力度，督促各责任中心完成预算指标，还可以科学评价各责任中心的工作业绩，将预算执行情况与责任中心的绩效考核密切挂起钩来，调动企业员工的工作积极性和创造性。

（二）预算考核的原则

预算考核的基本目标实现预算的激励与约束作用，确保预算管理的顺利实施和预算目标的圆满完成。为此，预算考核过程中应遵循以下原则：

（1）目标性原则。预算考核是为确保企业各项预算目标的实现。因此，在预算考核指标设计和执行过程中，必须遵循目标性原则，以预算目标为基准，以考核引导各预算执行部门的行为，避免各部门只顾局部利益和短期利益而不顾全局利益，甚至为了局部利益损害全局利益。

（2）可控性原则。在预算考核指标设计和执行过程中，必须遵循可控性原则，凡是该责任中心无法控制的指标就应坚决予以剔除，不可控因素所导致预算执行差异也应予以剔除计算，例如采购价格对制造成本的影响，就属于生产车间的不可控因素。但是可控性是相对的，而不是绝对的，要注意避免因为强调可控性而导致的责任推诿的现象。

（3）分级考核原则。预算目标是分级落实、分级实施的，因此，预算考核也须分级进行，而且还要根据企业预算管理的组织结构层次或预算目标的分解次序进行，预算考评只能是直接上级考评直接下级，而不能是间接上级隔级考评间接下级。这是实行分权管理和实现责权利有机统一的基本要求，也是预算管理激励与约束机制作用得以发挥的重要保证。

（4）客观公正原则。预算考评应以预算目标、预算执行结果、预算分析结论、预算考核制度为基本依据，按照客观公正的原则进行。为此，要做到以客观事实作为依据、以定量考评指标为主、执行人与考评人分离、考核人定期轮换等，以增强预算考核的客观公正性。

（5）时效性原则。预算考核应及时进行，及时兑现，才能取信于民，才能使预算管理起到激励和约束作用，才能有助于各项预算目标的完成。一般情况下，企业预算考核的周期应与预算管理的周期保持一致，月度考核预兑现，年度考核统一结算。

（6）利益挂钩原则。预算考核的结果不但与预算执行部门绩效挂钩，还与员工的薪酬分配和职位升降紧密结合起来，否则，预算考评将难以起到激励作用，这一点毋庸置疑。

（7）书面化原则。预算考核的书面化原则指企业要建立健全预算考核制度，使预算考核的原则、方法、内容、程序、奖惩等明晰化、规范化，并且企业应采用签订目标责任书的方式，将预算考核目标、权力和责任、奖惩办法等内容予以明确，以此作为实施预算考核的书面依据。

（三）预算考核的内容

为保证预算管理工作的有效推动，发挥预算的激励和约束作用，企业

123

预算考核内容不但要包括全面体现既定预算目标，也要反映预算管理的全过程。

1. 考核预算目标完成情况

预算指标是一个全面的业务衡量体系，包括内容丰富，无法将所有预算指标较纳入考核范围，需在选取一定代表性的预算指标作为预算考核指标。在选取预算考核指标时，需注意：

（1）局部指标与整体指标有机结合。预算考核指标要以各责任中心承担主要预算指标为主，并增加全局性的预算指标。

（2）定量指标与定性指标有机结合。预算考核要以定量指标为主，同时必须辅之以定性指标。

（3）绝对指标与相对指标有机结合。预算考核通常要以绝对指标为主，相对指标为辅，绝对指标与相对指标的选取要根据收入或成本项目的性质确定。

（4）长期指标与短期指标有机结合。预算指标要以预算期的短期指标为主，同时也必须考核关系到企业远期利益的长期指标。

2. 考核预算管理工作情况

预算考核在预算管理过程中都发挥着重要作用，是从预算编制、预算控制、预算分析，以及预算结束的全过程考核。

（1）预算编制考核。预算编制是全面预算管理的首要环节，预算编制得是否准确、及时，对于预算能否顺利执行是至关重要的。因此，这一阶段主要考核预算编制制度设计与运行是否有效，并对预算编制的准确性和及时性进行考核，促进各部门保质保量完成预算编制工作。

（2）预算控制考核。预算偏差确认和处理得越及时，对预算执行就越有利，也就越有利于预算目标的实现。因此，这一阶段主要考核是预算控制制度设计与运行是否有效，对预算控制过程中预算动支审批、预算执行分析进行考核，保证及时发现预算执行中存在的预算偏差和问题。

（3）预算综合考核。综合考评是以预算管理目标为依据，以各个预算执行部门为对象，以预算执行结果为核心，对预算管理全过程进行一个综合评价。预算综合考核作为本期预算的终点和下期预算的起点，不仅涉及对企业内部各部门的绩效评价和利益分配，而且关系到企业整体经营绩效评价以及对企业全面预算管理实施效果的评价，是预算考评的重点内容。

第5节 预算管理工具详解与应用案例

预算编制方法是指用于预算编制的专门技术，是预算编制方法、步骤和技巧等规则的集合。从若干种预算编制的方法中，科学的选择出正确的预算编制方法，不仅可以有效提高预算编制的效率，更可以提高预算的准确性和恰当性。

因此，选择正确的预算编制方法是保证预算科学性、可行性和准确性的前提和基础。常用的预算编制方法有固定预算法、弹性预算法、零基预算法、增量预算法、滚动预算法、概率预算法和作业预算法等。每种方法都有其自身的优缺点，适用于不同的业务特点和管理要求。在实际工作中，企业没必要强调方法的一致性，而应根据不同的业务特点和管理要求，因地制宜地选用合适的预算编制方法。同一个预算项目可根据业务内容的特点，选取不同的方法同样，从而保证预算方案的最优化。

一、定期预算与滚动预算

（一）定期预算

定期预算法是以固定的起止时间（如年度、季度、月度）作为预算期间的预算编制方法。用定期预算法编制的预算也称为定期预算。更准确地说，定期预算法以预算期间固定不变为特征的一类预算编制方法，而不是一种单纯的预算编制方法。实际工作中，编制的各种预算，即凡是预算期间固定不变的预算编制方法，都可以称为"定期预算法"。例如，本章所介绍的固定预算法、弹性预算法、增量预算法、零基预算法等预算编制方法通常都是以固定不变的起止期间作为预算期间，所以都可以称为定期预算法。

1. 定期预算法的优点

（1）保持了预算期间与会计核算期间的一致性。定期预算法编制的预算，在预算期间上与会计核算期间相一致，便于预算资料的归集整理，也便于预算数据与会计数据的相互比较，有利于对预算执行情况和执行结果进行分析和评价。

（2）保持了预算期间与业务工作周期的一致性。实际工作中，业务计划与考核常以年度为单位，固定的预算期间便于经营计划、业绩考核与预算管理的有效衔接，有利于预算指标的执行和预算执行的考核。

（3）预算编制过程比较简单，接近大众化思维。因为预算期间固定不变，所以简化了预算编制过程，容易被非财务人员接受和推广。

2. 定期预算法的缺点

（1）预算执行难度大。一般企业预算在预算年度开始前三个月启动编制工人生，大型企业则需要提前四五个月。此时，许多预算编制部门还在年底业绩冲刺，对预算期内的经营活动并不十分清楚或者未来得及详细计划，尤其是编制后半时期的预算容易带有盲目性，往往只能提出比较粗略的预算数据。当预算期内各项经营活动发生较大变化时，预算指标的指导意义就会减弱，从而导致预算执行难度较大。

（2）预算衔接难度大。由于企业的各种业务活动是连续不断的，即使投资类活动也很可能跨多个年度，而采用定期预算法编制的预算将业务活动强行分割成数段固定不变的期间，间断了企业连续不断的业务活动过程，这样就必然造成前后各个期间预算衔接的难度，不适用于连续性要求特别高的业务活动。

（3）缺乏远期指导性。随着预算的执行，剩余预算期间会越来越短，会导致企业人员只考虑剩余期间的经营活动，过多地着眼于企业或部门的短期利益，采取短期的业务行为，从而忽视企业的长远利益和可持续发展。

（4）缺乏灵活适应性。很多企业都是以销定产，依据客户的产品订单组织生产。许多企业的生产任务，周期性强，或者订单小而多，或者产品是客户化订制的，在此种情况下，按年编制预算不仅难度较大，而且编制的预算对企业管理的指导意义也较小。

在管理实务中，为了解决定期预算所带来的问题，企业往往被迫采取定期调整预算的办法，结果在一定程度上威胁到了预算的权威性。为弥补定期预算法的不足，企业可以采用滚动预算法来编制连续不断的滚动预算。

（二）滚动预算

滚动预算法又称连续预算法或永续预算法，是指随着时间的推移，在上期预算完成情况的基础上，并将预算期间逐期连续向后滚动推移，使预算期间保持一定的跨度，预算内容不断补充。用滚动预算法编制的预算称为滚动预算。滚动频率是指调整和补充预算的时间间隔，一般以月度、季度、年度等为滚动频率。

1. 滚动预算法的基本原理

滚动预算法的基本原理是使预算期始终保持一个固定期间，通常以 12 个月为预算的固定期间。当基期年度预算编制完成后，每过去一个月或一个季度，便补充下一个月或下一个季度的预算，对预算方案进行调整和补充，逐期向后滚动，使整个预算处于一种永续滚动状态，从而在任何一个时期都能使预算保持固定的时间跨度。

滚动预算一般分为中期滚动预算和短期滚动预算。中期滚动预算的预算编制周期通常为 3 年或 5 年，将预算与战略规划结合，以年度作为预算滚动频率。短期滚动预算通常以 1 年为预算编制周期，以月度、季度作为预算滚动频率。企业应研究外部环境变化，分析行业特点、战略目标和业务性质，结合企业管理基础和信息化水平，确定预算编制的周期和预算滚动的频率。

2. 滚动预算法的应用方式

短期滚动预算中，按照滚动的时间单位不同，滚动预算法可分为逐月滚动、逐季滚动和混合滚动。中期滚动预算通常都是逐年滚动。

1）逐月滚动

逐月滚动方式是指在预算编制过程中，以月度为预算的编制和滚动单位，每个月调整一次预算的方法。例如，在 2017 年 1～12 月的预算执行过程中，需要在 2017 年 1 月末根据 1 月份预算的执行情况修订 2017 年 2 月至 12 月的预算，同时补充 2018 年 1 月份的预算；到 2017 年 2 月末，要根据 2017 年 1 月和 2 月份预算的执行情况，修订 2017 年 3 月至 12 月的预算，同时补充 2018 年 2 月份的预算；以此类推。具体如图 3-5 所示。

图 3-5　逐月滚动示意图

采用逐月滚动方式编制的预算具有比较精确的优点，但缺点是预算编制工作量较大，每个月都需滚动编制一次，而且预算后期的月度预算准确性也是大打折扣的。

2）逐季滚动

逐季滚动方式是指在预算编制过程中，以季度为预算的编制和滚动单位，每个季度调整一次预算的方法。例如，在 2017 年 1～12 月的预算执行过程中，需要在第一季度末根据第一季度预算的执行情况，修订第二季度至第四季度的预算，同时补充 2018 年第一季度的预算；到第二季度末，要根据前两个季度预算的执行情况，修订第三季度至 2018 年第一季度的预算，同时补充 2012 年第二季度的预算；以此类推。具体如图 3-6 所示。

图 3-6　季度滚动示意图

采用逐季滚动方式编制的预算的优点是工作量较小，每个季度滚动编制一次，但也存在精确度较差的缺点，特别是近期预算不够细致，对近期业务活动的指导意义有待提高。

3）混合滚动

混合滚动方式是指在预算编制过程中，同时以月份和季度作为预算的编制和滚动单位，按每个季度细化调整一次预算的方法。按照"近细远粗"的原则，将逐月滚动和逐季滚动的预算方法进行改进。在编制年度预算时，先将第一个季度按月划分，编制各月份的明细预算指标，以方便预算控制，剩余三个季度的预算则可按季度编制、略粗一点，等接近第一季度期末时，再将第二季度的预算按月细分，第三、第四季度以及新增列的下一季度预算，则只需列出各季度的预算总数。以此类推，使预算不断地滚动下去。例如，在 2017 年 1～12 月的预算执行过程中，需要在第一季度末根据第一季度预算的执行情况，分月份细化修订第二季度预算，修订第三季度至第四季度的预算，同时补充 2018 年第一季度的预算；到第二季度末，要根据第二季度预算的执行情况，分月份细化修订第三季度预算，修订第四季度至 2012 年第一季度的预算，同时补充 2018 年第二季度的预算；以此类推。具体如图 3-7 所示。

图 3-7　混合滚动示意图

混合滚动方式集中了逐月滚动和逐季滚动方式的优点，规避了其缺点，既减小预算编制的工作量，又提高近期预算的准确度。以这种方式编制的预算有利于管理人员不断更新预算数据，并能根据当前预算的执行情况加以修改、完善下期预算，这些优点都是传统的定期预算编制方式所不具备的。因此，具有较高的实用性。

3. 滚动预算法的优点

与定期预算法相比，滚动预算法具有以下优点：

（1）滚动预算能够用动态与发展的眼光，把握企业近期目标和远期目标，使预算具有较高的指导性和战略性，有利于企业管理人员可以将长远战略布局与近期各项经营活动有效结合，更利于战略执行落地。

（2）滚动预算不受会计年度的限制，随着业务活动逐期延长，与企业连续不断的业务活动过程保持一致，遵循企业生产经营活动的变动规律，有助于确保企业各项工作的连续性和完整性。

（3）滚动预算采取长计划、短安排的具体做法，可根据预算执行结果和企业经营环境的变化情况，对预算不断加以修正，使预算更接近实际情况，实现动态反映市场，建立跨期综合平衡，从而有效指导企业营运，强化预算的决策与控制职能，也有利于预算的顺利执行。

4. 滚动预算法的缺点

（1）工作量较大。采用滚动预算法编制预算，由于预算的自动延伸工作比较耗时，预算滚动的频率越高，对预算沟通的要求越高，预算编制的工作量越大，因此，会加大预算管理的工作量。

（2）编制成本高。企业一般需要配备数量较多的专职预算人员负责预算的编制、调控与考核，这就导致预算管理直接成本的增加。

（3）过高的滚动频率容易增加管理层的不稳定感，导致预算执行者无所适从，一定程度削弱了预算对业务活动的指导与约束力。

5. 滚动预算法的适用范围

（1）管理基础比较好的企业，应具备丰富的预算管理经验和能力。

（2）信息化程度较高的企业，信息技术为滚动预算提供了良好技术支持。

（3）生产经营活动与市场紧密接轨的企业，预算灵活度要求高。

（4）规模较大、时间较长的工程类项目预算或工程企业。

6. 应用滚动预算的注意事项

（1）企业应建立先进、科学的信息系统，及时获取充足、可靠的外部市场数据和企业内部数据，以满足编制滚动预算的需要，同时实现预算编制方案的快速生成，减少预算滚动编制的工作量。

（2）企业应遵循重要性原则和成本效益原则，结合业务性质和管理要求，确定滚动预算的编制内容。

（3）企业实行中期滚动预算的，应在中期预算方案的框架内滚动编制年度预算。第一年的预算约束对应年度的预算，后续期间的预算指引后续对应年度的预算。

（4）短期滚动预算服务于年度预算目标的实施。企业实行短期滚动预算的，应以年度预算为基础，分解编制短期滚动预算。

7. 应用滚动预算法编制预算举例

经预测，公司 2018 年计划销售产品 1 000 吨，四个季度的销售量分别是 200 吨、240 吨、300 吨和 260 吨。其中，第一季度各月份的销售数量分别是 60 吨、70 吨和 70 吨, 销售单价 (不含税金) 为 1 万元 / 吨。

2018 年 3 月末, 在编制 2018 年第二季度至 2019 年第一季度产品销售滚动预算时, 计划第二季度各月份产品的销售量分别为 70 吨、90 吨、80 吨。同时, 根据市场供求关系, 计划自第三季度开始, A 产品的销售单价提高到 1.2 万元 / 吨。

根据上述资料, 采用混合滚动预算法编制第一期产品销售预算表和第二期产品销售预算表, 如表 3-27 和表 3-28 所示。

表 3-27 产品销售滚动预算表 (第一期)

项目	2018 年					
	第一季度			第二季度	第三季度	第四季度
	1 月	2 月	3 月			
销售数量 (吨)	60	70	70	240	300	260
销售单价 (万元)	1	1	1	1	1	1
销售收入 (万元)	60	70	70	240	300	260

表 3-28 产品销售滚动预算表 (第二期)

项目	2018 年					2019 年
	第二季度			第三季度	第四季度	第一季度
	4 月	5 月	6 月			
销售数量 (吨)	70	90	80	300	260	240
销售单价 (万元)	1	1	1	1.2	1.2	1.2
销售收入 (万元)	70	90	80	360	312	288

二、增量预算与零基预算

(一) 增量预算

增量预算又称调整预算法, 是在基期水平的基础上, 分析预算期业务量水平及有关影响因素的变动情况, 通过调整有关基期项目及数额, 编制预算的方法。用增量预算法编制的预算叫增量预算。

增量预算法的显著特点是以基期实际发生水平为基础, 结合预算期的业务活动的变动量, 然后按业务量与收支比例, 测算收入和支出指标, 即根据业务活动的增减量对基期预算的实际发生额进行增减调整，确定预算期的收支预算目标。

1. 增量预算法的假定前提

（1）基期的各项经济活动是企业所必需的。

（2）基期的各项业务收支都是合理的。

（3）预算期内业务量变动与收支存在强相关性。

2. 增量预算法的优点

（1）增量预算法的编制方法较简便，操作容易，总之简便易行。

（2）增量预算法便于理解，容易获得管理人员认同。增量预算法是以基期预算的实际执行情况为出发点和基础，所编制的预算较容易得到企业领导、员工的理解和认同。

3. 增量预算法的缺点

（1）预算理念保守，不利于提升管理水平。增量预算法是假定基期经济业务活动在预算期内仍然发生，而且发生额是合理的，完全接受原有业务活动和收支额，使某些不合理的开支合理化，不利于企业管理水平的提升。

（2）预算结果消极，不利于挖掘增收节支的潜力。当预算期情况发生新变化时，而预算目标却受限基期的干扰，可能导致预算指标不能反映预算期实际情况，不利于调动各部门完成预算目标的积极性，不利于调动各部门增收节支的积极性。

4. 增量预算法的适用范围

（1）经营活动变动比较稳定的企业。

（2）业务量与成本的关系明确、可量化。

5. 应用增量预算法编制预算举例

公司 2018 年预计产品销售收入为 550 万元，比 2017 年增长 20%，采用增量预算法编制 2018 年销售费用预算。

预算编制的基本程序和方法如下：销售费用中的折旧费、业务管理人员工资等项目一般为固定费用，不会因产品营业收入的增减而增减，因此，只对变动费用项目按增量预算法相应地增加预算数额。销售费用增量预算表如表 3-29 所示。

表 3-29　销售费用增量预算表

项目	2017 年实际（万元）	增减比例	增减额（万元）	2018 年预算（万元）
职工薪酬（管理人员）	30	5%	1.5	31.5
职工薪酬（销售人员）	180	20%	36	216
广告费	100	20%	20	120
差旅费	20	20%	4	24
会议费	10	20%	2	12

（二）零基预算

零基预算法全称为以"零为基础编制预算"的方法，是指企业不考虑历史期预算及实际经济活动的项目及金额，以零为起点，一切从实际需要和可能出发，分析预算期经济活动的合理性，进而在综合平衡的基础上形成企业整体预算的预算编制方法。零基预算的基本特征是不受上期预算安排和预算执行情况的影响，一切预算收支均以"零"为出发点，根据实际需要和可能来编制预算。零基预算适用于所有企业各类预算的编制。

采用零基预算编制预算时，要按照预算期内经营目标和工作内容，合理性测算收入支出，对所有预算项目重新进行详尽的审查、分析和测算，从实际需要出发，逐一审议各项收支内容及合理性，并决定人财物等资源的分配。零基预算也被称作"以零为基础编制计划和预算的方法"，因此，零基预算首先是业务管理的过程，然后才是预算的编制。

1. 零基预算的特点

与传统的增量预算相比，零基预算有以下三个特点。

（1）预算的编制基础不同。增量预算的编制基础是基期预算的执行结果，零基预算的编制基础是零，本期预算是根据预算期经济活动内容和可用资源量确定的。零基预算是按照年度工作任务进行资源分配，可以达到预算与工作任务之间的有机结合。

（2）预算编制审查重点不同。增量预算重点是对预算期新增加的经济业务活动进行审查和分析，而延续性的经济业务活动则不做分析研究。而零基预算需要根据单位当年的发展目标和战略定位对预算期内所有的经济业务活动逐一进行审查和分析。因此，零基预算编制过程需要的时间比较长，工作量比较大。

（3）预算的着眼点不同。增量预算主要以预算金额的高低为重点，着重从货币角度控制预算金额的增减，忽略了业务活动的合理性审查；零基预算除重视预算金额高低外，主要是从经济业务活动的合理性和重要性来分配预算。

2. 零基预算的应用环境

企业编制零基预算，应在分析预算期各项经济活动合理性的基础上制订详细、具体的业务计划，并搜集和分析企业相关外部信息及企业内部管理要求，作为零基预算的编制基础。企业应明确每项零基预算项目的预算归口管理部门。预算归口管理部门负责确定和维护该预算项目编制标准，配合预算管理部门评价相关经济活动的合理性并审核业务计划。

另外，企业应充分利用信息系统或其他工具，分析历史期经济活动的有效性和预算编制标准的合理性，完成零基预算的编制。

3. 零基预算的应用步骤

（1）确定企业预算目标及编制规则。在正式编制预算之前，企业预算管理部门要根据企业的战略规划和经营目标，综合考虑各种资源条件，提出预算构想和预算目标，并预测收支水平。

（2）编制业务计划，测算预算需求。相关业务计划责任部门应依据企业战略和年度经营目标安排预算期经济活动，制订详细、具体的业务计划并对业务计划的合理性进行分析和解释。同时，以相关业务计划为基础，根据预算归口管理部门提供的预算编制标准，匹配形成相关预算项目和金额。

（3）审查业务活动，进行成本效益分析。企业预算管理部门对各部门提报的预算项目首先进行审查，分析成本效益，说明每项费用开支后将会给企业带来什么影响，主要审查要点有：①制订各项业务活动的目标是什么，与企业目标是否一致；②各项业务活动为什么是必要的，能从此项业务活动中获得什么效益；③各项业务活动有哪些可选择方案，哪个方案是最好的；④各项业务活动的重要度次序。

（4）确定业务活动的轻重缓急排序。确定各项业务活动的权衡轻重缓急，将各个收支项目分成若干个层次，排出重要性程度，明确哪些业务活动是必须充分保障的。

（5）分配资源，落实预算。根据预算项目的排列顺序，对预算期内可动用的资源进行合理安排，首先满足确保项目，根据重要性程序和成本效益结果分配剩余资源，做到保证重点，兼顾一般。

（6）编制并执行预算。资源分配方案确定以后，企业要对预算草案进行审核、汇总，编制正式预算，经批准后下达执行。

4. 零基预算的主要优点

（1）零基预算是以零为起点编制预算，剔除历史期经济活动中的不合理因素，科学分析预算期经济活动的合理性，预算编制更贴近预算期企业经济活动需要。

（2）零基预算是强调全员参与，有利于达成预算期企业运营共识，提高企业管理水平。

5. 零基预算的缺点

（1）预算编制工作量较大、成本较高。由于零基预算要求一切均以零为起点，需要进行历史资料、现有情况和未来业务活动的效益分析，需要花费大量的人力、物力和时间来编制预算，预算编制工作量相当繁重，编制预算的时间也较长，预算管理成本较高。

（2）预算编制的准确性受企业管理水平和相关数据标准准确性影响较大。在判断项目"轻重缓急"时，主要依据经济效益，虽然管理层可以依据企业目标而定，但是不是每项业务活动与企业目标的存在强关联性，许多"轻重缓急"判断都是管理层的职业判断。因此，零总预算法在进行分层、排序和资源分配时，易受主观判断的影响，且可能因管理层的偏好而强调短期项目和当前利益，忽视长期项目和长远利益。

6. 零基预算的适用范围

零基预算适用于所有企业各类预算的编制，但对于具有明显投入产出关系的产品制造活动则较少使用零基预算法。下列情况下使用较多：①管理基础工作比较好的企业。②企业职能管理部门编制的费用预算。

7. 应用零基预算编制预算举例

公司采用零基预算编制 2018 年度的管理费用资金支出预算，根据公司主营目标和总体预算安排，2018 年用于管理费用资金支出的总额度为 390 万元。管理费用资金支出预算编制的基本程序如下：

第一步，企业管理部门根据 2018 年度企业的总体经营目标及管理部门的具体任务，经过集思广益、认真分析测算后，提出管理费用预算方案，确定了费用项目及其支出数额。管理费用预算表如表 3-30 所示。

表 3-30　管理费用预算表

项目	金额（万元）	测算依据
工资	300	管理人员 30 名，年均工资 10 万元/人
办公费	4.5	管理人员 30 名，办公费定额 1 500 元/人
差旅费	60	管理人员 30 名，年均差旅费 2 万元/人
培训费	30	内部培训费用 20 万元，外部培训费 10 万元
招待费	36	每月招待费 3 万元
税金	6	根据业务预测税金 6 万元
合计	436.5	

第二步，企业预算管理部门经过分析研究认为，工资、办公费、税金三项费用开支均为预算期内管理部门的最低费用支出，属于约束性费用，必须全额保证其对资金的需求而差旅费、培训费和招待费三项开支属于酌量性开支的费用项目，可在满足工资、办公费、税金资金需求的前提下，将剩余的资金按照其对企业收益的影响程度来择优分配。

第三步，将预算期内可运用的资金总额 390 万元在各项费用之间进行分配，分配结果如表 3-31 所示。

表 3-31　管理费用预算表（分配后）

项目	金额（万元）	测算依据
工资	300	管理人员 30 名，年均工资 10 万元/人
办公费	4.5	管理人员 30 名，办公费定额 1 500 元/人
税金	6	根据业务预测税金 6 万元
小计	310.5	
差旅费	40	控制措施：增加远程会议，减少出差频率
培训费	20	控制措施：减少培训员工涵盖范围
招待费	18	控制措施：归口办公室统一管理，加强控制
小计	78	
合计	388.5	

三、固定预算与弹性预算

（一）固定预算法

固定预算法又称静态预算法，是以预算期内正常的、可实现的某一固定业务量（如产品产量、销售量）水平作为唯一基础，来确定相应预算指标的预算编制方法。固定预算法是编制预算最基本的方法，按固定预算法编制的预算称作固定预算。

1. 固定预算法的优点和缺点

优点：简单明了，直观易行。

缺点：固定预算法仅适用于实际业务量与预算业务量变化不大的预算项目。当实际业务量偏离预算业务量时，预算就失去了其编制的基础，预算指标的实际数与预算数也会因业务量基础不同而失去可比性。

2. 固定预算法的适用范围

（1）经营业务比较稳定的企业，主要是产品产销量稳定，能准确预测产品需求及产品成本的企业。

（2）企业经营管理活动中的某些相对固定的成本费用支出。

3. 应用固定预算法编制预算举例

公司 2018 年计划销售产品 1 000 吨，四个季度的销售量分别是 200 吨、240 吨、300 吨和 260 吨，销售单价（不含税金）为每吨产品 1 万元；2018年回款政策与 2017 保持不变，即销售货款当季收回现金 80%，其余 20% 下一季度收回，2017 年年末应收账款余额 30 万元。

根据上述资料，采用固定预算法编制公司 2018 年分季度的产品销售预算及现金回款预算表，如表 3–32 所示。

表 3–32　产品销售及现金回款预算表

项目		第一季度	第二季度	第三季度	第四季度
产品销售	销售量（吨）	200	240	300	260
	销售单价（万元/吨）	1	1	1	1
	销售收入（万元）	200	240	300	260

续表

项目		第一季度	第二季度	第三季度	第四季度
现金回款	期初应收账款余额（万元）	30	40	48	60
	本期增加应收账款（万元）	40	48	60	52
	本期减少应收账款（万元）	30	40	48	60
	期末应收账款余额（万元）	40	48	60	52

（二）弹性预算法

1. 弹性预算法的含义

弹性预算法又称动态预算法、变动预算法，是指企业在分析业务量与预算项目之间数量依存关系的基础上，分别确定不同业务量及相对应的预算项目所耗资源，进而形成企业整体预算的预算编制方法。用弹性预算法编制的预算称为弹性预算。

弹性预算法是在固定预算方法的改进与提升。固定预算法是企业根据单一固定业务量水平编制预算，其预算指标具有唯一性，而一旦预算期内的实际业务量水平与预算业务量水平相差较大时，预算指标就不能成为规划、控制和客观评价企业经济活动与工作业绩的依据。弹性预算法正是为弥补固定预算法的这一缺陷而诞生，它根据预算期内可预见的多种业务量水平，分别编制相应预算指标的方法，即弹性预算法不仅适用于一个业务量水平下的预算编制，也适用于多种业务量，预算会随着业务量变化而对应不同预算目标。

2. 弹性预算法的优点

弹性预算是按预算期内各种可能的业务量水平编制的，使任何实际业务量都可以找到相同或相近的预算标准，从而有效扩大了预算的适用范围，提高了预算的适应性，使预算能够更好地履行其在控制依据和评价标准两方面的职能。

3. 弹性预算法的缺点

（1）编制工作量大。

（2）企业很难对市场及其变动趋势做出准确预测，对预算项目与业务量之间依存关系的判断还受数据积累、分析深度等的制约，这些因素都会影响弹性预算的合理性。

4. 弹性预算法的适用范围

弹性预算适用于市场、产能等存在较大不确定性的企业，主要用于编制变动性成本费用预算及其他与业务量水平变动有关的预算。

5. 弹性预算法的应用环境

企业编制弹性预算，应合理识别与预算项目相关的业务量，长期跟踪、完整记录预算项目与业务量的变化情况，并对两者的相关性进行深入分析。企业编制弹性预算，应成立由财务、战略和有关业务部门组成的跨部门团队。企业应借助信息系统或其他编制工具，合理预测预算期间的可能业务量，科学匹配和及时修订弹性定额，完成弹性预算的编制。

6. 弹性预算的应用步骤

企业编制弹性预算，一般按照确定适用项目、识别业务量、确定业务量弹性幅度、确定弹性定额、构建弹性预算编制模型并形成预算方案、评价并修正预算方案、确定预算控制标准等程序进行。

（1）企业应结合业务性质和管理要求，遵循重要性原则和成本效益原则选择弹性预算适用项目。一般情况下，企业选择的弹性预算适用项目应与业务量有明显数量依存关系，且企业能有效分析该数量依存关系，并积累了一定的分析数据。企业在选择成本费用类弹性预算适用项目时，还要考虑该预算项目是否具备较好的成本性态分析基础。

（2）企业应分析、确定与预算项目变动直接相关的业务量指标，作为弹性预算编制的切入点。企业在选定业务量指标后，应确定其计量标准和方法。

（3）企业应深入分析市场需求、价格走势、企业产能等内外因素的变化，预测预算期可能的不同业务量水平，编制销售计划、生产计划等各项业务计划。一般而言，可定在正常业务量水平的70%～110%，或者以历史上最高业务量和最低业务量为其范围的上下限。

（4）企业应收集技术指标和历史数据，逐项分析、认定预算项目和业务量之间的数量依存关系、依存关系的相关范围及变化趋势，最终确定弹性定额。企业在确定弹性定额后，应不断强化弹性差异分析，修正和完善上述数量依存关系；根据企业管理需要，增补新的弹性预算定额，形成企业弹性定额库。相关弹性定额可能仅在一定业务量范围内准确。当业务量变动超出该适用范围时，应及时修正、更新上述弹性定额。

（5）企业通常采用公式法或列表法构建弹性预算编制模型，形成基于不同业务量的多套预算方案。

（6）企业预算审批机构应按照预算管理制度的授权审核、评价和修正各弹性预算方案，并根据预算期最有可能实现的业务量水平确定预算控制标准。

7. 弹性预算法的编制方法

弹性预算法主要有列表法和公式法两种应用方法。

1）公式法

公式法下弹性预算的基本公式为：

$$\begin{array}{l}\text{预算项目的}\\\text{弹性预算}\end{array} = \begin{array}{l}\text{固定}\\\text{基数}^①\end{array} + \sum \left(\begin{array}{l}\text{与业务量相关的}\\\text{弹性定额}\end{array} \times \begin{array}{l}\text{预计}\\\text{业务量}\end{array} \right)$$

运用公式法编制弹性预算时，相关弹性定额可能仅在一定业务量范围内准确。当业务量变动超出该适用范围时，应及时修正、更新上述弹性定额。

公式法的优点是可以计算出任何业务量的预算数值。但是，由于任何事物都会有一个从量变到质变的过程，当业务量变化到一定限度时，固定成本可能不再固定不变，而变动成本的单位成本也可能发生变化，采用公式法编制预算时，需要说明每个公式的适用业务量范围。

2）列表法

列表法是指企业通过列表的方式，在业务量范围内依据已划分出的若干个不同等级，分别计算并列示该预算项目与业务量相关的不同可能性下的预算方案。

在应用列表法时，业务量之间的间隔应根据实际情况确定。间隔越大，水平级别就越少，可简化编制工作，但间隔太大了就会丧失弹性预算的优点间隔较小，用以控制成本费用的标准就较为准确，但又会增加编制预算的工作量。一般情况下，业务量的间隔以 5%~10% 为宜。

列表法的优点是无论实际业务量是多少，不必经过计算即可找到与业务量相近的预算目标，用以控制成本，较为方便。但是，预算不可能详细列出每一种可能的业务量，因此运用列表法考核业绩时，往往需要使用插

---

① 固定基数是指与业务量变动无关的预算因素，比如固定成本预算。

补法来计算实际业务量的预算目标，又显得不足够直观。

8. 应用弹性预算法编制预算举例

公司 2018 年预计产品的销售量为 800～1 000 吨，销售单价（不含税）为 1 万元 / 吨，产品单位变动成本为 0.55 万元，固定成本总额为 400 万元。根据上述资料，采用弹性预算法的列表法，按照 50 吨间隔编制收入、成本和利润预算，如表 3–33 和表 3–34 所示。

表 3–33　利润预算表（列表法）

项目	方案 1	方案 2	方案 3	方案 4	方案 5
销售量（吨）	800	850	900	950	1 000
销售收入（万元）	800	850	900	950	1 000
变动成本（万元）	440	467.5	495	522.5	550
边际贡献（万元）	360	382.5	405	427.5	450
固定成本（万元）	400	400	400	400	400
利润（万元）	−40	−17.5	5	27.5	50

表 3–34　利润预算表（公式法）

序号	销售量（吨）	销售收入（万元）	变动成本（万元）	固定成本（万元）	利润（万元）
01	800	800	440	400	−40
02	801	801	440.55	400	−39.55
03	802	802	441.1	400	−39.1
04	803	803	441.65	400	−38.65
05	……	……	……	……	……

注：$Y=400+0.55X$

四、滚动预测工具详解与应用案例

（一）传统预算管理模式的缺陷

随着外部环境的不断变化以及市场竞争的日益激烈，传统预算管理模式的缺陷日益暴露，其主要缺陷归纳如下：

（1）预算编制过程过于耗时、成本太高；

（2）预算管理缺乏弹性，对市场变化的反应迟钝；

（3）预算管理没有很好地支持公司战略的落地，甚至与之产生冲突；

（4）在编制预算涉及资源分配时，许多企业往往是注重各部门的重要程度和话语权的大小，而忽略了资源分配本身的合理性；

（5）预算管理中存在许多非增值性的流程，缺乏效率；

（6）预算更多地注重成本的减少，而不够注重价值的增加；

（7）预算管理中只是强调上下级的垂直命令与控制；

（8）缺乏预算调整机制，预算制定后几乎不再进行修改；

（9）作为预算编制基础的许多假设尚未得到充分地论证；

（10）人为设置部门之间的障碍，缺乏必要的知识共享；

（11）企业管理层所做的许多决策使企业员工感到缺乏重视。

（二）超越预算的提出

关于传统预算是否适用于现代企业发展的讨论由来已久，许多企业管理层都在质疑传统预算模式能否在瞬息多变的市场环境中有效地发挥价值管理的作用。在此背景下，超越预算就是针对传统预算模式的不足之处提出的修正方案。

超越预算与传统预算管理模式相具有两个基本的不同点。首先，超越预算是一种适应性更强的管理模式。与传统预算管理是由企业管理层事先确定的固定年度目标不同，超越预算的目标需要定期回顾，目标更多的是与行业或市场上的先进水平相关联，与行业竞争对手的市场表现相关联。其次，超越预算提供了一种分散化的企业管理模式，和传统的由上而下的下达目标的预算管理模式不同，超越预算使得基层企业管理者拥有更多的自主决策权，并对其自身的表现负责，从而创建了人人负责及自我管理的企业经营文化。许多学者和专家认为这些企业经营理念上的改变，会导致员工更主动、更高效地工作，同时进一步提升客户的满意度。

在传统的预算管理模式下，预算目标是一个静态的目标，其使得企业管理者的思维停留在他们认为过去做得对的地方。但在当今全球高速发展的经济环境及多变的市场环境中企业必须不断制定合理的目标，把资源分配至最能为客户和股东提供价值的领域。基于上述要求，企业需要树立正确的观念，利用合理的管理工具设计和优化业务流程，而超越预算正好是一种能够满足上述要求的管理模式。

综上，超越预算是指通过综合运用各种预测和绩效管理工具（如平衡计分卡和作业成本管理等），将预算管理目标与绩效考核目标分离，实现预算管理的计划、控制、业绩评价及考核等功能的一种全新的管理模式。超越预算通过充分授权激发基层职工的潜力和工作积极性，并在事后综合运用多种绩效考核方法对结果进行准确评价，从而克服了传统预算的诸多弊端，使企业能够对环境变化迅速做出反应，将企业打造成管理流程更具适应性、高度关注客户需求、快速反映市场变化、不断寻求创新、持续改进整体绩效的组织，最终实现企业价值的增加及可持续发展。

（三）超越预算与传统预算模式的主要区别

超越预算与传统预算模式的区别主要体现在以下方面：

（1）目标设定方式不同。传统预算管理模式通常是设定固定的年度目标，从而导致企业管理层为完成年度目标而采取短期行为，而超越预算是为实现长期的竞争优势而设定关键绩效指标（KPI）。

（2）激励机制不同。传统预算管理模式使企业各部门为了获得激励而只关注本部门的目标实现，导致其不愿意与其他部门分享经验和信息，而超越预算认可团队成功的重要性，采取团队合作，消除部门之间的壁垒，并鼓励分享知识和资源。

（3）制定行动计划的方式不同。传统预算管理模式基于事前制定的计划，即使外部环境发生重大变化也很少修订行动计划，企业更多地采用事先设定的目标导向而非市场和客户导向，而超越预算根据外部市场环境的变化及时修订行动计划，并以市场和客户需求为导向。

（4）资源配置方式不同。传统预算管理模式是由总部高级管理者对资源进行分配，但是总部通常更倾向于降低风险，把资源更多地投入到现有业务或产品，而非新业务或新产品。超越预算在资源配置方式上是按照需求而定，将对外部市场新机会做出快速的反应，根据战略的需求配置资源。

（5）沟通协调的重点不同。在传统预算管理模式下，企业管理层重点是放在预算执行部门之间的协调上，但这种协调通常行事缓慢，不能满足外部市场和客户的需求。在超越预算下，沟通协调是建立在外部市场和客户不断变化的需求上，反应迅速，目标在于圆满地完成客户的要求。

（6）为战略决策提供的信息也不同。在传统预算管理模式下，业绩评估更多地借助于财务关键绩效指标，而财务关键绩效指标本身不能提示问题的根本原因，因而也无法提供具有建议意义的改进建议。在超越预算下，战略决策需要多层次的、多渠道的信息（包括财务关键绩效指标和非财务关键绩效指标），既总结过去的经验，也提供可行的未来建议。

（四）超越预算中的滚动预测

1. 滚动预测的含义

滚动预测是超越预算体系中的重要组成部分。在超越预算模式中，企业摒弃了原有的详细的年度固定预算，转向柔性的、动态的财务预测和计划。

柔性的财务预测和计划是企业在面对不断变化的内外部经营环境时，通过整合各种资源，协调各部口的生产经营活动，从而对内外部环境做出的能动性反应。为此，企业通常采用滚动预测的方法，比如按月或按季滚动，每个月度或季度都要准备一份滚动预测报告，便让管理者不断的评估战略和现金方面的需求，做到对未来的精准把握和持续改进。通过滚动预测的编制，及时修改预定的目标值和行动计划，提高企业的适应性和动态管理水平。通过预测未来短期的财务表现并设置财务业绩目标和协调资源配置，平衡企业的研、产、销等各项活动，使得资源与不断变化的经营环境高度匹配。

同时，柔性的、动态的财务预测方式，将财务和非财务目标结合起来，编制过程也是建立适应性流程的管理过程。通常采用滚动预测编制方式，脱离了预算期和会计年度，预测随着执行不断延伸补充，逐期向后滚动。超越预算采用的目标是面向持续改进的有远见的目标，而不是固定的年度目标。滚动预测的管理方法在保障企业中长期发展规划目标，提供企业资源配置方面具有重要的作用。

2. 滚动预测模型设计的目标

在实际工作中，滚动预测模型设计需要满足企业管理层的下列需求：

（1）滚动预测模型所提供的滚动预测能够详细地揭示今后三个月（或

者四周）的绩效表现。

（2）滚动预测模型所提供的滚动预测能够方便地和实际绩效表现相互比较。

（3）滚动预测模型需要列示针对滚动预测所做的重要的假设条件，并且能够快速显示当假设条件发生变化时预测结果的变化。

企业管理层高度重视财务滚动预测的准确性，认为其不仅显示了今后一段时间内最有可能的经营状况，同时还披露了潜在的风险和机会，让企业管理层能够根据预测结果提前预判并采取相应的行动计划。因此，滚动预测模型须提高预测的准确性，相关性和可行性。

3. 滚动预测模型的使用要求

滚动预测模型除了要满足企业管理层对预测模型的需求以外，需要在实际操作层面上具有可行性，因此，在设计滚动预测模型时要围绕着以下一些议题展开：

（1）哪些信息是基础信息？哪些是进行滚动预测所必需的信息？

（2）由什么部门来提供这些信息？

（3）何时提供这些信息？

（4）这些信息需要提供给谁？

（5）在收到信息后，何时完成信息的整理和加工，生成进一步的信息？

（6）如何使得预测信息的加工和整理过程能够最大程度上模拟实际信息的流转和计算方法？

（7）使用什么的工具方法来传递和汇总信息？

（8）如果对基础信息或加工后的信息存在疑问，和谁联系来进一步核实或确认？

（9）预测结果在何时，以何种形式进行呈现？

（10）滚动预测如何和其他数据做比较？

（11）提供哪些关键数据的开放型窗口？如何在这些窗日进行关键数据的修改并查看修改后的预测结果？

如果上述这些问题都能得以解决，则该模型既可满足企业管理层对滚动预测模型的需求，同时也可以把模型在运行过程中所需要的数据输入，数据加工、数据生成、后期的数据比较，以及如何综合评估预测结果等一系列所需要考虑的问题就定义清楚了。

在设计滚动预测模型中，基础数据的提供是预测的开始，也是整个预测的基础。企业管理层对此一定要取得充分的共识，一般认为基础数据应该由各个负责或控制该数据的部门来提供，并且提供数据的明细程度需要和预测要求相吻合。

4. 滚动预测模型的构建

企业须根据企业的业务模式、组织架构、业务流程、成本计算方法等相关因素来设计滚动预测模型的各个模块。一般来说，滚动预测模型包括以下模块。

1）基础数据采集模块

在设计滚动预测模型时，最基础的工作是先搞清各种数据的来源以及各种数据的钩稽关系，从而确定预测模型设计的基本思路，其目标在于最终构建企业管理层所关注的核心财务关键绩效指标与非财务关键绩效指标。

另外，企业需要设计出预测模型的数据采集的表格。预测模型的数据采集涉及多个部门以及多种数据的往来传递，要最低程度地增加各部门的工作量，并要做到机密数据的保密工作。数据采集表格的设计要遵循以下要求：①所有的基础数据只需要提供1次，避免任何的多次提供。②各部门只需要提供基础数据，数据的加工和运算都由预测模型完成。③提供数据注意保密，类似价格等敏感数据，只提供给能够查看该数据的部门。④在提供基础数据的同时，还应该要求各部门备注预测该数据的基本假设条件以及相关行动计划。预测模型所需要的基本数据收集完毕之后的工作就是对基础数据进行整理，加工和运算。

2）数据计算模块

滚动预测模型需要对大量的基础数据进行加工和计算，手工操作是不现实的，因此，必须借助信息系统或电脑软件。在选择滚动预测模型所要使用的信息系统和软件上，可以选择的方案及优缺点如下：

（1）直接使用现有的信息系统。其优点是，所有的历史数据都在现有信息系统里，不需要再把历史数据从现有信息系统中提取出来再导入到预测的模型里。其缺点在于，一般现有信息系统本身并不附带完整的滚动预测模块，不能满足在输入基础数据后由现有信息系统自行进行大量计算并得到预测结果的功能。而如果要实现上述功能，则需要另外定制化开发，那则意味着巨大的经济和时间成本，性价比非常低。

（2）使用市场通用的信息系统。市场一般会有比较通用的滚动预测的软件。其优点在于，该信息系统已经是成熟产品，并经过一定时间和其他客户的使用，在全面性和可靠性上会比自身开发的模型更有保证。其缺点在于，市场通用的信息系统不一定能完全满足企业本身的个性化要求，也会存在着再次开发的问题，并且信息系统的采购、实施以及后期的维护等都是需要成本的。

（3）定制开发信息系统。其优点在于，定制开发的预测模型，可以完全按照企业预测数据的计算要求和格式来设计，并且如果后续需要改进的话，也会比较方便。其缺点在于，需要耗费的大量资源和时间，并且设计该模型对企业业务的熟悉程度和软件的相关知识和技能都提出较高的要求。

（4）通过 Excel 通用软件来构建滚动预测模型。这种方式能做到成本最小化，也可以根据企业自身的要求和业务特点来构建滚动预测模型。同时，Excel 作为企业平时最频繁使用的通用软件，许多功能和特点也是被广大企业管理人员所熟知。

3）汇总模块

该模块主要根据上述两个模块基础数据的收集和计算，整合成企业管理层所关注的核心财务关键绩效指标与非财务关键绩效指标的预测值。

4）分析比较模块

该模块主要包括：①在对比期间方面，包含了与去年同期的比较，与上期的环比，与同行业的比较，及与上一次预测的比较。②在对比内容方面，包含了核心财务关键绩效指标与非财务关键绩效指标的比较和分析。

在上述 4 个模块中，需要重点设计的是基础数据采集模块和数据计算模块。因为基础数据采集模块涉及各种基础数据在各个部门之间的流转，数据计算模块涉及各种关键数据的计算，都是比较有难度的。相对而言，汇总模块和分析比较模块在计算逻辑和设计复杂程度上都较前两个模块简单。

5. 滚动预测模型和传统预算模式的区别

从上述内容来看，滚动预测模型已经具有十分明显的超越预算的特征，与传统的预算管理具有明显的区别。

首先，该滚动预测是一个由企业各部门提供基础数据，经过加工整理后形成预测的初稿，然后再由企业管理层对该初稿进行综合评估，如果认可则初稿即成为企业未来 3 个月（或者 4 周）的经营目标。如果不认可，则对企业各部门提出具体的要求，由各部门修正后的预测作为企业未来 3 个月（或者 4 周）的经营目标。在这个过程中，各部门都有机会结合自己所掌握的最新信息来提供基础数据，例如，销售部门了解的客户的最新需求，采购部口了解的供应商的最新情况，各职能部门了解的未来 3 个月（或者 4 周）的本部门重大支出等。这种方法摒弃了只把年初制定的预算作为全年经营目标并且固定不变的传统预算的做法。

其次，该滚动预测是一种每个月（或者每周）预测未来 3 个月（或者 4 周）经营状况的工作机制，循环往复。这种机制就能够使得各个职能部口在基于最新情况的基础上，对未来较短时间内的经营状况的做出判断，而这种判断通常来说准确性是比较高的，因此基于此判断而生成的预测的准确性也能够得到相当大的保证。同时，该预测的频率是每月（或者每周）一次，也就使得企业能够每个月（或者每周）对未来 3 个月（或者 4 周）的经营状况做出判断并且不断修正，并以此作为经营目标。这种预测模型摒弃了需要在年初对今后整个年度的经营状况做出判断，而根据该判断所形成的目标通常是不会改变的传统预算管理的做法。

最后，该预测模型提供了每月（或者每周）一次的企业管理层和各职能部口共同商讨和评估现在的经营状况和未来的经营预测的平台，各部门所提供的信息是公开透明的，而企业管理层对企业的期望和目标也能够让各职能部口充分了解和理解。因此，这种预测方式摒弃了通常目标是由企业最高管理层制定、并通过层层下达的方式来进行分配任务和细化目标的传统预算管理的做法。

（五）滚动预测的应用案例

1. F 公司的基本情况

F 公司成立于改革开放初期，在业界具有强大的竞争力和品牌价值，是中国 500 强企业之一，依靠专业化的人力资源服务体系、丰富的市场经验以及完备的业务资质，赢得了客户的尊重。F 公司产品体系分为人事服务、员工福利、专业外包、专业咨询、招聘服务、企业培训发展等六大业务领域，业务领域有下设产品分类、产品名称、具体方案描述等，具体如图 3-8 所示。

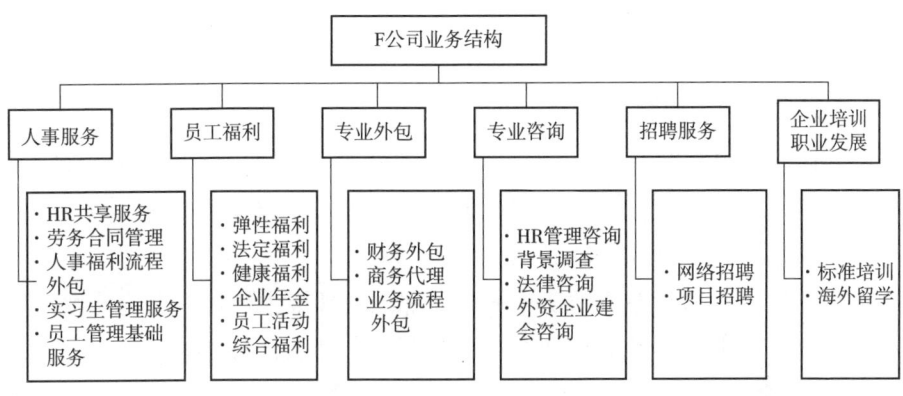

图 3-8　F 公司产品体系图

2. F 公司预算管理存在的问题

随着 F 公司发展越来越快，企业规模逐渐增大，以及面临的内外部环境的不断变化，经营的不确定因素显著增加。此时，传统的预算管理模式的缺陷日渐显现，主要包括：

（1）预算编制基础假设难以得到充分的论证。近些年来，企业的外部经营环境越来越复杂多变，而 F 公司每年 10 月中上旬份开始编制次年年度预算。预算编制中最核心的部分，业务方面预算比如产品销售量预算、价格预算、原材料成本预算等，都是基于编制当年假设条件，企业很难准确预估未来一年的业务变化情况。

（2）预算管理缺乏弹性，对市场变化的反应迟钝。在市场瞬息万变的情况下，更短的产品生命周期以及更快的技术更新已经成为企业能否成功的决定因素，企业更需要适应改变，过分的关注于某个固定目标，会使得管理者不能合理的分配资源，可能造成依据预算确定的行动方案与实际情况不相符，使企业本来的有限资源错配到其他方面，让企业无法迅速对市场做出反应。

（3）预算编制过程过于耗时、成本太高。F 公司每年的年度预算，从筹备到预算编制完成历时数月时间。在这个过程中，预算小组、预算职能部门、预算管理委员会等要根据自己的工作职责完成相应的预算编制等工作。并且,根据预算编制要求必须完成"两下两上"流程,预算才能审批通过,耗用了公司大量资源。

除了上述列出的情形外,还有预算更多地关注成本的减少,而不是注重价值的增加;缺乏预算调整机制,预算制定后几乎不再进行修改,在此就不逐一叙述了。

3. F公司滚动预测模型的设计与实施

我国人力资源服务行业发展已有 30 余年,如何在市场中保持可持续发展的竞争优势,F公司的管理层决定向管理要效益,建立滚动预测模型。

1)滚动预测模型的基本架构

为了使企业适应在不断变化的内外部经营环境中快速、准确地做出反应,管理层转向了柔性的、动态的财务预测和计划,每月编制未来 3 个月的财务预测报告,并以此为最新的目标来考核公司及业务部门的表现,滚动预测成为其实现意图的有效工具。

基本架构由三个部分组成,如图 3-9 所示,其中指标层为核心层,并通过中间层的架构设计和基础层的具体实施方案保证其实现,三个层次相辅相成,构成了F公司的滚动预测模型。

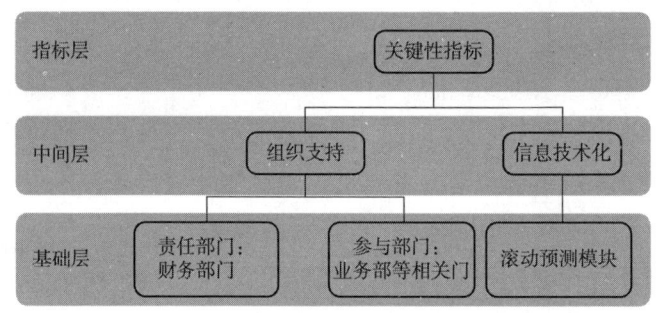

图 3-9 滚动预测模型的基本架构图

(1)指标层,根据公司战略目标,确定了关键性指标项目,通过关键性指标的选取,进一步了解业务驱动因子,分析业务与财务的关联关系。

(2)中间层,中间层实现指标层和基础层之间的交互,通过中间层来负责调度和执行,实现上下两层的衔接。

(3)基础层,确定了F公司预测模型的具体实施部门和落地方案,使滚动预测在公司组织之间达到共享、透明,实现协调管理的效能。

2）关键性指标的选取与说明

近年来，F 公司为了摆脱产品结构相对薄弱的情况，不断开发满足市场需求的创新型产品。在建立滚动预测模型选取关键性指标时，管理层更加关部分核心产品线的创收能力指标。

（1）指标选取原则。

F 公司在选取滚动预测模型的关键性指标时，遵循了如下原则：

a. 简单性原则。避免关注太多的细节问题，速度及灵活性的完成数据收集汇总工作，并关注于分析业务驱动因素。

b. 重要性原则。"人事代理服务"业务是传统人力资源服务行业收入的主要来源。从近两年 F 公司的收入结构上来看，人事委托代理服务是其主要的收入来源，2×17 年占比 89%；2×18 年大约占到公司收入总额的 90%。因此，选择"人事代理服务"产品作为关键性指标之一。

c. 战略导向原则。F 公司为保持在市场上的竞争优势，增加与客户的"粘合度"，向市场提供的能给客户带来新的满足、新的利益的产品，选择"员工福利"及"招聘服务"两个新产品作为关键性指标之一。

d. 管理导向性原则。根据 F 公司管理需要，清晰的核算经济业务量带来的变化，合理的匹配相应的产品收入和成本。选择"专业外包"产品作为关键性指标之一。

（2）关键指标说明。

F 公司选取的关键指标如表 3-35 所示。

表 3-35　F 公司关键指标一览表

关键业务	收入指标	专属成本指标	共同成本指标
人事代理服务产品	人事代理服务收入	人事代理服务转包成本	1. 人力成本 2. 房租物业成本
员工福利产品	员工福利收入	员工福利产品采购成本	
招聘服务产品	项目招聘收入	外部服务成本	
专业外包产品	员工管理基础服务与管理风险费收入	1. 转包成本 2. 风险金支付项目的成本 3. 外派员工的人力成本	
其他	其他收入	其他专属成本	

a. 人事代理服务产品，是为客户提供人事代理委托服务，由其提供人事管理的服务形式，是用工企业将内部员工管理职能的外部化的常见做法。

（a）人事代理服务收入预测

存量业务的收入 = 服务人数 × 人均收费标准

增量业务的收入 = 预计的服务人数 × 预计的收费标准

（b）人事代理服务转包成本预测

存量业务的成本 = 转委托人数 × 人均转包价

增量业务的成本 = 预计的转委托人数 × 人均转包价

b.员工福利产品，包括人身类、财产类、福利类，是为了满足客户为其员工定制个性化福利产品方案的需求，提供的"一站式"员工福利整体解决方案。

（a）员工福利收入预测

存量业务的收入 = 购买产品的人数 × 合同中约定的人均购买标准

增量业务的收入 = 预计购买产品的人数 × 预计的合同中的人均购买标准

（b）员工福利产品采购成本预测

存量业务的成本 = 购买产品的人数 × 约定的人均采购价格

增量业务的成本 = 预计的员工福利产品收入 × 预计成本率

c.招聘服务产品，主要是提供招聘服务，以承揽企业内部招聘外包服务，包括中高端人才寻访和招聘流程外包两大模块。

（a）项目招聘收入预测

存量业务的收入 = 根据现有合同中约得的收费标准确认

增量业务的收入 = 预计未来短期内市场价格及预计销售量计算确认

（b）项目招聘成本预测

存量业务的成本 = 根据现有业务预估其发生的相应支出

增量业务的成本 = 预计未来短期内实现的销售合同，并预计发生的成本

d.专业外包产品，用人单位与人力资源服务企业约定将用工单位的部分非核心岗位、业务外包，由人力资源企业管理这些岗位的劳动者完成岗位要求的部分业务或工作内容。

（a）员工管理基础服务与管理风险费收入预测

存量业务的收入 = 服务人数 ×（合同中约定的派出员工的工资、社保、住房公积标准 + 管理费用标准 + 风险金标准）

增量业务的收入 = 预计的服务人数 × （预测的合同中约定的派出员工的工资、社保、住房公积标准 + 管理费用标准 + 风险金标准）

（b）转包成本预测

存量业务的成本 = 转委托人数 × 人均转包价

增量业务的成本 = 预计的转委托人数 × 人均转包价

（c）风险金支付项目成本预测

派遣到客户公司提供服务的员工发生了诸如"女性三期"、员工意外、提前辞退等情形，F 公司需要额外支付员工赔偿金，此类成本按派遣员工的工资一定比例提前计提确定。

（d）外派员工的工资、社保等支出

存量业务的成本 = 服务人数 × 合同中约定的派出员工的工资、社保、住房公积标准

增量业务的成本 = 预计的服务人数 × 预测的合同中约定的派出员工的工资、社保、住房公积标准

e. 其他

（a）其他收入预测

其他收入 = 同期收入 × 主要业务同期收入的增长率

（b）其他专属成本预测

其他专属成本 = 其他收入 × 同期成本率

f. 共同成本指标

（a）人力成本预测

人力成本 = 基本工资（包含五险一金）+ 预测绩效奖金 + 预测福利性支出

（b）房租物业费预测

房租物业费 = 预计办公场所的可租用面积 × （每月每平方米房租价格 + 每月每平方米物业价格）

4. F 公司组织保障与信息化支持

1）滚动预测模型的组织保障

在滚动预测中，财务部门发挥的主导作用。同时，模型对数据和信息的收取与传递的职责与时间也有明确的要求，具体要求如表 3-36 所示。

表 3-36　滚动预测数据和信息的职责与时间要求一览表

数据	提供部门	接受部门	截止日
销售数据	业务部	财务部 产品职能部门	D-5
采购数据	产品职能部门	财务部	D-3
当月各部门费用	财务部	各部门	D+1
各部门的预测	各部门	财务部	D+3
利润表预测及各维度比较	财务部	总经理	D+5
对业务表现提出要求	总经理	各部门	D+6
根据要求，修正初版数据	各部门	财务部	D+7
更改后的财务预测	财务	总经理	D+8

注：截止日列中的 D 表示当月的结账日。

2）滚动预测模型的信息化支持

为了能向管理层提供准确的预测报告，避免增加非增值作业成本，F 公司尝试借助信息化技术为滚动预测模型提供服务。通过在现有业务系统中增加新的功能模块，使各个部门达到资源共享，简化数据传输流程，比如业务部门可以根据系统中的业务数据预测未来经营情况、职能部门根据业务数据匹配采购数据，财务部门可以直接从系统中提取滚动预测所需的财务数据。F 公司的预测模型中包括原始数据的收集、数据的汇总模块和分析模块的三个模块。

5. F 公司滚动预测模型实施及成效

以 F 公司 2×18 年 5 月底对未来三个月的经营情况进行预测。业务部门填写完成产品预测表后，产品职能部门（比如，健康管理部和电子商务部等）根据预测的产品销售量，提供商品采购价格和产品分担的成本。财务部门还需要把公司内相关部门当月实际发生的费用数据发送给各个主管部门经理，之后要求各主管经理对其可控的未来三个月的费用数据（比如，招待费、交通费、差旅费等）进行预测。而对于各个部门经理非直接控制的费用，则由能够直接控制该费用的部门统一进行预测。表 3-37 为 F 公司 2×18 年 5 月份编制的滚动预测结果。

表 3-37　F 公司三个月的滚动预测

当前月份：2×18 年 5 月　　　　　　　　　　　　　　　　　　　　　　　单位：元

序号	项目名称	六月	七月	八月
1	人力资源收入	142 530 652.37	141 325 312.25	144 652 924.06
1-1	人事代理服务	38 402 145.91	37 305 079.62	36 739 182.02
1-2	员工福利	56 020 360.98	56 620 915.46	55 133 026.34
1-3	招聘服务	8 111 508.84	8 071 282.87	6 818 890.10
1-4	专业外包	38 829 991.45	38 895 440.02	44 081 805.80
1-5	其他收入	1 166 645.19	432 594.28	1 880 019.80
2	人力资源成本	82 718 916.84	87 822 970.62	84 436 893.07
2-1	人事代理服务	8 418 073.75	9 504 514.46	9 000 227.97
2-2	员工福利	41 497 659.95	46 621 254.73	38 290 482.86
2-3	招聘服务	1 912 840.19	1 402 360.81	1 734 256.39
2-4	专业外包	30 130 031.26	29 973 330.19	34 665 202.88
2-5	其他成本	760 311.69	321 510.43	746 722.97
3	毛利	59 811 735.53	53 502 341.63	60 216 030.99
4	毛利率	42%	38%	42%

5. 应用案例总结

人力资源服务业是一个蓬勃发展的行业，也面临着市场上诸多不确定的因素。作为超越预算的重要工具之一的滚动预测，可以根据最新的经营环境和外部因素的影响，定期的不断更新未来短期内的经营目标，为管理层揭示了潜在的风险和机会，以便企业采取相应措施。通过 F 公司的案例可以看到，滚动预测相比于传统的预算管理能更加及时的反映企业内外部环境的变化所导致的经营情况的变化，滚动预测所使用的数据信息越详细，预测结果对管理层和各个部门的指导性越大。

五、作业预算工具详解与应用案例

（一）作业预算的含义

作业预算，是指基于"作业消耗资源、产出消耗作业"的原理，以作业管理为基础的预算管理方法。关于作业和资源费用等有关定义，请参见作业成本法的相关内容。

与传统预算相比，作业预算编制要求企业以终端价值链需求为起点，率先预测满足终端需求的产品（服务）所需作业，再以作业为核心预测所需企业的资源的数量和类别。由于它是以资源流动为线索，以资源耗用的因果关系为成本分配的依据，在拓展了成本核算范围的同时，提供了比较准确的预测信息。

作业预算主要适用于具有作业类型较多且作业链较长、管理层对预算编制的准确性要求较高、生产过程多样化程度较高，以及间接或辅助资源费用所占比重较大等特点的企业。选择采用作业预算的企业应具有满足作业管理、资源费用管理要求的信息系统，能通过外部市场和企业内部可靠、完整、及时地获取作业消耗标准、资源费用标准等基础数据。

作业预算的主要优点在于，一是基于作业需求量配置资源，避免了资源配置的盲目性；二是通过总体作业优化实现最低的资源费用耗费，创造最大的产出成果；三是作业预算可以促进员工对业务和预算的支持，有利于预算的执行。

作业预算的主要缺点在于，预算的建立过程复杂，需要详细地估算生产和销售对作业和资源费用的需求量，并测定作业消耗率和资源消耗率，数据收集成本较高。

（二）作业预算的应用程序

1. 作业预算在预算编制中的应用程序

1）确定作业需求量

企业首先依据其战略目标和市场需求，预测未来一段时间产品或者服务（产出量或服务量）的需求数量，然后再根据预测期的销售量和销售收入预测各相关作业中心的产出量（或服务量），进而按照作业与产出量（或服务量）之间的关系，分别按产量级作业、批别级作业、品种级作业、客户级作业、设施级作业等计算各类作业的需求量。企业一般应先计算主要作业的需求量，再计算次要作业的需求量。

（1）产量级作业。该类作业的需求量一般与产品（或服务）的数量成正比例变动，有关计算公式如下：

产量级作业需求量 = ∑各产品（或服务）预测的产出量（或服务量）× 该产品（或服务）作业消耗率

（2）批别级作业。该类作业的需求量一般与产品（或服务）的批次数成正比例变动，有关计算公式如下：

批别级作业需求量 = ∑各产品（或服务）预测的批次数 × 该批次作业消耗率

（3）品种级作业。该类作业的需求量一般与品种类别的数量成正比例变动，有关计算公式如下：

品种级作业需求量 = ∑各产品（或服务）预测的品种类别数 × 该品种类别作业消耗率

（4）客户级作业。该类作业的需求量一般与特定类别客户的数量成正比例变动，有关计算公式如下：

客户级作业需求量 = ∑预测的每类特定客户数 × 该类客户作业消耗率

（5）设施级作业。该类作业的需求量在一定产出量（或服务量）规模范围内一般与每类设施投入量成正比例变动，有关计算公式如下：

设施级作业需求量 = ∑预测的每类设施能力投入量 × 该类设施作业消耗率

其中，作业消耗率的确定是最为关键的。作业消耗率，是指单位产品（或服务）、批次、品种类别、客户、设施等消耗的作业数量。企业要依据其生产运营管理流程，将生产单位产品或者服务消耗的作业量进行科学的确定，也就是作业消耗率。

2）确定资源费用需求量

企业应依据作业消耗资源的因果关系确定作业对资源费用的需求量。有关计算公式如下：

资源费用需求量 = ∑各类作业需求量 × 资源消耗率

资源消耗率，是指单位作业消耗的资源费用数量。企业一般是依据其技术参数以及企业的生产状况，确定资源消耗率。

企业一般以作业中心为对象，按照作业类别编制资源费用预算。有关计算公式如下：

资源费用预算 = ∑各类资源需求量 × 该资源费用预算价格

资源费用的预算价格一般来源于企业建立的资源费用价格库。企业应收集、积累多个历史期间的资源费用成本价、行业标杆价、预期市场价等，建立企业的资源价格库。

3）平衡资源费用需求量与供给量

企业应检查资源费用需求量与供给量是否平衡，如果没有达到基本平衡，需要通过增加或减少资源费用供给量或降低资源消耗率等方式，使两者的差额处于可接受的区间内。例如，企业可以通过购买新设备、出售或者出租旧设备等方式来增减资源的供给量来调整，也可以通过对消耗比率进行修订而重新计算出资源的需求数量，从而可以使需求量和企业的供给量达到平衡。

资源费用供给量，是指企业目前经营期间所拥有并能投入作业的资源费用数量。

4）审核最终预算

作业预算初步编制完成后，企业应组织相关人员进行预算评审。预算评审小组一般应由企业预算管理部门、运营与生产管理部门、作业及流程管理部门、技术定额管理部门等组成。评审小组应从业绩要求、作业效率要求、资源效益要求等多个方面对作业预算进行评审，评审通过后上报企业预算管理决策机构进行审批。

2. 作业预算控制

企业应按照作业中心和作业进度进行作业预算控制，通过把预算执行的过程控制精细化到作业管理层次，把控制重点放在作业活动驱动的资源上，实现生产经营全过程的预算控制。

3. 作业预算分析

企业作业预算分析主要包括资源动因分析和作业动因分析。资源动因分析主要揭示作业消耗资源的必要性和合理性，发现减少资源浪费、降低资源消耗成本的机会，提高资源利用效率。作业动因分析主要揭示作业的有效性和增值性，减少无效作业和不增值作业，不断地进行作业改进和流程优化，提高作业产出效果。

（三）作业预算相对于传统预算的优势

随着我国科学技术以及信息化技术的不断进步与发展，传统预算暴露出来了很多的缺陷与不足，例如，预算编制不科学，忽略了成本的属性，责任单位对间接费用的分摊不科学，以历史数据为基础并没有考虑那些不必要的作业等。相对而言，作业预算的优势主要表现在以下几个方面。

1. 加强了企业战略与预算管理的关联性

传统预算更多地关注于预算业绩指标是否能实现，企业管理者对于预算是否能够帮助企业实现战略并不是很清楚，而一线员工也不清楚他们所执行的流程与作业是否与企业的战略有关。而作业预算能够克服这个缺陷，将企业的战略管理和预算管理有机地结合在一起，通过作业链中价值转移过程，分析出哪些是增值的有效作业，哪些是非增值的无效作业或者低效作业，有助于企业提高流程和作业效率，使企业生产运营管理流程不断的优化和升级，因此，作业预算更加符合企业战略管理的要求，实现企业预算与战略管理的有效衔接。

2. 提高预算编制的准确性与科学性

作业预算是以"作业消耗资源，产品消耗作业"为核心思想，成本核算的重心是放在作业层面，通过分析成本动因，能使间接费用更加科学合理地分配到产品、项目或客户中。在传统预算编制方式中，间接费用主要是根据人工工时和人工成本等比例进行分配，导致间接费用的分配不准确，作业预算无疑是为企业提供了更加科学合理的预算，尤其是间接费用占比比较大的企业，作业预算的优势更为明显。

3. 提升企业资源配置效率

传统预算是在历史数据的基础上开展预算编制工作，并没有考虑到在生产运营过程中那些不必要的流程和作业。而作业预算通过分析流程与作业，区分出哪些是增值作业，哪些是非增值作业，消除非增值作业，优化增值作业，从而可以减少不必要的资源浪费，还可以使企业资源配置效率得以提升，使企业有限的资源达到最大利用效率。

4. 加强了企业员工的工作积极性

传统预算管理一般情况下缺乏企业一线员工的参与，由于作业预算以"作业"为核心，流程和作业与一线员工更加接近，因此可以真正使企业一线员工参与到预算制定当中，并且使其更好地理解预算管理的全过程，从而消除了传统预算中员工的不满情绪，使预算管理顺利地得以贯彻和执行。

（四）作业预算的应用案例①

1. H公司的基本情况

H公司创建于1982年，目前是我国生产规模最大、历史最为悠久的卫浴企业之一，职工数量也是上万，生产的产品品种不仅繁多，而且每种产品还有很多不同的型号。H公司还不断地引进新的生产线和生产设备，不断进行生产技术的更新。此外，H公司还生产与卫浴产品相匹配的其他多种产品，包括瓷砖、五金配件等。

H公司的营销网点设在了全国各地，在全国的覆盖率也是达到70%以上，不仅是消费者最为熟悉的品牌，还是消费者最为信赖的品牌，树立了良好的品牌形象。

H公司拥有大型陶瓷、家居产品和五金配件生产基地，在北京和上海分别设有两个产品研发中心，生产的产品不仅在国内畅销，在国外也是十分受欢迎，产品已经出口到90多个国家和地区，品牌也是在韩国、美国等26个国家注册。

本案例主要以H公司生产部门为例介绍作业预算管理的过程。

2. H公司作业中心及主要作业的确认

1）H公司生产流程分析

通过对H公司的深入调研，以及与管理人员和生产一线员工的交谈，得知H公司的生产工艺流程主要是将原材料生产为光瓷的制造过程。

H公司拥有17条天然气隧道生产线，每一条生产线的工艺流程都是大

---

① 本案例改编自：张楠："作业基础预算在H公司中的应用研究"，河北大学硕士专业学位论文，2017。

致相同的，不同的地方主要是体现在生产线的机械化程度，有些生产线是新引入的，相对于以前生产线来说，其机械化程度比较高。H公司的生产工艺流程大致可以分为5个阶段，包括泥浆和釉浆的生产阶段、青坯成型阶段、青坯施釉阶段、光瓷烧成阶段和光瓷检验和包装阶段，每一个阶段都是在一个生产车间中完成，如图3-10所示。

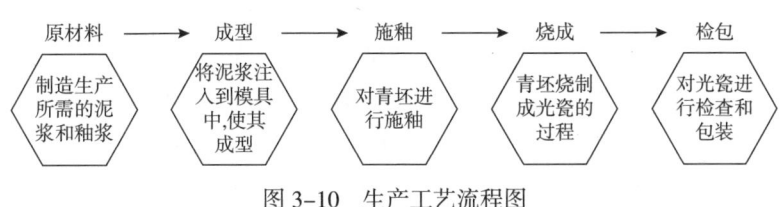

图3-10　生产工艺流程图

2）分析确定作业中心及主要作业

H公司的生产过程需要进行作业划分，进而确定必要的资源耗费，从而强化资源的有效配置。因此，作业是资源和产品服务之间的重要桥梁。通过分析H公司的生产过程来划分作业时，如何掌握划分作业层次就成了研究的重点。如果作业划分的过细，不仅会增加H公司的预算编制成本，还会因为数据分析层次过多导致预算分析的混乱。如果把作业划分得过粗，那在H公司中实施作业基础预算也就失去了意义，降低了预算的准确性。因此，在进行作业划分时，根据企业管理层的需求将作业进行分解与整合，将具有同质性的作业划分为一个作业，将比较大的作业划分为若干个小作业。通过上述流程分析以及作业分析，可以将每一个生产车间划分为一个作业中心，然后再将每个车间的工序进行分解和整合，从而确定主要作业。

H公司生产工艺流程的作业划分如下：

（1）原材料作业中心。该作业中心主要是将原材料进行搅拌和研磨，生产出泥浆和釉浆，为后面的生产工序提供材料，主要作业包括制泥和制釉。

（2）成型作业中心。该作业中心主要是将泥浆注入模具中，使其成型，本阶段的半成品是青坯，主要作业包括注修、成型和拉坯。

（3）施釉作业中心。该作业中心是为青坯上色，主要作业包括机械手擦坯、机械手施釉、机械手倒坯和修补。

（4）烧成作业中心。该作业中心是对青坯进行烧制，使其成为光瓷，也就是企业的产成品，主要作业包括装窑、烧窑和开窑。

（5）检包作业中心。该作业中心主要是对光瓷进行检验和包装，主要作业分为检验、和包装。

H 公司生产工艺流程的作业划分结果如表 3-38 所示。

表 3-38　作业中心、作业一览表

作业中心	作业名称	作业中心	作业名称	作业中心	作业名称
原材料作业中心	制泥	施釉作业中心	机械手擦坯	烧成作业中心	装窑
	制釉		机械手施釉		烧窑
成型作业中心	注修		机械手倒坯		开窑
	成型		修补	检包作业中心	检验
	拉坯				包装

3. 匹配资源

实施作业基础预算的一个重要前提是确定资源定额。生产部门生产的产品成本包括直接成本和间接成本。直接成本包括直接材料，间接成本包括折旧费、人工工资、燃动力和水电费，也就是通过划分作业进行核算的成本费用。由于 H 公司的产品是交互生产的，而且产品品种繁多，并不能对工资进行明确的划分，所以将人工工资划分到了间接费用，通过分析成本动因进行准确的划分。

H 公司生产的产品品种众多，由于时间原因，不可能将 H 公司生产的所有产品定额都计算出来，因此选取 1 号窑生产的 C201、L518 和 A010 三种产品进行预算编制，而且三种产品的定额重量差不多，但是它们的生产流程的复杂程度不同，所以选择这三种产品编制预算。首先对产品的直接成本资源定额情况进行说明。生产产品的直接材料包括泥浆和釉浆，根据 H 公司的原材料定额成本表可以看出，泥浆的成本定额是 650 元 / 吨（生产泥浆需要的原材料），釉浆的成本定额是 730 元 / 吨（生产釉浆需要的原材料）。C201、L518 和 A010 的定额重量和直接材料定额成本如表 3-39 所示。

表 3–39　单位产品直接材料成本计算表

产品	泥浆定额（吨）	泥浆成本定额（元）	釉浆定额（吨）	釉浆成本定额（元）
C201	0.02	13	0.002	1.46
L518	0.022	14.3	0.002	1.46
A010	0.02	13	0.002	1.46

　　关于间接费用的资源定额情况，本案例选取成型作业中心为例，就不同作业消耗的资源定额情况进行计算说明：

　　（1）注修。此项作业主要使用注浆机将原浆注入模具中，发生的费用主要是机器的折旧费和电费，由于该项作业发生的费用主要是折旧费用，而且电费也和机器设备的运行时间有关，因此，该项作业的成本动因定为机器工时。根据成型车间的上一个年度固定资产折旧汇总表和电费记录单，机器设备的折旧费是 1 179 084 元，电费是 45 640 元，根据固定资产台账和一线员工的记录，1 号窑有 45 台注浆机，可以大致得到注浆机每天工作 6 小时，员工每个月上班时间为 21 天，因此注浆机的工作时间也就是 $6×21×12×45=68 040$（小时），注浆机每小时消耗的资源数是（1 179 084+45 640）÷68 040 ≈ 18（元／小时）。根据实地测定，计量出 C201、L518 和 A010 注修所需的时间。

　　（2）成型。该项作业主要是使泥浆成型，一线员工根据模具的形状，对上一环节的半成品进行加工，该环节形成的半产品就是青坯，因此，该项作业发生资源费用主要是人工成本，因此成本动因可以确定为人工工时。查看上一年度 1 号窑成型车间的工资表可知，成型环节发生的工资福利费用是 354 816.4 元，成型环节的一线员工一共有 8 人，每人每天工作 8 小时，因此成型员工的全年工作总工时是 $8×8×21×12=$ 16 128（小时），每小时的定额成本为 354 816.4 ÷ 16 128 ≈ 22（元／小时）。根据实地测定，测定出 C201、L518 和 A010 成型所需的人工工时。

　　（3）拉坯。该项作业是将青坯运送到施釉车间或者是青坯库存室，因此，该项作业发生的资源费用主要也是人工成本，因此成本动因是人工工时。查看上一个年度 1 号窑成型车间的工资表可知，拉坯发生的工资福利费用是 151 200.8 元。拉坯的一线员工一共有 5 人，大概拉坯的员工每天工作 6 小时，每拉坯一次需要 30 分钟，因此拉坯员工

的全年总工时是 $5 \times 6 \times 21 \times 12 = 7\ 560$（小时），每小时的定额成本为 $151\ 200.8 \div 7\ 560 \approx 20$（元/小时）。

以上就是成型作业中心各项作业的定额成本的制定方法和相关数据，根据同样的编制流程和计算方法，可以计算出其他作业的定额标准，如表 3-40 所示。

表 3-40　作业中心、作业、资源定额一览表

作业中心	作业名称	资源消耗种类	成本动因	单价	数量		
					C201	L518	A010
原材料作业中心	制泥	折旧费和水电费	机器工时	16 元/小时	8 小时/吨	8 小时/吨	8 小时/吨
	制釉	折旧费和水电费	机器工时	28 元/小时	10 小时/吨	10 小时/吨	10 小时/吨
成型作业中心	注修	折旧费和电费	机器工时	18 元/小时	0.2 小时/件	0.25 小时/件	0.3 小时/件
	成型	人工费	人工工时	22 元/小时	0.2 小时/件	0.3 小时/件	0.4 小时/件
	拉坯	人工费	人工工时	20 元/小时	0.5 小时/次	0.5 小时/次	0.5 小时/次
施釉作业中心	机械手擦坯	折旧费和水电费	机器工时	14 元/小时	0.1 小时/件	0.15 小时/件	0.2 小时/件
	机械手施釉	折旧费和水电费	机器工时	14 元/小时	0.2 小时/件	0.3 小时/件	0.5 小时/件
	机械手倒坯	折旧费和电费	机器工时	14 元/小时	0.1 小时/件	0.2 小时/件	0.2 小时/件
	修补	人工费	人工工时	20 元/小时	0.1 小时/件	0.1 小时/件	0.1 小时/件
烧成作业中心	装窑	折旧费和电费	机器工时	32 元/小时	1 小时/次	1 小时/次	1 小时/次
	烧窑	燃动力	立方米	0.35 元/立方米	500 立方米/次	500 立方米/次	500 立方米/次
	开窑	人工费	人工工时	25 元/小时	3 小时/次	3 小时/次	3 小时/次
检包作业中心	检验	人工费和水电费	人工工时	20 元/小时	0.1 小时/件	0.2 小时/件	0.3 小时/件
	包装	包装材料	千克	2.4 元/千克	0.3 小时/件	0.3 小时/件	0.3 小时/件

4. 作业基础预算的报表编制

假定 H 公司预计生产 C201、L518 和 A010 各 1 000 件，并按照作业基础编制产品成本预算。表 3-41、表 3-42、表 3-43 是对 C201、L518 和 A010 的资源消耗及作业成本的预算编制。

表3-41　产品 C201 作业成本、资源消耗预算一览表

作业中心 (1)	作业名称 (2)	资源消耗种类 (3)	成本动因 (4)	成本动因量 (5)	数量 (6)	成本动因率		资源需求量 (9)=(5)×(6)	资源价值量 (10)=(5)×(8)	作业成本 (11)=(10)
						单价 (7)	金额 (8)=(6)×(7)			
原材料作业中心	制泥	折旧费和水电费	机器工时	20 吨	8 小时/吨	16 元/小时	128 元	160 小时	2 560 元	2 560 元
	制釉	折旧费和水电费	机器工时	2 吨	10 小时/吨	28 元/小时	280 元	20 小时	560 元	560 元
成型作业中心	注修	折旧费和水电费	机器工时	1 000 件	0.2 小时/件	18 元/小时	3.6 元	200 小时	3 600 元	3 600 元
	成型	人工费	人工工时	1 000 件	0.2 小时/件	22 元/小时	4.4 元	200 小时	4 400 元	4 400 元
	拉坯	人工费	人工工时	50 次	0.5 小时/次	20 元/小时	10 元	25 小时	500 元	500 元
施釉作业中心	机械手擦坯	折旧费和水电费	机器工时	1 000 件	0.1 小时/件	14 元/小时	1.4 元	100 小时	1 400 元	1 400 元
	机械手施釉	折旧费和水电费	机器工时	1 000 件	0.2 小时/件	14 元/小时	2.8 元	200 小时	2 800 元	2 800 元
	机械手倒坯	折旧费和水电费	机器工时	1 000 件	0.1 小时/件	14 元/小时	1.4 元	100 小时	1 400 元	1 400 元
	修补	人工费	人工工时	1 000 件	0.1 小时/件	20 元/小时	2 元	100 小时	2 000 元	2 000 元
	装窑	折旧费和水电费	机器工时	10 次	1 小时/次	32 元/小时	32 元	10 小时	320 元	320 元
烧成作业中心	烧窑	燃动力	立方米	10 次	500 立方米/次	0.35 元/立方米	175 元	5 000 立方米	1 750 元	1 750 元
	开窑	人工费	人工工时	10 次	3 小时/次	25 元/小时	75 元	30 小时	750 元	750 元
检包作业中心	检验	人工费和水电费	人工工时	1 000 件	0.1 小时/件	20 元/小时	2 元	100 小时	2 000 元	2 000 元
	包装	包装材料	千克	1 000 件	0.3 千克/件	2.4 元/千克	0.72 元	300 千克	720 元	720 元
总作业成本										24 760 元
单位作业成本										24.76 元

表3-42 产品L518 作业成本、资源消耗预算一览表

作业中心	作业名称	资源消耗种类	成本动因	成本动因量		成本动因率		金额	资源需求量	资源价值量	作业成本
				成本动因量	数量	单价					
(1)	(2)	(3)	(4)	(5)	(6)	(7)		(8)=(6)×(7)	(9)=(5)×(6)	(10)=(5)×(8)	(11)=(10)
原材料作业中心	制泥	折旧费和水电费	机器工时	22吨	8小时/吨	16元/小时		128元	176小时	2816元	2816元
	制釉	折旧费和水电费	机器工时	2吨	10小时/吨	28元/小时		280元	20小时	560元	560元
成型作业中心	注修	折旧费和水电费	机器工时	1000件	0.25小时/件	18元/小时		4.5元	250小时	4500元	4500元
	成型	人工费	人工工时	1000件	0.3小时/件	22元/小时		6.6元	300小时	6600元	6600元
	拉坯	人工费	人工工时	50次	0.5小时/次	20元/小时		10元	25小时	500元	500元
施釉作业中心	机械手擦坯	折旧费和水电费	机器工时	1000件	0.15小时/件	14元/小时		2.1元	150小时	2100元	2100元
	机械手施釉	折旧费和水电费	机器工时	1000件	0.3小时/件	14元/小时		4.2元	300小时	4200元	4200元
	机械手倒釉	折旧费和水电费	机器工时	1000件	0.2小时/件	14元/小时		2.8元	200小时	2800元	2800元
	修补	人工费	人工工时	1000件	0.1小时/件	20元/小时		2元	100小时	2000元	2000元
	装窑	折旧费和水电费	机器工时	10次	1小时/次	32元/小时		32元	10小时	320元	320元
烧成作业中心	烧窑	燃动力	立方米	10次	500立方米/次	0.35元/立方米		175元	5000立方米	1750元	1750元
	开窑	人工费	人工工时	10次	3小时/次	25元/小时		75元	30小时	750元	750元
检包作业中心	检验	人工费和水电费	人工工时	1000件	0.1小时/件	20元/小时		4元	200小时	4000元	4000元
	包装	包装材料	千克	1000件	0.3千克/件	2.4元/千克		0.72元	300千克	720元	720元
总作业成本											33 616元
单位作业成本											33.62元

表3-43 产品A010作业成本、资源消耗预算一览表

作业中心	作业名称	资源消耗种类	成本动因	成本动因量	成本动因率		金额	资源需求量	资源价值量	作业成本
					数量	单价				
(1)	(2)	(3)	(4)	(5)	(6)	(7)	$(8)=(6)\times(7)$	$(9)=(5)\times(6)$	$(10)=(5)\times(8)$	$(11)=(10)$
原材料作业中心	制泥	折旧费和水电费	机器工时	20吨	8小时/吨	16元/小时	128元	160小时	2 560元	2 560元
	制釉	折旧费和水电费	机器工时	2吨	10小时/吨	28元/小时	280元	20小时	560元	560元
成型作业中心	注浆	折旧费和水电费	机器工时	1 000件	0.3小时/件	18元/小时	5.4元	300小时	5 400元	5 400元
	成型	人工费	人工工时	1 000件	0.4小时/件	22元/小时	8.8元	400小时	8 800元	8 800元
	拉坯	人工费	人工工时	50次	0.5小时/次	20元/小时	10元	25小时	500元	500元
施釉作业中心	机械手辘坯	折旧费和水电费	机器工时	1 000件	0.2小时/件	14元/小时	2.8元	200小时	2 800元	2 800元
	机械手施釉	折旧费和水电费	机器工时	1 000件	0.5小时/件	14元/小时	7元	500小时	7 000元	7 000元
	机械手倒坯	折旧费和水电费	机器工时	1 000件	0.2小时/件	14元/小时	2.8元	200小时	2 800元	2 800元
	修补	人工费	人工工时	1 000件	0.1小时/件	20元/小时	2元	200小时	2 000元	2 000元
烧成作业中心	装窑	折旧费和电费	机器工时	10次	1小时/次	32元/小时	32元	10小时	320元	320元
	烧窑	燃动力	立方米	10次	500立方米/次	0.35元/立方米	175元	5 000立方米	1 750元	1 750元
	开窑	人工费	人工工时	10次	3小时/次	25元/小时	75元	30小时	750元	750元
检包作业中心	检验	人工费和水电费	人工工时	1 000件	0.3小时/件	20元/小时	6元	3 000小时	6 000元	6 000元
	包装	包装材料	千克	1 000件	0.3千克/件	2.4元/千克	0.72元	300千克	720元	720元
总作业成本										41 960元
单位作业成本										41.96元

根据上述对直接材料和作业成本的预算编制，产品成本预算编制结果如表 3-44 所示。

表 3-44　单位产品成本预算表

产品	泥浆成本定额	釉浆成本定额	单位作业成本	产品成本预算
C201	13	1.46	24.76	39.22
L518	14.3	1.46	33.62	49.38
A010	13	1.46	41.96	56.42

C201、L518 和 A010 这三种产品的定额重量差不多，如果按照以前的吨瓷成本编制预算，这三种产品的预算成本应该是相差不多。但是，根据作业基础预算计算出来的这三种产品的预算成本还是存在很大的差异，说明以前按照吨瓷成本编制产品成本预算是不准确的。从上表可以看出，这三种产品的单位作业成本存在很大的差异，说明传统的预算方法对间接成本分配不均，然而作业基础预算使间接费用分配得更加合理，产品成本预算编制更加科学，产品定价更加合理，为管理层制定决策提供依据。

5. 作业预算的控制

H 公司以前采用的预算管理体系主要是分析企业预算执行的最终结果，即事后控制。然而作业预算管理体系可以将事前、事中和事后控制贯穿于企业的预算执行过程当中，进行全方位的控制。作业基础预算的编制工作就属于事前控制，可以使企业的预算编制更加准确，本部分主要介绍 H 公司的事中控制和事后控制。

1）事中控制：发现偏差

H 公司以前的预算管理体系主要是按照组织机构来划分控制中心，控制点就是部门或者个人，但是作业预算体系是按照作业中心来划分控制中心，控制点是业务流程，注重的是过程控制。在预算执行过程中，通过将预算的实际值与预算值比较得出差异值，并分析差异产生的原因，找到预算执行过程中的问题所在，甚至可以将问题定位到具体的部门和具体的作业上，可以更加有针对性地解决问题。需要注意的一点是，控制范围不可能涉及企业预算的每一个方面，需要对控制范围有所侧重，找到关键的控制对象。

2）事后控制：纠正偏差

纠正偏差能使 H 公司更好地实现企业的战略目标，针对产生偏差的原因采取相对应的措施。但是如果所有偏差都要纠正，无论大小，那会很大程度上增加预算的工作量，增加相应的成本。因此 H 公司可以设置偏差警戒线，警戒线以下的偏差是可以接受的，不需要对其进行纠正；警戒线以上的偏差是不可以接受，流程负责人和部门管理人员就要及时地进行沟通，采取措施纠正偏差。不是所有的偏差都是预算执行过程中造成的，还有可能是因为预算标准本身定制的不合理，这时就要根据企业的实际情况重新定制合理的预算标准。另外，H 公司还可以通过合理科学的选拔和培训员工来减少偏差的产生，通过制定奖惩制度来纠正偏差。

第4章　成本管理工具

第1节　成本管理概述

一、成本管理的含义

成本管理，是指企业在营运过程中实施成本预测、成本决策、成本计划、成本控制、成本核算、成本分析和成本考核等一系列管理活动的总称。成本管理是企业管理的一个重要组成部分，它要求系统而全面、科学和合理，它对于促进增产节支、加强经济核算，改进企业管理，提高企业整体成本管理水平具有重大意义。

在不同的经济环境中，企业成本管理系统总体目标的表现形式也不同，而在竞争性经济环境中，成本管理系统的总体目标主要依竞争战略而定。在成本领先战略指导下成本管理系统的总体目标是追求成本水平的绝对降低，而在差异化战略指导下成本管理系统的总体目标则是在保证实现产品、服务等方面差异化的前提下，对产品全生命周期成本进行管理，实现成本的持续性降低。

二、成本管理的基本原则

企业进行成本管理，一般应遵循以下原则：

（1）融合性原则。成本管理应以企业业务模式为基础，将成本管理嵌入业务的各领域、各层次、各环节，实现成本管理责任到人、控制到位、考核严格、目标落实。

（2）适应性原则。成本管理应与企业生产经营特点和目标相适应，尤其要与企业发展战略或竞争战略相适应。

（3）成本效益原则。成本管理应用相关工具时，应权衡其为企业带来的收益和付出的成本，避免获得的收益小于其投入的成本。

（4）重要性原则。成本管理应重点关注对成本具有重大影响的项目，对于不具有重要性的项目可以适当简化处理。

三、成本管理的基本工具及其应用

成本管理领域应用的管理会计工具，一般包括目标成本法、标准成本法、变动成本法、作业成本法等。

企业应结合自身的成本管理目标和实际情况，在保证产品的功能和质量的前提下，选择应用适合企业的成本管理工具或综合应用不同成本管理工具，以更好地实现成本管理的目标。综合应用不同成本管理工具时，应以各成本管理工具具体目标的兼容性、资源的共享性、适用对象的差异性、方法的协调性和互补性为前提，通过综合运用成本管理的工具实现最大效益。

四、成本管理的应用环境

企业应建立健全成本管理的制度体系，一般包括费用申报制度、定额管理制度、责任成本制度等。应用成本管理的基本工具时，企业首先应建立健全成本相关原始记录，加强和完善成本数据的收集、记录、传递、汇总和整理工作，确保成本基础信息记录真实、完整。其次，企业应加强存货的计量验收管理，建立存货的计量、验收、领退及清查制度。最后，企业应充分利用现代信息技术，规范成本管理流程，提高成本管理的效率。

五、成本管理工具的应用程序

企业应用成本管理工具，一般按照事前管理、事中管理、事后管理等程序进行。

（一）事前成本管理阶段

事前成本管理阶段，主要是对未来的成本水平及其发展趋势所进行的预测与规划，一般包括成本预测、成本决策和成本计划等步骤。

成本预测是以现有条件为前提，在历史成本资料的基础上，根据未来可能发生的变化，利用科学的方法，对未来的成本水平及其发展趋势进行描述和判断的成本管理活动。它是根据企业成本统计的历史资料，和市场调查预测，研究企业外部环境和内部影响因素的变化，对成本变化的影响作用关系，运用专门的方法，科学地估算一定时间内的成本目标、成本水平，以及成本变化的趋势。成本预测同时也是成本计划的基础，是编制成本计划的依据。没有成本预测，成本控制计划也就必然是主观臆断。这种计划，以及建立这种计划基础上的预算也没有作用。

成本决策是在成本预测及有关成本资料的基础上，综合经济效益、质量、效率和规模等指标，运用定性和定量的方法对各个成本方案进行分析并选择最优方案的成本管理活动。它是按照既定的总目标，在充分收集成本信息的基础上，运用科学的决策理论和方法，从多种可行方案中选定一个最佳方案的过程。它是以提高经济效益为最终目标，强调划清可控与不可控因素，在全面分析方案中的各种约束条件，分析比较费用和效果的基础上，进行的一种优化选择。它是成本管理工作的核心，成本管理的思路、方法都得由成本决策确定。

成本计划是以营运计划和有关成本数据、资料为基础，根据成本决策所确定的目标，通过一定的程序，运用一定的方法，针对计划期企业的生产耗费和成本水平进行的具有约束力的成本筹划管理活动。它是在成本预测和成本决策的基础上，根据计划期的生产任务和利润目标，通过"由下而上"和"由上而下"的两条路线，在充分发挥和调动全体员工积极性的基础上，汇总编制而成的、具有可操作性的成本控制计划体系。成本计划一经决策机构批准，就具有了权威性，必须坚决贯彻、执行，不得随意改动。它是成本控制和成本考核的依据。

（二）事中成本管理阶段

事中成本管理阶段，主要是对营运过程中发生的成本进行监督和控制，并根据实际情况对成本预算进行必要的修正，即成本控制步骤。

成本控制是成本管理者根据预定的目标，对成本发生和形成过程以及影响成本的各种因素条件施加主动的影响或干预，把实际成本控制在预期目标内的成本管理活动。

（三）事后成本管理阶段

事后成本管理阶段，主要是在成本发生之后进行的核算、分析和考核，一般包括成本核算、成本分析和成本考核等步骤。

成本核算是根据成本核算对象，按照国家统一的会计制度和企业管理要求，对营运过程中实际发生的各种耗费按照规定的成本项目进行归集、分配和结转，取得不同成本核算对象的总成本和单位成本，向有关使用者提供成本信息的成本管理活动。它是通过对成本的确认、计量、记录、分配、计算等一系列活动，确定成本控制效果。其目的是为成本管理的各个环节，提供准确的信息。只有通过成本核算，才能全面准确地把握企业生产经营管理的效果。企业劳动生产率的高低、固定资产的利用程度、原材料和能源的消耗情况、生产单位（车间）的管理水平等等，都直接或间接地会表现在成本上。

成本分析是利用成本核算提供的成本信息及其他有关资料，分析成本水平与构成的变动情况，查明影响成本变动的各种因素和产生的原因，并采取有效措施控制成本的成本管理活动。它主要是运用成本核算所提供的信息，通过同行比较和关联分析，包括对成本指标和目标成本的实际完成情况、成本计划和成本责任的落实情况，上年的实际成本、责任成本，国内外同类产品成本的平均水平、最高水平，进行比较，分析确定导致成本目标、计划执行差距的原因，以及可挖潜的空间。同时通过分析，把握成本变动规律，总结经验教训，寻求降低成本的途径。

成本考核是对成本计划及其有关指标实际完成情况进行定期总结和评价，并根据考核结果和责任制的落实情况，进行相应奖励和惩罚，以监督和促进企业加强成本管理责任制，提高成本管理水平的成本管理活动。它是把成本的实际完成情况与应承担的成本责任进行对比，考核、评价目标成本计划的完成情况。其作用是对每个成本责任单位和责任人，在降低成本上所做的努力和贡献给予肯定，并根据贡献的大小，给予相应的奖励，以稳定和提升员工进一步努力的积极性。同时对于缺少成本意识，成本控制不到位，造成浪费的单位和个人，给予处罚，以促其改进改善。

第2节　作业成本法详解与应用案例

随着我国市场经济的进一步发展和企业管理水平的不断提高，作业成本法应运而生。作业成本法实施成本计算的最基本对象是作业单元，而不是传统意义上的以产品为成本计算对象。作业成本法的最基本原理是作业消耗资源、而产品消耗作业、作业成本最终汇总为产品成本，而不是传统意义上的认为确定的费用分摊标准和方法。

一、作业成本法的含义

作业成本法，是指以"作业消耗资源、产出消耗作业"为原则，按照资源动因将资源费用追溯或分配至各项作业，计算出作业成本，然后再根据作业动因，将作业成本追溯或分配至各成本对象，最终完成成本计算的成本管理方法。作业成本法以作业单元为中心，根据作业对资源耗费的情况将资源消耗分配到作业单元的成本中，然后根据产品和服务所耗用的作业量，最终将作业单元成本分配到产品与服务的成本中。

作业成本法是以作业分解为基础的成本计算和成本管理方法，打破了传统的以产品品种或批次为对象的成本计算观念，创造性地提出了"作业（或作业单元）"这个概念，把产品生产或服务提供的整个构成按照规则分解为一个一个的作业单元，把成本计算和成本管理转移到作业层次。它通过对作业及作业成本的确认、计量，最终计算产品成本，同时将成本计算深入到作业层次，对企业所有作业活动追踪并动态反映，进行企业价值链和成本作业链分析，包括资源动因和作业动因分析等，为企业决策提供准确信息；指导企业高效地执行必要和增值的作业活动，消除或最大限度地减少非增值的作业活动，从而达到降低成本，提高效率的目的。

作业成本法的核心概念主要包括资源费用、作业、成本对象和成本动因等。

资源费用，是指企业在一定期间内开展经济活动所发生的各项资源耗费。资源费用既包括房屋及建筑物、设备、材料、商品等有形资源的耗费，也包括信息、知识产权和土地使用权等各种无形资源的耗费，还包括人力资源耗费以及其他各种税费支出等。

作业，是指企业基于特定目的重复执行的任务或活动，是连接资源和成本对象的桥梁。例如，签订材料采购合同、将材料运达仓库、对材料进行质量检验、办理入库手续、登记材料明细账等。一项作业可能是一项非常具体的活动，如车工作业，也可能泛指一类活动，如机加工车间的车、铣、刨、磨等所有作业可以统称为机加工作业，甚至可以将机加工作业、产品组装作业等统称为生产作业（相对于产品研发、设计、销售等作业而言）。由若干个相互关联的具体作业组成的作业集合，被称为作业中心。

按消耗对象不同，作业可分为主要作业和次要作业。主要作业是被产品、服务或客户等最终成本对象消耗的作业。次要作业是被原材料、主要作业等介于中间地位的成本对象消耗的作业。执行任何一项作业都需要耗费一定的资源。

成本对象，是指企业追溯或分配资源费用、计算成本的对象物。成本对象可以是工艺、流程、零部件、产品、服务、分销渠道、客户、作业、作业链等需要计量和分配成本的项目。

成本动因，是指诱导成本发生的原因，是成本对象与其直接关联的作业和最终关联的资源之间的中介。例如，产量增加时，直接材料成本就增加，产量是直接材料成本的驱动因素，即直接材料的成本动因。再如，检验成本随着检验次数的增加而增加，检验次数就是检验成本的驱动因素，即检验成本的成本动因。按其在资源流动中所处的位置和作用，成本动因可分为资源动因和作业动因。

资源动因是引起作业成本增加的驱动因素，用来衡量一项作业的资源消耗量。依据资源动因可以将资源成本分配给各个作业或者作业中心。例如，产品质量检验工作（作业）需要有检验人员和专用的设备，并耗用一定的能源（例如，电力）等。检验作业作为成本对象耗用的各项资源构成了检验作业的成本。其中，检验人员的工资、专用设备的折旧费等成本，一般可以直接归属于检验作业；而能源成本通常不能直接计入 需要根据设备额定功率（或根据历史资料统计的每小时平均耗电数量）和设备开动时间来分配。注意的是，"设备的额定功率乘以开动时间"就是能源成本的资源动因。设备开动导致能源成本发生，设备的功率乘以开动时间的数值（即动因数量）越大，耗用的能源越多。按"设备的额定功率乘以开动时间"这个动因作为能源成本的分配基础，就可以将检验专用设备耗用的能源成本分配到检验作业当中。

作业动因是衡量一个成本对象（产品、服务或客户）需要的作业量，是产品成本增加的驱动因素。作业动因计量各成本对象耗用作业的情况，并被用来作为作业成本的分配基础。例如，每批产品完工后都需进行质量检验，如果对任何产品的每一批次进行质量检验所发生的成本相同，则检验的"次数"就是检验作业的成本动因，它是引起产品检验成本增加的驱动因素。某一会计期间发生的检验作业总成本（包括检验人工成本、设备折旧、能源成本等）除以检验的次数，即为每次检验所发生的成本。某种产品应承担的检验作业成本，等于该种产品的批次乘以每次检验发生的成本。产品完成的批次越多，则需要进行检验的次数越多，应承担的检验作业成本越多；反之，则应承担的检验作业成本越少。

二、作业成本法的基本原理

作业成本法是一种企业内部成本管理的方法，既是一种成本计算方法，也可以是一种成本会计核算方法。

作业成本法的基本理论依据是"成本驱动因素"，其基本观念是任何作业的发生必须存在有依据的、合理的原因。作业成本法以企业价值链为出发点，首先根据产品与作业、作业链与价值链的关系，明确每个作业单元的成本发生的动因，再定义每个作业单元的基础上，以作业单元为成本计算对象，归集和分配企业所消耗的资源。

作业成本法的基本原理在于，作业成本法采用两步制的分配程序，第一步是运用恰当的资源动因，把有关生产耗费的资源归集到作业中心，形成成本库；第二步是运用恰当的作业动因，把作业中心成本分配给成本对象，从而形成相应的产品或服务成本。作业成本法的基本原理图如图4-1所示。

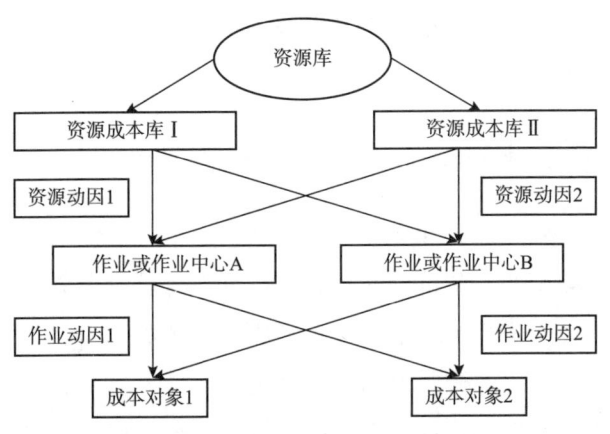

图 4-1 作业成本法的基本原理图

三、作业成本法的适用范围

作业成本法的应用目标包括：①通过追踪所有资源费用到作业，然后再到流程、产品、分销渠道或客户等成本对象，提供全口径、多维度的更加准确的成本信息；②通过作业认定、成本动因分析以及对作业效率、质量和时间的计量，更真实地揭示资源、作业和成本之间的联动关系，为资源的合理配置以及作业、流程和作业链（或价值链）的持续优化提供依据；③通过作业成本法提供的信息及其分析，为企业更有效地开展规划、决策、控制、评价等各种管理活动奠定坚实基础。

作业成本法一般适用于具备以下特征的企业：作业类型较多且作业链较长；同一生产线生产多种产品；企业规模较大且管理层对产品成本准确性要求较高；产品、客户和生产过程多样化程度较高；间接或辅助资源费用所占比重较大等。

企业应用作业成本法所处的外部环境，一般应具备以下特点：①客户个性化需求较高，市场竞争激烈；②产品的需求弹性较大，价格敏感度高。

作业成本法的主要优点包括：①能够提供更加准确的各维度成本信息，有助于企业提高产品定价、作业与流程改进、客户服务等决策的准确性；②改善和强化成本控制，促进绩效管理的改进和完善；③推进作业基础预算，提高作业、流程、作业链（或价值链）管理的能力。

作业成本法的主要缺点在于，部分作业的识别、划分、合并与认定，成本动因的选择以及成本动因计量方法的选择等均存在较大的主观性，操作较为复杂，开发和维护费用较高。

四、作业成本法与传统成本核算的区别

按照传统的成本计算和会计核算方法，成本（或费用）是指企业生产经营过程中所耗用的资源价值的总和。传统观念对成本应包括的客观内容及成本的经济实质进行了概括，揭示了成本的经济学内涵。作业成本法相对于传统成本法，成本概念得到了极大延伸。传统成本法的成本概念只局限于产品的生产制造过程，而作业成本法立足于全程的成本管理与控制，将成本视野扩大到公司的管理层级建设，并将视角向前延伸到产品的市场需求阶段，分析相关技术的发展态势，向后延伸到客户的使用、维修及处置阶段。

在传统成本法下，成本信息只能反映经营结果如何，而无法反映经营失败的原因，以及怎样做出改变在今后的竞争中反败为胜。在作业成本法下，成本核算深入到作业层次，通过开展作业分析，可以寻求降低成本的可靠依据和企业优化作业组合的途径，采用日趋合理的产品生产程序，降低总资源耗费。

（一）成本计算对象不同

传统的成本计算和会计核算方法重点关注的是产品成本结果本身，其成本计算对象是单一性的，即传统成本计算是以"产品"为中心的，这种"产品"可以是产品的品种，也可以是产品的生产批次。而作业成本法彻底改变了传统的成本观念，是以"作业（或作业单元）"为成本计算对象和会计核算中心。在作业成本法下，其关注的不仅是产品成本结果本身，更注重分析确定产品成本形成过程和成本的形成原因。因此，作业成本法确定成本计算对象应当是多层次的，即不仅把最终产品（或服务）作为成本计算对象，而且还要把资源、作业单元（或作业中心）、生产中心、费用中心等等均作为成本计算对象。通过对作业成本的确认、计量，为尽可能消除

"非增值作业"，改进"增值作业"，及时为企业提供有用的成本会计信息。

传统成本管理关注的是产品制造过程中成本直接耗用，而对企业各项管理、战略选择、价值增值等因素对成本的影响不作分析和讨论。

作业成本关注的是整个产品的价值链建设，每一项成本动因所响应的价值创造活动，即每个作业子项所投入的资源，在给客户所带来价值的同时，还应着重分析它给企业带来的价值或实现多大的增值、企业战略管理和竞争策略对成本影响程度、企业供应链建设与成本管理的和谐性等等。

（二）成本计算原理和依据不同

传统的成本计算是一种事后成本的计算汇总，是为了计算成本而进行计算的过程。

作业成本计算将成本计算置于企业整个价值链环境中，把重点放在成本发生的原因（资源成本动因）后果（费用、成本的计量）上。在作业成本计算系统中，成本是由作业活动引起的，某项作业活动是否应当发生，则是由产品的设计环节所决定的。在产品（或服务）的设计活动中，必须依据产品（或服务）预期为客户提供价值的大小来设计出产品（或服务）应当由哪些作业活动所组成、每一项作业活动预计的资源耗费数量。

作业成本法的计算原理使成本计算转变成了一种事前的行为，并且以企业及客户价值最大化为目的，可以最大程度的节约资源耗费，提高资源利用效率。

（三）成本信息准确性不同

传统成本计算主要缺陷表现在对间接费用的分配上，假定所有的间接费用发生都与直接人工或机器工作小时有直接关系，以人工时或机器工时为分摊标准计算分配率对间接费用在不同品种产品间进行分摊。从内在关系上看，传统成本计算法的这种假定并不能全面反映成本计算对象及资源耗费之间的内在联系，使得成本信息被一定程度的扭曲。与传统成本计算方法不同，作业成本法是按照各种产品实际消耗的与间接成本相关的作业量来分配其应该负担的间接成本。按作业成本法计算的成本也包括直接制造成本和间接成本，只是这种方法在分配间接成本时，不是采用单一的分配标准来分配所有的间接成本，而是根据各种间接成本的作业性质和特点采取不同的分配标准。这种方法克服了传统成本计算假定的缺陷，使间接费用分配更具精确性和合理性，从而提高了决策的准确性。

（四）对成本的控制效果不同

传统成本法更多的是事后对会计数据的核算、汇总、分析和考核，此时业务已经发生，事实上，这无助于成本的有效控制。作业成本法对于传统的成本视野进行了扩展，认为企业就是为最终满足客户需要而设计的一系列作业的集合体，其中一系列的作业连接就构成了作业链。按照价值链的构成，每个作业活动的实施或完成都将会消耗一定数量的资源，而每个作业活动的产出又将会形成新的价值，转移到下一个作业活动中，直到最终把产品提供给客户。企业的最终产品（或服务）的机制是企业内部一系列作业活动产生的资源耗费的汇聚。而在企业内部的一系列作业活动中，有的作业能够增加转移给客户的价值，也有的作业则不增加转移给客户的价值。因此，在作业成本管理中，其目标就是尽量消除不增加价值的作业或尽量减少其资源的消耗。对于可增加价值的作业，也要尽可能减少完成每一作业的资源消耗。通过对作业链的连续动态追踪将能够起到事前预算控制的作用，克服了传统成本法强调事后控制的缺陷。因此，通过作业成本法将能够大大改进企业的成本控制。

传统成本管理主要关注产品每个时期的各项耗费的合理性，从而实现对成本管理活动的评价。如某个时期的相关成本收入与支出对比等等。也就是说传统成本管理是按时考核，对成本不能进行动态控制。

（五）对成本经济内容认识观念差异

按照传统的制造成本法，产品成本是指其制造成本。就其经济内容看，产品的制造成本包括与产品生产过程相关的所有支出，而那些与某一个会计期间的生产经营有关（或者说与某一期间的价值创造有关）但与这一期间产品制造过程无关的费用则不能计入产品成本，如管理费用、营业费用和财务费用是作为期间费用进行会计处理的；产品成本的会计核算也是按费用的经济用途设置会计科目的，如生产成本、制造费用等。

作业成本法完全改变了传统成本的方法观念。作业成本法的产品成本则是指完全成本。如果把一个制造业企业作为一个制造中心来看待，只要是为该中心的价值形成相关的所有支出均应当计入产品成本。也就是说，作业成本发强调费用支出对企业（或客户）价值形成的合理有效性，而不论其是否与产品生产过程直接有关。作业成本法中的期间费用概与传统的制造成本法完全不同，其期间费用汇集的是所有不产生价值、不合理的非常支出，即所有作业无效耗费资源价值和非增值作业耗费资源价值，而不是与生产无直接关系的支出。企业将无效耗费资源价值和非增值作业耗费价值记入期间费用是希望通过作业管理消除这些耗费。按照作业成本法，其会计核算的成本项目是按作业类别设置科目的。

五、作业成本法的应用程序

企业应用作业成本法，一般按照资源识别及资源费用的确认与计量、成本对象选择、作业认定、作业中心设计、资源动因选择与计量、作业成本汇集、作业动因选择与计量、作业成本分配、作业成本信息报告等程序进行。

（一）资源识别及资源费用的确认与计量

资源识别及资源费用的确认与计量，是指识别出由企业拥有或控制的所有资源，遵循国家统一的会计制度，合理选择会计政策，确认和计量全部资源费用，编制资源费用清单，为资源费用的追溯或分配奠定基础。

资源费用清单一般应分部门列示当期发生的所有资源费用，其内容要素一般包括发生部门、费用性质、所属类别和受益对象等。资源识别及资源费用的确认与计量应由企业的财务部门负责，在基础设施管理、人力资源管理、研究与开发、采购、生产、技术、营销、服务、信息等部门的配合下完成。

（二）成本对象选择

在作业成本法下，企业应将当期所有的资源费用，遵循因果关系和受益原则，根据资源动因和作业动因，分项目经由作业追溯或分配至相关的成本对象，确定成本对象的成本。

企业应根据国家统一的会计制度，并考虑预算控制、成本管理、营运管理、业绩评价以及经济决策等方面的要求确定成本对象。作业成本对象可以为产品、项目或者客户。

（三）作业认定

作业认定，是指企业识别由间接或辅助资源执行的作业集，确认每一项作业完成的工作以及执行该作业所耗费的资源费用，并据以编制作业清单的过程。

作业认定的内容主要包括对企业每项消耗资源的作业进行识别、定义和划分，确定每项作业在生产经营活动中的作用、同其他作业的区别以及每项作业与耗用资源之间的关系。

作业认定一般包括以下两种形式：①根据企业生产流程，自上而下进行分解。②通过与企业每一部门负责人和一般员工进行交流，自下而上确定他们所做的工作，并逐一认定各项作业。企业一般应将两种方式相结合，以保证全面、准确认定作业。例如，根据生产流程分析和工厂的布局可知，由于原材料仓库与生产车间之间有 0.5 公里的距离，必然存在材料搬运作业，这项作业就是将生产用的原材料从仓库运送到生产车间。通过另一种形式，即与从事相关作业的员工或经理交谈，也可以识别和认定该项作业，比如，与进行搬运作业的员工进行交谈，问"你是做什么的？"也很容易得出生产过程中有这样一项搬运作业，它的主要作用是把原材料从仓库运往车间。

作业成本法的实施是存在于整个的产品生产工艺中的，因此，在实务中，首先要了解到作业流程才能根据流程确定相关人员的责任，包括收集、整理以及数据的分析等。也要熟悉在不同的制造工艺中所需要投入的成本，像直接材料投入和人工成本等。产品的生产过程能清晰地反映出不同的生产工序、流程之间的联系，同时可以加深对各部门的了解，对部门中的员工数量、岗位分布及其工作的情况有详细的认识。

作业认定的具体方法一般包括调查表法和座谈法。调查表法，是指通过向企业全体员工发放调查表，并通过分析调查表来认定作业的方法。座谈法，是指通过与企业员工的面对面交谈，来认定作业的方法。企业一般应将两种方法相结合，以保证全面、准确认定全部作业。

　　企业对认定的作业应加以分析和归类，按顺序列出作业清单或编制出作业字典。作业清单或作业字典一般应当包括作业名称、作业内容、作业类别、所属作业中心等内容。

　　【例4-1】[①]　结合 HA 公司造纸业务生产工艺流程，到各生产车间进行实地考察，考察与战略作业成本体系核算有关的各个组织，包含污水处理车间、辅助生产车间、抄纸车间等。为划分作业、设立作业中心，应该先确定造纸生产流程中的各个生产环节。HA 公司制浆与造纸生产工艺流程，如图4-2和图4-3所示。

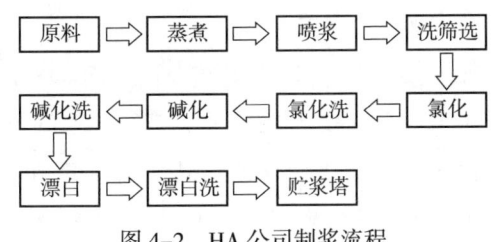

图4-2　HA 公司制浆流程

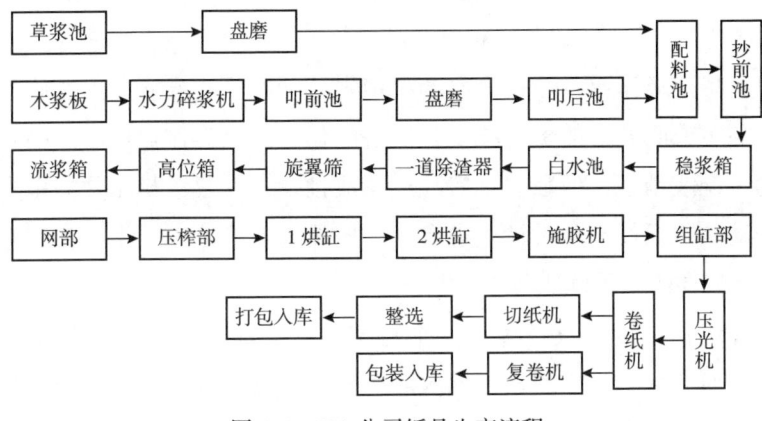

图4-3　HA 公司纸品生产流程

（四）作业中心设计

　　作业中心设计，是指企业将认定的所有作业按照一定的标准进行分类，形成不同的作业中心，作为资源费用追溯或分配对象的过程。作业中

---

　　① 本案例改编自：李京："HA（恒安）公司战略作业成本法的应用研究"，沈阳工业大学硕士学位论文，2015。

心可以是某一项具体的作业，也可以是由若干个相互联系的能够实现某种特定功能的作业的集合。

企业可按照受益对象、层次和重要性，将作业分为以下五类，并分别设计相应的作业中心：

（1）产量级作业，是指明确地为个别产品（或服务）实施的、使单个产品（或服务）受益的作业。该类作业的数量与产品（或服务）的数量成正比例变动，包括产品加工、检验等。

产量级作业成本一般包括直接材料、直接人工工时、机器成本和直接能源消耗等。产量级作业成本是直接成本，可以追溯到每个单位产品上，即直接计入成本对象的成本计算单。

（2）批别级作业，是指为一组（或一批）产品（或服务）实施的、使该组（或批）产品（或服务）受益的作业。该类作业的发生是由生产的批量数而不是单个产品（或服务）引起的，其数量与产品（或服务）的批量数成正比变动。包括设备调试、生产准备等。

批次级作业成本需要单独进行归集，计算每一批的成本，然后分配给不同批次（如某订单），最后根据产品的数量在单个产品之间进行分配。

（3）品种级作业，是指为生产和销售某种产品（或服务）实施的、使该种产品（或服务）的每个单位都受益的作业。该类作业用于产品（或服务）的生产或销售，但独立于实际产量或批量，其数量与品种的多少成正比例变动，包括新产品设计、现有产品质量与功能改进、生产流程监控、工艺变换需要的流程设计和产品广告等。

品种级作业成本仅仅因为某个特定的产品品种线存在而发生，随产品品种数而变化，不随产量、批次数而变化。例如，维护某一产品的工程师的数量取决于产品的复杂程度，而生产的复杂程度是产品零件多少的函数，因此可以按零件数量为基础分配品种级成本至每一种产品，然后再分配给不同的批次（如某订单），最后根据产品的数量在单个产品之间进行分配。

（4）客户级作业，是指为服务特定客户所实施的作业。该类作业保证企业将产品（或服务）销售给个别客户，但作业本身与产品（或服务）数量独立，包括向个别客户提供的技术支持活动、咨询活动、独特包装等。

如果作业成本对象为客户，客户级作业成本直接分配于每个客户。

（5）设施级作业，是指为提供生产产品（或服务）的基本能力而实施的作业。该类作业是开展业务的基本条件，其使所有产品（或服务）都受益，但与产量或销量无关。例如，工厂保安、维修、行政管理、保险和财产税等。

无法追溯到单位产品，并且和产品批次、产品品种无明显关系的成本，都属于设施级作业成本。这些成本首先被分配到不同产品品种，然后再分配到成本对象（如某订单），最后分配给单位产品。这种分配顺序不是唯一选择，也可以直接依据直接人工或机器工时分配给成本对象。这是一种不准确的成本分摊。不同层级作业成本分配至产品成本的步骤总结如图4-4所示。

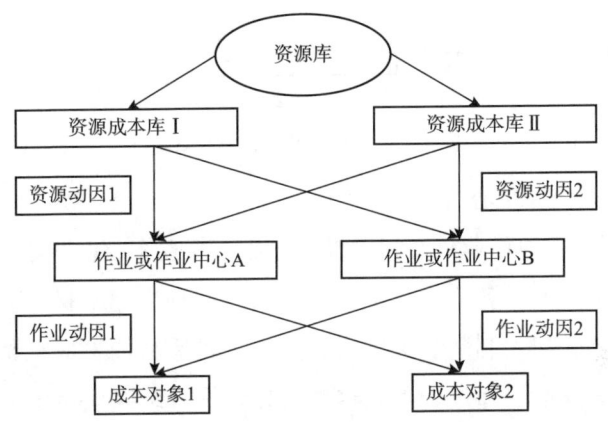

图4-4　不同层级作业成本分配至产品成本的示意图

【例4-2】[①]　承接［例4-1］，依据 HA 公司生产工艺流程，对作业实施细分。最初，在研究了 HA 企业制造工艺程序的前提下，明确各生产环节上的各个工作。然后，对各个工作实施进行细节上的介绍，明确各个工作给产品带来价值的环节，与各个工作对资源的使用情况。最后，将各项任务重新推回到作业，HA 公司要根据成本效益原则来实施作业，拟定科学的细分标准。要是对作业划分太过细化，就会导致由于核算工作量上升让核算花费太高的情况，核算花费的资金要是超过作业成本核算给公司带来的

---

① 本案例改编自：李京："HA（恒安）公司战略作业成本法的应用研究"，沈阳工业大学硕士学位论文，2015。

收益，就会使公司亏损。要是在作业划分上太粗糙，会造成商品成本核算出现差错，从而导致作业成本核算失去意义。

在合理调查研究的前提下，根据成本效益的原则，把 HA 公司制造环节分成 34 项作业，按同质作业进行合并，形成作业中心。我们可以将在制造工艺上体现出不间断性，同时将产品耗损这些作业，有大致一样的作业动因的相关作业合并为一个作业中心。经研究，把 HA 公司制造流程中的 34 项作业划分成 5 个作业中心，把作业核心当成单位实施作业成本核算。HA 公司作业中心划分如图 4-5 所示。

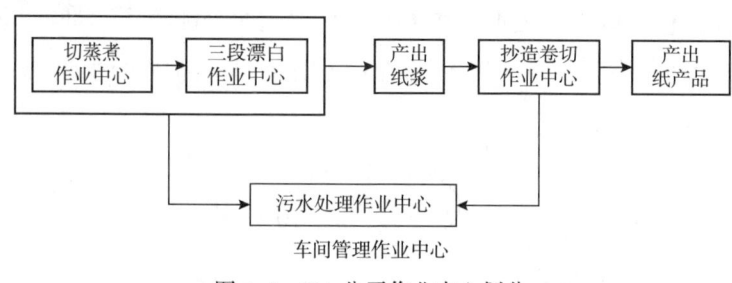

图 4-5　HA 公司作业中心划分

1）切蒸煮作业中心

HA 公司的这项作业核心包含投料作业、蒸煮作业、切球作业、喷装作业、洗涤选作业等等各个作业项目。这项流程利用把木材、苇草、麦秆这些原料切球之后加入制装装置中实施蒸煮，将原料加工成纸浆，然后将纸浆实施一定的洗涤、筛选、除杂这些工作，提升纸浆质量，为接下来的漂白还有抄造打好基础。

2）三段漂白作业中心

HA 公司的这项作业中心包含碱化作业、氯化作业、漂白作业、氯化洗涤作业、碱化洗涤作业、漂白洗涤作业、贮浆作业这些作业项目。这一步在上面提到的切蒸煮作业中心的前提下，按照抄造生产环节对纸浆白度的规定，将初级纸浆实施氯化、碱化、漂白、洗涤这些工作，将初级纸浆原浆漂白，使之制造出白度好、强度高的成品纸装。贮浆是三段漂白之后的延续环节，同时这项作业成本在全部成本中所占比例非常小，因此不用单独的划分由此把它也放在三段漂白作业中心里。

3）抄造卷切作业中心

HA 公司的这项作业包含碎浆作业、盘磨作业、施胶作业、烘缸作业、组缸作业、卷纸作业、压光作业、切纸作业、选别作业、除渣作业、配料作业、网部作业、压榨作业、包装作业这些作业项目，这个作业首要步骤是打装自制纸浆粗浆与进口纸浆，再经磨浆等操作让纸浆达到一定的叩解度，从而保证抄纸工序正常运行。然后通过除渣、筛选、洗涤磨完的浆，来清理浆料中混杂的杂质。为了保障纸张品质和它的功能特性，要求在配装池里把筛选后的浆实施配料工作。最后的步骤是抄纸车间的中心项目，把稀的纸料喷洒在网部，使得纸料均匀的脱水与交织，然后通过干燥、卷纸、压光、切割、筛选、包装这些流程，就能够得到成品纸。

4）污水处理作业中心

HA 公司的该作业中心包含污水输入作业、水质监控作业、污水净化作业这些作业工作。在制纸环节会出现很多的污水，所以对污水实施科学的净化，不仅仅是环保的规定，而且也是公司对社会所负责任的一部分。HA公司高层高度重视污水净化，企业总共花费了数亿元，打造了两项碱回收项目与两项中段水项目，来治理造纸污水。为了成本计算更准确，将污水处理费进行归集，分配到污水处理作业中心后，最后根据实施排污量来计算各个商品要承担的污水花费，各自计入产品成本。

5）车间管理作业中心

HA 公司的这项作业流程包含工艺环节设计、生产准备、生产方案计划、生产制造管理监控和解决问题这些作业环节。这样的作业属于维持性作业，将其费用分摊到具体产品较难，所以要把以上作业活动一齐归集到车间管理作业中心，通过产品收益状况和承受力为标准对作业中心成本实施分配。

（五）资源动因选择与计量

资源动因是引起资源耗用的成本动因，它反映了资源耗用与作业量之间的因果关系。资源动因选择与计量为将各项资源费用归集到作业中心提供了依据。

企业应识别当期发生的每一项资源消耗，分析资源耗用与作业中心作业量之间的因果关系，选择并计量资源动因。企业一般应选择那些与资源费用总额呈正比例关系变动的资源动因作为资源费用分配的依据。

作业的常见资源动因如表 4-1 所示。

表 4-1　作业的常见资源动因

作业	资源动因
机器运行作业	机器小时
安装作业	安装小时
清洁作业	平方米
材料移动作业	搬运次数、搬运距离、吨公里
人事管理作业	雇员人数、工作时间
能源消耗	电表、流量表、装机功率和运行时间
制作订单作业	订单数量
客户服务作业	服务电话次数、服务产品品种数、服务的时间

【例 4-3】[①]　承接［例 4-1］和［例 4-2］，HA 公司在划分作业与作业中心的前提下，最开始对各作业中心的资源耗用情况实施分析，来建立作业中心成本库。在确立各个作业中心资源耗费时，应巧妙借助企业原有核算体系中的资料，合理平摊或是合并先存在信息里的数据，计算出作业成本核算相对的原来的数据。对于 HA 公司无法给出的原先存在核算信息的一些数据，重新将其实施核算计量。利用研究以前的信息，能够做到科学利用如今存在的资源、降低成本核算活动量和能够防止由于工作改变太频繁导致的核算有关人员的抵触心理。

HA 公司 5 个作业中心的重点和典型的资源耗费情况及处理方法列示如表 4-2 所示。

表 4-2　HA 公司资源耗费表

HA 公司典型资源类型	资源耗费的处理方法
1.直接原料	直接材料分两块来实施解决，分成制浆环节中的原料加入以及抄纸环节上投入的外购纸浆。一部分的原材料成本会归纳到切蒸煮作业中心实施计算，如此一来能够得到成品的生产成本。另一部分的原料成本按战略作业成本法对直接原料采用的一般处理方法，直接分配到受益的产品进行核算

---

　　① 本案例改编自：李京："HA（恒安）公司战略作业成本法的应用研究"，沈阳工业大学硕士学位论文，2015。

续表

HA 公司典型资源类型	资源耗费的处理方法
2. 辅助费用	HA 公司利用辅助制造中心实施辅助费用的日常调控。HA 公司利用"辅助生产费用",还有这个科目下的二级科目"蒸汽费用""用电费用""清水费用"这些科目对辅助费用实施核算
3. 设备折旧费	HA 公司现生产模式为浆纸一体化,所以应对一整套生产纸设备的折旧实施整体计算。按照作业成本法的核算过程,将生产设备分成切蒸煮阶段、漂白阶段与抄造卷切阶段实施折旧的计提,以达到精准反应各个作业中心机器消耗状况的目的
4. 房屋折旧费	HA 公司的厂房已按税法规定计提完房屋折旧费,故不再核算房屋折旧费
5. 人工薪酬与福利	HA 公司根据员工服务对象将一线生产员工的工资福利,直接计到各个作业中心成本库。按照职工工时实施平均分配。假如一位职工 1 个月里在切蒸煮阶段工作了 13 日,剩下的 17 日在三段漂白工作,就根据工作日数将员工工资在这两个作业中心进行分摊
6. 材料消耗、低值易耗品与办公用品	HA 公司建立相应的账目对耗材,易耗品和办公设备的领用和耗费状况实施记录。仅仅设了一套总账,还未详细到各个作业中心实施核算,因此在领用的时候,有必要写下材料是哪个作业中心领用的,以便日后归集每一个作业中心材料、易耗品资源的消耗状况
7. 承包运输费用	HA 公司将企业部分运输业务外包,此类运输费用中,污水处理过程中沉淀出的黑泥等废弃物的运输费用是与作业成本核算相关的主要费用。公司要在出现每笔废弃物运送成本的时候,按照受益方和受益期间把它分摊到污水处理作业中心
8. 维修管理费	HA 公司设定专门统计维修管理费用的明细账,将维修管理费用实施整理计算,设定明细账详细记录管理人员,从而实施各个生产环节的维修管理信息的记录
9. 生产管理费用	HA 公司将生产管理费用归集在车间管理作业中心,将该作业中心成本库成本按照各种产品的受益情况进行分摊

HA 公司的辅助费用主要包括用电费用、蒸汽费用和清水费用。为了得到精准的成本资料,提升各个作业中心辅助费用的调控,应该对每个作业中心的辅助费用耗费进行准确核算。

选取合适的资源动因,将用电、蒸汽和清水费用在各个作业中心实施平均分摊,单独计算出辅助费用在不同作业中心的消耗状况。然后对 HA 公司辅助费用进行分配汇总,将各个作业中心全部辅助费用消耗状况进行统计,如表 4-3 至表 4-7 所示。

表 4-3 HA 公司作业中心用电费用分配计算表

用电费用 作业中心名称	标准价 (元)	耗用数量 (度)	总消耗金额 (元)	作业中心处理量(度)	单位耗用成本 (元)
	A	B	C=A*B	D	E=C/D

用电费用 / 作业中心名称	标准价（元）	耗用数量（度）	总消耗金额（元）	作业中心处理量（度）	单位耗用成本（元）
切蒸煮作业中心	1.58	26 078.19	41 203.54	800.86	51.45
三段漂白作业中心	1.58	135 403.91	213 938.18	690.31	309.92
污水处理作业中心	1.58	62 359.43	98 527.90	62 143.91	1.59
抄造卷切作业中心	1.58	514 032.7	812 171.67	971.56	835.95

表4-4 HA公司作业中心蒸汽费用分配计算表

蒸气费用 / 作业中心名称	标准价（元）	耗用数量（立方米）	总消耗金额（元）	作业中心处理量（立方米）	单位耗用成本（元）
	A	B	C=A*B	D	E=C/D
切蒸煮作业中心	310.24	1 202.95	373 203.21	800.86	466.01
三段漂白作业中心	310.24	240.96	74 755.43	690.31	108.29
抄造卷切作业中心	310.24	3 120.58	968 128.74	971.56	996.47

表4-5 HA公司作业中心清水费用分配计算表

清水费用 / 作业中心名称	标准价（元）	耗用数量（吨）	总消耗金额（元）	作业中心处理量（吨）	单位耗用成本（元）
	A	B	C=A*B	D	E=C/D
三段漂白作业中心	90.3	481.88	43 513.35	690.31	63.038
抄造卷切作业中心	90.3	168.57	15 221.37	971.56	15.67

表4-6 HA公司作业中心处理量含义表

作业中心名称	作业中心处理量含义
切蒸煮作业中心	未漂白的黑浆量
三段漂白作业中心	漂白后的绝干浆量
污水处理作业中心	污水的处理量
抄造卷切作业中心	成品纸的生产量
车间管理作业中心	成品纸的生产量

注：企业中心处理理均为吨数。

表4-7　HA公司作业中心辅助费用耗费汇总计算　　　　　　　单位：元

辅助费用 / 作业中心	用电耗费成本	蒸汽耗费成本	清水耗费成本	辅助费用成本合计
切蒸煮作业中心	41 203.54	373 203.21		414 406.75
三段漂白作业中心	213 938.18	74 755.43	43 513.35	332 206.96
污水处理作业中心	98 527.90			98 527.90
抄造卷切作业中心	812 171.67	968 128.74	15 221.37	1795 521.78
车间管理作业中心	1 065.47			1 065.47
合计	1 166 906.76	1 416 087.38	57 734.72	

（六）作业成本汇集

作业成本归集，是指企业根据资源耗用与作业之间的因果关系，将所有的资源成本直接追溯或按资源动因分配至各作业中心，计算各作业总成本的过程。

作业成本汇集应遵循以下基本原则：①对于为执行某种作业直接消耗的资源，应直接追溯至该作业中心；②对于为执行两种或两种以上作业共同消耗的资源，应按照各作业中心的资源动因量比例分配至各作业中心。

为便于将资源费用直接追溯或分配至各作业中心，企业还可以按照资源与不同层次作业的关系，将资源分为如下五类：

（1）产量级资源。包括为单个产品（或服务）所取得的原材料、零部件、人工、能源等。

（2）批别级资源。包括用于生产准备和机器调试的人工等。

（3）品种级资源。包括为生产某一种产品（或服务）所需要的专用化设备、软件、人力等。

（4）客户级资源。包括为服务特定客户所需要的专门化设备、软件、人力等。

（5）设施级资源。包括土地使用权、房屋及建筑物，以及所保持的不受产量、批别、产品、服务和客户变化影响的人力资源等。

对产量级资源费用，应直接追溯至各作业中心的产品等成本对象。对于其他级别的资源费用，应选择合理的资源动因，按照各作业中心的资源动因量比例，分配至各作业中心。企业为执行每一种作业所消耗的资源费用的总和，构成该种作业的总成本。

【例4-4】[1]　承接［例4-1］［例4-2］和［例4-3］，HA公司作业中心出现的间接成本主要包含设备折旧、承包运输费用、人工成本、维修调试费用等这些。这个步骤对各个作业中心承担的间接成本实施计算，在这种条件下结转上个步骤计算得出的辅助生产成本。HA公司作业中心成本汇总情况，如表4-8所示。

表4-8　HA公司作业中心成本汇总计算表　　　　　单位：元

资源成本 作业中心	机器折旧	人工成本	承包运输费用	维修调试费用	污水处理添加剂成本	辅助费用耗费	汇总
切蒸煮作业中心	32 859.31	59 836.76		6 983.76		414 406.75	514 086.58
三段漂白作业中心	28 937.52	21 463.5		17 632.21		332 206.96	400 240.19
污水处理作业中心	306 625.32	12 250.87	41 302.3	9 233.63	153162.83	98 527.90	621 102.85
抄造卷切作业中心	98 823.45	181 023.81		3 729.02		1 795 521.78	2 079 098.06
车间管理作业中心		62 161.43				1 065.47	63 226.9
费用合计	467 245.6	336 736.37	41 302.3	37 578.62	153162.83	2 641 728.86	

（七）作业动因选择与计量

作业动因是引起作业耗用的成本动因，反映了作业耗用与最终产出的因果关系，是将作业成本分配到流程、产品、分销渠道、客户等成本对象的依据。

当作业中心仅包含一种作业的情况下，所选择的作业动因应该是引起该作业耗用的成本动因；当作业中心由若干个作业集合而成的情况下，企业可采用回归分析法或分析判断法，分析比较各具体作业动因与该作业中心成本之间的相关关系，选择相关性最大的作业动因，即代表性作业动因，作为作业成本分配的基础。在同一作业中心中可能存在多种成本动因，选择成本动因时要考虑到效益的原则来选择出成本动因，影响成本动因的因素主要有以下两方面：①成本动因的相关程度。一个成本库中可能

---

[1]　本案例改编自：李京："HA（恒安）公司战略作业成本法的应用研究"，沈阳工业大学硕士学位论文，2015。

有多个与产品相关的成本动因存在，也有可能在成本库中每个成本动因于产品的相关性都相对来说较小。这时在选择成本动因的时候就要考虑到相关程度，然后按照相关程度由高到低进行排列，选取其中一个或者是前几个。②不能盲目地将所有成本动因都计入。成本动因数量与成本结果的正确性成正相关原则，就是选择的成本动因越多，其准确性就越高。成本动因的数量与实施的净效益成线性相关。在一定的范围之内增加成本动因的数量其净效益增加，但是，超过这个范围之后成本动因的数量的增加则会造成净效益的降低。成本动因数量过多或者过少都会使得作业成本法的作用效果降低。

作业动因需要在交易动因、持续时间动因和强度动因间进行选择。

交易动因，是指用执行频率或次数计量的成本动因，包括接受或发出订单数、处理收据数等，其假定执行每次作业的成本（包括耗用的时间和单位时间耗用的资源）相等。

持续时间动因，是指用执行时间计量的成本动因，包括产品安装时间、检查小时等。当不同产品所需作业量差异较大的情况下，例如，如果检验不同产品所耗用的时间长短差别较大，则不宜采用业务动因作为分配成本的基础，而应改用持续动因作为分配的基础。否则，会直接影响作业成本分配的准确性。持续动因的假设前提是，执行作业的单位时间内耗用的资源是相等的。

强度动因，是指不易按照频率、次数或执行时间进行分配而需要直接衡量每次执行所需资源的成本动因，包括特别复杂产品的安装、质量检验等。强度动因一般适用于某一特殊订单或某种新产品试制等，用产品订单或工作单记录每次执行作业时耗用的所有资源及其成本，订单或工作单记录的全部作业成本也就是应计入该订单产品的成本。

企业如果每次执行所需要的资源数量相同或接近，应选择交易动因；如果每次执行所需要的时间存在显著的不同，应选择持续时间动因；如果作业的执行比较特殊或复杂，应选择强度动因。但在上述三类作业动因中，业务动因的精确度最差，但其执行成本最低；强度动因的精确度最高，但其执行成本最昂贵；而持续动因的精确度和成本则居中。作业成本驱动产品成本，是作业成本法最主要的创新，同时也是作业成本法最耗费时间和精力的。

（八）作业成本分配

作业成本分配，是指企业将各作业中心的作业成本按作业动因分配至产品等成本对象，并结合直接追溯的资源费用，计算出各成本对象的总成本和单位成本的过程。

作业成本分配一般按照以下两个程序进行：

（1）分配次要作业成本至主要作业，计算主要作业的总成本和单位成本。企业应按照各主要作业耗用每一次要作业的作业动因量，将次要作业的总成本分配至各主要作业，并结合直接追溯至次要作业的资源费用，计算各主要作业的总成本和单位成本。有关计算公式如下：

$$次要作业成本分配率 = 次要作业总成本 \div 该作业动因总量$$

$$\begin{matrix} 某主要作业分配 \\ 的次要作业成本 \end{matrix} = \begin{matrix} 该主要作业耗用的 \\ 次要作业动因量 \end{matrix} \times \begin{matrix} 该次要作业 \\ 成本分配率 \end{matrix}$$

$$\begin{matrix} 主要作业 \\ 总成本 \end{matrix} = \begin{matrix} 直接追溯至该作 \\ 业的资源费用 \end{matrix} + \begin{matrix} 分配至该主要作业的 \\ 次要作业成本之和 \end{matrix}$$

$$主要作业单位成本 = 主要作业总成本 \div 该主要作业动因总量$$

（2）分配主要作业成本至成本对象，计算各成本对象的总成本和单位成本。企业应按照各主要作业耗用每一次要作业的作业动因量，将次要作业成本分配至各主要作业，并结合直接追溯至成本对象的单位水平资源费用，计算各成本对象的总成本和单位成本。有关计算公式如下：

$$\begin{matrix} 某成本对象分配 \\ 的主要作业成本 \end{matrix} = \begin{matrix} 该成本对象耗用的主 \\ 要作业成本动因量 \end{matrix} \times \begin{matrix} 主要作业 \\ 单位成本 \end{matrix}$$

$$\begin{matrix} 某成本对 \\ 象总成本 \end{matrix} = \begin{matrix} 直接追溯至该成本 \\ 对象的资源费用 \end{matrix} + \begin{matrix} 分配至该成本对象的 \\ 主要作业成本之和 \end{matrix}$$

$$某成本对象单位成本 = 该成本对象总成本 \div 该成本对象的产出量$$

【例 4–5】[①]　承接［例 4–1］［例 4–2］［例 4–3］和［例 4–4］，以 HA 公司目前生产的 Y 纸浆为例，计算 Y 纸浆的作业成本。Y 纸浆的产品作业

---

① 本案例改编自：李京："HA（恒安）公司战略作业成本法的应用研究"，沈阳工业大学硕士学位论文，2015。

动因量即是总作业动因量，切蒸煮作业中心和三段漂白中心的总成本都能够纳入 Y 纸浆产品成本。

计算纸浆产品要承担的切蒸煮作业中心和三段漂白作业中心的成本，如表 4-9 所示。

表 4-9　HA 公司纸品作业成本核算计算表

作业中心名称　成本分配		切蒸煮作业中心	三段漂白作业中心
作业总成本（元）	A	514 086.58	400 240.19
作业动因	B	黑浆的产量	漂白浆的产量
各产品作业动因总量（吨）	C	800.86	690.31
作业动因分配率（元/吨）	D=A/C	641.92	579.80

计算纸装产品成本，如表 4-10 所示。

表 4-10　HA 公司纸装产品成本核算计算表

纸浆产品成本	Y 纸浆
1. 原料	1 305 763.43
2. 化工辅料与材料耗费（元）	935 240.51
3. 作业成本（元）	
3.1 切蒸煮作业中心	514 086.58
3.2 三段漂白作业中心	400 240.19
合计：制浆作业中心总成本（元）	3 155 330.71
总制浆量（吨）	631.50
单位制浆成本（元/吨）	4 996.56

计算纸产品所用成本，按照科学的造价动因，把抄纸卷切作业中心、车间管理作业中心、污水处理中心纳入的成本分配到各种纸产品。将纸浆成本当成原材料加入产品成本，最后得到 XXY、YX 和 PN 纸产品的作业成本，如表 4-11 至表 4-12 所示。

表 4-11　HA 公司纸产品作业成本核算计算表

作业中心名称 成本分配		抄纸卷切作业中心	污水处理作业中心	车间管理作业中心
作业总成本（元）	A	2 079 098.06	621 102.85	63 226.9
作业动因	B	成品纸产量	污水处理量	成品纸产量
各产品作业动因总量（吨）	C	971.56	62 143.91	971.56
作业动因分配率（元/吨）	D=A/C	2 139.96	9.99	65.08

表 4-12　HA 公司纸产品成本核算计算表

纸产品 产品成本	XXY	YX	PN
1. 原料（元）			
1.1 自制纸浆	994 312.41	652 381.35	1 230 783.43
1.2 外购原浆	351 503.2	73 757.73	162 719.73
2. 化工辅料（元）	213 251.34	130 043.32	209 352.75
3. 材料耗费（元）	11 473.59	23 126.73	36 359.86
4. 作业成本（元）			
4.1 抄造卷切作业	432 683.36	269 548.78	503 580.62
4.2 污水处理作业	89 163.72	70112.5	112 293.7
4.3 车间管理作业	23 736.34	10 920.96	25 323.36
合计：总成本（元）	2 115 123.96	1 229 892.87	2 280 118.45
总产量（吨）	410.34	263.33	475.96
单位产品成本（元/吨）	5 157.00	4 670.54	4 791.20

（九）作业成本信息报告

作业成本信息报告的目的，是通过设计、编制和报送具有特定内容和格式要求的作业成本报表，向企业内部各有关部门和人员提供其所需要的作业成本及其他相关信息。

作业成本报表的内容和格式应根据企业内部管理需要确定。作业成本报表提供的信息一般应包括以下内容：

（1）企业拥有的资源及其分布以及当期发生的资源费用总额及其具体构成的信息；

（2）每一成本对象总成本、单位成本及其消耗的作业类型、数量及单位作业成本的信息，以及产品盈利性分析的信息；

（3）每一作业或作业中心的资源消耗及其数量、成本以及作业总成本与单位成本的信息；

（4）与资源成本分配所依据的资源动因以及作业成本分配所依据的作业动因相关的信息；

（5）资源费用、作业成本以及成本对象成本预算完成情况及其原因分析的信息；

（6）有助于作业、流程、作业链（或价值链）持续优化的作业效率、时间和质量等方面非财务信息；

（7）有助于促进客户价值创造的有关增值作业与非增值作业的成本信息及其他信息；

（8）有助于业绩评价与考核的作业成本信息及其他相关信息；

（9）上述各类信息的历史或同行业比较信息。

六、作业成本法的应用案例分析

（一）作来成本法在制造业的应用案例

ABC 公司的主要业务是生产服装服饰。该公司的服装车间生产 3 种款式的夹克衫和 2 种款式的休闲西服。夹克衫和西服分别由两个独立的生产线进行加工，每个生产线有自己的技术部门。5 款服装均按批组织生产，每批 100 件。

1. 成本资料

本月制造费用发生额如表 4–13 所示。

表 4–13　制造费用发生额　　　　　　　　　　　　　　　单位：元

项　目	金　额
生产准备、检验和供应成本（批次级成本）	84 000
夹克产品线成本（产品级作业成本）	54 000
西服产品线成本（产品级作业成本）	66 000
其他成本（生产维持级成本）	10 800
制造费用合计	214 800
制造费用分配率（直接人工）	200%

产量和成本数据如表 4-14 所示。

表 4-14　产量与直接人工和直接材料资料　　　　单位：元

产品品种	夹克			西服		合计
型号	夹克1	夹克2	夹克3	西服1	西服2	
本月批次	8	10	6	4	2	30
每批产量（件）	100	100	100	100	100	
产量（件）	800	1 000	600	400	200	3 000
每批直接人工成本	3 300	3 400	3 500	4 400	4 200	
直接人工总成本	26 400	34 000	21 000	17 600	8 400	107 400
每批直接材料成本	6 200	6 300	6 400	7 000	8 000	
直接材料总成本	49 600	63 000	38 400	28 000	16 000	195 000

2. 按传统完全成本祛计算成本

采用传统的完全成本法时，制造费用使用统一的分配率，如表 4-15 所示。

制造费用分配率 = 制造费用 ÷ 直接人工成本 = 214 800 ÷ 107 400 × 100% = 200%

表 4-15　完全成本法汇总成本计算　　　　单位：元

产品型号	夹克1	夹克2	夹克3	西服1	西服2	合计
直接人工 a	26 400	34 000	21 000	17 600	8 400	107 400
直接材料 b	49 600	63 000	38 400	28 000	16 000	195 000
分配率	2	2	2	2	2	
制造费用 c=2a	52 800	68 000	42 000	35 200	16 800	214 800
总成本	128 800	165 000	101 400	80 800	41 200	517 200
每批成本	16 100	16 500	16 900	20 200	20 600	
每件成本	161	165	169	202	206	

3. 按作业成本法计算成本

作业成本法先将间接制造费用归集到 4 个成本库：

（1）批次级作业成本库。生产准备、抽样检验和供应材料均属于批次级成本。由于每批产品都需要一次生产准备、一次抽样检验和一次送料，并且不同产品品种的上述成本没有重要差别，因此可以归入一个作业成本库，按生产批次数分配该作业成本。

（2）夹克产品线作业成本库。本例选择生产批次作为产品级作业成本的分配基础。也可选择夹克产品的产量或者相关成本等作为分配基础。

（3）西服产品线作业成本库。本例选择生产批次作为产品级作业成本的分配基础。也可选择夹克产品的产量或者相关成本等作为分配基础。

（4）生产维持成本库。本例分配基础选择直接人工成本，据此分配给每批产品。也可以根据情况先将其分配给夹克西服和夹克产品，然后再分配给不同批次，最后按产品数量分配给单位产品。

作业成本分配的第一步是计算作业成本动因的单位成本，作为作业成本的分配率，如表 4-16 所示。

表 4-16　作业成本分配率的计算

作业	成本（元）	批次数	直接人工（元）	分配率
批次级作业成本	84 000	30		2 800（元/批）
夹克产品线成本	54 000	24		2 250（元/批）
西服产品线成本	66 000	6		11 000（元/批）
生产维持级成本	10 800		107 400	10.06%

作业成本分配的第二步是根据单位作业成本和作业量，将作业成本分配到产品，如表 4-17 和表 4-18 所示。

表 4-17　制造费用计算　　　　　　单位：元

产品型号	夹克 1	夹克 2	夹克 3	西服 1	西服 2	合计
本月批次 a	8	10	6	4	2	30
批次级分配率 b	2 800	2 800	2 800	2 800	2 800	
批次相关成本 a×b	22 400	28 000	16 800	11 200	5 600	84 000
产品级分配率 c	2 250	2 250	2 250	11 000	11 000	
产品相关成本 a×c	18 000	22 500	13 500	44 000	22 000	120 000
生产维持级分配率 d	10.06%	10.06%	10.06%	10.06%	10.06%	
生产维持相关成本	2 655	3 419	2 112	1 770	845	10 800
间接费用合计	43 055	53 919	32 412	56 970	28 445	214 800

表 4-18　生产成本汇总表

单位：元

产品型号	夹克 1	夹克 2	夹克 3	西服 1	西服 2	合计
直接人工	26 400	34 000	21 000	17 600	8 400	107 400
直接材料	49 600	63 000	38 400	28 000	16 000	195 000
间接费用	43 055	53 919	32 412	56 970	28 445	214 800
成本合计	119 055	150 919	91 812	102 570	52 845	517 200
本月批次	8	10	6	4	2	30
每批成本	14 882	15 092	15 302	25 642	26 422	
每件成本	148.82	150.92	153.02	256.42	264.22	
完全成本法每件成本	161	165	169	202	206	

通过比较完全成本法和作业成本法的计算结果，可以看出：

（1）完全成本法扭曲了产品成本，即高估了简单产品夹克衫的成本，低估了复杂产品西服的成本。例如，在完全成本法下，夹克 1 负担间接制造费用 52 800 元，而作业成本法负担间接费用 43 055 元。引起差别的原因是由完全成本法按直接人工的 200% 分配全部制造费用，而不管这些费用的驱动因素是什么。在作业成本法下，制造费用归集于三类（共 4 个）成本库，分别按不同成本动因分配，提高了合理性。

（2）作业成本法和完全成本法都是对全部生产成本进行分配，不区分固定成本和变动成本，这与变动成本法不同。从长远来看，所有成本都是变动成本，都应当分配给产品。

（3）在作业成本法下，所有夹克产品的单位成本都比完全成本法低，而西服产品的单位成本比完全成本法高。其原因在于完全成本法以直接人工作为间接费用的唯一分配率，夸大了高产量产品的单位成本。例如，夹克的人工成本合计 81 400 元，占总人工成本 107 400 元的 75.79%，并因此负担产品线总成本 120 000 元（54 000+ 66 000）的 75.79 %，即 90 949 元。实际上，夹克的产品线成本只有 54 000 元。西服的产品复杂程度高，产品线成本较高，但只是因为产量小，只负担了 29 051 元（120 000×24.21%），低于实际的西服的产品线成本（66 000 元）。

（二）作业成本法在在线教育行业的应用案例

1. YD 公司的基本情况 [①]

YD 公司成立于 2000 年，主要为该校网络学院提供招生服务、平台开发维护、课程开发、课程制作和学生支持等服务，是完全以政策为导向的在线教育企业。

近年来，在线教育行业进入了快速发展时期，网络学历教育政策收紧，市场竞争愈发激烈。为能在激烈的市场竞争中保有一席之地，YD 公司充分发挥了员工的主观能动性，利用现有录播设备和技术资源来提升课程开发制作的核心竞争力。公司在在线市场细分的医学职业教育领域采取多元化发展战略，依托先进的教育理念，运用领先的技术，挖掘潜在客户，开发多形式高质量的课程，以提高企业竞争力。

为此，YD 公司的课程开发制作中心由原来的成本中心变为利润中心。课程类别由 A 类和 B 类组成，原有课程类型为 A 类，新开发课程为 B 类。经过一段时间的运营之后，管理层发现新客户对该公司提供的课程录制结果非常满意，由此公司业务扩大带来了营业收入增长。但从 A、B 两类课程各自的利润情况来看，形式单一、录制难度小的 A 类课程出现了亏损，而技术复杂、形式多样的 B 类课程的盈利水平超高。经分析查证，在增加了 B 类课程的开发录制工作后，公司仍然采用传统成本法核算，对 A 类和 B 类课程以最终课程成片时长作为制作费用的分配标准。两类课程从录制到后期编辑，投入的人力、物力和时间都是不等的。简单粗暴的采用成片时长作为分配标准直接导致 A 类、B 类课程制作成本出现偏差。为解决上述问题，公司亟待借助作业成本法来提升成本核算的准确性。

2. YD 公司采用作业成本法的必要性和可行性分析

1）市场竞争愈发激烈，加强成本管理势在必行

在线教育行业市场趋于饱和，竞争不断加剧，短期内无法大幅提高收入的前提下，YD 公司把降低成本作为企业提高经济效益的主要途径。

2）课程品质要求日益提高，包装制作等间接成本增加

[①]　该案例是刘俊杰（北京医大时代科技发展有限公司）为申报高级会计师资格而独创的实践型文章。

YD 公司先后对录制设备进行升级改造，购买各类软件工具加强后期制作，对制作人员进行多技能培训，用以丰富课程展现形式，提高课程观赏效果。因此包装制作环节的间接成本不断加大。在不断变化的成本比例中，间接成本比例的上升满足了作业成本法的使用条件。

3）信息化建设为作业成本法实施提供技术支持

YD 公司充分运用信息技术手段，加强设备管控和人员管理。先后引入了设备信息管理系统（PMIS）和工时管理软件（8Manage）。利用现代计算机技术对录制设备和人员在工作过程中的信息进行收集、提取、加工、输出，及时掌握各项资源配置情况，为各方面的管理提供数据支持。同时使用 PMP 项目管理工具对整个业务流程进行实时管理，跟踪各节点的完成情况，制定质量管理手册，落实各岗位的岗位职责，编制各岗位流程图，对每一个岗位进行标准化管理。

4）高层管理者相对易接受先进管理理念

YD 公司作为高校的校产旗舰企业，有着高素质的专业人才，开阔的国际视野与思维。对于新的管理方式及理念的理解能力、反应能力和适应能力均较强，为作业成本法在公司的快速执行提供了坚实的基础。

3. 作用成本法在 YD 公司的具体运用

在实施作业成本法之前，YD 公司采用传统成本核算方法，是以课程交付时长作为制作费用的分配标准。在课程交付时长相等时，两类课程的收入和成本如表 4-19 所示。

表 4-19　YD 公司 2019 年 10 月 A 和 B 两类课程盈利信息

	项　目	A 类课程	B 类课程	合　计
业务信息	演播录制时间（小时）	100	70	170
	后期制作时间（小时）	290	1 118	1 408
	交付课程时长（小时）	300	300	600
财务信息	营业收入（元）	362 025.27	844 725.63	1 206 750.90
	营业成本（元）	399 367.93	399 367.93	798 735.86
	毛利（元）	-37 342.66	445 357.70	408 015.04
	毛利率（元）	-10%	53%	34%

B 类课程后期制作时间远超 A 类课程，源于其在后期编辑时需要加入动画和旁白等效果，过程复杂耗时，但提升了课程的可观性。如此，两类

课程的制作成本应有明显差别，而采用课程交付时长作为分配标准，两者在时长相等的情况下，成本总额一致，说明成本的分配标准出现问题，掩盖了两者之间的差异。为能正确计算两类课程的制作成本，YD公司采用了作业成本法。YD公司作业成本法具体运用示意图如图4-6所示。

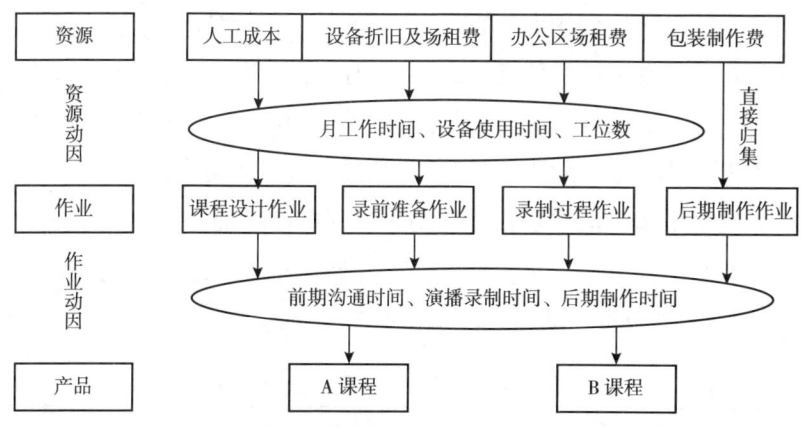

图4-6　YD公司作业成本法具体运用示意图

1）确认作业中心及作业动因

YD公司首先对课程制作过程进行了梳理。根据同质性原则，将整个流程设定为四项作业：课程设计、录前准备、录制过程和后期制作。因为课程制作过程的投入与工作时间存在较大关联性，因此，分别选择前期沟通时间、演播录制时间和后期制作时间作为作业动因，如表4-20所示。

表4-20　YD公司作业中心及作业动因列表

作业中心	作业动因及简介
课程设计	前期沟通时间：以前期沟通投入的人工时间成为该作业的成本动因
录前准备	演播录制时间：加工过程占用演播室资源，故将使用演播室录制时间作为作业的
录制过程	成本动因
后期制作	后期制作时间：由于处理手段，花费的时间不同，此阶段将在后期制作上耗费的时间作为成本动因

2）确定资源及资源动因

整个生产制作过程涉及的资源包括：人工成本、演播室设备折旧、演播室和办公区场租费和包装制作费。

（1）从人力资源部的职工薪酬月发放记录中，可以得到课程生产制作人员的人工成本信息。工作人员工资差别不大，且每人可从事多岗位工作，故选取以全月工作时间作为人工成本分配的资源动因。

（2）课程的制作要使用设备和场地，从而产生设备折旧和场租费，所以采用演播室设备使用时间作为分配设备折旧和场租费的资源动因。从公司的设备信息管理系统中可准确获取设备的具体使用情况。

（3）办公区没有按照传统一人一工位的标准设定，而是按照工作性质和内容来划分，员工根据工作安排选取不同工位。因此采用工位数作为分配办公区场租费的资源动因比按员工人数进行分配更趋合理。

（4）包装制作费全部是在后期制作过程中产生的，故直接计入后期制作作业成本中。

YD 公司资源及资源动因列表如表 4-21 所示。

表 4-21　YD 公司各资源及资源动因列表

资源项目	资源动因	消耗量	金额（元）	分配率
人工成本	月工作时间（小时）	2 640	379 089.66	143.59
设备折旧及场租费	设备使用时间（小时）	170	127 012.85	747.13
办公区场租费	工位数（人）	11	10 324.19	938.56
包装制作费	直接计入作业成本		282 309.16	
合计			798 735.86	

3）将各项资源按不同资源动因分配到各作业中心

该步主要是根据已有资源按照资源成本动因将资源分配到各项作业成本中。依据 8Manage 工时管理软件的记录，得到各项作业的工时消耗量，按照各项作业的工时消耗量计算分配人工成本。前期准备和录制课程两项作业涉及设备折旧及场租费的资源消耗，可在设备信息管理系统中获得各自消耗量，并加以计算得出各作业成本。办公区按照工作性质和内容设定 11 个工位：用于课程设计作业的工位 2 个，前期准备作业工位 1 个，剩余 8 个工位提供给后期包装制作的人员使用。按照各项作业涉及的工位数，对办公区租赁费这一资源进行分配。包装制作费用是由后期制作一项作业消耗，全部计入该作业成本中，不涉及与其他作业分配。具体分配情况如表 4-22 所示。

表 4-22　各项资源分配情况表

资源项目	课程设计		前期准备		录制课程		后期制作	
	动因	金额（元）	动因	金额（元）	动因	金额（元）	动因	金额（元）
人工成本（小时）	352	50 545.29	176	25 272.64	704	101 090.58	1 408	202 181.15
设备折旧及场租费（小时）	0	0.00	17	12 701.29	153	114 311.56	0	0.00
办公区租赁费（工位数）	2	1 877.13	1	938.56	0	0.00	8	7 508.50
包装制作费用								282 309.16
合计		52 422.41		38 912.49		215 402.14		491 998.81

4）将各项作业中心的成本依据不同的作业动因分配到课程

本步主要是以各项作业中心的作业动因（工作时间）为权数，加权计算得出 A 类、B 类课程各作业中心的作业成本，进一步汇总得到 A 类和 B 类课程的总成本，具体计算过程如表 4-23 所示。

表 4-23　各项作业成本分配情况表

作业	作业动因	分配率	工作量（小时）		分配金额（元）	
			A 类课程	B 类课程	A 类课程	B 类课程
课程设计	前期沟通时间352 小时	148.93	0	352	0.00	52 422.40
录前准备	演播录制时间170 小时	228.90	100	70	22 890.00	16 023.00
录制过程	演播录制时间170 小时	1 267.07	100	70	126 707.00	88 694.90
后期制作	后期制作时间1 408 小时	349.43	290	1118	101 334.70	390 663.780
合计					250 931.70	547 804.00

4. YD 公司运用作业成本法取得的成效

如表 4-24 所示，通过作业成本法的核算，YD 公司发现 A 类课程多计成本 148 436.1 元，B 类课程少计成本 148 436.1 元。造成上述结果的原因在于，传统成本法是按照以单一的课程成片时长作为分配标准，当成片时长相等时，各课程分摊的成本结果是相等的。而作业成本法分别按照不同的资源动因和作业动因来分配费用的，由此导致各类课程的成本，势必与传统成本法的结果存在重大差异。A 类课程是老旧课程的更新，制作简单，耗时短。B类课程从内容体系到播放形式是全新创意，录制过程复杂，后期处理难度大、耗时长。因此，B类课程耗用的作业动因量远远大于A类课程，故其成本要高于A类课程。

表4-24　作业成本法下两类课程的盈利情况

项目	A类课程		B类课程	
	传统成本法	作业成本法	传统成本法	作业成本法
营业收入（元）	362 025.27	362 025.27	844 725.63	844 725.63
营业成本（元）	399 367.93	250 931.70	399 367.93	547 804.00
毛利（元）	−37 342.66	111 093.57	445 357.70	296 921.63
毛利率	−10%	31%	53%	35%

通过作业成本法进行成本核算，课程制作过程的间接成本被合理分配到每一项作业中，得到了准确的作业成本信息。作业成本法帮助YD公司揭开了不同课程之间成本差异的真相，从而便于进行成本控制，同时为课程的成本精细核算提供了数据支持。作业成本法更有利于明确各岗位成本责任与贡献，进行成本专项绩效考评，从而提高课程生产成本管理水平，促进课程生产制作良性发展。

（三）作业成本法在医疗行业的应用案例

1. H公立中医医院的基本情况 [1]

H公立中医医院（以下简称"H医院"）是一家以中医中药治疗为医疗工作主体的三级甲等中医专科医院，有着60余年深厚文化底蕴。为北京中医药大学附属医院，全国示范中医医院和国家教学基地。H医院有骨伤科及针灸科两个国家级重点专科，及多个市级重点专科、市临床重点专科、区级重点专科。在医药卫生体制改革的大潮中，医院充分体现中医特色，满足广大患者的需求，创造出具有鲜明特色和文化精神的中医药品牌。

2. H公立中医医院实施作业成本法的必要性

1）成本核算精细度不高

H医院医疗科室的成本性质和分类比较复杂，需要更为科学的方法进行

---

[1]　该案例是李文菊（工作单位为北京中医药大学附属护国寺中医医院）为申报高级会计师资格而独创的实践型文章。

成本分配。H医院目前存在成本核算层次简单、间接费用的分配过于粗糙、成本信息失真等问题，使医院处于费用增长较快而服务效率低下的困境，不利于医院的长期健康发展。

2）间接费用分配粗糙

目前H医院间接费用分配不合理，诊疗过程没有按照最低成本和最合理作业链进行，间接费用大多仅仅简单地利用人员数量或治疗费用收入数来进行分摊，这种粗糙的分配方式不能真实地反映科室和诊疗项目实际消耗的资源，直接影响了成本信息的准确性，同时也造成工作流程不够合理，增加了成本管理风险，进而直接影响医院运营的效率和效果。

3）临床科室缺乏成本控制意识

H医院大部分临床科室的医疗人员缺乏成本控制的意识，他们认为成本核算是医院财务人员的工作，成本管理工作是上层领导的事，并且在传统成本核算方式下，粗放型的成本管理模式就存在着权责不明的缺陷，成本结果无法明确责任，从而出现了相互推卸责任的现状。

3. H公立中医医院实施作业成本法的可行性

1）能够准确识别作业及成本动因

H医院的医疗业务服务均具有统一、规范的流程，基础资源的归属和分类依据比较明确，从而能够较清晰地识别各种作业中心、资源动因和成本动因，资源费用和作业成本的追溯及分配都具有较为合理的依据。

2）间接费用比重较高

H医院科室的间接费用项目比较多，如分诊、消毒清洁、挂号收费及其他医疗技术科室、医疗辅助科室、行政后勤科室成本，他们都不能直接计入医疗项目，需要进行分摊。

3）H医院管理层非常重视成本核算工作

随着医院管理精细化要求的不断提高，H医院管理层高度重视成本核算工作，财务科设立专职成本核算人员，临床科室遴选熟悉本科业务、有数字观念的人员作为科室核算员，基础成本数据质量较好。

4）信息化水平比较高

H医院是2006年中医局第一批成本核算试点单位，由中医局统一配备成本核算软件，并经多年的运行试验，信息系统本地化程度高，成本核算人员工作经验丰富。近几年来，H医院HIS系统不断完善，科室收支数据比较精细和准确。H医院当前的信息化水平能够保证财务部门及时、准确地收集各项资源、作业、成本动因等方面的信息，也为作业成本法的实施打下了良好的基础。

4. H公立中医医院实行作业成本法的基本程序

本文将重点介绍H医院中医骨科康复理疗室实施作业成本法的具体过程。中医骨科是H医院的重点科室，科室特色"宫廷正骨"技术列入国家级非物质文化遗产保护名录，应用宫廷正骨手法和秘方药，结合现代医疗技术治疗各种骨科疾病及康复治疗等，均取得了显著效果。康复理疗室是中医骨科的综合治疗部门，开展各种电、磁治疗，是骨科疾病急性发作期及后期康复必不可少的治疗手段，对减轻患者痛苦、尽快恢复健康起到了重要的作用。但经过几轮医改，仪器类的非技术劳务性医疗项目收费价格均未增长，甚至有所下降。在这个大前提下，为了真实反映康复理疗项目的成本状况，本文特选取骨科康复理疗室进行测算。该科室治疗项目分类标准、作业流程统一、成本动因明确，比较适宜采用作业成本法核算。

1）明确成本资源，建立资源库

根据医院会计制度，中医骨科康复理疗室开展医疗活动所消耗的资源，按会计科目进行成本资源分类归集，具体分类如下：

（1）人员成本。主要是指工资福利支出及对个人家庭的补助支出，具体包括：基本工资、津贴补贴、绩效工资、各项社会保险、分摊计入的离退休人员费用等。

（2）卫生材料费。主要是指日常发生的，不单独收费的各种医疗卫生耗材费用。

（3）药品费。是指用在治疗项目中的药品消耗。

（4）固定资产折旧。是指按规定提取的各项固定资产的折旧费用。

（5）提取医疗风险基金。是指按规定计提的医疗风险基金。

（6）其他费用。是指除上述项目外，其他各项日常公用支出，如办公费、水电费、保洁保安、邮电费、取暖费等。

按照医院原有三级成本分摊方法，康复理疗室科室在2019年的成本数据如表4-25所示。

表 4-25　康复理疗室 2019 年科室成本明细表　　　　单位：元

科室	人员经费	卫生材料费	药品费	固定资产折旧	医疗风险基金	其他费用	成本合计
直接成本		64 126.93	99 778.88	357 935.57			521 841.38
间接成本	1 026 475.22	0.00	0.00	0.00	5 610.02	166 161.08	1 198 246.31
合计	1 026 475.22	64 126.93	99 778.88	357 935.57	5 610.02	166 161.08	1 720 087.69

在科室成本中，卫生材料费、药品费和固定资产折旧费为直接成本，其他成本项目为间接成本，需要在医疗项目间进行分摊。

2）划分作业中心

康复理疗室主要是为骨科门诊患者提供理疗治疗服务，诊疗流程大致分为四个步骤，并把它们划分 4 个作业中心。

（1）接诊作业中心。患者持治疗单来科就诊，分诊人员按治疗项目不同进行分诊，如有多项治疗的患者，进行适当地分流及引导。

（2）检查作业中心。检查作业主要由两项组成：辅助检查和体格检查。在患者进行理疗之前，有专门医师对患者病情以及之前的治疗效果进行判断，必要时开具辅助检查单。

（3）治疗作业中心。对检查合格的患者进行治疗操作。

（4）反馈作业中心。治疗后，对本次治疗进行评估和治疗效果的反馈，提出下一步的治疗建议。

3）确定资源动因，并按照资源动因将资源分配至作业中心

根据康复理疗室的业务特点以及日常资源耗用方式，资源动因设置如表 4-26 所示。

表 4-26　资源动因设置

成本项目	资源动因
人员经费	总工时、工作难度系数
卫生材料费	实际消耗卫生材料数
药品费	实际消耗药品数
固定资产折旧	实际占用设备情况
医疗风险基金	总工时
其他费用	总工时、工作难度系数

资源动因计算明细表如表 4-27 所示。

表 4-27 资源动因计算明细表

项目	平均用时	难度系数	工作量	总用时	综合难系数用时
接诊作业	5	1	49 800	249 000	249 000
检查作业	15	3	49 800	747 000	2 241 000
治疗作业	20	4	49 800	996 000	3 984 000
反馈作业	10	2	49 800	498 000	996 000

注：综合难度系数用时 = 平均用时 × 工作量 × 难度系数

按照上述资源动因，把康复理疗室所消耗的资源分配至各项作业成本中心，其中，该科室卫生材料费、药品费、固定资产折旧为直接成本，间接费用项目需要按照资源动因进行分配。

（1）人员经费的分配方法。

间接人员经费合计 1 026 475.22 元。

人员经费分配率 = 人员经费总成本 ÷ 综合难度系数用时合计

单个作业人员经费 = 单个作业综合难度系数用时 × 人员经费分配率

（2）医疗风险基金的分配方法。

间接医疗风险基金合计 5 610.02 元。

医疗风险基金分配率 = 医疗风险基金总成本 ÷ 总用时合计

单个作业医疗风险基金 = 单个作业总用时 × 医疗风险基金分配率

（3）其他费用的分配方法。

间接其他费用合计 166 161.08 元。

其他费用分配率 = 其他费用总成本 ÷ 综合难度系数用时合计

单个作业其他费用 = 单个作业综合难度系数用时 × 其他费用分配率

具体分配结果如表 4-28 所示。

表 4-28 作业中心成本分配表   单位：元

作业中心	直接成本	间接成本			
		人员经费	医疗风险基金	其他费用	合计
接诊作业	3 000.00	34 215.84	561.00	5 538.70	40 315.55
检查作业	41 412.69	307 942.56	1 683.01	49 848.32	359 473.89
治疗作业	448 015.99	547 453.45	2 244.01	88 619.24	638 316.70
反馈作业	29 412.69	136 863.36	1 122.00	22 154.81	160 140.18

4）确定作业动因，根据作业动因将作业中心所消耗的资源分配至医疗项目

康复理疗室的医疗项目主要包括中频治疗、普通拔罐治疗、中药热敷包和特高频治疗 4 项。根据各医疗服务项目消耗作业的方式，设置的作业成本动因如表 4-29 所示。

表 4-29　作业动因设置

成本项目	作业动因
接诊作业中心	接诊人次
检查作业中心	实际检查时间
治疗作业中心	实际治疗时间
反馈作业中心	实际反馈时间

（1）接诊作业中心的分配方法。

接诊作业成本分配率＝接诊作业中心的总成本 ÷ 接诊作业总人次

医疗项目分配的接诊作业成本＝单个医疗项目接诊人次 × 接诊作业分配率

接诊作业中心的费用分配结果如表 4-30 所示。

表 4-30　接诊作业中心的费用分配明细表　　　　　单位：元

项目	中频治疗	普通拔罐治疗	中药热敷包	特高频	合计
接诊人次（人次）	1 500	1 200	1 300	1 500	5 500
接诊作业中心的作业成本	10 995.15	8 796.12	9 529.13	10 995.15	40 315.55

（2）检查作业中心的分配方法。

检查作业成本分配率＝检查作业中心的总成本 ÷ 检查作业总时长

医疗项目分配的检查作业成本＝单个医疗项目检查时长 × 检查作业分配率

检查作业中心的费用分配结果如表 4-31 所示。

表 4-31　检查作业中心的费用分配明细表　　　　　单位：元

项目	中频治疗	普通拔罐治疗	中药热敷包	特高频	合计
接诊人次（人次）	1 500	1 200	1 300	150	4 150
单位检查时间（分钟）	10	10	10	15	
检查时间（分钟）	15 000	12 000	13 000	2 250	42 250
检查作业中心的作业成本	127 623.87	102 099.09	110 607.35	19 143.58	359 473.89

（3）治疗作业中心的分配方法。

治疗作业成本分配率 = 治疗作业中心的总成本 ÷ 治疗作业总时长

医疗项目分配的治疗作业成本 = 单个医疗项目治疗时长 × 治疗作业分配率

治疗作业中心的费用分配结果如表 4-32 所示。

表 4-32　治疗作业中心的费用分配明细表　　　　单位：元

项目	中频治疗	普通拔罐治疗	中药热敷包	特高频	合计
接诊人次（人次）	1 500	1 200	1 300	150	4 150
单位治疗时间（分钟）	25	20	20	10	
治疗时间（分钟）	37 500	24 000	26 000	1 500	89 000
治疗作业中心的作业成本	268 953.66	172 130.35	186 474.54	10 758.15	638 316.70

（4）反馈作业中心的分配方法。

反馈作业成本分配率 = 反馈作业中心的总成本 ÷ 反馈作业总时长

医疗项目分配的反馈作业成本 = 单个医疗项目反馈时长 × 反馈作业分配率

反馈作业中心的费用分配结果如表 4-33 所示。

表 4-33　反馈作业中心的费用分配明细表　　　　单位：元

项目	中频治疗	普通拔罐治疗	中药热敷包	特高频	合计
接诊人次（人次）	1 500	1 200	1 300	150	4 150
单位反馈时间（分钟）	8	8	8	10	
反馈时间（分钟）	12 000	9 600	10 400	1 500	33 500
反馈中心的作业成本	57 363.65	45 890.92	49 715.16	7 170.46	160 140.18

（5）计算医疗项目总成本

根据各个作业中心的费用分配明细表，可以汇总和计算康复理疗室的 4 个医疗项目的总成本，如表 4-34 所示。

表 4-34　各个作业中心费用分配明细表　　　　单位：元

医疗项目	总成本	接诊人次	单位成本	收费标准	单位收益
中频治疗	617 190.02	18 000	34.29	32	-2.29
普通拔罐治疗	450 719.43	14 400	31.30	18	-13.30
中药热敷包	588 058.26	15 600	37.70	52	14.30
特高频	64 119.97	1 800	35.62	6	-29.62

5. H 公立中医医院实行作业成本法的效果分析

由表 4-34 可以看出，在康复理疗科的 4 个医疗项目中，仅有中药热敷包为盈利项目，中频治疗和拔罐治疗亏损、特高频项目亏损严重。但从表 4-35 可以看出，在传统成本法下，科室 4 项医疗项目全部亏损，但亏损额不大。因此，两种成本方法计算出来的结果不尽相同。

表 4-35　作业成本法与传统成本法的比较分析　　　　　单位：元

医疗项目	收费标准	作业成本法		传统成本法		差额
		单位成本	单位收益	单位成本	单位收益	（作业－传统）
中频治疗	34.29	−2.29	33.95	−1.95	0.33	34.29
普通拔罐治疗	31.30	−13.30	19.10	−1.10	12.20	31.30
中药热敷包	37.70	14.30	55.17	−3.17	−17.48	37.70
特高频	35.62	−29.62	6.37	−0.37	29.26	35.62

在传统成本法下，项目成本分摊方式是依据医疗项目的收入大小而定的，收费高、诊疗人次多的医疗项目分担的成本相应增加，因此，传统成本方法没有充分考虑医疗项目实际占用资源的情况，得到的数据往往是不严谨的，从而会误导业务决策。

而在作业成本法下，将科室医疗服务分为作业中心和诊疗项目两个层次，在进行成本分摊时，充分考虑了诊疗过程的各个环节以及其资源消耗情况。在选择动因时，可以根据医疗业务的实际情况，充分考虑工作时间、劳动强度和能耗情况等全部相关因素，自主选择分摊动因。对医疗服务项目业务流程和作业的深入分析，有利于从根源上找到成本形成的原因，从而使成本信息更加精确和完善。

经过细致的数据分析以及对科室医务人员和患者的访谈得知，特高频项目主要应用于腰椎、颈椎患者急性发作期的消炎止痛治疗，效果明显，其他技术性劳务项目无法替代，并且急症期患者通常症状严重，在检查作业、治疗作业和反馈作业中，需要接诊医师花费更长的问诊及体格检查时间，并且为了满足患者需求，H 医院选择了输出口较多、治疗效果更好的进口设备，消耗的设备资料增多。但目前特高频收费偏低，仅为 6 元 / 次，收费标准与诊疗成本严重背离。

在目前情况下，H 医院需要进一步分析亏损项目的成本情况，在不影响医疗服务质量的前提下，提高作业效率，减少非增值作业的成本，以达到降低项目成本的目的，避免扩大亏损范围。同时也应积极向主管部门反映情况，争取财政补偿政策，呼吁合理调整医疗服务价格。

6. 结论与建议

与传统成本核算方法相比，公立医院实行作业成本法，能够更准确地反映医疗项目成本。本文以 H 医院为案例背景，通过追踪重点科室资源费用到作业、再到医疗服务项目等成本对象，为医院核算提供了全口径、多维度的，更加准确的成本信息。本文研究结果表明，医院应用作业成本法能够通过对作业的认定以及对成本动因的分析，更真实地揭示出资源、作业与成本之间的关系，为医疗有限资源的合理配置以及流程和作业的不断优化提供依据，从而提升了医疗服务效率和质量。通过对作业成本法下医疗成本信息的分析和应用，为公立医院更有效地开展业务规划、管理决策和绩效评价等管理活动奠定了坚实的基础，同时也为医疗服务项目定价和财政补偿标准的确定提供了更为准确的数据依据。

作业成本法如何在成本管理、经营决策及绩效管理等方面发挥更大的作用，是我们未来研究的方向。公立医院要更好地应用作业成本法，还需要合理整合作业，减轻核算工作量；财务核算人员需要深入接触业务，有机地整合财务与业务活动，提供准确全面的成本信息；提高医院信息化水平，保证基础资料完整；加强成本管控，优化业务流程和作业，提高各项资产的使用效率。

七、作业基础管理 [①]

作业成本法作为一种提高成本计量的准确性，正确分析产品，客户和其他成本对象盈利能力的技术，已经受到了很高的评价。但将产品或服务的成本准确计算出来只是成本管理的先决条件，但不是最终目标，成本管理的根本目的在于努力降低成本，增强企业的竞争优势，为企业创造价值。作业成本管理是基于作业成本法的新型集中化管理方法，作业成本法的数据能够帮助企业管理者进行作业基础成本管理，更好地识别和选择作

[①] 关于作业管理基础的内容，主要参考：夏冰月："基于作业基础管理的我国商业健身俱乐部战略成本管理研究"，北京体育大学博士学位论文，2011。

业，从而实现客户价值最大化而成本最小化的目的。

（一）作业基础管理的基本原理

为了适应生产组织的重大变革，企业管理思维也发生重大变革。新的企业组织观认为现代企业组织是一个为最终满足客户需要而设计的一类列的作业集合体，每一个作业成为其他作业的客户，各种作业之间互为客户，彼此连成一个整体，形成客户链，最终为企业组织外部客户服务。实际上，企业组织本身就是一个由此及彼，由内而外的作业链。企业组织每完成一项作业都要消耗一定的资源，而作业的产出又形成一定的价值，转移到下一个作业，依次转移，直至最终形成产品，提供给企业组织外部客户。最终产品作为企业组织内部作业链的最后一环，凝结了各个作业链所形成并最终提供给客户的价值。因此，从价值的形成过程来看，作业链又表现为价值链。作业耗费与作业产出配比的结果，就是企业组织得到的经济利益。企业组织为了实现其经营目标，必须优化作业链（即价值链），提高其作业产出，减少作业耗费。而要做到这一点，就必须站在整体的，战略的角度对企业组织的价值链进行分析。这就要求企业管理不能像过去那样只停留在产品这个层次上，而要深入到每个作业层次上。

因此，作业基础成本管理的基本原理在于，视企业的工作流程为一系列作业的集合，根据市场需求，以客户订单为起点，采取倒置法从后面先前确定相关作业，核定作业消耗量，作业成本，揭示资源动因，作业动因，并进而进行成本动因管理，作业管理，以消除不增值作业，提高增值作业动作效率，最终提高公司经营效率。

作业基础管理的核心在于对企业价值链的作业分析和成本动因分析，区分价值链中那些是增值作业，哪些是非增值作业，通过重组价值链和控制成本动因，消除非增值作业，从而达到降低成本的目的。

（二）作业基础成本管理步骤

作业基础管理按照作业分析，成本动因分析，绩效评价三个步骤来开展。

1. 作业分析

作业分析主要内容包括识别不必要和不增值的作业，对不必要的作业按成本高低进行排序，选择排列到前面的作业进行重点分析。同时，将本企业的作业和同行业先进水平的作业进行比较，以判断某项作业或企业整体作业链是否有效，寻求改善机会。作业分析包括四个步骤。

（1）识别不必要或不增值的作业。企业的作业可以分为必要作业和不必要作业两大类。如果某项作业对客户或组织而言是必要的，那么该项作业就是必要作业。反之，就是不必要的作业。一般而言，必要的作业都是增值的作业，不必要的作业都是不增值的作业。不必要的作业是一种浪费，应该尽量消除。

（2）对重点的增值作业进行分析。企业的必要作业可能很多，难以对之一一分析，只能对那些重点作业分析。一般来说，企业的成本由作业所引起，将作业按其成本的高低进行排序，排在最前面的作业就是应该重点分析的作业。

（3）将作业与先进水平比较。某项作业能为企业组织最终产品增加价值，并不意味着它就是最有效的作业。通过与先进的作业进行比较，可以判断某项作业或企业组织整体作业链是否有效，从而寻求改善的机会。

（4）分析作业之间的联系。企业理想的作业链应该是作业与作业之间环环相扣，每项必要作业都以最高效率完成。

明确了作业为何发生，如何发生，哪些是增值作业，哪些是不增值作业，才能消除不增值作业，寻找改善的机会，通过作业分析，溯本求源，消除不增值作业，把企业有限的资源用于能为企业组织最终产品增加价值的作业上，并改善客户价值，提高作业效率与效益。其实，作业分析的过程就是流程分析的过程，也就是业务流程优化和再造的基础。因此，作业基础管理最重要的意义在于它是持续改善和优化企业作业链—价值链的过程。

2. 成本动因分析

成本动因即构成成本结构的决定性因素，通常分为资源性动因和作业动因。成本动因分析的目的在于，通过对各类不增值作业根源的探索，力求摆脱无效或低效的成本动因。

3.作业绩效评价

在作业分析和成本动因分析的基础上，建立相应的作业绩效评价体系，以便对作业基础管理的执行效果进行考核和评价，然后通过这种作业管理绩效信息的反馈，为下一个循环的更高层次的作业分析和成本动因分析奠定坚实的基础。

（三）作业基础管理与竞争战略

随着市场竞争的日益加剧，为了建立和维持竞争优势，企业管理者必须通过形成一套有效的创造价值的作业链，用以生产产品或提供劳务。当前，作业基础管理已经成为用于增强企业核心竞争力的一种非常重要的方法。

企业采用作业基础管理之后，建立和维持其竞争优势的过程如下：①为核心作业确定行业价值链；②为该价值链中的每个价值作业确定成本动因；③找出比竞争对手更好的控制成本的方法，并努力降低作业成本。④找出在价值链中增加作业价值的方法。企业通过不断实施上述活动，就能达到成本领先战略和差异化战略的状态，从而获取竞争优势。

1.作业基础管理与成本领先战略

作业基础管理强调区分增值作业和非增值作业，分析作业之间的关联，将作业和先进企业比较，寻求持续改进的机会。这样就可以对不必要的非增值作业消除，改善经营过程和工艺流程，从而形成理想的作业关联，提高作业的效率，促进价值链优化，并且以先进的企业为目标，不断改进，最终可以达到从最大程度降低企业的成本，从而最终实现企业成本领先战略。

2.作业基础管理与差异化战略

差异化战略是一种企业向客户提供与众不同产品和服务的竞争战略。然而差异化的表现和实施是在企业的每一项作业中实现的，不同的作业类别和作业效率，通过创作功能更独特，优质的服务或产品，向客户提供差异化的产品和服务，达到企业的差异化战略。

3.作业基础管理和目标聚集战略

目标聚集战略是企业集中力量于一个行业或一种服务，在这个范围内实行成本领先战略或者差异化战略。因此，作业基础管理在这种战略下同样可以发挥更好的作用。

第3节　产品生命周期成本方法详解

一、产品生命周期成本的内涵 [①]

随着科学技术的进步和信息时代的到来，企业内外经营环境发生了巨大的变化，市场需求也随之走向多元化，导致了市场竞争日益激烈。为了适应外部环境的变化，获取更大的竞争优势，企业管理者必将重视成本管理，由于传统的成本管理模式存在局限性，未能跟上这一管理观念的变化，无法适应新环境的剧变，由此导致的成本决策、成本信息扭曲的现象比比皆是。无论是理论界还是实务界都在致力于寻找先进的成本管理方法，以适应新环境，使企业获得竞争优势。正在这样的背景下，产品生命周期成本的理论应运而生。

传统的成本管理只是把成本理解为生产过程中的物资资源、人力资源和财务资源的消耗，只重视产品投产后的成本管理，而忽视了产品研发与设计、产品使用和废弃物处理等过程的成本问题，忽视了产品生命周期各个阶段成本的内在联系，是对产品生命周期中的局部管理。

以产品生命周期为基础的战略成本管理实质就是对产品全生命周期所发生成本进行的战略管理，是将产品生命周期这一融合生物学与市场营销学的概念与成本管理理论相结合，用产品生命周期这一独特视角来审视成本管理的全过程，对产品整个生命周期成本进行识别与管理。

产品生命周期成本管理可以分为横向产品生命周期成本管理和纵向产品生命周期成本管理两部分。横向产品生命周期成本管理是基于产品生命周期的生产观，指企业的某一产品在企业内部从研究与开发、设计、生产、销售到客户服务的全过程的成本管理。其中，研究与开发和设计阶段

[①]　关于产品生命周期成本方法的内容，主要参考：骆凡："基于价值链的产品生命周期成本管理研究"，贵州财经学院硕士学位论文，2011。

的成本也叫上游成本，生产阶段的成本也叫中游成本，销售和客户服务阶段的成本也叫下游成本。纵向产品生命周期成本管理是基于产品生命周期的市场观，指企业的某一产品在市场中所处的从投入期、成长期、成熟期到衰退期的各个不同阶段的全过程的成本管理。

二、基于价值链的产品生命周期成本的构成

产品生命周期成本有狭义和广义之分，狭义的产品生命周期成本是指企业内部及相关联方发生的由生产者负担的成本，包括成本策划、开发、设计、制造、营销、物流等过程中的成本。广义的产品生命周期成本不仅包括上述生产者及其相关联方发生的成本，而且还包括消费者购入后所发生的使用成本、废弃成本和处置等成本。如果从更广义的角度来看产品的全生命周期成本，还包括社会责任成本。社会责任成本并不是一种单一成本，它是贯穿在产品生产、使用、处理、回收等过程中的成本，主要是环境卫生和污染处理等所发生的成本支出。按照价值链分析的框架，产品生命周期成本又分为企业外部价值链成本和企业内部价值链成本。

（一）企业外部价值链成本的构成

1. 供应商成本

企业为了生产经营而从供应商那里取得维持生产所需的原材料等物资，这是企业生产产品、增加盈利的基础。同时，为了实现该过程，企业必然也要付出相应的成本，即供应商成本和采购成本。这部分成本主要是指供应商关系维持成本，即企业维持与供应商价值链合作伙伴关系所发生的成本。它与采购的数量和种类无关，导致这类成本发生的因素可能有：①身份选择。大多数企业在寻找供应商时都会发生对于供应商的初次考核成本，例如，沃尔玛全球采购就需要对其供应商在生产的各个方面进行全面评估从而保证产品符合标准。②谈判成本，基于企业和供应商之间关于订单的特别产品计划、污染较少、交货要求和途径（例如，化工制造业中对于产品的运输就有严格要求）。③企业根据谈判结果及供应商的情况，对企业内部的业务流程和产品结构等进行适当的调整。④企业与供应商之间信息交换平台的构建和维护（如价值链信息流的信息平台，在比较

成熟的供应链中可能会有信息共享的信息系统表现出来）。⑤企业整理、维持关于供应商身份、特征和业绩表现等档案并对供应商进行业绩定期评估等等。

2. 客户服务成本

产品生产周期最后到达到客户阶段是以产品的价值发生转移为标志，即产品由生产成本交付给了用户成本，至此之后成本的负担者由生产者转为客户。在传统历史条件下，卖方市场占主导地位，生产厂商对客户服务成本是不予考虑的。随着近年买方市场主导地位的确立，为争夺客户的竞争战日趋白热化，所以原本由客户负担的成本也不得不纳入生产厂商的考虑范围，而且这已成为成本控制的重要组成部分。价值链视角下的客户服务成本是站在企业的角度为服务客户时所发生的成本，在这里主要是指通过解除客户购买的后顾之忧，以吸引潜在的客户和重复购买的客户而采取措施发生的成本。客户服务成本主要包括：

（1）适时送货服务。送货服务成本是企业经营成本的一部分。该项成本的支出和服务质量要求企业做到最快的速度，最好的服务质量满足客户的要求，就要有足够库存，适时的运输系统，这样必将就形成仓储费用、运输成本的上升；反之则客户满意度下降。服务与成本是相互矛盾的，要使客户拥有较高的满意度，企业就会产生较高的成本。

（2）售后保障成本。是指产品销售到达客户手中，在使用的过程中，企业向客户提供的保证期内忧郁产品故障不能使用，维修而产生的支出，这是企业所必须承担品质保障，构成企业成本的一部分。

（3）质量赔偿费。是企业向客户做出的承诺而发生的成本，包括退货、换货、重新提供服务而产生的人工成本。

3. 客户使用者成本

产品销售给消费者后，成本的负担者由生产者转变为使用者。虽然这部分成本的高低不会直接影响到企业产品的销售、市场占有率等指标，也就不会对企业财务目标的实现产生太大的影响。而随着买方市场主导地位的确立，企业要想达到预期的经营目标，不得不考虑使用者的成本。使用者成本包括使用成本和废弃处置成本，使用成本指的是客户在使用产品过程中的运行及维持保养费用等，例如，家用电器使用过程中支付的电费和维修费等。弃置成本主要表现为产品废弃成本和处置不当造成的环境污染成本，目前主要由社会承担。废弃成本主要是指产品和包装物废弃后所发生的废物处理、回收、循环利用成本；环境污染成本主要是指由于产品使用和废弃后对环境和资源的损耗及保护和恢复所支付的成本费用。

（二）企业内部价值链成本的构成

1. 产品研发设计成本

产品研发设计成本是指企业运用新的技术和新的方法开发新的产品所发生的各项支出。它一般包括市场调研、产品可行性研究、产品设计、等所花费的费用。一般产品研发设计阶段可分为三个阶段：方案设计、技术生产设计和施工设计。产品研发设计成本主要也因方案设计、技术生产设计、施工设计三个价值活动所引来的。

1）方案设计活动

方案设计是产品在初步设计阶段内，由设计部门向上级对计划任务书提出体现产品合理设计方案的改进性和推荐性意见的文件。经批准后作为产品技术设计的依据，其目的在于正确地确定产品最佳总体设计方案、主要技术性能参数、工作原理、系统和产品的目标成本等，并由设计员负责编写。

2）技术生产设计活动

技术生产设计是在已批准的技术任务书的基础上，完成产品的主要计算和主要零部件、生产工艺的设计。在该价值活动中设计人员经大量的经验、计算和不断修改设计方案，以确保所设计的产品满足技术任务书的各项指标的要求。

3）施工设计活动

施工设计是在技术设计的基础上完成的工产品生产使用和随产品出厂用的全部工作图样和设计文件。设计者在设计绘制各项产品工作图时，严格遵守有关标准规程和指导性文件的规定。这一价值活动中设计的工作样图和设计文件是产品生产过程中严格遵守的。

企业产品研发与设计阶段由各种活动组成，这些活动可以被认为是改善产品和工艺所做的各种努力，并且企业的每项价值活动都包含着技术成分，无论是技术诀窍、程序，还是在工艺设备中所体现的技术。由于技术开发是为了使企业内的其他价值活动更加有效率，是为其他价值中心的增值活动服务的，并且是企业内部价值链的最上游环节，与企业核心竞争力的维持和提升有密切的关系，分析其关键控制点对于企业整个生命周期有着非常重要的意义。

对准备投入生产的新产品来说，研发设计阶段的产品设计方案在很大程度上决定了生产成本的耗费水平和营销服务成本的水平，即使设计阶段发生的成本只占整个生命周期成本非常小的比例，但它锁定了其余生命周期成本的大部分。一旦产品设计阶段未控制好，投产后即便厉行节约，也难以在成本上具有竞争优势。因此，企业要在对市场充分调研的基础上，确定目标成本，在产品研发设计阶段就要进行控制，从源头上控制成本的发生，即成本避免。在产品的规划阶段，主要是规划产品层次的目标成本，将其作为产品设计的一个制约条件；在技术方案设计阶段采用价值工程法选择最优原理方案；在技术设计阶段主要是进行目标成本的分解和传递以及各主要零部件的价值分析。

产品研发设计阶段在产品的生命周期中所占时间不多，但对总成本的影响却相当大。据专家测算，这一阶段所确定的产品成本占全部成本比例高达约80%，这意味着产品设计工作完成以后，大部分成本已成为约束性成本。而影响此约束性成本的关键点集中表现在研发项目的数量及产品种类和产品零部件数量、项目的工时和设计时间、项目的技术复杂性和产品的性价比。根据产品生命周期理论，产品研发设计阶段对产品成本影响较大，因此，如何将该阶段的产品成本控制在最小范围内，是产品生命周期成本控制的重点。

2. 采购成本

企业的采购成本包括采购材料本身发生的支出，还包括因采购而带来的采购管理成本和储存成本。

（1）材料成本，材料成本是指材料的进价成本，又称购买成本，是指材料本身的价值，等于采购单价与采购数量的乘积。

（2）采购管理成本，是指企业向外部的供应商发出采购订单的成本，是企业为了实现一次采购而进行的各种活动的费用，如办公费、差旅费、运输费、检验费等支出。

（3）储存成本，是指企业为持有存货而发生的费用即为存货的储存成本，主要包括存货资金占用费、仓储费用、保险费用等。

3. 生产成本

产品的生产成本，即产品的生产或服务运行的基本或标准成本，是直接成本和制造费用的总和。工业企业的产品生产成本项目一般包括以下几项：

（1）购买的材料成本。它是指产品生产过程中直接消耗的原材料和外购半成品，它们或构成产品的实体，或有助于产品的形成。

（2）人工工资。它是指直接从事产品制造的生产工人工资及其所提供的职工福利费。

（3）其他费用。它主要包括间接用于产品生产的各项费用，如车间或分厂组织和管理生产所发生的费用，也包括直接用于产品生产但难以直接计入产品成本的费用，如机器设备折旧费等。

4. 销售成本

销售一般分为物流和营销两大部分，因此其成本也可以分为物流成本和营销成本两部分，具体包括产品包装、运输、储存、广告宣传等费用。在传统的成本控制中，销售服务费用是作为间接费用由当期收益来补偿的，而在产品定价时，又要考虑销售服务费用，这样就把销售服务费用平均分摊至产品价格中。

基于以上分析，从价值链角度看，在产品的价值链链条上，任何产品的生产都要经过供应商、市场调查、采购、研发、设计、生产、营销、客户服务直至最终的产品废弃处置等几个阶段，这个完整的过程称为价值链角度的产品生命周期。

三、产品生命周期成本的控制方法

（一）产品设计方案阶段的成本管理方法

产品设计方案阶段的主要成本管理方法为价值工程法，其出发点是了解客户需要哪些实用的、美学的、功能的产品要求，进行多少投资才能使这些共嫩得以实现的方法。它寻求以最低的生命周期成本来实现产品或客户服务的必要功能，注重产品功能分析，结合客户的需求，促进产品更适应市场需求的一种分析研究活动。价值工程中所述的价值，是指产品具有的必要功能与取得该功能的总成本的比值，即效用与费用之比。

而对于产品而言，其效用就是产品的功能，投入的资源则可看作是产品的生命周期成本，产品的价值可用产品的功能与产品的生命周期成本之比来表示。企业为了增强产品的市场竞争力，吸引客户，必须提高其产品作为商品的价值。根据市场特点及客户需求，在产品开发阶段，应用价值工程法，确定合适的功能，并去除产品冗余的功能，删除或合并对产品功能无影响的零部件，简化产品结构来实现产品的成本设计。

综上所述，在产品研发设计过程中，价值工程法，是一种较为成熟的成本控制方法，它将成本管理与产品研发设计结合，充分考虑产品生命周期成本，避免了设计产品工作的盲目性，有助于企业获得新产品的竞争优势。

（二）供应商与采购阶段的成本管理方法

1. 原材料采购价值链的构成

原材料采购，是指产品生产有关的购入、接收、存储和分配等各种活动。由此而形成的原材料的采购价值链由采购、运输、搬运、整理、库存、库存控制五个价值活动构成。

（1）采购。它是一定规格及数量的原材料在决定购买之后，采购人员寻找供应商，联系供应商，通过竞标或调查等方式确定供应商，然后与其签订购买合同，发生购买事项的过程。

（2）原材料运输。原材料运输时原材料发生购买事项后，原材料由供应商到企业运送过程，一般由供应商联系运输工具并代垫运费。

（3）原材料检验。原材料检验是企业在接收原材料之前为了确保供应商提供的货物与购买合同中的要求相符，企业使用一定工具，利用一定的方法和手段加以检测、验证的过程。

（4）原材料搬运。是指企业将符合要求的原材料运送到原材料仓库中。

（5）库存。原材料在仓库储存的过程中，需要采用一定的手段包成仓库的环境符合存储物品的保存环境要求，避免其价值的流失。

在通常情况下，采购部门为了为降低成本，他们经常都是选择价格低的供应商，而忽视了供应商提供材料的质量保证、服务质量以及送货的及时性等，从而损害了整个企业的竞争力。而价值链成本控制则不仅仅考虑采购价格，同时考虑采购的原材料的质量、可靠性和送货的及时性等多种因素对所采购的材料成本进行全面成本评估，从各方面综合考虑选择合适的供应商，其目的就是要降低供应商的持续成本和企业的采购成本。

首先从战略角度对供应商做初步的分析评价，选择出潜在的供应商，然后再对选择出的潜在供应商做定量分析，以最终确定供应商，并对供应商进行分级管理。选择的条件主要包括：

（1）生产条件。供应商的生产条件直接决定着其提供原材料或者零部件质量的可靠性和稳定性。

（2）经营状况。供应商的经营状况直接决定着其可持续的经营能力，对于能否及时和长期地供货有重要意义。

（3）管理水平。供应商的管理水平直接影响其内部各种成本的挖潜、质量的控制的服务的保证。

（4）研究开发能力。供应商的研究开发能力直接关系其创新速度和质量，对于为企业提供技术创新的支持具有重要意义。

（5）合作表现。供应商的合作表现可以检验价值链战略的稳定性，对实现企业与供应商的双赢具有重要作用。

（6）信息沟通能力。供应商的信息沟通能力越强，就会对企业的需求做出更准确、更及时的反应，能够更好地满足企业的需要，为企业创造更大的价值。

2. 供应商选择模型

按照基于价值链的产品生命周期成本法，供应商的选择可应用成本结构优化模型，主要是应用作业成本法提供的采购作业成本信息对采购成本进行具体分析。

供应商选择模型的原理在于，用单位采购成本对企业与供应商之间的特定采购成本进行分析。通过此项分析可以对不同的供应商的成本类型进行比较，同时在不同的单位成本中选择最优项。

$$S=P\times Q+\sum C_i\times D_i$$

$$S_i=S/Q$$

其中，

　　S：企业采购阶段的总成本

　　S_i：单位产品的采购成本

　　Q：采购的产品数量

　　P：采购的单位产品价格

　　C_i：除直接价格成本之外的其他三个成本动因发生次数

　　D_i：每个成本动因会引起发生的成本

该模型选择的分析方法：

第一，$S=P\times Q$ 每种单位产品价格与产品数量的乘积为的产品的价格成本，表现为最直接的成本形式。但是这部分成本并不能代表企业与该供应商所发生的特定采购成本的真实水平。

第二，$\sum C_i\times D_i$ 其实是供应商关系维持成本、交易成本以及缺陷成本三种不同成本之和。其中，关系维持成本中的内容更多的会在财务会计中被分类为费用，因此这里实质上是广义上的成本，即将费用算在整个采购所发生的项目中，作为资金支出的一部分。

第三，该公式在成本分析中的应用：更多的作用于成本分析，而不是成本核算。这是广义成本的定义和模型设计目的所决定的。最终取得每个供应商的战略总成本之后可以对这些不同选项进行比较，选择成本最优项，即最适合企业的供应商。

企业与供应商的联系主要集中在供应商的产品设计特征、服务质量、产品包装、运送程序及订单处理等方面。例如，供应商的供货频率、及时性、存货管理、原材料包装和包装成本以及供应商的产品技术开发等，都会影响企业采购成本的高低。

3. 采购成本控制方法

1）ABC 库存成本控制法

ABC 库存成本控制法是运用统计学分类的原理，对存货进行控制的一种专门方法。采用这一方法，先把各种存货按其全年平均耗用量分别乘以其单位成本，并根据一定金额标准将他们分为把 A、B、C 三类，然后根据各类存货占耗用总数量及占耗用总成本的百分比，再根据具体情况对这三类存货分别采取不同的控制措施。

ABC分类法是以库存物资单个品种的库存资金占整个库存资金的累积百分数为基础，进行分级，按级别实行分级管理。

A类物品是指品种少、占用资金多、采购较难的重要物品，应采取最经济的办法，实行重点管理，定时定量供应，严格控制库存。

C类物品是指品种多、占用资金少、采购较为容易的次要物品，应采取简便方法管理。

B类物品是指处于上述两者时间的物品，应采用一般控制、定期订货、批量供应的方法。

当企业存货品种繁多、单价高低悬殊、存量多寡不一时，使用此方法可以分清主次、抓住重点、区别对待，使存货控制更方便、有效。此方法减少了库存资金占用，使库存合理化，节约管理投入。

2）经济订货量

经济订货量是能使企业在存货上所花费的总成本最低的每次订货量。确定经理订货量需要考虑的是那些随着存货量或订货次数的变动而变动的那部分成本，即为了每次订货业务而发生的订货成本和随着存货量变动而变动的平均储存成本。合理的订货次数是要使同发出订单的次数有关的成本与同所法订单的订货量有关的成本达到最好的平衡。当这两种成本恰当地平衡时，总成本最小。这时的订货量就叫经济订货量。

经济订货量适用于以下两种情况：

（1）存货成批采购而得到补充，不是连续地生产出来。

（2）销售或使用的速度是均匀的，而且同该物品的正常生产速率相比是低的，使得显著数量的库存而产生。经济订货量是固定订货量模型的一种，可以用来确定企业一次订货的数量。当企业按照经济订货量来订货时，可以实现订货成本和储存成本之和最小化，从而使得企业总成本最小化。

3）去除储存的陈旧存货

仓库中陈旧、无效的存货不仅占用了宝贵的空间，而且还消耗了大量的维护资源和精力。尽管产品生命周期在不断缩短，新产品的不断加快，但仍应当分派专人负责陈旧存货、定期审核陈旧存货。改变某些产品的采购规则，很多"控制"陈旧存货的方案，包括打折销售、用于研发等。其中一个最有效的办法就是重新谈判某些专用项目的最低订单。设计新产品过渡计划，材料规划人必须紧跟配件计划要求，协助工程师研究过渡计划，尽量减少陈旧存货。

（三）产品生产阶段的成本管理方法

1. 生产成本价值链活动的构成

生产，是指将投入品转化为最终产品有关的活动。由此而形成的生产成本价值链由原材料搬运、生产产品、产成品检验、产成品搬运和产成品库存五个价值活动构成。

（1）原材料搬运。是企业因生产的需要，将原材料由原材料仓库运送到产品的工作面上的过程。

（2）生产产品。是原材料转变为企业所销售产品的全过程，它由各种在制品生产、搬运和检验构成，是企业最重要的价值活动。

（3）产成品检验。是通过一定的工具或手段检测企业生产的产品是否符合设计标准的过程。

（4）产成品搬运。是经检验合格的产成品，由生产部门晕倒产成品仓库的过程。

（5）产成品库存。产成品在仓库储存的过程中，需要采取一定的手段保证仓库的环境，避免其价值的流失。

2. 适时生产系统（JIT）

适时生产系统是起源于日本丰田汽车公司的一种生产管理方法。它的基本思想是消除一切无效劳动和浪费，实现企业资源优化配置，全面提高企业经济效益。这种生产方式的核心是追求一种无库存生产系统，或是库存量达到最小的生产系统。它已发展成为一种有效的企业成本管理。它广泛应用于产品生命周期生产制造阶段。它体现企业在购货，生产，销售环节实现"零库存"。也即在企业生产产品的时候，只有当企业需要该原材料或零件时才进行购买或者生产，并在生产环节按照产品设计工序、顺序的适时的进行购买或者生产，最后在销售阶段根据客户的要求保证质量和送货时间，"适时"提供产品给客户。它是一种由后向前倒推式的生产程序。

企业首先以客户的要求为出发点，获得产品的性能，价格，由后向前进行逐步推移，提出出品设计方案，施工方案后来全面安排生产任务。从而消除了生产环节的等待、配送和储存时间，大大缩短了产品生产时间，同时节约了产品成本。

3. 持续改善成本法

尽管产品成本的 80% 在产品设计阶段就已经确定了，但是在生产阶段仍然有降低成本的空间，主要的思想是持续改善成本法，又称改善成本法。是近年来日本制造商广为采用的一种成本管理与控制方法，改善成本法认为，一旦经营者确定并完成了产品及工序设计，那么通过在已有产品制造过程中实施持续性成本抑减，使企业营运获得持续改善，以提高企业的经济效益和竞争能力。约束理论认为任何组织的绩效，均受其约束因素所阻碍，因此须进行有效管理，使之持续改善。一个企业如想获得改善绩效，须首先寻找约束因素，然后克服该约束因素。

（四）产品销售及售后服务阶段的成本管理方法

1. 销售及售后服务阶段价值链活动的构成

销售是指引导客户购买企业产品并将产品送达他们手中的各种活动。售后服务是指在产品销售之后，提供服务以增加或维持产品价值的各项活动。其价值链由广告宣传、订单处理、商品运输、客户维护、客户关系管理五个价值活动构成。

（1）广告宣传。是指企业通过媒体等渠道使企业产品的品牌、性能以及与同类产品相比的优越性等让更多的客户了解、认知乃至接受的活动。

（2）订单处理。是指接到客户的购货订单后，安排生产，并督促生产部门按照订单要求按时完成的活动。

（3）商品运输。是指商品运输发生销售事项后，产品由企业到客户的运送过程，一般由企业联系运输工具。

（4）客户维护。客户维护时由于技术或其他原因致使客户无法正常使用已购买的商品，企业通过电话或上门等方式使客户能够正常使用。

（5）客户关系处理。是指企业对自己拥有的客户进行的科学管理。具体是指在对各类客户的需求及经营状况等内容调查、分析的基础上，建立客户关系管理的数据库，制定一整套完善的沟通计划等管理活动。

在传统的生产与营销中，企业往往通过关注一些具有特征的产品，通过自动化生产线造出大量低成本的产品，便可支撑企业的业绩和市场规模。但在现今激烈的市场竞争环境下，企业要取得长期发展和竞争优势，就要关注于客户满意度，为客户创造价值满意度，为客户创造价值的理念。在价值链理念下的产品生命周期成本方法中，产品销售给客户后对企业来说还不算获得了产品带来的价值，还应追踪产品为客户提供售后服务，这样会对企业稳住客户群和保持及发展与客户的关系大有裨益。企业从关注大量的低成本生产转向关注质量、服务、送货及时，以及客户对特别性能的需要。今天，许多关键成功因素都是客户导向的。成本管理实务也发生了变化，现在成本管理报告包括了客户偏好和客户满意度的特别指标。因此，成本控制也应关注客户成本的控制和客户价值的提升。

2. 构建服务成本与客户价值的最佳结合点

服务成本和客户价值是企业和客户站在不同的视角来考虑买卖交易的可能性，它是对同一个问题的两方面思考，它们既相互联系，又不相同。服务成本是企业的支出，旨在通过增加产品的附加值从而增加客户价值，在价格相同的情况下吸引更多的客户购买。企业支出的服务成本越大，为客户提供的各种服务项目就越多，方便和满足客户程度就越大。客户价值就是企业所提供的使其感到满意的价值。对价值链企业来说，客户价值会通过收益指标和成本指标来权衡。一般认为，客户价值是企业的成本构成因素，而客户的成本是企业的价值构成因素。虽然服务成本的增加，可以吸引客户，促进产品销量，但并不意味着越大越好。服务成本增加到一定程度会造成企业总成本的增加，为获得利润，必然要求以提高价格作为补偿，而价格的提高必然导致客户成本的上升。过低的客户成本必然使企业自动降低服务成本，甚至造成产品品质的下降，减少客户获取的价值，从而影响客户的满意度。

寻找成本与服务的最佳结合点，其具体策略有：

（1）正确评价客户价值和客户成本，因为消费者的购买行为取决于对获取利益的满意程度和愿意支付的成本。

（2）塑造"以客为尊"的服务理念。它是客户服务最基本的动力，同时它也可以引导企业的决策，联结公司所有部门共同为客户满意目标而奋斗。

（3）与客户建立亲密的伙伴关系。从客户利益出发，探寻客户所需，降低客户的购买时间，从而降低非货币成本，进而降低了客户服务成本。

3. 优化营销管理体系

由于经营环境的变化，企业与客户之间的关系超越了简单的合同买卖关系，而与客户建立一种战略伙伴关系，致力企业与客户共同获得利益，企业才能在市场竞争中处于更有利的位置。这就要求企业与分销商及其客户之间加强战略合作，降低营销成本。影响营销成本的因素多种多样，主要有产品的性能和质量、企业的经营状况、市场占有率以及国家的有关政策和法规等等，企业应当充分考虑这些因素的影响，进行综合分析，选择合适的营销方法，降低营销成本。

（五）产品弃置阶段成本管理方法

1. 弃置成本价值链活动的构成

产品生命周期最后的阶段也即是客户使用产品报废的阶段，这个阶段主要发生的是产品弃置成本。随着人们生活水平、整体素质的不断提高，人们更加重视环境，因此对这个阶段的成本管理更为显得重要。这个阶段的成本管理重点主要包括对产品报废、弃置所产生的环境成本的管理。也即为产品寿命到期，无法使用、丢弃导致的影响环境的成本，其主要表现为对自然环境的污染，从而破坏自然生态系统，为了使该系统重新恢复原貌，因此必须付出一定的代价，即形成了环境成本。

2. 树立可持续发展的环境成本管理观念

可持续发展要求企业在追求经济利益的同时，必须维护社会效益和生态效益，承担环境保护的社会责任，必须考虑企业持久的生存发展能力。企业树立可持续发展的观念，加大发展循环经济，通过关键技术的开发利用，促进废弃物的资源化，在提高资源效率的同时，减少污染物的排放，达到保护环境的目的，进而降低环境成本。提升企业的环保意识，这就得要求企业在产品的研发设计阶段考虑产品的弃置成本，在不断改进产品性能的过程中，加强环境保护法规建设和监督执法，修改完善环境保护技术标准，大力推进清洁生产和环保产业发展。积极参与区域和全球环境合作，重视环境成本的管理，才能真正客户创造价值，为社会创造财富，并实现企业的战略目标。

3. 建立环境保护激励机制

企业将其在生产经营过程中对环境所造成的各种影响，以财务信息形式纳入会计信息系统，这样便形成环境成本，这种成本主要集中在产品生命周期的最后阶段，也即是产品的弃置成本。从企业内部进行成本的激励机制主要包括：

（1）经济激励。虽然在知识经济时代的今天，人们生活水平已经提高，金钱与激励之间的关系渐呈弱化趋势，然而，经济利益需要始终是企业的第一需要，也是企业进行生产经营活动的基本动因。企业为了获得更高的利润，给予做出业绩降低环境成本的员工奖励。

（2）工作奖励。工作本身具有激励力量，为了更好地发挥员工降低成本的积极性，管理者要考虑如何才能使工作本身更有内在意义和挑战性，给员工一种自我实现感。

（3）晋升激励。员工在控制成本做出杰出贡献，企业可以从内部晋升优秀员工，这样能使员工受惠于企业发展的成果，从而更能加强员工控制成本的凝聚力。

总之，为了加快企业发展，获取企业竞争优势，提高经济效益，企业就要重视产品的生命周期成本管理。把降低成本与保持企业持续发展结合起来，树立企业各有关部门节约成本意识，从产品研发设计、采购、生产、销售、售后及弃置等各个阶段入手，将成本费用的观念渗透到企业生产经营的各个环节，使员工更加地了解成本管理的重要性，站在价值链的角度对企业进行生命周期成本管理。

第4节　目标成本法详解与应用案例

一、目标成本法的含义

哈佛大学教授罗宾·库帕尔指出，"许多公司总是先设计好产品，再计算被设计产品的代价，然后看看能否以这个价格水平卖出该产品"，而日本公司却将这种程序完全颠倒过来，即"先将某种新产品的成本或售价确定为X，然后回过头去努力实现这一目标"。后者就是目标成本法。

目标成本法，是指企业以市场为导向，以目标售价和目标利润为基础确定产品的目标成本，从产品设计阶段开始，通过各部门、各环节乃至与供应商的通力合作，共同实现目标成本的成本管理方法。目标成本法要求企业以创造和提升客户价值为前提，以成本降低或成本优化为主要手段，谋求竞争中的成本优势，保证目标利润的实现。目标成本法起源于目标管理，目标管理在成本控制中的应用就叫作目标成本法。

目标成本法一般适用于制造业企业成本管理，也可在物流、建筑、服务等行业应用。企业应用目标成本法，要求处于比较成熟的买方市场环境，且产品的设计、性能、质量和价值等呈现出较为明显的多样化特征。

目标成本法的主要优点是：①突出从原材料到产品出货全过程成本管理，有助于提高成本管理的效率和效果；②强调产品寿命周期成本的全过程和全员管理，有助于提高客户价值和产品市场竞争力；③谋求成本规划与利润规划活动的有机统一，有助于提升产品的综合竞争力。

目标成本法的主要缺点在于，其应用不仅要求企业具有各类所需要的人才，更需要各有关部门和人员的通力合作，基础管理水平要求比较高。

二、目标成本法应用的基本步骤

（一）确定产品的目标价格

在产品目标价格的确定上，需要考虑到很多因素，比如，产品的质量和功能、竞争对手产品定价以及消费者的偏好和需求等等，如图4-7所示。确定目标价格的常见方法有两种：①客户需求法。在新产品推出之前，企业需要开展市场调研，通常采用质量功能矩阵收集与分析客户对新产品特性的需求与该产品可能提供的各项功能，以为后期产品设计和改造提供参考信息。②竞争者分析法。很多企业将主要竞争者产品的信息收集在质量功能矩阵表中，然后将本企业产品的信息与竞争对手产品进行对比与分析。

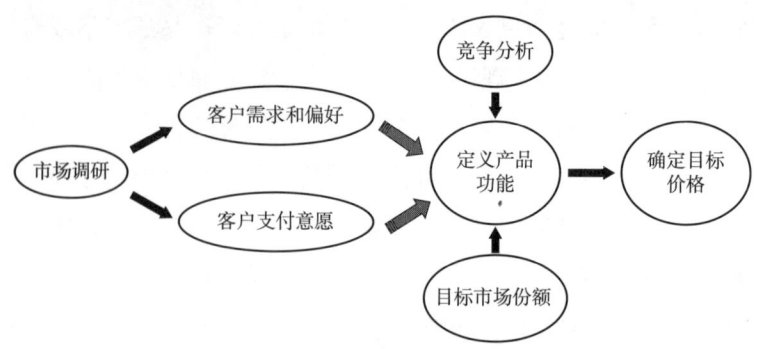

图 4-7　目标价格的确定

（二）根据企业竞争战略和运营战略确定产品的目标利润

目标利润是企业未来一段时间内，在现有的经营条件下应达到的最优财务目标。企业通常采用的方法是，选择同业的市场平均利润或是同行业标杆企业的利润水平作为参考值。目标利润的确定需要综合考虑市场利润率预期、企业历史数据以及企业市场竞争地位等多项因素，如图 4-8 所示。

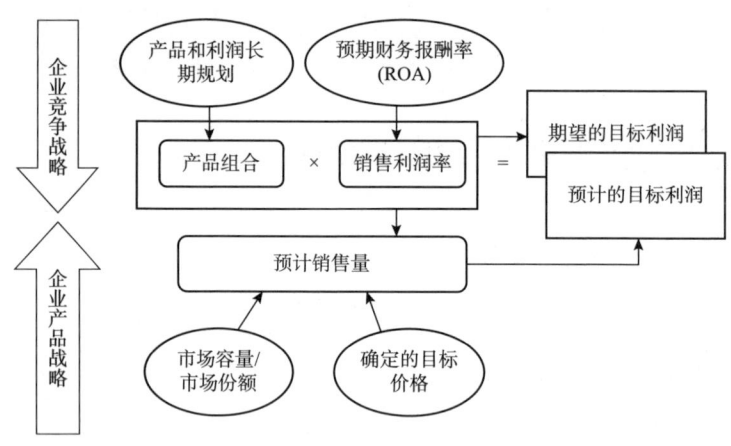

图 4-8　目标利润的确定

（三）确定可允许的目标成本

目标成本的确定是依据目标售价与目标利润，扣除不可控因素税金的影响之后计算出来的，如图 4-9 所示。

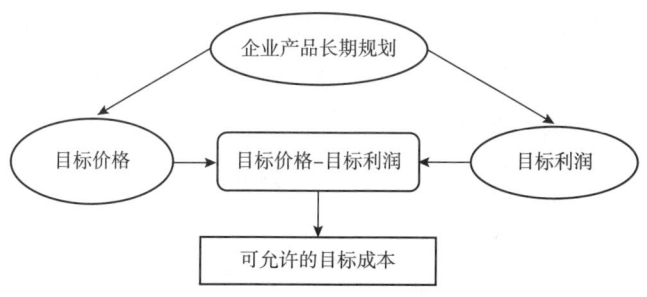

图 4-9 可允许目标成本的确定

（四）分解目标成本

在实际工作中，分解目标成本的方法包括以下几种方式：

（1）按照企业管理组织结构进行成本分解，如图 4-10 所示。在实际分解的过程中，可选用的方法包括预算法、指标分解法和定额法三种。

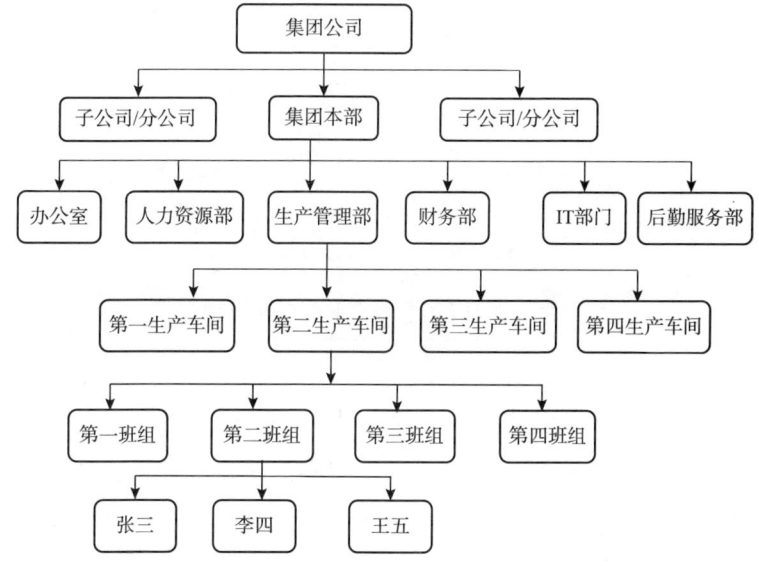

图 4-10　基于企业管理组织结构的目标成本分解

预算法，是指依据各部门各个生产环节的需求，通过企业生产经营的需要而提出的各项支出的预算，经过综合评定后，制定成本目标，下达至各车间及部门。以此作为目标成本的控制标准。主要适用于制造费用、采购费用及销售费用、产品研发费用等控制责任的落实。

指标分解法，是指产品的目标成本，按照生产工序来进行分解，并由

235

各车间分解到各班组，甚至分解落实到员工个人。主要适用于材料消耗、劳动工时耗费、废品损失等直接成本项目的控制责任的落实。

定额法是指事先设定成本定额，并据此来确定目标成本的控制责任。主要适用于能制定消耗标准的各种耗费控制责任落实。

（2）按照目标成本控制对象进行分解，主要包括三种分解方法。

一是要按产品成本习性进行分解，可分解为三类：固定目标成本、变动目标成本和半变动半固定目标成本。

二是按产品结构进行分解。企业按照主要功能对可实现的目标成本进行分解，确定产品所包含的每个零部件的目标成本。在分解时，首先应确定主要功能的目标成本，然后寻求实现这种功能的方法，并把主要功能和主要功能级的目标成本分配给零部件，形成零部件级目标成本。同时，企业应将零部件级目标成本转化为供应商的目标售价，如图 4-11 所示。

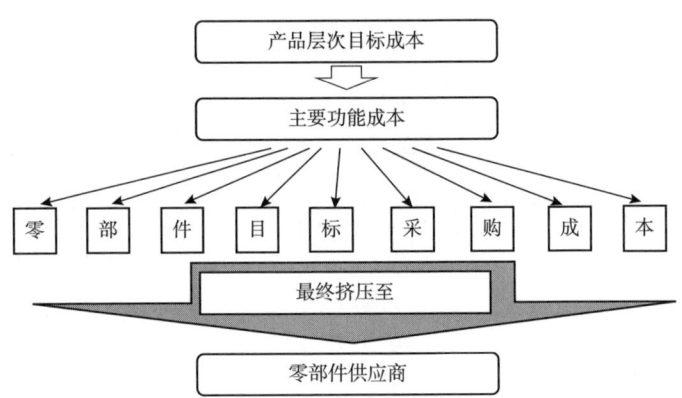

图 4-11　基于产品结构的目标成本分解

三是按产品的形成过程分解，即按照产品研发设计和试制、原材料采购、生产制造、产品销售以及售后服务等整个过程来分解目标成本，如图 4-12 所示。

在实际工作中，分解目标成本有很多种方式，每个分解方式都有其不同的特点和优势所在，同时也存在一些不足之处和局限性。因此，企业在选择分解目标成本的方法时，必须结合企业的实际情况和其竞争地位来做出选择。

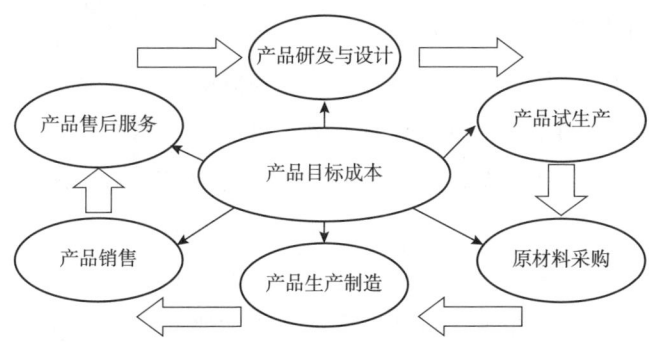

图 4-12　基于产品形式过程的目标成本分解

（五）采取关键成本控制措施，达到可实现的目标成本

在实际工作中，通过目标价格和目标利润确定出的目标成本，通常与在当前制造技术和工艺流程的条件下可实现的成本之间存在较大的差距，因此，企业需要采取价值工程、作业基础管理和供应链管理等关键成本控制措施和手段，寻求消除当前成本或设计成本偏离目标成本的措施，使目标成本转化为可实现的目标成本，如图 4-13 所示。

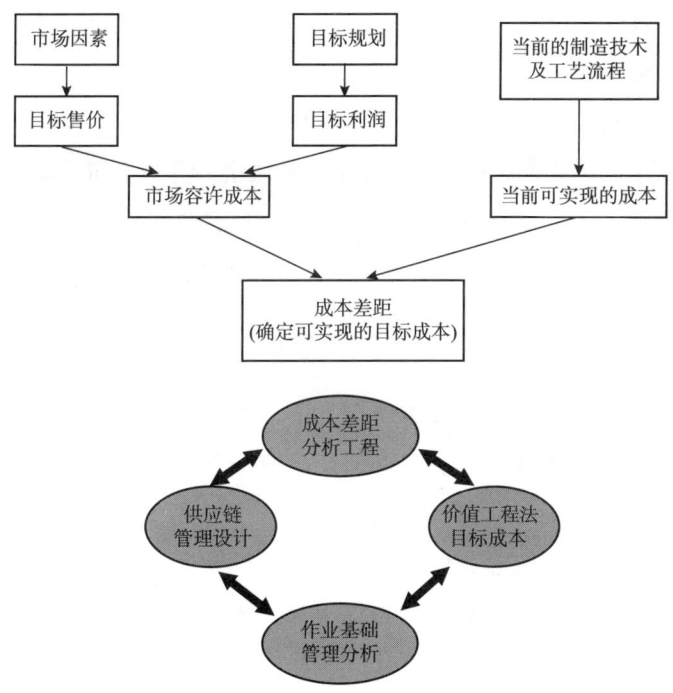

图 4-13　目标成本的实现过程

1. 价值工程法 ①

价值工程法,是指对研究对象的功能和成本进行系统分析,比较为获取的功能而发生的成本,以提高研究对象价值的管理方法。产品设计方案以及依据该方案生产制造出来的产品,都有自身的功能和成本。不同的产品设计方案达到的产品功能和造价(成本)各不相同,价值工程法要求对其进行功能分析和成本分析,从而达到最佳的功(功能)价(造价)比。价值工程法是一种评价产品设计方案的基本方法,它是指通过对产品或服务功能的系统研究达到实现成本最小化的目的。

2. 作业基础管理

作业基础管理是以提升客户价值、增加企业利润为目的,基于作业成本法的新型集中化管理方法。它通过对作业及作业成本的确认和计量,最终计算产品成本,同时将成本计算深入到作业层次,对企业所有作业活动追踪并动态反映,进行成本价值链分析,包括动因分析和作业分析等,为企业管理层决策提供准确的成本信息。另外,作业基础管理指导企业有效地执行必要的作业,消除和精简不能创造价值的作业,从而达到降低成本和提高运营效率的目的。

3. 价值链管理

价值链管理要求与外部供应商和客户建立合作关系,构成"扩展的企业",共同为成本削减做出努力。企业需要强化自身与上游供应商及下游客户之间的联结关系,进而成为价值共同体,一起合作成长。目标成本管理体系须建立在价值链各成员长期的互惠关系基础之上。

(六)持续改进

目标成本法作为新兴的成本管理方法,需要在工作实践中对目标成本管理不断地进行完善和改进。在确保产品或服务质量的前提下,对目标成本管理进行持续改善,并不断推进。

在目标成本法实施过程中,企业需要对目标成本进行跟踪评价,包括对产品或服务的财务目标和非财务性目标达成状况的跟踪评价。例如,产品市场目标售价是否已经发生变化? 客户的需求配置是否得到满足? 竞争

---

① 详见价值工程法工具的介绍。

对手标杆产品或服务是否已经改变？上述变化对目标成本有何影响？

对目标成本进行跟踪评价之后，企业需要对产品或服务的目标成本进行持续优化，不断降低产品或服务成本，以适应竞争日趋激烈的市场环境。成本持续优化的方法有竞争标杆产品对标分析法，产品成本复核法，供应商 VA/VE 分析法和低成本供应商寻源法等。

三、目标成本法的应用案例

（一）目标成本法在制造行业中的应用案例

1. M 公司的基本情况和市场环境

M 公司成立于 2003 年，是比利时 G 集团（以下称"集团"）在华成立的全资子公司，是 G 集团全球四个生产运营中心之一。目前，M 公司拥有 6 条压板生产线，年产 180 万套压板，由集团在全球统一销售。每套压板由上压板、中间的胶鼻、下压板和特殊连接件组成，其功能是保证钢轨轨距不变的前提下，在其他方向给系统一定的柔性稳定力，故又被称为轨道柔性锚固系统。相较于硬性锚固系统，柔性锚固系统通过特殊设计的压板套组，能加强钢轨的稳定性，使在其上面运行的吊机更加平稳。M 公司压板生产工艺流程图如图 4-14 所示。

图 4-14 M 公司压板生产工艺流程图

M 公司的产品在市场上具有一定的技术优势和品牌知名度，但竞争对手的冲击也不容忽视，市场上还有一些制造仿制品的公司，以其低价占领市场的战略对 M 公司造成了很大的影响和压力。由于主要的供应商均是传统的铸造和锻造企业，这些企业产能过剩，管理技术比较落后，因此，M 公司在与供应商议价时占有一定的优势地位。M 公司的主要客户是大型集团化企业，这些大企业在市场上占据主导地位，在资金、技术等方面都拥有优势，所以具有很强的议价能力。为满足客户要求，M 公司有时不得不在价格等方面做出让步。作为替代品的硬性锚固产品，虽然在稳定性等技术上略逊于 M 公司的产品，但其较低的市场价格也吸引了不少中小客户，瓜分了部分市场。

为了更好地应对来自这几方面的挑战，占据更多的市场份额，M公司就必须在保持并提高自身产品质量的基础上，进一步的降低产品成本，形成更强的成本壁垒和价格优势。M公司经过多年探索，决定引入目标成本管理这一先进的成本管理方法，利用目标成本管理工具将产品成本控制在合理水平，以应对竞争对手的挑战。

2. 目标成本法的引入

M公司自成立之初一直采用传统成本方法进行成本管理，成本管理侧重于核算产品的生产成本，对采购成本、质量成本、期间费用等都未予以充分重视，属于后馈性控制。企业原先采用的产品定价方法是以成本定售价，即根据产品的生产成本加上一定的利润作为产品的销售价格，这种定价模式不能适应市场的变化，无法满足客户的多样化需求。M公司针对现状，认真分析了存在的问题后，决定引入目标成本法进行全面成本控制。首先，M公司确定财务部为成本控制的职能部门，全面负责公司成本控制的相关工作。财务部把公司目标成本实施过程按照前馈控制、过程控制和后馈控制分为三个子控制系统，组织开展了公司目标成本的确定、分解、落实及监督考核。前馈控制是在产品的设计研发阶段进行的，主要由技术部门负责。过程控制发生在产品的采购、运输、生产和发货过程中，分别由采购部门和生产部门负责。后馈性控制主要的责任是产品成本的核算，监督和考核成本控制的效果，由财务部负责此阶段工作。

M公司生产销售三个系列的压板产品，其中，W系列产品是销售量最大的，占M公司年销量的60%。本案例以W系列产品为例分析M公司目标成本管理过程。

3. W系列压板产品目标成本的预测

在目标成本管理的前馈控制子系统中，目标成本的预测和确定是核心。目标成本的准确性和可实现性是这套成本管理体系能否正常运行的关键。根据目标成本管理的要求，目标成本等于销售价格减去目标利润，因此，确定目标成本时要充分考虑销售价格和目标利润这两个影响因素。销售价格的确定需要考虑到客户的承受能力和市场需求量。

压板是M公司的主要产品，其销售量主要来自集团订单，售价也由集团确定。集团根据预测的全球市场情况确定产品最终售价，再根据各子公司的实际情况确定对其产品的采购价格，这个采购价格子公司只能接受，没有讨价还价的余地。集团给 W 系列压板的不含税定价为 52 元 / 套，预计年销量为 100 万套。

M 公司参考了国内同行业的平均利润水平和集团内另外三家运营中心的平均利润水平，将目标利润率定为 10%。然后，选用利润—成本预测分析法计算 W 系列产品的目标成本。在计算目标成本时，除了保证目标利润的实现，还应考虑所得税和期间费用的影响。M 公司的所得税率为 25%。期间费用包括销售费用、管理费用和财务费用。

按照前述利润—成本预测法对 W 系列产品进行目标成本的预测过程如下：

（1）确定目标利润。M 公司期望的目标利润率是 10%，则每套 W 系列压板的目标利润为 $52 \times 10\% = 5.2$（元）。

（2）应缴纳的企业所得税。M 公司适用所得税税率为 25%，需缴纳所得税额 $= 5.2 \div （1-25\%） \times 25\% = 1.73$（元）。

（3）合理控制期间费用。M 公司定义的期间费用与利润表中的三费略有不同，将利润表中列示在销售费用中的运费和出口相关费用划入产品成本中进行控制。期间费用按年度进行控制。根据近几年期间费用占销售收入的比例，M 公司确定的期间费用比率是 11%。

因此，M 公司确定的 W 系列产品的目标期间费用为：$52 \times 11\% = 5.72$（元）。

综合上述计算过程，W 系列产品的目标成本 $=52-5.2-1.73-5.72=39.35$（元）。

实施目标成本管理之前，W 系列产品的单位成本为 46 元，与目标成本的差距为 6.65 元。为了达到目标成本，M 公司先将成本分解为一系列细化指标，再根据每个细化指标控制产品成本。

4. W 系列产品目标成本的分解

为了达到降低目标成本差距的目的，公司财务部按照各部门在产品成本形成中的职责，要求各部门分别采取相应的成本控制措施。技术部门负责对产品的基本材料构成情况、材料的性能要求和产品的生产工艺等情况进行分析。生产部门负责对产品在生产过程中的人员安排、具体操作细节、生产设备及工器具、模具等的使用细节进行控制。采购部负责供应商的管理工作，针对材料的价格和物流费用等开展产品成本控制。

如图 4-15 所示，为了寻找产品成本的主要构成要素，财务部门详细分析了产品的成本构成后发现，直接材料耗费占产品成本的 82%，因此，M 公司决定将材料成本控制作为目标成本的重点。

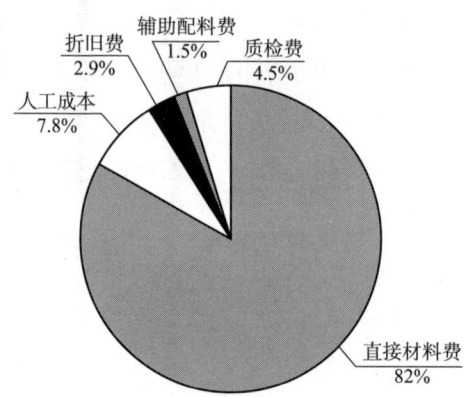

图 4-15　W 系列产品的成本结构

产品成本的构成可以分为直接材料、直接人工、折旧费、质检费，以及辅料费用等，这些成本费用的发生涉及不同部门。根据产品成本控制目标，结合各部门职能划分情况，M 公司综合采用按管理职能分解和按产品形成过程分解目标成本，确定各部门在降低产品成本中的职责，如表 4-36 所示。

表 4-36　W 系列产品目标成本降低职责分配表　　　　单位：元

项目	技术部	生产部	物流采购部	合计
直接材料	3.72	0.54	1.06	5.32
人工成本		0.53		0.53
折旧费	0.1	0.09		0.19
质检费	0.26			0.26
辅料及其他		0.15	0.20	0.35
合计	4.08	1.32	1.26	6.65

产品设计是目标成本管理达成效果的关键，一个产品的成本在研发设计阶段就已经基本成型，后续在材料采购和产品生产等过程中，降低成本

的途径就比较有限。因此，M 公司把降低成本的主要责任让技术部门来承担，从而保证目标成本的实现。

5. 实现目标成本的关键行动安排

目标成本法要求产品在设计和规划阶段花费更多时间和精力，掌握好产品的全生命周期，做好产品的研究设计，避免产品到了制造阶段再花费昂贵的代价来修改产品的设计，使得产品的最终消费者在产品有限的使用寿命内付出最低的成本。

1）W 系列压板产品设计环节

（1）对老产品重新进行设计。

在启动目标成本管理不久，技术部门对整个产品系列的设计思路进行了重新调整。在保证产品达到正常功效的基础上，结合不同的制造工艺，融入了现代设计理念，对产品结构进行了重新设计。通过使用结构优化软件和模拟生产软件，使产品在设计定型阶段就充分考虑生产工艺因素，做到产品从研发到生产的一系列优化设计。为了提高产品在市场上的辨识度，抵抗来自仿制品公司的竞争，将以前市场主推的 Guardlock 系列产品，改制成了 Raillock 系列产品，并在全球主要国家都取得了专利认证证书。新产品 Raillock 产品的套重量仅是老产品的 70%，在单位钢价不变的前提下，新产品的直接材料费与老产品相比存在明显的下降。改进后的产品加工工艺流程更简单，原材料供应商的产品质量更易于达到产品生产要求。改制后的 W 系列压板的材料费用为 31.48 元 / 套，相比以前的 36.8 元 / 套，下降了 15%，从而实现了既定的目标成本。

（2）更新改造旧设备，提高工作效率。

硫化机是主要的生产设备。在硫化过程中需要先将模具嵌入硫化机中，每生产一种产品都需要不同的模具，因此，更换模具耗费很多的生产时间。如果工人操作不当，还会造成设备损坏，或生产出残次品，造成了产品成本上升。为此，技术部与设备供应商一起重新设计了模具在压机上的嵌入方式，使更换模具的操作流程更为便捷，减少了工人更换模具的时间，同时也降低废品产生的概率。

2）W 系列产品材料采购环节

原材料采购是企业生产经营的起点，是公司组织生产和销售产品的前提，直接影响了企业的产品成本，对销售定价有着重要影响。目标成本的达成需要企业内部各部门之间，以及企业与上下游企业之间的协作，特别是要加强与处于供应链体系的供应商的通力合作。M公司重点强化以下两方面的工作。

（1）增大单次采购量，整合采购品种，进行集中采购，发挥对供应商的议价优势。

以前M公司的采购量比较少，年采购额不到1 000万元，很难发挥与供应商的议价优势。实施目标成本管理之后，M公司决定将由原先的各区域自主采购改为由各运营中心集中采购。M公司的压板和钢板的采购量逐年增长，2018年的年采购量已达到4 200万元。

M公司先前为了满足客户的个性化要求，未充分计算相关成本费用的耗费，致使采购品种过多，单个品种的采购量又过少，增加了供应商的制作难度，也加大了自己的采购成本。引入目标成本之后，采购部在技术部的支持下，在满足客户需求的前提下，运用新的产品设计，集中了采购品种，提高了同一品种产品的采购数量。以螺栓采购为例，由于客户所要求的形状和高度不同的原因，一年需要采购五六十个品种，每个品种的数量都不大，但加工工艺却都有很高要求，因此，供应商都不愿意接单，即使接单，采购单价也居高不下。经重新调整产品设计之后，只需采购二三十种螺栓就能满足大多数客户的需要，这样既减少了供应商的制模成本，又大大增加了每个品种的采购量。另外，采购部寻找了新的资质更好的供应商进行谈判，不仅降低了螺栓的采购成本，而且更好地保证了供货质量和供货期。2018年共采购了47万套螺栓，每套单价比2014年减少了5%。仅螺栓一项的年采购成本就减少了约11.75万元。

通过增大采购量和整合采购品种，增强了M公司与供应商的议价优势，有效地控制了材料成本和采购过程中的相关费用。

（2）加强与供应商的沟通和管理。

公司分别建立了两个采购团队，其中，一个是由总经理挂帅的供应商开发团队，另一个则是采购执行团队。

供应商开发团队负责寻找新供应商，对潜在的供应商进行前期调查，挖掘和筛选出新的供应商；定期拜访老供应商，评估现有供应商的运作效率，制订切实可行的激励措施，引导供应商良性竞争、技术培训，和提供技术指导。并逐步建立较完善的供应商管理手册，对供应商的财务状况、生产装备、管理能力、服务水平、企业信誉等项目详细记录。对供应商进行分级管理，制订不同的供货条款和付款信用。对于几个采购量大、供求关系稳定的供应商，公司逐步与之建立战略伙伴关系，共同开发研制新产品，在一些大型项目中各取所长、联合投标，逐步加深合作，建立互惠和长期的合作关系。

采购执行团队负责签订采购合同，把握采购单价，落实采购合同的执行，对采购过程中发生的各种费用进行控制。在合同执行过程中，紧密跟踪，及时掌握采购货品的生产和运输状况。及时了解货期的要求和实际的生产进程，积极在供应商、物流公司和生产部之间进行协调，合理安排物流路径，尽量做到安排生产的物料及时到货，完工准时按发货通知出库。对工艺要求不高的产品，安排质检工程师监督供应商生产，直接从供应商处发货。通过这些措施，减少公司库存量，和物料在仓库的停留时间，还能减少库房的用工人数和工作强度，最终大大减少公司的库存成本。

3）W系列压板产品生产环节

M公司的产成品成本构成包括直接材料加上分配的人工费用和制造费用。人工费用和制造费用的分配依据是标准工时和标准分配率。由此得知，当产能越大，或者标准工时越短时，分配到产成品成本中的人工费用和制造费用越少，最后使单位产品成本越小。因此，如何提高产能和缩短标准工时，就是生产部门控制成本的两个主要方面。

首先，生产部对每个操作岗位都制订了明确的操作手册，并明确了岗位职责。在车间内推行了绩效考核，确定了奖惩制度，将工人薪酬收入与绩效考核挂钩。绩效考核指标中不仅涉及完工数量，也包括对废品率的多少，劳保用品等耗材的领用情况进行了规定等指标，结合5S的考核，要求职工节约用电量。建立成本降低责任制，每位员工都被囊括进成本控制的过程中，通过完善每一个生产步骤，减少主辅材料的使用，降低能源消耗。通过这一系列的改进措施之后，M公司产能获得显著的提高，硫化工序单人日均产量由8～10车次提高到12～14车次，最多一天能做到16车次。月产成品产量由原来的每月8万件提高到14万件，最高能达到18万件。

其次，生产部通过规范并优化操作流程，缩短标准工时。W 系列产品的生产流程分为打磨、涮漆、硫化和组装四个工序，其中，涮漆和硫化是两个主要工序。生产部在每道工序上都选取了熟练工人和非熟练工人，要求他们按照规定操作步骤生产，测量出平均生产工时。对操作顺序进行优化，使工人操作起来更快捷。使用新设计的辅助工具，减少了工人在制作时搬运物料的时间，同时也能减少半成品的损耗。经过更新改造的硫化机使用了新的模具嵌入方式，更易于更换，减少了工人更换模具的时间，同时也减少了废品的产生。采取上述措施之后，生产车间重新测量了每种产品的标准工时，新的生产工时比原来的节约 10% 左右，从而减少了产品分配的人工成本和辅助材料费等。

6. W 系列压板产品目标成本控制效果评价

经过设计部门、生产部门和物流采购部门的协同努力，M 公司 W 系列产品的成本明显降低了，并完全达到了既定的成本控制目标，如表 4-37 所示。

表 4-37　成本控制目标的实现情况

部　门	计划降成本额	实际降成本额	完成比例
技术部门	4.07	4.09	100.5%
生产部门	1.32	1.32	100.0%
物流采购部	1.26	1.25	99.2%
合计	6.65	6.66	100.2%

从表 4-37 可以看出，M 公司针对 W 系列压板产品的目标成本控制管理基本取得了预期的效果，实际完成的降低额是 6.66 元 / 套，与财务部预测的 6.65 元 / 套的降低额基本持平。

7. 采用目标成本管理对企业盈利能力的影响

自 2014 年以来，随着公司全过程的目标成本控制的管理方案日益成熟，M 公司的盈利能力也不断提升。M 公司根据目标利润确定目标成本，目标成本的实施又反过来推动了目标利润率的提升，从而形成了一个良性循环。从表 4-38 可以看出，M 公司主要盈利能力指标［比如，净资产收益率（ROE）、销售利润率（ROS）和成本费用利润率（RPCE）都逐年增长］。到 2018 年，M 公司净资产收益率（ROE）、销售利润率（ROS）和成本费用利润率（RPCE）分别增加到达到了 15.2%，12.17% 和 13.66%，居于同行业赢利水平的上游水平。

表 4-38　各年利润指标变化情况

年　份	2018	2017	2016	2015	2014
净资产收益率（ROE）	15.20%	13.60%	11.20%	9.07%	8.60%
销售利润率（ROS）	12.17%	11.05%	10.20%	9.30%	7.43%
成本费用利润率（RPCE）	13.66%	11.78%	9.57%	7.19%	6.53%

8. 对本案例的简要总结

从上述案例分析可以看出，经过几年的实施和优化，M 公司财务部门已经熟练掌握了目标成本管理的基本方法，业务部门也积极承担了在目标成本管理中的角色和职责，并且公司建立了以目标成本实施效果为导向的绩效管理方案，使目标成本管理成为企业管理的重要工具和抓手。目标成本法在 M 公司运用的成功实践，也是企业实现业财融合的典范。

上述案例给我们最大的启示在于，在开始实施目标成本管理时，企业管理层一定要下定决心，把目标成本管理的基本思路和方法坚决贯彻下去，并融入产品研究与设计、企业供应链管理、产品生产制造和绩效管理等各个管理领域，这样才能保证目标成本法的成功实施，并取得良好的效果。

（二）目标成本法在建造施工行业中的应用案例

1. A 公司及 XY 保障性住房项目的基本情况

A 公司是北京市属一级国有企业下属的二级房地产开发单位，主要承接北京市的政策性住房建设任务。XY 保障房项目纳入北京市棚改计划，主要安置中心城区的棚户区改造居民，项目规划总建筑规模 53.02 万平方米，可售保障房建筑面积 36.53 万平方米，配有社区卫生服务中心，养老服务机构、小学、幼儿园等公服配套，人车分流，绿化率 30%。住宅主体共 21 栋，皆为 18～28 层的高层单体楼。地下至 4 层设有地下车库及库房，结构型式主要是剪力墙结构及地上楼板预制两种。

2. A 公司项目成本管理存在的主要问题

A 公司一直采用传统的成本核算方式开展项目成本管理，这种以核算成本确定项目收益的被动的事后成本管理方式,使得公司成本管理方面存在诸多问题,导致了项目成本不断攀升,从而无法实现预期收益目标。主要问题表现在以下几个方面:

(1)不重视规划设计环节的成本控制。为尽快开展项目建设,A公司在规划设计环节未进行限额设计,且未在设计合同中增设设计费的限额条款,以致工程项目经常会出现因大量设计变更而导致结算价超出合同价20%的情形。另外,由于不重视设计和优化项目施工方案,工程项目出现了商业楼扶梯的设计高度与实际楼板高度无法匹配,无法按图纸施工,后期不得不进行设计变更,从而增加了不必要的项目成本。

(2)未将成本分解落实到具体部门,部门各自为政。设计部门只重视提高产品性能,过分追求高品质的设计图纸。工程管理部门只重视质量和工期,忽视成本控制。而财务部门只在事后进行成本核算。建设项目的成本控制需多个部门相互合作,且成本数据复杂,统计工作量大,而A公司未指定成本控制的牵头部门,各部门在成本控制工作中的主动性不强,员工的参与公司的成本控制活动的积极性也不强,从而工程项目的成本控制效果不佳。

(3)在项目建设过程中,A公司上下出现了过分追求质量和工期,忽视成本控制,增加了不必要的赶工措施费及非增值作业等成本支出,没有部门主动关心成本是否超出预期,各部门在成本控制环节无法形成协同效应,使得成本控制成为空谈。

为从根本上杜绝上述问题,A公司决定采用目标成本法,推动全过程、全流程、全员参与的成本管理模式,并要求首先在XY保障房项目试用,逐步推广到其他工程项目。

3. 目标成本法在XY保障性住房项目的具体应用

1)确定项目目标成本

为全面推行目标成本法,A公司确定了由财务部门作为成本控制的职能部门,全面负责公司的成本控制工作,并将成本控制过程分为事前控制、事中控制和事后控制三个成本控制子系统,组织和开展目标成本的制定、分解、落实和考核监督等工作。事前控制是在项目的规划设计阶段,以科学合理的工程设计,预防成本失控风险;事中控制是在项目招采、建设和交付过程中采取进行标准化管理，优化工序，合理控制资源和成本支出；事后控制主要是项目的成本分析、考核及监督，促进目标成本的实现。

XY 保障房作为 A 公司承建的、投资额最大的保障性住房项目，该项目实行政府定价、并指定销售对象的销售模式。政府部门按照销售定价文件并结合周边经济适用房价格，确定其销售均价为 2.28 万 /m²，针对此价格 A 公司不具备议价能力。A 公司根据政府关于保障性住房的参考项目收益率，对比了同行业保障性住房项目的结算价格，将 XY 项目的目标利润率确定为 10%。在确定目标成本时，除了考虑项目的目标利润之外，还要考虑了税金及期间费用的影响。税金主要考虑企业所得税，而期间费用主要是考虑管理费用和销售费用。

XY 目标成本测算过程如下：

第一，计算项目总预计收入。保障房的销售均价为 22 800 元 / 平方米，房地产开发的增值税税率为 9%，可售保障房面积为 36.53 万平方米，预计总收入为：22 800 ÷ 1.09 × 36.53=764 113.76（万元）。

第二，确定项目的目标利润。期望目标利润率为 10%，XY 保障房项目的目标利润为：764 113.76 × 10%=76 411.38（万元）。

第三，应缴纳的企业所得税。A 公司适用税率为 25%，应缴纳的企业所得税为：76 411.38 ÷（1–25%）× 25%=25 470.46（万元）。

第四，测算期间费用。A 公司的期间费用主要是与工程项目直接相关的项目间接开发费用以及分摊至项目的管理费用和必要的销售费用。根据近几年建设项目期间费用占销售收入的比例，A 公司确定期间费用的比率为 5%，因此，XY 项目的单位目标期间费用为：764 113.76 × 0.05=38 205.69（万元）。

综上所述，XY 项目的可售保障房的目标成本为 764 113.76–76 411.38–25 470.46–38 205.69=624 026.24（万元）。但在实施目标成本管理之前，XY 项目基于当前施工水平和管理水平的预算成本为 638 197.09 万元，与目标成本的差距为 14 170.85 万元。因此，为了达到目标成本，A 公司先得将目标成本进行分解和细化，再根据每个细化指标来控制项目成本。

2）分解和细化目标成本，并落实各责任中心的控制目标为实现目标成本，并降低预算成本与目标成本之间的差距，财务部门组织公司设计部、工程部、招采部和管理部室共同商议，按照各部门在项目开发建设过程中的职责，对项目的目标成本进行细化，将控制目标落实到各部门及责任人。

首先，A公司按照支出性质将目标成本进行细化，如表4-39所示。

表4-39 项目目标成本细化表   单位：万元

成本项目	目标成本	预算成本	差异
土地成本	362 583.76	362 583.76	0
建设成本	253 598.73	267 288.56	-13 689.83
管理费用	6 593.75	6 998.11	-404.36
销售费用	1 250	1 326.66	-76.66
总成本	624 026.24	638 197.09	-14 170.85

其次，A公司按照项目成本控制责任对成本差距进行分解和落实。土地成本占项目总成本的50%以上，主要是土地补偿费，是由政府部门根据专业中介机构出具的土地估价报告进行核定的，其项目拆迁进度及补偿款支付由上级公司统筹安排，目标成本基本无可压缩空间。作为项目目标成本控制的核心环节，建设成本占总成本的比重接近40%，成本控制压缩指标为13 689.83万元，占XY项目目标成本压缩指标的85%，因此，本文主要以建设成本的控制为主要内容，分析XY项目目标成本控制情况。

财务部门根据项目开发过程中的职责及其工作对成本控制的影响程度对建设成本的控制目标进行分解和落实的。考虑到规划设计阶段的成本控制是建设成本控制的关键环节，并项目成本在规划设计阶段已基本确定，后续阶段对建设开发过程的成本控制效果非常有限，因此，A公司把控制成本的主要责任让设计部来承担，从而保证目标成本的实现。每个部门在目标成本控制过程中的职责划分情况，如表4-40所示。

表4-40 XY项目成本控制职责分解表   单位：万元

成本项目	设计部	招采部	工程部	其他部门	合计
建设成本	8 288.80	1 095.13	4 305.91		13 689.83
期间费用				481.02	481.02
合计	8 288.80	1 095.13	4 305.91	430.28	14 170.85

3）实现目标成本的关键控制措施

A公司为了实现项目的目标成本，消除上述目标成本差距，按照事前控制、事中控制和事后控制的节点控制顺序，从规划设计阶段开始采取关键控制措施把每项预算成本降至目标成本之下。

（1）在规划设计阶段采取的关键控制措施。

目标成本法最核心的环节是研究设计阶段的成本控制。在确定目标成本后，A公司梳理项目成本控制思路，在规划设计阶段应用价值工程理论，平衡项目设计与项目成本的协调关系，以最小的成本实现最佳的功能，主张在不影响功能的前提下，能省则省。A公司主要采取以下关键控制措施：

a.以目标成本为基础，采取限额设计，有效控制了整个项目的工程投资，促进设计单位提高设计水平。

b.在设计合同中设置限制性条款。一方面，在设计费的支付环节增加限额约束，将支付设计费与设计变更挂钩，有效控制了设计变更，防止了成本攀升。XY项目的设计变更不管是在数量上还是在金额上，较其他项目均有很大的改善；另一方面，在设计任务书中增加重要的限额控制指标，XY项目在设计任务书中明确钢筋含量和砼含量、含墙率、窗地比、软硬景比例等限额指标。

c.充分进行设计优化。从成本角度排查设计盲区，通过对结构、地下室、室内装修、园林景观以及水电暖通各环节，进行设计图优化，并在过程中进行跟踪控制的方式，实现优化效果。在设计院、工程部、成本控制中心等多方的共同努力下，优化后的方案在保证结构安全的前提下，通过对梁板等构配件和配筋进行逐项优化，在满足工程质量及地区抗震要求的情况下优化钢筋及砼用量。对地下车库的柱网、设备房、人防口部、轮廓线和布车方式等进行一系列设计优化，成功将地下车位的单位占地面积从 $39m^2$ 降低到 $32m^2$。将地下室的设备房位置选在塔楼下方不方便停车的位置，更有效地提高停车率，设备用房的高度不够时采用局部地面下沉的方法，不以此加高地下室的层高，在满足设计要求的前提下，将地下室的高度控制在设计规范内，以此减少土方的开挖回填量，降低地下室钢筋承重墙与填充墙的工程量。在施工图设计完后，有序进行精装修设计根据建设进度及时优化调整，降低后期投诉整改的成本。同时关注装修材料的选取，在图纸完成主要部品的定样、选型工作，指定品牌范围，规范质量要求，确定价格区间，保证施工质量，降低客户投诉及增加返修成本。尽量统一部品种类和档次，便于与供应商形成战略伙伴关系，以量控价，达到成本降低的目的。在规划设计阶段，A公司通过采取以上关键控制措施，XY项目成功将预算成本降低了8 540万元，该阶段的成本控制目标为8 288万元，超额实现了成本控制目标。

（2）在招标采购环节采取的关键控制措施。

XY项目在招标采购时进行公开招标，提前编制工程量清单，制定招标控制价。在招标文件中对关键建设材料及设备的性能以及项目质量、工期等做出明确约定，且实现施工总承包的采购模式，重视对施工单位的资质及经验考察，选取具有甲级施工资质，经济实力雄厚，行业经验丰富的施工单位。在工程材料设备采购方面利用规模优势，具有较强的议价能力，因其有较强的行业影响力及强大的资金运转能力，在资源投入方面有较大的优势。承包单位还承担工程质量及安全等责任，既有效地降低项目成本，也有效分担项目风险。采购部门充分了解建设施工的市场行情，在开标和评标阶段提供充分的参考依据，确定施工单位，更加精准地控制招标阶段的单方造价。XY项目招标采购阶段的成本控制较预算成本降低了1 032万元，基本实现成本控制目标。

（3）在建设施工阶段采取的关键控制措施。

在材料控制方面，首先根据目标成本进行成本倒算，在满足施工进度的情况下，科学编制月、季要料计划，确定各分部分项材料用量控制范围及各工种控制范围，分批次控制材料的进场次序，加强现场总平面管理，进场材料、成品、半成品按场地布置图进行堆放，减少二次搬运损耗采购成本，整体上降低材料成本消耗。其次，根据施工进度表合理安排材料进厂时间，测算不同阶段的材料需求量，必要时可督促承包单位提前制定材料采购计划，通过进场时间确定的主要材料的价格区间，为施工决算控制成本做好准备。经过详细测算对比，在材料采购环节，XY项目成本降低了2 150万元。

在人工费控制方面，制定科学合理施工计划，根据工程成本控制计划，及时编制按照工程分布施工进度计划，加强劳动力的调度和管理。在施工过程中加强劳动定额管理，制定的合理的劳动定额，推行全面计件零星承包的人员管理办法，对各班组实现工作包干的控制，调动人员劳动的积极性，提高生产作业人员的技术水平和作业团队的组织管理水平。合理安排工序及分组施工，在大面积施工时，进行分层次立体施工，合理安排进退场，减少无效劳动，降低窝工率。按照人员的技术水平分配作业工种，避免技术上的浪费，加快进度建设，节约人工成本。通过采取以上有效的人工成本控制措施，XY项目耗费的人工工日虽较预算降低了12%，但因近年来用工紧张，人工费整体呈现增加趋势，本项目人工成本只降低了816万元。

在机械费控制方面，A公司根据施工方案选择合适的施工机械，提前制定设备需求计划，安排好工序衔接，加强设备的内部调配，减少机械台班消耗量，保证机械设备的作业时间，提高机械设备的利用率，设置台班的定额产量，加快施工生产进度，减少不必要的设备闲置和浪费，加强现场台班的维修保养，最大限度实现机械利用率。通过上述有效控制措施，机械费降低了15%，达到692万元。

在施工操作面的成本控制方面，工程技术人员充分采用交叉施工、流水作业等手段，科学安排施工各要素，减少工程费用。并严格落实，减少窝工和停工现象，提高劳动生产率。在室外管网配套施工过程中，统一调配采用共同开挖个官网设计埋深高度，共同施工，有利于加快交工进度，减少各管线分阶段开挖填充的工程量。充分利用施工场地，扩大拌制工作面，提高拌制加工效率。通过优化施工操作，合理安排工序，最大程度减少工程量，全面降低建设成本。

在项目实施阶段，财务部作为目标成本控制的牵头组织部门，为有效及时地开展事中控制，聘请了全过程造价咨询机构，对XY项目的成本进行全过程的造价咨询。一方面，根据项目投入工程量对结算价格进行测算，为XY项目的进度款结算提供参考依据，另一方面，动态跟踪项目的成本控制，按月整理成本数据，测算实际成本累计投入，比照目标成本进行分析，及时发现施工过程中的成本控制偏差，组织相关部门及时采取纠偏措施，确保实现目标成本。

通过采取以上切实有效的控制措施，施工阶段的成本较预算成本降低了 4 258 万元，基本完成了目标成本的控制指标。

（4）各项费用的关键控制措施。

XY 项目从取得授权到建设完成历时 5 年，公司投入大量的人力、物力和财力，在管理费用和销售费用方面积极采取了有效的措施。A 公司通过优化部门职能，实现人尽其才，物尽其用，在项目期间进行合理调配资源，建立适当的激励措施，重在提高工作效率，充分调动现有员工的积极性。另外，对于临时性的需求，采取劳务外包和设备外包方式，从而降低了公司的人工成本负担以及材料和设备的购置成本。通过采取上述措施，XY 项目的各项费用支出较预算降低了 513 万元。

4）目标成本法在 XY 保障性住房项目应用的效果分析

经过公司各部门的共同努力，A 公司 XY 项目的实际成本较预算明显降低了，并实现了目标成本的控制目标，如表 4–41 所示。

表 4–41　XY 项目目标成本效果分析　　　　　　单位：万元

成本项目	预算成本	目标成本	实际成本
土地成本	362 583.76	362 583.76	362 583.76
建设成本	267 288.56	253 598.73	253 458.36
管理费用	6 998.11	6 593.75	6 571.11
销售费用	1 326.66	1 250.00	1 240.66
合计	638 197.09	624 026.24	623 853.89

从表 4–41 可以看出，A 公司 XY 保障房的目标成本管理取得了超出预期的效果，项目实际成本较预算成本降低了 14 343.2 万元，较目标成本降低了 172.35 万元，采取目标成本法的成本控制效果显著。

第 5 节　标准成本法详解与应用案例

标准成本法作为企业成本控制中应用最为广泛和有效的一种方法，也称为标准成本控制和标准成本会计，其核心是按标准成本记录和反映产品成本的形成过程和结果，并借以实现对成本的控制。

一、标准成本法的含义

标准成本法，是指企业以预先制订的标准成本为基础，通过比较标准成本与实际成本，计算和分析成本差异、揭示成本差异动因，进而实施成本控制、评价经营业绩的一种成本管理方法。其中，标准成本，是指在正常的生产技术水平和有效的经营管理条件下，企业经过努力应达到的产品成本水平。成本差异，是指实际成本与相应标准成本之间的差额。当实际成本高于标准成本时，形成超支差异；当实际成本低于标准成本时，形成节约差异。

企业应用标准成本法的主要目标，是通过标准成本与实际成本的比较，揭示与分析标准成本与实际成本之间的差异，并按照例外管理的原则，对不利差异予以纠正，以提高工作效率，不断改善产品成本。

在适用范围方面，标准成本法为每一种产品事先制定标准成本，其实现需要企业业务部门协调配合。因此，标准成本法一般适用于产品及其生产条件相对稳定，或生产流程与工艺标准化程度较高的企业，例如，大批量生产且产品品种较少的企业。企业应用标准成本法，要求处于较稳定的外部市场经营环境，且市场对产品的需求相对平稳。

标准成本法的主要优点有：①能及时反馈各成本项目不同性质的差异，有利于考核相关部门及人员的业绩；②标准成本的制订及其差异和动因的信息可以使企业预算的编制更为科学和可行，有助于企业的经营决策。

标准成本法的主要缺点有：①要求企业产品的成本标准比较准确、稳定，在使用条件上存在一定的局限性，②对标准管理水平较高，系统维护成本较高；③标准成本需要根据市场价格波动频繁更新，导致成本差异可能缺乏可靠性，降低成本控制效果。

二、标准成本法的主要特点

（1）事前成本控制。由于制定的标准成本具有目标性，一般需要经过努力才能达到，有助于调动广大企业员工的积极性，使各自负责的成本达到标准的要求。因此，标准成本制度可以起到衡量实际成本节约或超支的尺度的作用。

（2）事中成本控制。与其他成本制度相比，标准成本法的重要性在于可进行成本的事中控制。在成本控制的事中阶段，标准成本与实际成本的差异需要企业及时分析，分析差异产生的原因，寻找应对措施，改进产品成本，尽量缩小实际成本与标准成本的差距。

（3）事后成本控制。通过对成本控制结果的分析、总结，找到差异产生的原因，并对日后的成本控制持续改善，在生产领域发现可以不断改进的环节，实现产品成本的事后控制。除此之外，标准成本法只计算各种产品的标准成本，不计算各种产品的实际成本。

三、标准成本法的应用程序 [①]

企业应用标准成本法，一般按照确定应用对象、制订标准成本、实施过程控制、成本差异计算与动因分析，以及修订与改进标准成本等程序进行。

（一）确定应用对象

为了实现成本的精细化管理，企业应根据标准成本法的应用环境，结合内部管理要求，确定应用对象。标准成本法的成本对象可以是不同种类、不同批次或不同步骤的产品。

（二）制订标准成本

标准成本法的实施，其关键是要建立标准成本。建立一套合理的标准成本，首先，基本的工作要做到，大量收集可以参考的成本资料，并进行对比、分析研究；其次，要开展进行调查市场需求供给、未来市场的发展动态，企业自身的产能情况，产品价格的变化情况；再次，理解客户对企业各方面的要求和看法，包括性能、价格、质量、交付、售后等；最后，对搜集的信息去粗取精、去伪存真进行研究，利用价值分析，减少产品不

---

① 关于标准成本法的讨论与案例，主要参照：中国注册会计师协会著：《财务成本管理》，北京：中国财政经济出版社，2014 年版。

必要的功能，测算成本降低的大小，从而来确立目标成本。

企业制订标准成本，可由跨部门团队采用"上下结合"的模式进行，经企业管理层批准后实施。

在制订标准成本时，企业一般应结合经验数据、行业标杆或实地测算的结果，运用统计分析、工程试验等方法，按照以下程序进行：①就不同的成本或费用项目，分别确定消耗量标准和价格标准；②确定每一成本或费用项目的标准成本；③汇总不同成本项目的标准成本，确定产品的标准成本。

产品标准成本通常由直接材料标准成本、直接人工标准成本和制造费用标准成本构成。每一成本项目的标准成本应分为用量标准（包括单位产品消耗量、单位产品人工小时等）和价格标准（包括原材料单价、小时工资率、小时制造费用分配率等）。

1. 直接材料成本标准

直接材料成本标准，是指直接用于产品生产的材料成本标准，包括标准用量和标准单价两方面。制订直接材料的标准用量，一般由生产部门负责，会同技术、财务、信息等部门，按照以下程序进行：①根据产品的图纸等技术文件进行产品研究，列出所需的各种材料以及可能的替代材料，并说明这些材料的种类、质量以及库存情况；②在对过去用料经验记录进行分析的基础上，采用过去用料的平均值、最高与最低值的平均数、最节省数量、实际测定数据或技术分析数据等，科学地制订标准用量。

制订直接材料的标准单价，一般由采购部门负责，会同财务、生产、信息等部门，在考虑市场环境及其变化趋势、订货价格以及最佳采购批量等因素的基础上综合确定。

直接材料标准成本的计算公式如下：

直接材料标准成本 = 单位产品的标准用量 × 材料的标准单价

材料按计划成本核算的企业，材料的标准单价可以采用材料计划单价。

直接材料标准成本的实例如表 4-42 所示。

表 4-42　直接材料标准成本

产品名称：A 产品

标　准	材料甲	材料乙
价格标准：		
发票单价	1.00 元	4.00 元
装卸检验费	0.07 元	0.28 元
每千克标准价格	1.07 元	4.28 元
用量标准：		
图纸用量	3.0 千克	2.0 千克
允许损耗量	0.3 千克	—
单产标准用量	3.3 千克	2.0 千克
成本标准：		
材料甲（3.3×1.07）	3.53 元	8.56 元
材料乙（2.0×4.28）		
单位产品标准成本	12.09 元	

2. 直接人工成本标准

直接人工成本标准，是指直接用于产品生产的人工成本标准，包括标准工时和标准工资率。制订直接人工的标准工时，一般由生产部门负责，会同技术、财务、信息等部门，在对产品生产所需作业、工序、流程工时进行技术测定的基础上，考虑正常的工作间隙，并适当考虑生产条件的变化，生产工序、操作技术的改善，以及相关工作人员主观能动性的充分发挥等因素，合理确定单位产品的工时标准。

制订直接人工的标准工资率，一般由人力资源部门负责，根据企业薪酬制度等制订。直接人工标准成本的计算公式如下：

直接人工标准成本 = 单位产品的标准工时 × 小时标准工资率

直接人工标准成本的实例如表 4-43 所示。

表 4-43　直接人工标准成本

小时工资率	第一工序	第二工序
基本生产工人人数	20 人	50 人
每人每月工时（25.5 天 × 8 小时）	204 小时	204 小时
出勤率	98%	98%
每人平均可用工时	200 小时	200 小时
每月总工时	4 000 小时	10 000 小时
每月工资总额	3 600 元	12 600 元
每小时工资	0.90 元 / 时	1.26 元 / 时

续表

小时工资率	第一工序	第二工序
单位产品工时：		
理想作业时间	1.5 小时	0.8 小时
调整设备时间	0.3 小时	—
工间休息	0.1 小时	0.1 小时
其他	0.1 小时	0.1 小时
单位产品工时合计	2 小时	1 小时
直接人工标准成本	1.80 元	1.26 元
台计	3.06 元	

3. 制造费用标准

制造费用成本标准应区分变动制造费用项目和固定制造费用项目分别确定。

1）变动制造费用

变动制造费用，是指通常随产量变化而成正比例变化的制造费用。变动制造费用项目的标准成本根据标准用量和标准价格确定。

变动制造费用的标准用量可以是单位产量的燃料、动力、辅助材料等标准用量，也可以是产品的直接人工标准工时，或者是单位产品的标准机器工时。标准用量的选择需考虑用量与成本的相关性，制订方法与直接材料的标准用量以及直接人工的标准工时类似。

变动制造费用的标准价格可以是燃料、动力、辅助材料等标准价格，也可以是小时标准工资率等。制订方法与直接材料的价格标准以及直接人工的标准工资率类似。

变动制造费用的计算公式如下：

变动制造费用项目标准成本 = 变动制造费用项目的标准用量 × 变动制造费用项目的标准价格

变动制造费用标准成本的实例如表 4-44 所示。

表 4-44　变动制造费用标准成本

部门	第一车间	第二车间
变动制造费用预算：		
运输	800 元	2 100 元
电力	400 元	2 400 元
消耗材料	1 400 元	1 800 元
间接人工	2 000 元	3 900 元

续表

部门	第一车间	第二车间
燃料	400 元	1 400 元
其他	200 元	400 元
合计	5 200 元	12 000 元
生产量标准（人工工时）	4 000 小时	10 000 小时
变动制造费用标准分配率	1.30 元 / 时	1.20 元 / 时
直接人工用量标准（人工工时）	2 小时	1 小时
变动制造费用标准成本	2.60 元	1.20 元
单位产品标准变动制造费用	3.80 元	

2）固定制造费用

固定制造费用，是指在一定产量范围内，其费用总额不会随产量变化而变化，始终保持固定不变的制造费用。固定制造费用一般按照费用的构成项目实行总量控制；也可以根据需要，通过计算标准分配率，将固定制造费用分配至单位产品，形成固定制造费用的标准成本。

制订固定费用标准，一般由财务部门负责，会同采购、生产、技术、营销、财务、人事、信息等有关部门，按照以下程序进行：①依据固定制造费用的不同构成项目的特性，充分考虑产品的现有生产能力、管理部门的决策以及费用预算等，测算确定各固定制造费用构成项目的标准成本；②通过汇总各固定制造费用项目的标准成本，得到固定制造费用的标准总成本；③确定固定制造费用的标准分配率，标准分配率可根据产品的单位工时与预算总工时的比率确定。其中，预算总工时，是指由预算产量和单位工时标准确定的总工时。单位工时标准可以依据相关性原则在直接人工工时或者机器工时之间做出选择。

固定制造费用标准成本的计算顺序及公式如下：

固定制造费用标准成本由固定制造费用项目预算确定；

固定制造费用总成本 = ∑固定制造费用项目标准成本

固定制造费用标准分配率 = 单位产品的标准工时 ÷ 预算总工时

固定制造费用标准成本 = 固定制造费用总成本 × 固定制造费用标准分配率

固定制造费用标准成本的实例如表 4–45 所示。

表 4-45　固定制造费用标准成本

部　门	第一车间	第二车间
固定制造费用：		
折旧费	200 元	2 350 元
管理人员工资	700 元	1 800 元
间接人工	500 元	1 200 元
保险费	300 元	400 元
其他	300 元	250 元
合计	2 000 元	6 000 元
生产量标准（人工工时）	4 000 小时	10 000 小时
固定制造费用分配率	0.5 元 / 时	0.6 元 / 时
直接人工用量标准（人工工时）	2 小时	1 小时
部门固定制造费用标准成本	1 元	0.6 元
单位产品固定制造费用标准成本	1.60 元	

　　将以上确定的直接材料、直接人工和制造费用的标准成本按产品加以汇总，就可确定有关产品完整的标准成本。通常，企业编制"标准成本卡"（见表 4-46），反映产成品标准成本的具体构成。在每种产品生产之前，它的标准成本卡要送达有关人员，包括各级生产部门负责人、会计部门、仓库等，作为领料、派工和支出其他费用的依据。

表 4-46　单位产品标准成本卡

产品名称：A 产品

成本项目	用量标准	价格标准	标准成本
直接材料：			
甲材料	3.3 千克	1.07 元 / 千克	3.53 元
乙材料	2 千克	4.28 元 / 千克	8.56 元
合计			12.09 元
直接人工			
第一车间	2 小时	0.90 元 / 时	1.80 元
第二车间	1 小时	1.26 元 / 时	1.26 元
合计			3.06 元
制造费用			
变动费用（第一车间）	2 小时	1.30 元 / 时	2.60 元
变动费用（第二车间）	1 小时	1.20 元 / 时	1.20 元
合计			3.80 元

成本项目	用量标准	价格标准	标准成本
固定费用（第一车间）	2 小时	0.50 元 / 时	1.00 元
固定费用（第二车间）	1 小时	0.60 元 / 时	0.60 元
合计			1.60 元
单位产品标准成本总计	20.55 元		

（三）实施过程控制

企业应在制订标准成本的基础上，将产品成本及其各成本或费用项目的标准用量和标准价格层层分解，落实到部门及相关责任人，形成成本控制标准。

（四）成本差异计算与动因分析

各归口管理部门（或成本中心）应根据相关成本控制标准，控制费用开支与资源消耗，监督、控制成本的形成过程，及时分析偏离标准的差异并分析其成因，并及时采取措施加以改进。在标准成本法的实施过程中，各相关部门（或成本中心）应对其所管理的项目进行跟踪分析。生产部门一般应根据标准用量、标准工时等，实时跟踪和分析各项耗用差异，从操作人员、机器设备、原料质量、标准制订等方面寻找差异原因，采取应对措施，控制现场成本，并及时反馈给人力资源、技术、采购、财务等相关部门，共同实施事中控制。采购部门一般应根据标准价格，按照各项目采购批次，揭示和反馈价格差异形成的原因，控制和降低总采购成本。企业应定期将实际成本与标准成本进行比较和分析，确定差异数额及性质，揭示差异形成的动因，落实责任中心，寻求可行的改进途径和措施。

成本差异的计算与分析一般按成本或费用项目进行。

1. 直接材料成本差异分析

直接材料成本差异，是指直接材料实际成本与标准成本之间的差额，该项差异可分解为直接材料价格差异和直接材料数量差异。

直接材料价格差异，是指在采购过程中，直接材料实际价格偏离标准价格所形成的差异；直接材料数量差异，是指在产品生产过程中，直接材料实际消耗量偏离标准消耗量所形成的差异。有关计算公式如下：

直接材料成本差异 = 实际成本 – 标准成本

= 实际耗用量 × 实际单价 – 标准耗用量 × 标准单价

直接材料成本差异 = 直接材料价格差异 + 直接材料数量差异

直接材料价格差异 = 实际耗用量 × （实际单价 – 标准单价）

直接材料数量差异 = （实际耗用量 – 标准耗用量） × 标准单价

【例4-6】 本月生产产品400件，使用材料2 500千克，材料单价为0.55元/千克；直接材料的单位产品标准成本为3元，即每件产品耗用6千克直接材料，每千克材料的标准价格为0.5元。根据上述公式计算：

直接材料价格差异 =2 500 × （0.55–0.5）=125（元）

直接材料数量差异 = （2 500–400 × 6） × 0.5=50（元）

直接材料价格差异与数量差异之和，应当等于直接材料成本的总差异。

直接材料成本差异 = 实际成本 – 标准成本

=2 500 × 0.55–400 × 6 × 0.5

=1 375–1 200=175（元）

直接材料成本差异 = 价格差异 + 数量差异 =125+50=175（元）

2. 直接人工成本差异分析

直接人工成本差异，是指直接人工实际成本与标准成本之间的差额，该差异可分解为工资率差异和人工效率差异。工资率差异，是指实际工资率偏离标准工资率形成的差异，按实际工时计算确定；人工效率差异，是指实际工时偏离标准工时形成的差异，按标准工资率计算确定。有关计算公式如下：

直接人工成本差异 = 实际成本 – 标准成本

= 实际工时 × 实际工资率 – 标准工时 × 标准工资率

直接人工成本差异 = 直接人工工资率差异 + 直接人工效率差异

直接人工工资率差异 = 实际工时 × （实际工资率 – 标准工资率）

直接人工效率差异 = （实际工时 – 标准工时） × 标准工资率

【例4-7】 本月生产产品400件，实际使用工时890小时，支付工资4 539元；直接人工的标准成本是10元/件，即每件产品标准工时为2小时，标准工资率为5元/小时。按上述公式计算：

工资率差异 $=890 \times \left(\dfrac{4\,539}{890} - 5 \right) = 890 \times （5.10 - 5） = 89（元）$

人工效率差异 $=（890 - 400 \times 2）\times 5 = （890 - 800）\times 5 = 450（元）$

工资率差异与人工效率差异之和，应当等于人工成本总差异，并可据此验算差异分析计算的正确性。

人工成本差异 = 实际人工成本 – 标准人工成本

$$=4\,539 - 400 \times 10 = 539（元）$$

人工成本差异 = 工资率差异 + 人工效率差异 $=89 + 450 = 539（元）$

3. 变动制造费用项目的差异分析

变动制造费用项目的差异，是指变动制造费用项目的实际发生额与变动制造费用项目的标准成本之间的差额，该差异可分解为变动制造费用项目的价格差异和数量差异。变动制造费用项目的价格差异，是指燃料、动力、辅助材料等变动制造费用项目的实际价格偏离标准价格的差异，也称为耗费差异；变动制造费用项目的数量差异，是指燃料、动力、辅助材料等变动制造费用项目的实际消耗量偏离标准用量的差异，也称为效率差异。变动制造 接材料和直接人工成本差异的计算和分析相同。

变动制造费用耗费差异 = 实际工时 $\times \left(\dfrac{变动制造费用}{实际分配率} - \dfrac{变动制造费用}{标准分配率} \right)$

变动制造费用效率差异 =（实际工时 – 标准工时）× 变动费用标准分配率

【例 4-8】 本月实际产量 400 件，使用工时 890 小时，实际发生变动制造费用 1 958 元；变动制造费用标准成本为 4 元 / 件，即每件产品标准工时为 2 小时，标准的变动制造费用分配率为 2 元 / 小时。按上述公式计算：

变动制造费用耗费差异 $=890 \times \left(\dfrac{1\,958}{890} - 2 \right) = 890 \times （2.2 - 2） = 178（元）$

变动制造费用效率差异 $=（890 - 400 \times 2）\times 2 = 90 \times 2 = 180（元）$

验算：

变动制造费用成本差异 = 实际变动制造费用 – 标准变动制造费用

$$=1\,958 - 400 \times 4 = 358（元）$$

变动制造费用成本差异 = 变动制造费用耗费差异 + 变动制造费用效率差异

$$=178 + 180 = 358（元）$$

4. 固定制造费用项目成本差异分析

固定制造费用项目成本差异，是指固定制造费用项目实际成本与标准成本之间的差额。其计算公式如下：

$$\begin{matrix}\text{固定制造费用}\\\text{项目成本差异}\end{matrix} = \begin{matrix}\text{固定制造费用}\\\text{项目实际成本}\end{matrix} - \begin{matrix}\text{固定制造费用}\\\text{项目标准成本}\end{matrix}$$

固定制造费用的差异分析与各项变动成本差异分析不同，其分析方法有"二因素分析法"和"三因素分析法"两种。

1）二因素分析法

二因素分析法，是将固定制造费用差异分为耗费差异和能量差异。

耗费差异是指固定制造费用的实际金额与固定制造费用预算金额之间的差额。固定费用与变动费用不同，不因业务量而变，故差异分析有别于变动费用。在考核时不考虑业务量的变动，以原来的预算数作为标准，实际数超过预算数既视为耗费过多。其计算公式为：

固定制造费用耗费差异 = 固定制造费用实际数 – 固定制造费用预算数

能量差异是指固定制造费用预算与固定制造费用标准成本的差异，或者说是实际业务量的标准工时与生产能量的差额用标准分配率计算的金额。它反映实际产量标准工时未能达到生产能量而造成的损失。其计算公式如下：

$$\begin{aligned}\begin{matrix}\text{固定制造费}\\\text{用能量差异}\end{matrix} &= \begin{matrix}\text{固定制造}\\\text{费用预算数}\end{matrix} - \begin{matrix}\text{固定制造}\\\text{费用标准成本}\end{matrix}\\ &= \begin{matrix}\text{固定制造费用}\\\text{标准分配率}\end{matrix} \times \begin{matrix}\text{生产}\\\text{能量}\end{matrix} - \begin{matrix}\text{固定制造费用}\\\text{标准分配率}\end{matrix} \times \begin{matrix}\text{实际产量}\\\text{标准工时}\end{matrix}\\ &= \left(\begin{matrix}\text{生产}\\\text{能量}\end{matrix} - \begin{matrix}\text{实际产量}\\\text{标准工时}\end{matrix}\right) \times \begin{matrix}\text{固定制造费用}\\\text{标准分配率}\end{matrix}\end{aligned}$$

【例 4–9】 本月实际产量 400 件，发生固定制造成本 1 424 元，实际工时为 890 小时；企业生产能力为 500 件即 1 000 小时；每件产品固定制造费用标准成本为 3 元 / 件，即每件产品标准工时为 2 小时，标准分配率为 1.50 元 / 小时。

固定制造费用耗费差异 =1 424–1 000×1.5=–76（元）

固定制造费用能量差异 =1 000×1.5–400×2×1.5=1 500–1 200=300（元）

验算：

固定制造费用成本差异 = 实际固定制造费用 – 标准固定制造费用

$$=1\,424–400 \times 3=224（元）$$

固定制造费用成本差异 = 耗费差异 + 能量差异 =–76+300=224（元）

2）三因素分析法

三因素分析法，是将固定制造费用成本差异分为耗费差异、效率差异和闲置能量差异三部分。耗费差异的计算与二因素分析法相同。不同的是要将二因素分析法中的"能量差异"进一步分为两部分：一部分是实际工时未达到生产能量而形成的闲置能量差异；另一部分是实际工时脱离标准工时而形成的效率差异。其计算公式如下：

$$\begin{aligned}\text{固定制造费用闲置能量差异} &= \text{固定制造费用预算} - \text{实际工时} \times \text{固定制造费用标准分配率} \\ &= \left(\text{生产能量} - \text{实际工时}\right) \times \text{固定制造费用标准分配率}\end{aligned}$$

$$\begin{aligned}\text{固定制造费用效率差异} &= \text{实际工时} \times \text{固定制造费用标准分配率} - \text{实际产量标准工时} \times \text{固定制造费用标准分配率} \\ &= \left(\text{实际工时} - \text{实际产量标准工时}\right) \times \text{固定制造费用标准分配率}\end{aligned}$$

【例 4–10】 沿用［例 4–9］资料计算：

固定制造费用闲置能量差异 =（1 000–890）× 1.5=110 × 1.5=165（元）

固定制造费用效率差异 =（890–400 × 2）× 1.5=90 × 1.5=135（元）

三因素分析法的闲置能量差异（165 元）与效率差异（135 元）之和为300 元，与二因素分析法中的"能量差异"数额相同。

企业应根据固定制造费用项目的性质，分析差异的形成原因，并将之追溯至相关责任中心。在成本差异的分析过程中，企业应关注各项成本差异的规模、趋势及其可控性。对于反复发生的大额差异，企业应进行重点分析与处理。企业可将生成的成本差异信息汇总，定期形成标准成本差异分析报告，并针对性地提出成本改进措施。

（五）修订与改进标准成本

为保证标准成本的科学性、合理性与可行性，企业应定期或不定期对标准成本进行修订与改进。

一般情况下，标准成本的修订工作由标准成本的制订机构负责。企业应至少每年对标准成本进行测试，通过编制成本差异分析表，确认是否存在因标准成本不准确而形成的成本差异。当该类差异较大时，企业应按照标准成本的制订程序，对标准成本进行调整。除定期测试外，当外部市场、组织机构、技术水平、生产工艺、产品品种等内外部环境发生较大变化时，企业也应及时对标准成本进行调整。

四、标准成本法存在的主要问题

随着科学技术的不断发展，企业自动化程度越来越高，资本有机构成发生了变化。同时，伴随社会生产力的不断革新，社会财富得到快速的增长，人们有了更多的选择余地去购买产品，人们需求的个性化和多样化是必然趋势，这就迫使制造企业改变生产模式，从传统的少品种大批量生产模式转变为适应客户个性化需求的多品种小批量的生产模式。在这种背景下，产品的成本结构发生变化，直接人工成本减少，间接费用在成本中所占的比重越来越大。

成本结构的巨变使传统标准成本法下的成本核算受到了严重挑战。在新市场环境下，传统标准成本法在制造业运用中存在较多问题，具体体现如下。

1. 制定的变动制造费用的标准缺乏科学合理性

在对直接费用制定标准时，选取的数量和价格指标都非常明确、合理，因此制定出来的标准相对来说比较科学的，能够应用在企业的日常生产活动中指导生产经营。而在制定变动制造费用的标准时，计量标准所选用的数量和价格缺乏独立，分析如下：

变动制造费用标准成本 = 单位产品标准工时 × 变动制造费用标准分配率

$$
\frac{\text{变动制造费用}}{\text{标准分配率}} = \frac{\text{变动制造费用预算总额}}{\text{直接人工标准总工时（或机器标准总工时）}}
$$

从上述公式可以看出，不论是数量标准还是价格标准的制定，都离不开对机器工时或人工工时的分析，其对变动制造费用标准的制定起到至关重要的作用，任何一方的变动不仅对数量标准有影响，也会牵涉到价格标准的浮动，也就是说，变动制造费用标准的制定与人工工时或机器工时呈现高度的正相关。这就造成了数量标准和价格标准是相互联系、不可分割的，如果想追求价格标准，必是以牺牲数量标准为代价，这样就很难实现企业的成本管控。另外，科学技术的运用、企业自动化水平的提高，集成制造系统的迅速发展、信息技术的普及等都使得企业的生产和经营环境发生了巨大变革，变革所造成的影响之一就是成本结构的变化，带来的直接结果就是人工工时或机器工时对变动制造费用的影响越来越小。在这样的背景下，如果继续以人工工时或机器工时作为变动制造费用制定的标准，显然是荒谬的，不科学的，企业管理层在此基础上做出的决策将会是不合理的。

2. 无法实施有效的成本控制

在一般情况下，制造业行业是按照车间进行制造费用的归集，归集后的制造费用来源比较广，位置发生各不相同，每项制造费用的金额不一，引起其发生的成本动因也不尽相同。若要对这些制造费用进行控制，则要把它们划分为不同的项目类型，对这些有差异的项目，去评估并仔细计算具体数字，明确差异所在和成本动因，这样才能提出具体的可行解决方案。

而在传统的标准成本法下，对制造费用按照车间归集，差异集中度高，这样就很难找出差异是在生产过程中的哪个环节产生的，在此基础上进行的差异分析非常笼统并且不科学，实际生产活动出现的问题得不到切实解决，成本控制就显得一纸空文，同时也不便于划分责任主体，进行绩效考核。

3. 失真的成本信息不利于企业管理层做出决策

在传统成本法下，制造费用分配标准单一，由此计算出来的成本信息是不真实的，而标准成本法下标准的制定很大一部分数据来源是依据这些历史信息，在这些长期错误的历史数据的指导下，标准信息也是失真的。企业管理者运用这种不合理的标准不利于企业采用正确的策略，往往会诱导企业做出错误的判断。

4. "差异分析"正在失去功效

标准成本法运用的基本前提是少品种、大批量的生产模式，在此前提下，各种成本的消耗基本处于长期的稳定状态，因此才可能对直接费用和间接费用设定标准，从而进行实际和标准的对比，此时的差异分析也因为有稳定的标准数据来源而较为可靠。

但是，随着科学技术的快速发展，多品种、小批量成为企业产生制造发展的常态。在这种背景下，标准成本法处境艰难。一是因为自动化生产模式大大削减了人为操作，使得人工工时与产出不具有直接关系；二是在多元化产品的需求下，流程与作业更换频繁，重复作业大幅度减少，从而标准成本失去其原有的功能。

第 6 节　变动成本法详解与应用案例

一、变动成本法的含义[①]

变动成本法，是指企业以成本性态分析为前提条件，仅将生产过程中消耗的变动生产成本作为产品成本的构成内容，而将固定生产成本和非生产成本作为期间成本，直接由当期收益予以补偿的一种成本管理方法。其中，成本性态，是指成本与业务量之间的相互依存关系。按照成本性态，成本可划分为固定成本、变动成本和混合成本。

（一）固定成本

固定成本，是指在一定范围内，其总额不随业务量变动而增减变动，但单位成本随业务量增加而相对减少的成本。例如，固定月工资、固定资产折旧、取暖费、财产保险费、职工培训费、科研开发费、广告费等。

一定期间的固定成本的稳定性是有条件的，即产量变动的范围是有限的。例如，照明用电一般不受产量变动的影响，属于固定成本。如果产量增加达到一定程度，需要增开生产班次，或者产量低到停产的程度，照明用电的成本也会发生变动。能够使固定成本保持稳定的特定的产量范围，称为相关范围。

[①]　关于变动成本法的讨论与案例，主要参照中国注册会计师协会著：《财务成本管理》，中国财政经济出版社，2014 年版。

一定期间固定成本的稳定性是相对的，即对于产量来说它是稳定的，但这并不意味着每月该项成本的实际发生额都完全一样。例如，照明用电在相关范围内不受产量变动的影响，但每个月实际用电度数和支付的电费仍然会有或多或少的变化。

固定成本的稳定性，是针对成本总额而言的，如果从单位产品分摊的固定成本来看则正好相反。产量增加时，单位产品分摊的固定成本将会减少；产量减少时，单位产品分摊的固定成本将会增加。固定成本和单位固定成本与产量之间的关系，如图 4-16 和图 4-17 所示。

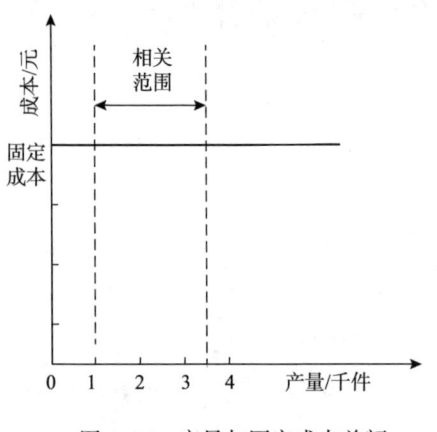
图 4-16　产量与固定成本总额

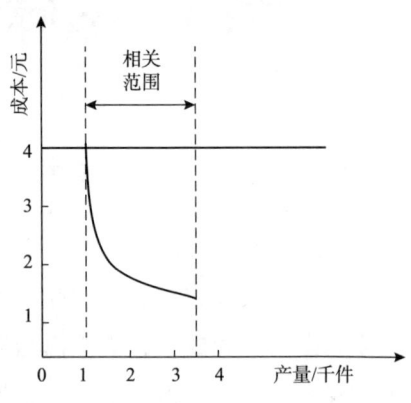
图 4-17　产量与单位固定成本

（二）变动成本

变动成本，是指在一定范围内，其总额随业务量变动发生相应的正比例变动，而单位成本保持不变的成本，例如，直接材料、直接人工、外部加工费等。

单位成本的稳定性是有条件的，即产量变动的范围是有限的。如原材料消耗通常会与产量成正比，属于变动成本，如果产量很低，不能发挥套裁下料的节约潜力，或者产量过高，使废品率上升，单位产品的材料成本也会上升。这就是说，变动成本和产量之间的线性关系，通常只在一定的相关范围内存在。在相关范围之外就可能表现为非线性的。变动成本与单位变动成本与产量之间的关系，如图 4-18 和图 4-19 所示。

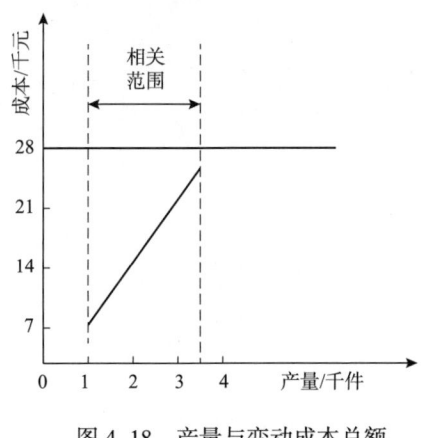

图 4-18　产量与变动成本总额

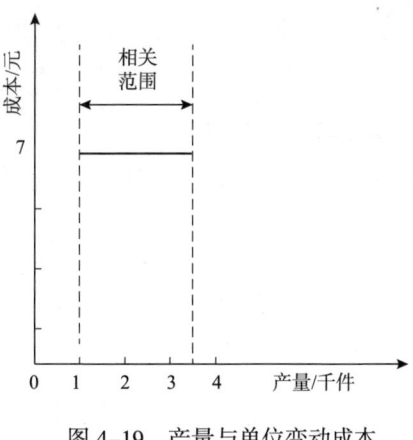

图 4-19　产量与单位变动成本

（三）混合成本

混合成本，是指总额随业务量变动但不成正比例变动的成本。一般说来，可以将其分为以下四个主要类别。

1. 半变动成本

半变动成本，是指在初始基数的基础上随产量正比例增长的成本。例如，电费和电话费等公用事业费、燃料、维护和修理费等，多属于半变动成本。这类成本通常有一个初始基础，一般不随产量变化，相当于固定成本；在这个基础上，成本总额随产量变化成正比例变化，又相当于变动成本。这两部分混合在一起，构成半变动成本，如图 4-20 所示。

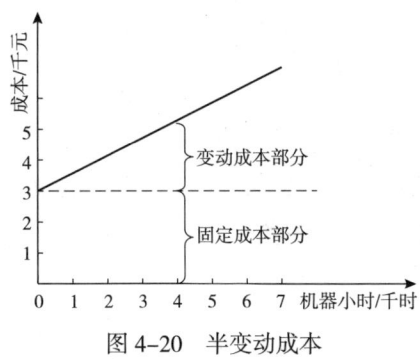

图 4-20　半变动成本

2. 阶梯式成本

阶梯式成本，是指总额随产量呈阶梯式增长的成本，亦称步增成本或半固定成本。例如，受开工班次影响的动力费、整车运输费用、检验人员工资等。

这类成本在一定产量范围内发生额不变，当产量增长超过一定限度，其发生额会突然跳跃到一个新的水平，然后，在产量增长的一定限度内其发生额又保持不变，直到另一个新的跳跃为止，如图4-21所示。

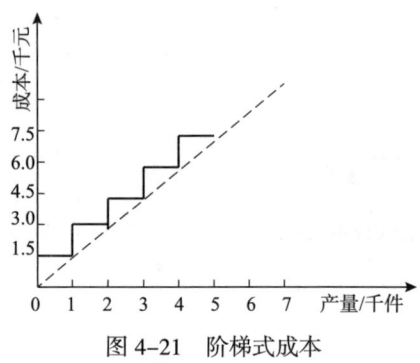

图4-21 阶梯式成本

3. 延期变动成本

延期变动成本，是指在一定产量范围内总额保持稳定，超过特定产量则开始随产量比例增长的成本。例如，在正常产量情况下给员工支付固定月工资，当产量超过正常水平后则需支付加班费，这种人工成本就属于延期变动成本，如图4-22所示。

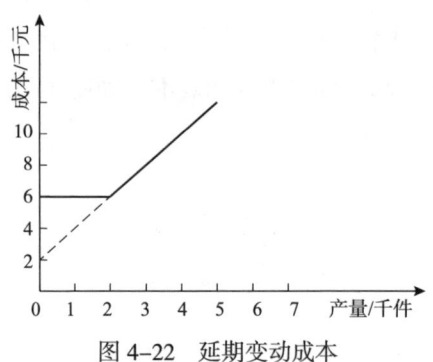

图4-22 延期变动成本

4. 曲线成本

曲线成本是指总额随产量增长而呈曲线增长的成本。这种成本和产量有依存关系，但不是直线关系。

曲线成本可以进一步分为两种类型：一种是变化率递减的曲线成本。例如，自备水源的成本，用水量越大则总成本越高，但两者不成正比例，而呈非线性关系。用水量越大则总成本越高，但越来越慢，变化率是递减的，如图4-23所示。另一种是变化率递增的曲线成本。例如，各种违约金、罚金、累进计件工资等。这种成本随产量增加而增加，而且比产量增加的还要快，变化率是递增的，如图4-24所示。

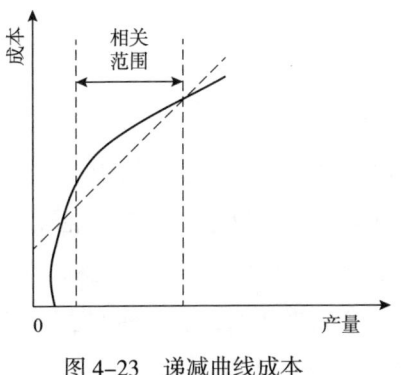

图4-23 递减曲线成本   图4-24 递增曲线成本

（四）变动成本法的适用范围

变动成本法通常用于分析各种产品的盈利能力，为正确制订经营决策、科学进行成本计划、成本控制和成本评价与考核等工作提供有用信息。

变动成本法一般适用于同时具备以下特征的企业：①企业固定成本比重较大，当产品更新换代的速度较快时，分摊计入产品成本中的固定成本比重大，采用变动成本法可以正确反映产品盈利状况；②企业规模大，产品或服务的种类多，固定成本分摊存在较大困难；③企业作业保持相对稳定。

企业应用目标成本法所处的外部环境，一般应具备以下特点：①市场竞争环境激烈，需要频繁进行短期经营决策。②市场相对稳定，产品差异化程度不大，以利于企业进行价格等短期决策。

（五）变动成本法的优缺点

变动成本法的主要优点有：①区分固定成本与变动成本，有利于明确企业产品盈利能力和划分成本责任；②保持利润与销售量增减相一致，促进以销定产；③揭示了销售量、成本和利润之间的依存关系，使当期利润真正反映企业经营状况，有利于企业经营预测和决策。

变动成本法的主要缺点有：①计算的单位成本并不是完全成本，不能反映产品生产过程中发生的全部耗费；②不能适应长期决策的需要。

二、变动成本法的应用程序

企业应用变动成本法，一般按照成本性态分析、变动成本计算、损益计算等程序进行。

（一）成本性态分析

成本性态分析，是指企业基于成本与业务量之间的关系，运用技术方法，将业务范围内发生的成本分解为固定成本和变动成本的过程。混合成本的分解方法主要包括：高低点法、回归分析法、账户分析法（也称会计分析法）、技术测定法（也称工业工程法）、合同确认法，前两种方法需要借助数学方法进行分解，后三种方法可通过直接分析认定。

1. 高低点法

企业以过去某一会计期间的总成本和业务量资料为依据，从中选取业务量最高点和业务量最低点，将总成本进行分解，得出成本模型。计算公式如下：

$$单位变动成本 = \frac{产量最高期总成本 - 产量最低期总成本}{最高产量 - 最低产量}$$

$$固定成本总额 = 最高点业务量的成本 - 单位变动成本 \times 最高点业务量$$

$$或 \qquad = 最低点业务量的成本 - 单位变动成本 \times 最低点业务量$$

【例 4-11】 某公司的业务量以直接人工小时为计量单位，其业务量在 7 万～14 万小时范围内变化。该公司维修成本的历史资料如表 4-47 所示。

表 4-47　公司维修成本的历史数据

月份	直接人工（小时）	实际成本（元）	月份	直接人工（小时）	实际成本（元）
1	120 000	90 000	7	70 000	72 000
2	130 000	91 000	8	80 000	78 000
3	115 000	84 000	9	95 000	75 000
4	105 000	87 000	10	111 000	89 000
5	90 000	82 000	11	125 000	95 000
6	79 000	73 000	12	140 000	93 000

设维修成本为 y=a+bx，a 为固定成本，b 为单位变动成本，x 为产量。

选取产量最高和最低期的历史成本数据：

	月份	直接人工	维修成本
产量最高期：	12 月	140 000	93 000
产量最低期：	7 月	70 000	72 000

将有关数据代入上述公式：

$$b = \frac{93\ 000 - 72\ 000}{140\ 000 - 70\ 000} = 0.3 \text{（元/小时）}$$

a=93 000–0.3×140 000=51 000（元）

或：a=72 000–0.3×70 000=51 000（元）

维修成本的一般方程式为：y=51 000+0.3x

这个方程式适用于 70 000～140 000 直接人工小时的业务量范围。例如，今年 5 月份计划业务量为 90 000 小时，则预计维修成本为：

y=51 000+0.3×90 000=78 000（元）

值得注意的是，根据该方程式预计的结果，可能与历史成本资料中同样产量的实际成本不同，如本例 5 月份业务量为 90 000 小时，实际维修成本为 82 000 元，与预计的 78 000 元不同。用该方程式预计的维修成本代表历史平均水平，而实际发生额具有一定的偶然性。

高低点法计算较为简单，但其明显的缺点是只利用了历史成本资料中的两组数据，而未考虑其他数据的影响，因而代表性差。

2. 回归分析法

企业根据过去一定期间的业务量和混合成本的历史资料，应用最小二乘法原理，计算最能代表业务量与混合成本关系的回归直线，借以确定混合成本中固定成本和变动成本的方法。

最小二乘法的原理如下：假设存在一条直线 y=a+bx，最能代表各期成本的平均水平，则这条直线与各实际成本点的误差值应比其他直线都小。这条直线最能代表 x 和 y 之间的关系，称为离散各点的回归直线。回归直线的 a 和 b 由离散各点的值来决定，在散布图法中我们目测来画这条直线，现在要根据各点的 x 和 y 值将其计算出来。

其计算公式如下：假设混合成本符合总成本模型，即 Y=a+bX。式中，a 为固定成本部分；b 为单位变动成本。

$$b = \frac{n\sum x_i y_i - \sum x_i \sum y_i}{n\sum x_i^2 - (\sum x_i)^2}$$

$$a = \frac{\sum y_i - b\sum x_i}{n}$$

【例 4-12】 沿用［例 4-11］的资料，采用回归直线法估计成本，为便于数据代入公式，将有关历史成本资料事先进行加工，如表 4-48 所示。

将有关数据代入上述计算公式，结果如下：

$$b = \frac{12 \times 107\,751 - 1\,260 \times 1\,009}{12 \times 137\,762 - 1\,260^2} = 0.330\,6（元）$$

$$a = \frac{1\,009 - 0.330\,6 \times 1\,260}{12} = 49.37（元）$$

维修成本的一般方程式为：

y=49.37+0.330 6x

用全年总产量来验证：

y=49.37 × 12+0.330 6 × 1 260

 =1 008.996

表 4-48 中，$\sum y_i = 1\,009$，预测值 y=1 008.996，两者基本一致。

表 4-48　回归直线法数据准备

单位：元

月 份	x_i	y_i	$x_i y_i$	x_i^2
1	120	90	10 800	14 000
2	130	91	11 830	16 900
3	115	84	9 600	13 225
4	105	87	9 135	11 025
5	90	82	7 380	8 100
6	79	73	5 767	6 241
7	70	72	5 040	4 900
8	80	78	6 240	6 100
9	95	75	7 125	9 025
10	111	89	9 879	12 321
11	125	95	11 875	15 625
12	140	93	13 020	19 600
合计	1 260	1 009	107 751	137 762

回归直线法在理论上比较健全，计算结果精确，但是，计算过程比较烦琐。如果使用计算机的回归分析程序来计算回归系数，这个缺点则可以较好地克服。

3. 技术测定法

技术测定法，是指企业根据生产过程中各种材料和人工成本消耗量的技术测定来划分固定成本和变动成本。技术测定法仅适用于投入成本和产出数量之间有规律性联系的成本分解。

4. 合同确认法

合同确认法，是指企业根据订立的经济合同或协议中关于支付费用的规定，来确认并估算哪些项目属于变动成本，哪些项目属于固定成本。合同确认法一般要配合账户分析法使用。

5. 账户分析法

企业根据有关成本账户及其明细账的内容，结合其与产量的依存关系，判断其比较接近的成本类别，将其视为该类成本。由于每个账户所记录的成本内容不同，或者成本估计要求的准确性不同，分别采用近似分类和比例分配两种具体做法。①近似分类：将比较接近固定成本的项目归入固定成本，比较接近变动成本的项目归入变动成本。②比例分配：将不宜简单归入固定或变动成本的项目，通过一定比例将其分解成固定和变动成本两部分。

账户分析法较为简便易行，但比较粗糙且带有主观判断。

【例 4-13】　某商店的成本费用本期发生额如表 4-49 所示，采用账户分析法进行成本估计。

首先，对每个项目进行研究，根据固定成本和变动成本的定义及特点结合企业具体情况来判断，确定它们属于哪一类成本。例如，商品成本和利息与商店业务量关系密切，基本上属于变动成本；福利费、租金、保险、修理费、水电费、折旧等基本上与业务量无关，视为固定成本。

其次，剩下的工资、广告和易耗品等与典型的两种成本性态差别较大，不便归入固定成本或变动成本。对于这些混合成本，要使用工业工程法、契约检查法或历史成本分析法，寻找一个比例，将其分为固定和变动成本两部分。

表 4-49　账户分析　　　　　　　　　　　　　单位：元

项　目	总成本	变动成本	固定成本
商品成本	8 000	8 000	
工资	487	187	300
福利费	48		48
广告	331	231	100
房地产租赁费	53		53
保险费	14		14
修理费	45		45
易耗品	100	30	70
水电费	50		50
利息	100	100	0
折旧	250		250
合　计	9 478	8 543	930

假设易耗品为包装用品，使用技术测定法进行分析，其总成本的一般方程式为：

$$CT=77+0.0033x$$

该商店正常业务量为销售额 10 000 元，则正常业务量的易耗品成本为：

$$CT=77+0.0033 \times 10\ 000=110（元）$$

其中：固定成本比重 $=\dfrac{77}{110}=70\%$

变动成本比重 $=1-70\%=30\%$

本月：固定成本 $=100 \times 70\%=70$（元）

变动成本 $=100 \times 30\%=30$（元）

（二）变动成本计算

在变动成本法下，为加强短期经营决策，按照成本性态，企业的生产成本分为变动生产成本和固定生产成本，非生产成本分为变动非生产成本和固定非生产成本。其中，只有变动生产成本才构成产品成本，其随产品实体的流动而流动，随产量变动而变动。

（三）损益计算

在变动成本法下，利润的计算通常采用贡献式损益表。该表一般应包括营业收入、变动成本、边际贡献、固定成本、利润等项目，其中，变动成本包括变动生产成本和变动非生产成本两部分，固定成本包括固定生产成本和固定非生产成本两部分。

1. **基本的损益方程式**

贡献式损益表中损益计算包括以下两个步骤：

（1）计算边际贡献总额。

边际贡献总额 = 营业收入总额 – 变动成本总额

　　　　　 = 销售单价 × 销售量 – 单位变动成本 × 销售量

　　　　　 =（销售单价 – 单位变动成本）× 销售量

　　　　　 = 单位边际贡献 × 销售量

（2）计算当期利润。

　　　　　利润 = 边际贡献总额 – 固定成本总额

　　　 = 销售单价 × 销售量 – 单位变动成本 × 销售量 – 固定成本总额

【例 4–14】 A 公司每月固定成本 1 000 元，其产生的一种产品单价为 10 元，单位变动成本 6 元，本月计划销售 500 件，问预期利润是多少？

预期利润 = 单价 × 销量 – 单位变动成本 × 销量 – 固定成本

　　　　 = $10 \times 500 - 6 \times 500 - 1\,000 = 1\,000$（元）

2. **损益方程式的变换形式**

基本的损益方程式把"利润"放在等号的左边，其他变量放在等号的右边，这种形式便于计算预期利润。如果待求的数值是其他变量，则可以将方程进行恒等变换，使等号左边是待求的变量，其他参数放在右边，由此可得出 4 个损益方程式的变换形式：

（1）计算销售量的方程式：

$$销售量 = \frac{固定成本 + 利润}{单价 - 单位变动成本}$$

假设前例企业拟实现目标利润 1 100 元，问应销售多少产品？

$$销售量 = \frac{1\,000 + 1\,100}{10 - 6} = 525（件）$$

（2）计算单价的方程式：

$$单价 = \frac{固定成本 + 利润}{销量} + 单位变动成本$$

假设前例企业计划销售 600 件，欲实现利润 1 640 元，问单价应定为多少？

$$单价 = \frac{1\,000 + 1\,640}{600} + 6 = 10.40\ （元/件）$$

（3）计算单位变动成本的方程式：

$$单位变动成本 = 单价 - \frac{固定成本 + 利润}{销量}$$

假设前例企业每月固定成本 1 000 元。单价 10 元，计划销售 600 件，欲实现目标利润 800 元，问单位变动成本应控制在什么水平？

$$单位变动成本 = 10 - \frac{1000 + 800}{600} = 7\ （元/件）$$

（4）计算固定成本的方程式：

$$固定成本 = 单价 \times 销售量 - 单位变动成本 \times 销售量 - 利润$$

假设前例企业单位变动成本为 6 元，单价 10 元，计划销售 600 件，欲实现利润 740 元，固定成本应控制在什么水平？

$$固定成本 = 10 \times 600 - 6 \times 600 - 740 = 1\,660\ （元）$$

3. 包含期间费用的损益方程式

为符合多步式损益表的结构，不但要分解产品成本，而且要分解销售费用和管理费等期间费用。将它们分解以后，方程式为：

$$\begin{aligned}税前利润 &= 销售收入 - \left(变动销售成本 + 固定销售成本\right) - \left(变动销售和管理费 + 固定销售和管理费\right) \\ &= 单价 \times 销量 - \left(单位变动产品成本 + 单位变动销售和管理费\right) \times 销量 - \left(固定产品成本 + 固定销售和管理费\right)\end{aligned}$$

【例 4-15】 某企业每月固定制造成本 1 000 元，固定销售费 100 元。固定管理费 150 元；单位变动制造成本 6 元，单位变动销售费用 0.70 元，单位变动管理费用 0.30 元；该企业产销一种产品，单价 10 元；本月计划销售 500 件产品，问预期利润是多少？

$$利润 = 10 \times 500 - （6 + 0.7 + 0.3）\times 500 - （1\,000 + 100 + 150）= 250\ （元）$$

4. 计算税后利润的损益方程式

所得税是根据利润总额和所得税税率计算的，并从利润总额中减除，既不是变动成本也不是固定成本。

$$税后利润 = 利润总额 - 所得税 = 利润总额 - 利润总额 \times 所得税税率$$

= 利润总额 × （1- 所得税税率 ）

将损益方程式代人上式的"利润总额"：

税后利润 =（单价 × 销量 – 单位变动成本 × 销量 – 固定成本 ）×（1– 所得税税率 ）

此方程式经常被用来计算实现目标利润所需的销量，为此常用下式表达：

$$销量 = \frac{固定成本 + \dfrac{税后利润}{1 - 所得税税率}}{单价 - 单位变动成本}$$

例如，前述企业每月固定制造成本 1 000 元，固定销售费用 100 元，固定管理费用 150 元；单位变动制造成本 6 元，单位变动销售费用 0.70 元，单位变动管理费用 0.30 元；该企业生产一种产品，单价 10 元，所得税税率 50%；本月计划产销 600 件产品，问预期利润是多少？如拟实现净利润 500 元，应产销多少件产品？

税后利润 =［ 10×600–（6+0.7+0.3）×600–（1 000+100+150）］×（1–50% ）=（6 000–4 200–1 250）×50%=275（元）

$$销量 = \frac{(1000 + 100 + 150) + \dfrac{500}{1 - 50\%}}{10 - (6 + 0.7 + 0.3)} = \frac{1250 + 1000}{10 - 7} = 750（件）$$

第5章 营运管理工具

第1节 营运管理基本框架

一、营运管理的概念

营运管理，是指为了实现企业战略和营运目标，各级管理者通过计划、组织、指挥、协调、控制、激励等活动，实现对企业生产经营过程中的物料供应、产品生产和销售等环节的价值增值管理。理解营运管理的概念需注意以下几点：

（1）营运管理的目标是实现企业战略和经营目标，推动企业价值保值增值。营运管理是实现企业战略的具体活动，是推动战略规划落地的具体举措，是企业创造价值的经营活动。不以企业战略为目标的营运管理是容易误入歧途，不以企业价值增值为追求的营运活动是对企业资源的浪费。

（2）营运管理是一种管理活动，管理是通过计划、组织、领导、控制、激励等管理的五大基本职能，协调人力、物力、财力资源以期高效率地达到组织目标的过程。

（3）营运管理即是一门技术，也是一门艺术。营运管理作为一种管理活动过程，其间存在着一系列的基本客观规律，但它也要与具体实践活动相结合，具体一定实践性，带有艺术色彩。管理的艺术可以上升为科学理论，管理艺术也需要理论指导；而管理科学理论的运用也必须讲究艺术，两者是有机统一的。

（4）营运管理的对象是物料供应、产品生产和销售等环节，而不是全面的企业管理，不同于一般的企业管理对象。企业管理对象不但包括物料供应、产品生产和销售等业务，还包括人力资源管理、企业文化管理和投融资管理等方面。

二、营运管理的一般程序

营运管理的程序一般按照营运计划的制订、营运计划的执行、营运计划的调整、营运绩效管理等程序进行。

（1）制订营运计划。企业根据战略决策和营运目标的要求，从时间和空间上对营运过程中各种资源所做出的统筹安排，主要作用是分解营运目标，分配企业资源，安排营运过程中的各项活动，内容涵盖销售、生产、供应、财务、人力资源、产品开发、技术改造、设备投资等。

（2）执行营运计划。企业将审批的营运计划应以正式文件的形式下达执行，并分解落实到各所属企业、部门、岗位或员工，分解到季度、月度。同时，企业应结合自身实际情况，按照日、周、月、季、年等频率建立营运监控体系，通过指标分析发现偏差、分析偏差、纠正变差，或者对营运计划进行必要的调整。

（3）调整营运计划。虽然营运计划一旦批准下达，一般不予调整，但宏观经济形势、市场竞争形势等发生重大变化，导致企业营运状况与预期出现较大偏差的，企业关注和识别存在的各种不确定因素，分析和评估其对企业营运的影响，适时启动调整原计划的有关工作，确保企业营运目标更加切合实际，更合理地进行资源配置。

（4）营运绩效管理。企业以营运计划和企业营运管理指标为基础，通过制订绩效管理指标体系，开展营运绩效管理，激励员工为实现营运管理目标做出贡献，确保企业营运目标的落实。

企业解决具体问题时，也可借鉴 PDCA 管理原则，将管理工作分为计划（Plan）、实施（Do）、检查（Check）、处理（Act）等四个阶段，形成闭环管理，使工作方案不断完善，持续改进。

PDCA 循环是能使任何一项活动有效进行的一种合乎逻辑的工作程序，特别是在质量管理中得到了广泛的应用。首先，提出目标以及为实现这个目标需要采取的措施；其次，就要按照计划实施，看是否实现了预期效果，有没有达到预期的目标；再次，通过检查找出问题和原因；最后，将经验和教训制订成标准、形成制度。PDCA 循环，可以使我们的思想方法和工作步骤更加条理化、系统化、图像化和科学化。

三、营运管理工具

营运管理涉及企业物料供应、产品生产和销售等环节，工具种类繁多，如全面质量管理、标杆管理、供应链管理、业务流程再造、平衡记分卡、六西格玛、本量利分析和敏感分析。在这些工具中，与企业效益相关的、货币化计量的一些管理工具才算是管理会计工作的范畴，如本量利分析、敏感分析、标杆管理、平衡记分卡等。

（1）本量利分析，是指以成本性态分析和变动成本法为基础，运用数学模型和图式，对成本、利润、业务量与单价等因素之间的依存关系进行分析，发现变动的规律性，为企业进行预测、决策、计划、控制等活动提供支持的一种方法。

（2）平衡计分卡，是指从财务方面和非财务方面（客户、内部运营、学习与成长）将组织战略目标落实为可以操作的标准与目标值的方法。

（3）价值链分析，是将企业设计、生产、销售、发货和辅助产品生产的过程中进行的各种活动系统的连接成的链状集合体，构建具有自身特色的价值链，以取得竞争优势。

（4）敏感性分析，是指对影响目标实现的因素变化进行量化分析，以确定各因素变化对实现目标的影响及其敏感程度。

（5）边际分析，是指分析某可变因素的变动引起其他相关可变因素变动的程度的方法，以评价既定产品或项目的获利水平，判断盈亏临界点，提示营运风险，支持营运决策。

企业应根据自身业务特点和管理需要等，选择单独或综合运用营运管理工具，以更好地实现营运管理目标。

四、营运管理的运行环境

企业营运管理的应用环境包括组织架构、管理制度和流程、信息系统、相关外部环境等，涉及面广，内容复杂，难以穷尽，但主要内容有三个：组织架构、管理制度和信息系统。由于行业特点、管理模式、领导风格、历史进程等各方面因素，这些环境因素千差万别，不可能存在适用于各类型企业的统一的组织架构、管理制度、信息系统等。虽然各企业的营运管理环境形式各样，但是也有其各自的客观规律，有效的运行环境也有共性因素，下面主要从这些共性方面分析如何评价营运环境的是否健康。

（一）组织架构

组织架构是企业的基础骨架，是实现企业战略的承载主体，是企业运营的组织保障。为确保营运管理的有序开展，企业应建立健全营运管理组织架构，明确各管理层级或管理部门在营运管理中的职责，有效组织开展营运计划的制订审批、分解下达、执行监控、分析报告、绩效管理等日常营运管理工作。企业组织架构是否合理有效，主要评价维度如下：

（1）是否根据企业客观需要而设置，这是评价企业组织架构最基本的角度。企业组织架构是为企业运营与管理服务，帮助企业实现战略目标，为此需要按照企业运营与管理实际需要设置各个机构和部门，决不能因人设岗、因权设部门等，防止机构臃肿、低效运转。

（2）部门和岗位的权责是否对等，这是评价企业组织架构运行是否有效的首要标准。各部门或岗位要承担应有的责任，就应该授予其对等的权力，才能调动员工的积极性和创造性，否则就可能会出现人浮于事、推诿扯皮、执行疲软等组织弊病。

（3）集权与分权是否有效平衡，这是评价企业组织架构决策效率的重要指标。通过集权和分权控制在合理的水平，既可以提高工作效率，又不影响员工积极性。过于集中不利于调动员工积极性，过于分权又不利于充分利用企业的有限资源。正规企业都有明确的授权体系来实现集权和分权的设置，有据可查，有规可依。

（4）各部门和岗位的管理幅度是否合理，这是评价组织架构执行效率的重要指标。管理幅度太大，无暇顾及，管理幅度太小，难以发挥协作能力。所以在组织结构设计的时候，合理设置的管理幅度，形成最大化的内部同力、外部协力，有效发挥部门之间、岗位之间专业特点和分工协作。

一般情况下，企业按管理职能或业务流程来设置部门，或两者兼而有之。

（5）各部门和岗位的内部制约是否充分与有效，这是评价组织架构风险管理性能的关键指标。没有制约权力创造了客观犯罪的条件，会给企业带来较大的风险，相互监督、相互制约的组织架构才能长期安全运行，坚决不能出现既当运动员又当裁判员的情况。

（6）是否存在组织架构稳定性和灵活性的机构，这是评价组织架构内在生命力的重要方面。长期稳定运行的组织架构会从根本上凝聚企业发展力，提升企业管理水平，利于企业员工稳定。但随着经济环境的变化而变化，企业应当在求变中生存，适时、及时调整组织架构，以最杰出组织状态面对环境的挑战。

（二）管理制度

企业应建立健全营运管理的制度体系，明确营运管理各环节的工作目标、职责分工、工作程序、工具、信息报告等内容。健全而有效的管理制度，应包括以下几方面的特点：

（1）管理制度内容合法合规。企业规章制度要符合国家法律、法规和政策的规定，且要与企业章程和相关规定相互一致。合法合规的企业制度才是有效的管理制度，与法律法规相冲突的管理制度，会给企业带来极大的法律风险和经济损失。

（2）管理制度要体现先进管理水平。管理制度是各项管理措施落地的制度保障，企业要结合公司功能定位和管理实际，制订切实反映先进的管理理念、管理方法、简约易行的企业管理制度，推动公司管理水平的提升和战略目标的落地。

（3）管理制度稳定性与适应性应有效统一。公司规章制度既要把经实践检验行之有效的管理方式予以延续，以保持有效执行落地，又要根据各类因素的变化，不断调整管理方式及管理制度，以适应企业复杂的内外部环境。

（4）管理制度要与企业文化相互结合。企业的所有活动都要需员工来执行，企业管理制度也必然会体现在员工的价值理念中，即以企业文化的形式表现出来。管理制度可以推动良好企业文化的形成与传承，企业文化是也保证管理制度有效执行的无形力量，企业规章制度建设管理模式的构建须与企业文化相结合。

（5）建立规章制度的效力等级体系。如果制度没有依重要程度和效力等级划分的体系，难以保证公司确立的生产经营管理的指导思想、基本原则和要求在公司规章制度中得以正确体现，无法通过效力等级的约束保证不同层次之间制度的一致性。

（6）制度体系的管理机制的科学性。管理制度的制订、审核、执行、评估、修订等各项工作都需要一套机制来保障。而制度的管理机制就是按照制度的内在规律的要求，结合企业管理的实际情况，进行制度的动态管理，建立规章制度的制订、审核、执行、评估机制，对一些不适应形势发展要求的制度进行及时修订或废止。

（三）信息系统

良好的系统规划可以保证管理信息系统能够支持组织长期战略目标的实现，更有效地开发使用组织的信息资源和信息系统，使管理信息系统的建设能够在统一的组织目标、发展战略及有效的环境下进行。因此，企业应建立和完整业务信息系统，规范信息的收集、整理、传递和使用等，有效支持管理者决策，信息系统评价主要从以下四个维度进行。

1. 信息化治理维度

信息化治理指的是一个企业开展信息化工作所需的全部信息化能力，包括战略、规划、计划、实施、维护、资源保障等，是公司信息化最为重要的软实力。公司信息化建设与运行的成败很大程度上取决于公司信息化治理能力的强弱。通过评估清楚了解一流信息化治理能力的特征和要点，以此推动企业信息化治理能力的建设和提升，为企业信息化建设提供管理体制和能力上的保障。

2. 平台与基础设施指标

平台与基础设施指支撑和保障企业各类业务应用系统安全、可靠、高效运行所需要的各种通用技术平台（如企业门户、应用集成平台）以及网络及硬件基础设施。平台与基础设施指标关注于企业的通用技术平台和基础设施的边界划分和功能／技术要求，从而带动技术平台与基础设施的规范建设。

3. 业务协同优化指标

业务协同指是在将企业运营过程中的各业务单元纵向运转、横向协作的依赖关系。业务协同优化指标关注如何通过信息化建设有效促进核心业务绩效提升，如何通过打破部门间信息壁垒促进各部门之间更紧密的业务协同。从企业全局角度实现业务集成和信息共享，提升企业精益化运营管理水平。

4. 决策支持指标

决策支持也称辅助决策，即为企业管理者的决策提供信息、建议和方案等以协助完成决策。决策支持指标关注于实现业务数据综合利用和智能分析，目标是在数据仓库建设的基础上，通过信息化建设实现对企业生产经营行为的辅助决策。

第2节　运营管理流程

一、制订营运计划

营运计划，是指企业根据战略决策和营运目标的要求，从时间和空间上对营运过程中各种资源所做出的统筹安排，主要作用是分解营运目标，分配企业资源，安排营运过程中的各项活动。

计划工作是最基本的职能管理职能，也是管理流程中的首要职能和起点。组织设置、资源分配等都有赖于营运计划这个前提。没有计划就没有企业营运，为了使企业中的各种业务活动能够有序地进行，有效控制风险，实现效益最大化，必须有科学严密的营运计划。

（一）营运计划的分类

企业的经营计划，按其计划的对象、期限、作用、层次和性质等的不同，常见有以下几种分类：

（1）按计划对象划分，有综合经营计划和单项经营计划。综合计划是以企业总体发展为对象所进行的规划，单项计划是以某项生产经营活动为对象而制订的计划。

（2）按计划内容划分，有销售、生产、供应、财务、人力资源、产品开发、技术改造和设备投资等营运计划。

（3）按管理层次划分，有企业经营计划、车间经营计划和各职能部门经营计划，班组经营计划。

（4）按计划期限划分，长期经营计划，一般定为 5 年以上；中期经营计划，一般为 2 至 5 年；短期计划，包括年度、季度、月度等计划，以年度为主。三者功能定位有较大差别：①长期经营计划的任务是选择、改变或调整企业的经营服务领域和业务单位，确定企业的发展方向和目标，确定实现目标的最佳途径和方法。长期经营计划具有明确的方向性和指导性，具有统率全局的作用。它是一种战略性规划。②中期经营计划的任务是建立企业的经营结构，为实现长远经营计划所确定的战略目标设计合理的设备、人员、资金等的结构，以形成企业的经营能力和综合素质。中期经营计划起着承上启下的重要纽带作用。③短期经营计划的任务是适应企业内外的实际情况，组织和安排好企业的经营活动，以分年度逐步实现企业的经营目标。

（二）营运计划制订原则

（1）实事求是原则。营运计划的制订一定要面向未来，充分预计发展趋势及速度使计划适应新的发展、新的形势。但必须从企业实际情况出发，科学预测未来发展态势，实事求是，既要避免经营目标过低，没有挑战性，难以激发管理层和员工主动性，又要杜绝好高骛远，脱离实际"空谈"计划，无法落地实施。

（2）平衡性原则。企业制订营运计划时，应平衡好：①整体和局部的平衡，既要考虑营运的各个环节，顾及各个环节的局部利益，也要从整个系统的角度出发，保全企业的整体利益。②各环节的平衡，有效平衡可能对营运过程中的研发、生产、供应、销售等存在影响的各个方面，使其保持合理的比例关系。③轻重缓急的平衡，既要认清主次，抓住关键及重点，又要解决好影响全局的问题。

（3）灵活性原则。"明者因时而变，知者随事而制"。企业应当充分考虑未来的不确定性，在营运计划要体现出超前性和预见性，要充分考虑可能出现的问题，并适时调整，不断完善，使营运计划保持一定的灵活性和弹性。

（4）责任明确原则。制订营运计划要梳理好工作内容，明确工作任务和目标要求，明确工作进程和推进举措，明确时间节点和相关责任人。还可以制订工作推进表，将任务细化为多个关键节点，明确每个节点需要做什么、怎么做。

（三）营运计划的制订流程

1. 内外部信息的充分收集与分析

企业在制订营运计划时，充分分析宏观经济形势、行业发展规律以及竞争对手情况等内外部环境变化，同时还应评估企业自身研发、生产、供应、销售等环节的营运能力，客观评估自身的优势和劣势以及面临的风险和机会等，进而开展各项营运预测，将其作为战略更新、营运计划制订的基础和依据。

（1）历史经营分析。对企业在本年度的经营管理成果进行检视，回顾实际业绩与计划目标及同行业的差距，总结当年未实现的经营目标的经验教训。

（2）企业实力分析。在当年经营分析的基础上，结合企业的过去发展，对企业的实力进行客观的评估，包括企业内部环境分析。说明"目前企业处于什么状况"，以明确企业的优势和劣势，进而明确"企业今后能做什么"。

（3）外部环境分析。是对企业所面临的大环境、行业环境及竞争环境的分析，以找出环境的变化给企业带来的确定的或潜在的机会与威胁，进而明确"企业今后必须做什么"。

2. 更新企业战略规划与明确年度营运目标

战略目标和年度营运目标是营运计划的指引，是编制营运计划的重要输入。在企业内外部信息分析与研究基础上，通过问题盘点与研究，分析战略更新要点，更新战略规划，明确方向性问题，如产业方向、市场定位、营销策略、销售渠道、管理策略及战略目标等。

战略目标明确后，我们需要将战略目标进一步细化为年度营运目标和关键经营指标。这些指标要和企业各个中心和重点部门共同研讨，指标就是各个中心的绩效 KPI 指标的基础，指标推动年度战略目标实现，而年度战略目标是依靠这些指标来保障的。

3. 确定年度各项经营策略

为实现企业各项经营指标，首先必须明确企业重点的经营策略与思路，选择适合企业的经营策略，并作为营计划制订的纲要。通过分析所有可能实现经营目标采取的方针、方案和竞争方式，如各种经营方法、战术思路、增收节支突破点等，并分析各项经营策略的财务影响，保证年度经营目标有效达成。经营策略要体现在企业计划年度的工作重点，体现促进企业各项指标的实现，也就是说明经营策略是企业完成经营目标的行动保证。

4. 制订具体的营运工作行动计划

根据经营策略确定的重要措施和日常经营管理工作需求，企业应采取自上而下、自下而上或上下结合的方式制订营运计划，充分调动全员积极性，通过沟通、讨论达成共识。

工作计划重点是企业在下一年度重要活动、时间安排及职责分工，以方便各计划编制单位在制订本部门计划时，对自己的实施方案和行动计划进行更合理的部署，让各计划单位明确下一年"在什么时间有什么事必须要做"。

专题项目工作计划应该明确项目负责人，由项目负责人将项目分解成子项目，子项目分解成具体的工作事件，而每一个项目、子项目和具体的事件都有关键的时间、负责人、行动方法备注和费用，让项目工作组成了企业年度的工作板块。

5. 确定年度整体工作路线图

依据各计划单位的工作计划，充分考虑各层次营运目标、业务计划、管理指标等方面的内在逻辑联系，形成涵盖各价值链的、不同层次和不同领域的、业务与财务相结合的、短期与长期相结合的年度整体工作路线图，然后根据营运计划管理流程，对营运计划进行逐级审批。企业各部门应在已经审批通过的营运计划基础上，进一步制订各自的业务计划，并按流程履行审批程序。

年度整体工作路线图就如同企业工作的航标和灯塔，每一个部门都能够清楚清晰地知道在每一个月、每一个季度、整体年度的重点关键工作和时间节点在哪里。

另外，企业还应对未来的不确定性进行充分的预估，在科学营运预测的基础上，制订多方案的备选营运计划，以应对未来不确定性带来的风险与挑战。

二、执行营运计划

营运计划执行包括从营运计划审批下达到计划期结束的全过程，包括通过任务分解、责任落实、过程监督、信息反馈等各项管理活动，促使企业各部门严格以营运计划为标准从事各项生产经营活动，保证计划执行不偏离原定目标。

为了确保营运计划得到有效执行，企业需要将业务目标和工作内容进行层层分解，落实各个责任中心，并通过签订《业务目标责任书》的方式，建立计划执行的激励与约束机制，确保营运计划的有效贯彻和执行。

（一）分解营运计划

营运计划分解是对业务目标和内容进行细化和落实的过程，目的是明确责任主体，保证业务目标的实现。企业要根据内部的组织构架、生产经营特点、管理基础和人员状况，从横向、纵向和时间三个方面尽可能地将营运计划进行分解。

横向分解是指将企业营运计划按部门分解，纵向分解是指各项营运计划目标和内容要层层分解落实到每个部门、车间和岗位，时间分解是指预算的各项指标要分解落实到每个季度、月份，甚至旬、周、日。计划分解要尽量详细、具体，使所有业务目标和内容都落实到具体时间和主体。

（二）监督控制机制

为了强化营运监控，确保企业营运目标的顺利完成，企业应建立配套的监督控制机制，结合自身实际情况，按照日、周、月、季、年等频率建立营运监控体系，及时记录营运计划执行情况，进行差异分析与纠偏，持续优化业务流程，确保营运计划有效执行，并按照 PDCA 管理原则，不断优化营运监控体系的各项机制，做好营运监控分析工作。

企业的营运监控分析应以本期财务和管理指标为起点，通过指标分析查找异常，并进一步揭示差异所反映的营运缺陷，追踪缺陷成因，提出并落实改进措施，不断提高企业营运管理水平。其基本任务是发现偏差、分析偏差和纠正偏差：

（1）发现偏差。企业通过各类手段和方法，分析营运计划的执行情况，发现计划执行中的问题。

（2）分析偏差。企业对营运计划执行过程中出现的问题和偏差原因进行研究，采取针对性的措施。

（3）纠正偏差。企业根据偏差产生的原因采取针对性的纠偏对策，使企业营运过程中的活动按既定的营运计划进行，或者对营运计划进行必要的调整。

【例 5-1】 营运计划执行控制样表，如表 5-1 所示。

表 5-1　营运计划执行控制样表

工作计划执行控制表											
（日期：　年　月　日）											
序号	项目	工作内容	计划		调整			责任部门/人	督办人	目前进度	风险提示	解决方案
			开始时间	完成时间	第一次	第二次	第三次					
1												
2												
3												
4												
5												
6												

通过分析营运计划与执行的差异，追溯原因；根据差异分析采取恰当的措施，并进行分析和报告。企业应将营运监控分析的对象、目的、程序、评价及改进建议形成书面分析报告。分析报告按照分析的范围及内容

可以分为综合分析报告、专题分析报告和简要分析报告；按照分析的时间分为定期分析报告和不定期分析报告。

企业可以建立信息报送、收集、整理、分析、报告等日常管理机制，保证信息传递的及时性和可靠性；建立营运监控管理信息系统、营运监控信息报告体系等，保证营运监控分析工作的顺利开展。

三、调整营运计划

营运计划一旦批准下达，一般不予调整。但企业在营运计划执行过程中，应关注和识别存在的各种不确定因素，如宏观经济形势、市场竞争形势等发生重大变化，分析和评估其对企业营运的影响，适时启动调整原计划的有关工作，确保企业营运目标更加切合实际，更合理地进行资源配置。

（一）调整营运计划的条件

一般情况下，当出现以下情况，由经营管理部提出对年度经营计划进行调整的建议：

（1）宏观经济形势、市场竞争形势等外部环境发生了较大变化，已经无法按照原定计划执行；

（2）公司战略进行了重大调整，确立了新的业务发展重点，将不执行原定营运计划；

（3）实际执行情况与原制订年度经营计划偏差较大，无法按照原计划执行的；

（4）年度经营计划已经提前完成，需要制订新的计划指导下一步工作的。

【例5-2】 国际金融报新闻，2018年美国经济情况不景气，油价高涨，两大原因促使美国两大汽车巨头通用、福特近期宣布调整运营计划。

"今年上半年美国经济和市场状况开始变得更加困难。"通用汽车公司董事长兼首席执行官瓦格纳6月3日在通用汽车的年度股东会议上说："同时，汽油价格的持续上涨正在改变消费者的购买行为，这些因素正在显著影响着美国汽车市场的销售格局。"

通用汽车6月3日宣布了一系列战略措施，以积极应对北美市场对燃油经济型汽车需求的快速增长。

这些措施主要包括：为了进一步加强燃油经济型产品系列，批准开发新一代紧凑型雪佛兰车型计划；为应对美国汽车市场的消费趋势变化，将增加生产小型和中型汽车，并减少生产皮卡和以卡车底盘开发的SUV。

通用汽车还计划9月在密歇根州的Orion装配中心增加第三个班次，生产热销的雪佛兰Malibu和庞蒂亚克G6；在俄亥俄州的lords town整车装配厂增加第三个班次，生产雪佛兰Cobalt及庞蒂亚克G5。随着市场对卡车需求的下降，通用汽车将停止在4家工厂的卡车生产。

美国第二大汽车制造商福特汽车公司近日也表示，由于商品价格高涨和美国业务持续疲软抵消了海外市场强劲的影响，公司取消对2009财年汽车业务扭亏为盈的预期。公司计划在今年余下时间进一步减少北美产量。

福特汽车首席执行官艾伦·穆勒利表示，除非美国的经营环境迅速出现改观，否则实现北美汽车业务盈利需要更长时间。但他预计这种改观的可能性不大。

（二）调整营运计划的流程

企业应建立营运计划调整的流程和机制，规范营运计划的调整。营运计划的调整应由具体执行的所属企业或部门提出调整申请，经批准后下达正式文件，主要流程包括：①各部门提出调整建议，报分管领导、计划管理部门审核后，报企业管理层进行审核；②企业管理层审批通过后由经营管理部组织制订调整后的年度经营计划，并按相关程序进行审批；③重新下发审批通过后的年度经营计划到各部门及张贴与签收确认。④企业在做出营运计划调整决策时，应分析和评估营运计划调整方案对企业营运的影响，包括对短期的资源配置、营运成本、营运效益等的影响以及对长期战略的影响。

四、营运绩效管理

营运绩效管理是指各级管理者和员工为了达到企业经营目标共同参与绩效计划制订、绩效沟通反馈、绩效考核评价、绩效管理提升的持续循环过程。由此可见，绩效管理不限于绩效评价，绩效管理与营运计划相伴而生，并伴随营运计划执行的全过程。

（一）制订绩效计划

绩效计划是关于工作目标和工作标准的契约，是绩效双方在充分沟通的基础上，就绩效目标和绩效标准达成一致认识，是对企业战略目标和经营计划的分解。经营计划不能替代绩效计划，必须根据绩效管理的自身运作规律制订，主要步骤包括：

首先，确定绩效管理指标。绩效管理指标应以企业营运管理指标为基础，做到无缝衔接、层层分解，确保企业营运目标的落实。

其次，分解绩效目标值。以营运计划为基础，制订绩效管理指标体系，明确绩效指标的定义、计算口径、统计范围、绩效目标、评价标准、评价周期、评价流程等内容，确保绩效指标具体、可衡量、可实现、相关以及具有明确期限。

最后，以业务目标责任书形式确立下来。签订《业务目标责任书》是规范营运计划执行的重要措施，也是建立管理激励与约束机制的重要内容。通过签订《业务目标责任书》，企业实现了以契约的形式将自己的整体目标和工作计划具体落实为各级部门和个人的工作目标。通过签订《业务目标责任书》还可以使签订双方都清楚完成责任目标，各级部门和个人将得到哪些奖励和结果，以及完不成责任目标而受到什么样的惩罚和后果，从而调动各部门和个人严格按计划实施生产经营活动的自觉性。

签订《业务目标责任书》的层次和方式需要根据企业的经营规模和组织结构等情况决定。集团化企业一般需要签订多个层次的《业务目标责任书》，包括董事会与总经理签订、集团公司与控股子公司签订、子公司与各级部门、部门与员工签订等。对于一般企业而言，至少需要签订以下两个层次的《业务目标责任书》。

一是董事会与公司总经理签订《业务目标责任书》。按照现代企业法人治理结构的内容和业务管理的内在要求，董事会是企业的决策机构，总经理是企业的经营管理者。董事会做出的决策需要通过总经理去贯彻、实施。因此，通过董事会与总经理签订《业务目标责任书》的形式可以明确董事会与总经理在企业管理中的责任和权利，使总经理在规定的权利范围内，行使生产经营的指挥权，并承担相应的责任。

【例 5-3】 企业目标责任书例样，如表 5-2 所示。

表 5-2　公同经营目标管理责任书

公司经营目标管理责任书
为了确保集团公司 20XX 年度各项经营计划工作指标得以实现，经集团公司与各子公司责任人共同商讨，确定全年工作责任目标如下： 　　一、经营目标 　　1. 全年总收入 ＿＿ 万元； 　　2. 上缴公司管理费 ＿＿ 万元； 　　3. 净利润额 ＿＿ 万元。 　　二、管理目标 　　1. 全年不发生重大安全责任和质量事故； 　　2. 设施设备的使用完好率达 96% 以上； 　　3. 员工对公司的满意率达 90% 以上； 　　4. 管理服务工作客户满意率达 95% 以上。 　　三、专项目标 　　1. 公司信息系统完成目标进度； 　　2.A 工程项目完成竣工验收并投入使用； 　　3. 组织架构调整方案通过职代会批准。 　　四、奖罚规则 　　1. 以净利润额作为提取奖金的基数。未完成净利润目标总额，基础工资按年薪分月发放；超额完成净利润目标总额，超额部分的 40% 作为奖金基数； 　　2. 以管理目标的完成情况为作考核系数。具体考核系数的计算方法详见正式发布的《公司绩效管理办法》。 　　3. 所得奖金的 20% 归经营责任人，其余 80% 由经营责任人拿出分配方案报集团公司后全员分配。 　　4. 本经营目标责任书自签订之日起生效。
集团公司领导：　　　　　　　　　　　经营目标责任人： 　　年　月　日　　　　　　　　　　　　年　月　日

　　二是总经理与各部门负责人签订《业务目标责任书》。企业各个部门是营运计划的具体执行者。因此，总经理与各部门签订《业务目标责任书》是落实预算责任的核心。各部门负责人与总经理签订《业务目标责任书》以后，要将业务责任落实到每个岗位和员工，构建"千斤重担众人挑，人人肩上有指标"的责任体系。

【例 5-4】 部门和员工目标责任书例样，如表 5-3 所示。

表 5-3　20×× 年度绩效合同

部门（员工）：

序号	绩效指标	权重	评价标准	主要问题点	主要措施	完成时间	备注
1							
2							
3							
4							

绩效变更情况：

绩效沟通情况：

管理者：	责任人：

（二）绩效考核与反馈

绩效考核是一项系统工程，通过对照经营目标和绩效标准，采用科学的考核方式，评定各部门和员工的经营任务完成情况、工作职责履行程度等。常见绩效考核方法包括 BSC、KPI、360 度考核等。同时，考核应是一个常态的，这种常态应该体现在日常考核上。考核固然需要按阶段来进行，不能年终考核"一锤定音"。

绩效评价结束后对评价结果的反馈，便于责任部门和个人总结经验，不断提升。通常很多企业这项工作开展得不好，要么不反馈，要么只是简单地签字交差，没有中间的过程。这既是对企业绩效管理的制度的忽视，也是对员工的不负责。一个阶段的绩效评价结束后，考评人一定要将评价结果通过面谈的方式告诉员工，与员工就评价结果达成一致理解，并真诚地指出员工存在的不足，提出建设性的改进意见，如果企业没有做这项工作，我们就不能认为这个企业的绩效管理体系是有效的。

（三）绩效管理提升

每次管理循环结束，企业都要对绩效管理体系进行系统的诊断，从中发现存在的问题和不足，然后加以改进，使之不断得到改善和提高，呈螺旋式上升的态势。

第 3 节 本量利分析详解与应用案例

一、本量利分析的基本概念

（一）本量利分析的定义

本量利分析，是指以成本性态分析和变动成本法为基础，运用数学模型和图式，对成本、利润、业务量与单价等因素之间的依存关系进行分析，发现变动的规律性，为企业进行预测、决策、计划和控制等活动提供支持的一种方法。其中：

"本"是指成本，包括固定成本和变动成本；

"量"是指业务量，一般指销售量；

"利"一般指营业利润。

该方法是在成本性态分析的基础上发展起来的，主要研究销量、价格、成本和利润之间的相互关系。任何分析理论和方法都是建立在一定假设的前提下才能成立，其内容才能严谨和完善，本量利分析的基础假设是：

（1）成本态性假设。本量利分析既然是建立在成本性态分析基础上的一种方法，那么成本性态的基本假设也就构成了本量利分析的基假设，即：企业的全部成本可以合理地或比较准确地分解为固定成本和变动成本，并且在一定业务范围内，固定成本保持不变，变动成本与业务量呈完全线性关系。

（2）销售价格不变的假设。本量利分析假设销售价格不随着业务量的增减而变动，销售收入与业务量呈现完全的线性关系，即 Y=PX（Y 为销售收入，P 为销售单价，X 为销售数量）。在坐标图中，这是一条过原点的直线，其斜率就是销售单价。

（3）品种结构不变假设。本假设是指在一个多业务品种的企业中，各种产品的销售收入在总收入中所占的比重保持稳定。由于不同产品的获利能力不同，甚至有较大差异，当企业产销的品种结构发生较大变化时，势必导致预计利润与实际利润之间出现较大的差异。

本量利分析的基本原则和分析法在企业的预测、决策、计划和控制等多方面具有广泛的用途，主要用于企业生产决策、成本决策和定价决策，也可以广泛地用于投融资决策等，是管理会计中一项基础内容。

（二）计算公式讲解

本量利分析的基本公式为：

营业利润 =（销售单价 – 单位变动成本）× 业务量 – 固定成本

这个公式明确表达本量利之量的数量关系，它含有 5 个相互联系的变量，给定其中 4 个，但可以求出另一个变量的值。在规划、预测利润时，通常把单价、单位变动成本和固定成本视为稳定的常量，只有销售量和利润两个自由变量。给定销量时，可以用此公司直接计算出预测利润；给定目标利润时，可以直接计算出应达到的销售量。

【例 5–5】 某企业每月固定成本 100 万元，生产一种产品，单价 1 000元，单位变动成本为 600 元，本月计划销售 5 000 件，问预期利润是多少？

利润 =（1 000–600）× 5 000–1 000 000=1 000 000（元）

这个公式是最基本的一种形式，它可以根据所需计算的问题变换成各种形式，或增加新的变化。如根据企业费用分类，将成本进一步细分为产品成本、管理费用和销售费用，则公式变成：

税前利润 =（销售单价 – 单位变动成本 – 单位变动销售费用管理费用）× 销售量 –（固定产品成本 + 固定销售费用和管理费用）

如果需要计算税后利润，增加所得税变量，公式变为：

营业利润 =（销售单价 × 业务量 – 单位变动成本 × 业务量 – 固定成本）×（1– 所得税率）

（三）工具评价

本量利分析的主要优点是：可以广泛应用于规划企业经济活动和营运决策等方面，简便易行、通俗易懂和容易掌握。

本量利分析的主要缺点是：仅考虑单因素变化的影响，是一种静态分析方法，且对成本性态较为依赖。

二、基于本量利分析的主要工具详解及应用案例

基于本量利分析的工具包括盈亏平衡分析、目标利润分析等。

（一）盈亏平衡分析

盈亏平衡分析（也称保本分析），是指分析、测定盈亏平衡点，以及有关因素变动对盈亏平衡点的影响等，是本量利分析的核心内容。盈亏平衡分析的原理是，通过计算企业在利润为零时处于盈亏平衡的业务量，分析项目对市场需求变化的适应能力等。

盈亏平衡点的业务量 = 固定成本 ÷（单价 − 单位变动成本）

盈亏平衡点的销售额 = 单价 × 盈亏平衡点的业务量

或，盈亏平衡点的销售额 = 固定成本 ÷（1− 变动成本率）

企业的业务量等于盈亏平衡点时，企业处于保本状态；企业的业务量高于盈亏平衡点时，企业处于盈利状态；企业的业务量低于盈亏平衡点时，企业处于亏损状态。盈亏平衡点状态意味着该点销售量下的贡献毛益都为固定成本所抵消，只有当销售量超过盈亏平衡点销售量时，其超出部分所提供的贡献毛益才能形成企业利润。

盈亏平衡点衍生出两个相关指标：一是盈亏临界点作业率，指盈亏临界点的销售量占企业销售量的百分比；二是安全边际或安全边际率，指正常销售量或现有销售量超过盈亏临界点销售量的差额或比率。当企业盈亏临界点作业率越低，或安全边际率越高，表明企业的盈利空间越大，面临亏损的风险越小。

盈亏临界点作业率 = 盈亏临界点销售量 ÷ 正常销售量 ×100%

安全边际率 =（正常销售量 − 盈亏临界点销售量）÷ 正常销售量 × 100%

盈亏平衡分析所提供的信息，对于企业合理计划和控制经营活动作用极大，如预算成本、收入、利润、售价、销量的变动对利润的影响等。盈亏平衡分析包括单一产品的盈亏平衡分析和产品组合的盈亏平衡分析。

1.盈亏平衡分析公式

1）单一产品的盈亏平衡分析

当企业只生产一种产品，或多种产品固定成本相互独立时，可针对每种产品逐一进行盈亏平衡分析。

【**例 5-6**】 A 企业只生产销售一种产品，该产品的单位销售价为 100元，单位变动成本为 60 元，固定成本 40 000 元，则盈亏临界点为：

盈亏临界定的销售量为：40 000÷（100-60）=1 000（件）

盈亏临界定的销售额为：40 000÷（1-60÷100）=100 000（元）

2）产品组合的盈亏平衡分析

当产品的固定成本相互关联，难以区分，则需对产品进行分组，然后再进行盈亏平衡分析，如相同车间生产的多种产品，车间管理成本是该车间所生产产品的固定成本，无法直接归属于各产品，则该产品所生产产品就可以按产品组合进行盈亏平衡分析，再如同一生产装置可以生产不同型号的产品，该设备折旧就公共固定成本。

产品组合的盈亏平衡分析是在掌握每种单一产品的边际成本率的基础上，按各种产品销售额的比重进行加权平均，据以计算综合边际贡献率，从而确定多产品组合的盈亏平衡点。企业通常运用产品组合的盈亏平衡点分析优化产品组合，提高获利水平。

首先，计算单产品变动成本率和综合变动成本率

综合变动成本率 = ∑某产品变动成本率 × 该产品销售额 ÷ 各种产品销售额之和

其次，根据综合变动成本率，采用盈亏平衡计算公式，计算盈亏平衡点。

盈亏平衡点的销售额 = 固定成本 ÷（1- 综合变动成本率）

或盈亏平衡点的销售额 = 固定成本 ÷ 综合边际贡献率

综合边际贡献率 =1- 综合变动成本率

【**例 5-7**】 A 企业只生产销售甲乙两种产品，产品单位销售价分别为100 元、200 元，年销售额分别为 40 000 元、60 000 元，单位变动成本分别为 60 元、100 元，固定成本 40 000 元，则盈亏临界点为：

甲产品变动成本率 =60÷100×100%=60%

乙产品变动成本率 =100÷200×100%=50%

综合变动成本率 =60%×［40 000÷（40 000+60 000）]+50%×［60 000÷（40 000+60 000）]=54%

盈亏平衡点的销售额 =40 000÷（1–54%）=86 957（元）

2.**盈亏平衡图**

企业可以将盈亏临界点分析反映在直角坐标中，使用本量利关系图进行分析，具有形象直观、简明易懂的特点，但由于本量利关系图，需依靠目测绘制，所以不可能十分准确，通常应与公式法配合使用。本量利关系图按照数据的特征和目的分类，可以分为传统式、贡献毛益式和利量式三种图形。

（1）传统式本量利关系图是最基本、最常见的本量利关系图形（如图5-1所示）。

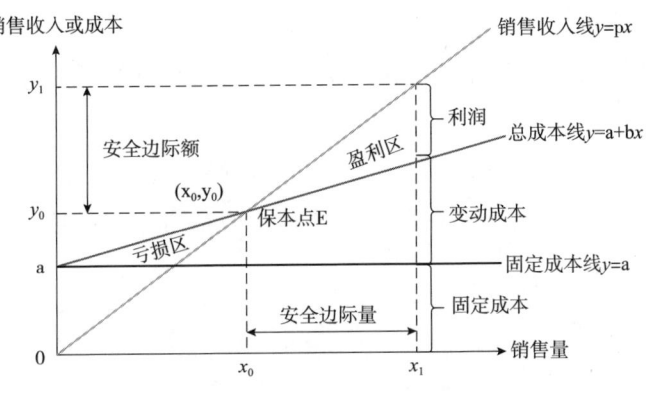

图 5-1　传统式本量利关系图

绘制方法如下：

①在直角坐标系中，以横轴表示销售量，以纵轴表示成本或销售收入。

②在纵轴上找出固定成本数值，即以（0，固定成本数值）为起点，绘制一条与横轴平行的固定成本线。

③以（0，固定成本数值）为起点，以单位变动成本为斜率，绘制总成本线。

④以坐标原点（0，0）为起点，以销售单价为斜率，绘制销售收入线。

⑤总成本线和销售收入线的交点就是盈亏临界点销售量。

（2）贡献毛益式本量利关系图是将固定成本置于变动成本之上，能够反映贡献毛益形成过程的图形（如图 5-2 所示）。

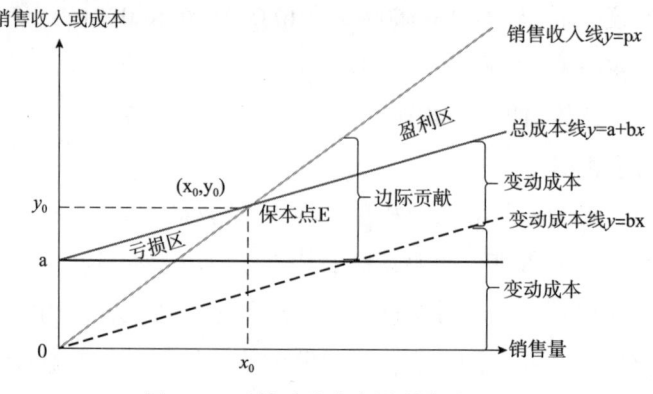

图 5-2　贡献毛益式本量利关系图

绘制方法如下：

①在直角坐标系中，以横轴表示销售量，以纵轴表示成本或销售收入。

②从原点出发分别绘制销售收入线和变动成本线.

③以纵轴上的（0，固定成本数值）点为起点绘制一条与变动成本线平行的总成本线。

④总成本线和销售收入线的交点就是盈亏临界点销售量。

（3）利量式本量利关系图是反映利润与销售量之间依存关系的图形（如图 5-3 所示）。

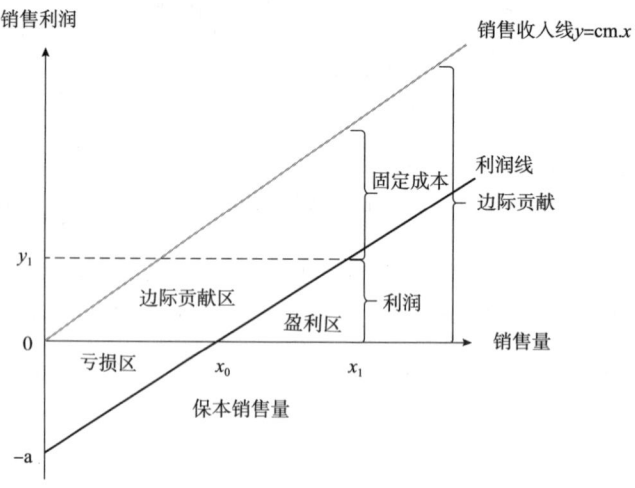

图 5-3　利量式本量利关系图

绘制方法如下：

①在直角坐标系中，以横轴代表销售量，以纵轴代表利润（或亏损）。

②在纵轴原点以下部分找到与固定成本总额相等的点（0，固定成本数值），该点表示销售量等于零时，亏损额等于固定成本；从点（0，固定成本数值）出发画出利润线，该线的斜率是企业贡献毛益。

③利润线与横轴的交点即为盈亏平衡点销售量。

3. 相关因素变动对盈亏临界点的影响

在计算盈亏临界点时，我们假设固定成本、单位变动成本、销售价格及产品品种构成等因素不变。而实际上，这些因素在企业生产经营过程中是经常变动的，并由此引起盈亏临界点的升降变动：固定成本与变动成本的下降、销售价格的提高会使盈亏平衡点降低；反之固定成本与变动成本的上升、销售价格的上降则会使盈亏平衡提高；至于产品结构变化的影响较为复杂，与各种产品的获利能力有关。

【例 5-8】 A 企业只生产销售甲乙两种产品，产品单位销售价分别为 100 元和 200 元，年销售额分别为 50 000 元和 50 000 元，单位变动成本分别为 60 元和 100 元，固定成本 40 000 元，则盈亏临界点为：

甲产品变动成本率 =60÷100×100%=60%

乙产品变动成本率 =100÷200×100%=50%

综 合 变 动 成 本 率 =60%×［50 000÷（50 000+50 000）］+50%×［50 000÷（50 000+50 000）］=55%

盈亏平衡点的销售额 =40 000÷（1-55%）=88 889（元）

情形 1：如果甲乙产品年销售额变成为 40 000 元和 60 000 元

综 合 变 动 成 本 率 =60%×［40 000÷（40 000+60 000）］+50%×［60 000÷（40 000+60 000）］=54%

盈亏平衡点的销售额 =40 000÷（1-54%）=86 957（元）

情形 2：如果甲乙产品年销售额变成为 60 000 元和 40 000 元

综 合 变 动 成 本 率 =60%×［60 000÷（60 000+40 000）］+50%×［40 000÷（60 000+40 000）］=56%

盈亏平衡点的销售额 =40 000÷（1-56%）=90 909（元）

从上例中可以看出，当获利能力高的产品比重上升时，盈亏平衡点下降，当获利能力低的产品比重上升时，盈亏平衡点上升。

（二）目标利润分析

盈亏平衡分析是研究企业利润为零时的经营状态，但企业目标不是零利润，而是尽可能多的实现利润。目标利润分析是盈亏平衡分析的延伸和拓展，是为了企业分析和预算目标利润。目标利润分析是在本量利分析方法的基础上，计算为达到目标利润所需达到的业务量、收入和成本的一种利润规划方法，该方法应反映市场的变化趋势、企业战略规划目标以及管理层需求等。

实现目标利润的业务量 =（目标利润 + 固定成本）÷（单价 – 单位变动成本）

实现目标利润的销售额 = 单价 × 实现目标利润的业务量

或　　实现目标利润的销售额 =（目标利润 + 固定成本）÷ 边际贡献率

企业应结合市场情况、宏观经济背景、行业发展规划以及企业的战略发展规划等确定目标利润，并在假定其他因素不变时，通常应提高销售数量或销售价格，降低固定成本或单位变动成本，来实现既定的目标利润。

目标利润分析包括单一产品的目标利润分析和产品组合的目标利润分析。单一产品的目标利润分析重在分析每个要素的重要性。产品组合的目标利润分析重在优化企业产品组合。

1. 单一产品的目标利润分析

企业在应用该工具进行如何提高销售量的策略分析时，可以根据市场情况的变化对销售价格进行调整，降价通常可能促进销售量的增加，提价通常可能使销售量下降；在市场需求极为旺盛的情况下，可以通过增加固定成本支出（如广告费、租赁设备等）、扩大生产能力来扩大销售量。

【例 5-9】 某企业生产和销售单一产品，产品单价 100 元，变动成本 40 元，固定成本 40 000 元，如目标利润定为 20 000 元，则：

实现目标利润的销售量 =（40 000+20 000）÷（100–40）=1 000（件）

实现目标利润的销售额 =（40 000+20 000）÷（1–40÷100）=100 000（元）

2. 产品组合的目标利润分析

在单一产品的目标利润分析基础上，依据分析结果进行优化调整，寻找最优的产品组合。基本分析公式如下：

实现目标利润的销售额 =（综合目标利润 + 固定成本）÷（1- 综合变动成本率）

实现目标利润的销售额 = 固定成本 ÷（1- 综合变动成本率 – 综合目标利润率）

【例 5-10】　A 企业只生产销售甲乙两种产品，产品单位销售价分别为 100 元和 200 元，单位变动成本分别为 60 元和 100 元，固定成本 40 000 元，如产品收入结构为 4∶6，目标利润定为 2 000 元，则：

实现目标利润的销售额 =（40 000+2 000）÷（1-54%）=91 304（元）

企业在应用该工具进行优化产品产量结构的策略分析时，在既定的生产能力基础上，可以提高具有较高边际贡献率的产品的产量。

三、本量利分析的应用案例

某企业只生产一种产品，产销平衡。预计年产销量 30 000 件，单位售价为 2 元，单位变动成本为 1.5 元，计划期固定成本为 10 000 元。该企业拟计划采取甲、乙方案提供的如下措施，优化目前的营销策略。

甲方案：单价由原来的 2 元提高到 2.5 元，但为了使产品预期的销售量能顺利销售出去，全年需增加广告费支出 1 000 元。

乙方案：假设企业的生产能力还有剩余，能增加产量，可以采取薄利多销策略，单价降低 0.1 元，可使销售量增加 3 000 件。

分析要求：

（1）计算甲、乙两方案的盈亏平衡点的销售量。

（2）计算甲、乙两方案实现原来企业利润所需的销售量。

（3）计算甲、乙两方案比原定目标增加多少利润。

案例分析：

原盈亏临界点的销售量 =10 000 ÷（2-1.5）=20 000（件）

原企业利润 =（30 000-20 000）×（2-1.5）=5 000（元）

①盈亏平衡点的销售量。

甲方案：（10 000+1 000）÷（2.5–1.5）=11 000（件）

乙方案：10 000/［（2–0.1）–1.5］=25 000（件）

②目标利润所需销售量。

甲方案：（10 000+1 000+5 000）÷（2.5–1.5）=16 000（件）

乙方案：（10 000+5 000）÷（1.9–1.5）=37 500（件）

③利润增加额。

甲方案：（30 000–16 000）×（2.5–1.5）=14000（元）

乙方案：（30 000+3 000–37 500）×（1.9–1.5）=–1800（元）

分析结论：

通过比较可知，甲方案较好。此案例通过盈亏平衡分析和实现原来利润所需的销售量比较，并结合影响利润的因素加以分析各方案的优劣。

第4节　敏感性分析工具及应用案例

一、敏感分析的基本概念

（一）敏感分析的定义

敏感性分析，是指对影响目标实现的因素变化进行量化分析，以确定各因素变化对实现目标的影响及其敏感程度。若某因素的小幅度变化能导致目标指标的较大幅度变化，则称此因素为敏感性因素，反之则称其为非敏感性因素。敏感性分析法的目的：

（1）找出影响经济效益变动的敏感性因素，分析敏感性因素变动的原因，并为进一步管理决策提供依据；

（2）研究不确定性因素变动如引起经济效益值变动的范围或极限值，分析判断企业风险承担的能力；

（3）比较多方案的敏感性大小，以便在经济效益值相似的情况下，从中选出风险较低的投资方案。

敏感性分析有助于确定哪些风险对企业或项目具有最大的潜在影响。敏感性分析具有广泛适用性，有助于识别、控制和防范短期营运决策、长期投资决策等相关风险，如在营运计划的制订、调整以及营运监控分析、对外长期股权投资决策等程序中通常会应用到敏感性分析等。

（二）敏感分析的分类

根据不确定性因素每次变动数目的多少，敏感性分析可以分为单因素敏感性分析和多因素敏感性分析。

（1）单因素敏感性分析，是指每次只变动一个因素而其他因素保持不变时所做的敏感性分析。敏感系数反映的是某一因素值变动对目标值变动的影响程度，敏感系数的绝对值越大，该因素越敏感。有关公式如下：

某因素敏感系数 = 目标值变动百分比 ÷ 因素值变动百分比

例如，在目标利润规划中，目标值为目标利润，变动因素为销售量、单价、单位变动成本和固定成本。

（2）多因素敏感性分析，是指假定其他因素不变时，分析两种或两种以上不确定性因素同时变化对目标的影响程度所做的敏感性分析。

例如，企业在进行目标利润规划时，通常以利润基准值为基础，测算销售量、单价、单位变动成本和固定成本中两个或两个以上的因素同时发生变动时，对利润基准值的影响程度。

（三）敏感性分析工具评价

敏感性分析的主要优点是：方法简单易行，分析结果易于理解，能为企业的规划、控制和决策提供参考。

敏感性分析的主要缺点是：对决策模型和预测数据具有依赖性，决策模型的可靠程度和数据的合理性，会影响敏感性分析的可靠性。

二、敏感分析工具在短期营运决策中的应用

（一）敏感分析工具应用详解

短期营运决策中的敏感性分析主要应用于目标利润规划，应用程序一

般包括确定短期营运决策目标、根据决策环境确定决策目标的基准值、分析确定影响决策目标的各种因素、计算敏感系数、根据敏感系数对各因素进行排序等程序。

（1）确定利润基准值。在确定利润基准值时，企业通常根据正常状态下的产品销售量、定价和成本状况，使用本量利公式测算目标利润基准值。

（2）识别和确定敏感因素。企业根据本量利公式分析和识别影响利润基准值的因素，包括销售量、单价、单位变动成本和固定成本，并根据具体情况和以往经验选取对利润基准值影响较大的因素进行分析。

（3）计算敏感系数。企业在进行因素分析时，通过计算各因素的敏感系数，衡量因素变动对决策目标基准值的影响程度。

（4）各因素敏感度排序。根据敏感系数绝对值的大小对其进行排序，按照有关因素的敏感程度优化规划和决策，应重点关注敏感性因素，及时采取措施，加强控制敏感性因素，确保利润规划的完成。

另外，在对利润规划进行敏感性分析时，企业应确定导致盈利转为亏损的有关变量的临界值，即确定销售量和单价的最小允许值、单位变动成本和固定成本的最大允许值，有关公式如下：

销售量的最小允许值 = 固定成本 ÷（单价 – 单位变动成本）

单价的最小允许值 =（单位变动成本 × 销售量 + 固定成本）÷ 销售量

单位变动成本的最大允许值 =（单价 × 销售量 – 固定成本）÷ 销售量

固定成本的最大允许值 =（单价 – 单位变动成本）× 销售量

（二）敏感分析工具的应用案例

A 企业只生产销售一种产品，该产品的单位销售价为 100 元，销售量 2 000 件，单位变动成本为 60 元，固定成本 40 000 元，则影响利润的各因素的敏感性如何？

分析：

在进行敏感性分析之前，先企业应确定导致盈利转为亏损的有关变量的临界值，即确定销售量和单价的最小允许值、单位变动成本和固定成本的最大允许值。

盈亏临界定的销售量为：40 000 ÷（100–60）=1 000（件）

盈亏临界定的销售单价为：（60×2 000+40 000）÷2 000=80（元）

盈亏临界定的单位变动成本为：（100×2 000-40 000）÷2 000=80（元）

盈亏临界定的固定成本为：（100-60）×2 000=80 000（元）。

第一步，确定利润基准值：（100-60）×2 000-40 000=40 000（元）。

第二步，根据本量利公式［利润 = 销售量 ×（单价 – 单位变动成本）– 固定成本总额］，分析和识别影响利润基准值的因素，包括销售量、单价、单位变动成本和固定成本，并根据具体情况和以往经验选取销售量、单价、单位变动成本这三个对利润基准值影响较大的因素进行分析。

第三步，计算敏感系数并进行排序，如表 5-2 所示。

表 5-2　敏感系数汇总表

影响因素变动幅度	-30%	-20%	-10%	0%	10%	20%	30%
单价对利润影响	-150%	-100%	-50%	0%	50%	100%	150%
销售量对利润影响	-60%	-40%	-20%	0%	20%	40%	60%
单位变动成本对利润影响	90%	60%	30%	0%	-30%	-60%	-90%

这个表不但可以看各因素敏感度，而且还能体现出敏感度的变化趋势，如销售量和单价增加 10%，利润增长 75%，而当销售量和单价增加 20%，利润增长 160%，销售量和单价增加 30%，利润增长 255%，敏感度不是同速增长的。

第四步，对各因素敏感进行排序，如表 5-3 所示。

表 5-3　敏感系数排序表

指标	敏感度	排序
销售变动 10%	20%	3
单价变动 10%	50%	1
单位成本变动 10%	30%	2

从此排序可以看出，该企业单价对利润影响较大，其次为单位变动成本，最后为销售量，因此保持价格稳定或有序增长是企业重点工作。若价格下降 10%，销售量提高 30% 都只能完成目标的 95%。

三、敏感分析工具在长期投资决策中的应用

（一）敏感分析工具应用详解

在长期投资决策中，通过衡量投资方案中某个因素的变动对该方案预期结果的影响程度，从而做出对项目投资决策的可行性评价。具体分析步骤与短期营运决策的敏感分析步骤基本一致。另外还考虑以下因素：

（1）短期营运决策的标准相对简单，多数以效益最大为目标，但长期投资决策模型较为复杂，评价指标较多，通常投资决策标准包括净现值、内含报酬率、投资回收期、现值指数等。

（2）企业通常需要结合行业和项目特点，参考类似投资的经验，对决策目标基准值的影响因素进行识别和选取，主要影响因素包括项目的期限、现金流和折现率。

（3）长期投资决策中的敏感性分析，通常分析项目期限、折现率和现金流量等变量的变化对投资方案的净现值、内含报酬率等产生的影响。

以净现值为目标值进行敏感性分析的，可以计算投资期内的年现金净流量、有效使用年限和折现率的变动对净现值的影响程度；也可以计算净现值为零时的年现金净流量和有效使用年限的下限。

以内含报酬率为基准值进行敏感性分析，可以计算投资期内的年现金净流量和有效使用年限变动对内含报酬率的影响程度。

（二）敏感分析工具的应用案例

某集团新建一套生产装置，计划投资 4 000 万元，建设期 2 年，生产期为 10 年，装置报废时残值与清理费正好相等。投资者要求是项目投资收益率不低于 10%，其他数据如表 5-4 所示。

要求：分析该项目的敏感性因素以及应采取的措施。

表 5-4 新建生产装置项目基本情况表 单位：万元

年份	投资成本	销售收入	生产成本	净现金流量	10% 贴现系数
1	2 000			−2 000	0.909 1
2	1 500			−1 500	0.826 4

续表

年份	投资成本	销售收入	生产成本	净现金流量	10% 贴现系数
3	500	1 500	1 300	−300	0.7513
4		3 000	2 500	500	0.683
5		5 000	4 000	1 000	0.6209
6~12		6 000	4 500	1 500	3.0228
合计	4 000	51 500	39 300	8 200	

分析：

第一步，预测正常年份的各项收入与支出，以目标收益率为基准收益率，计算出目前情况下净现值（2 213 万元）。

第二步，进行各项因素的敏感性分析。

（1）投资成本。假定投资成本上升了 15%，在此条件下计算净现值（1 870 万元），比原来下降 16%，如表 5-5 所示。

表 5-5　投资成本敏感性分析表　　　　　单位：万元

年份	投资成本	销售收入	生产成本	净现金流量	现金流现值
1	2 300			−2 300	−2 091
2	1 725			−1 725	−1 426
3	575	1 500	1 300	−375	−282
4		3 000	2 500	500	342
5		5 000	4 000	1 000	621
6~12		6 000	4 500	1 500	4 534
合计	4 600	51 500	39 300	7 600	1 870

（2）生产成本。现假定项目投产后生产成本上升 10%，其余条件不变。在此条件下计算净现值（336 万元），比原来下降是 85%，如表 5-6 所示。

表 5-6　生产成本敏感性分析表　　　　　单位：万元

年份	投资成本	销售收入	生产成本	净现金流量	现金流现值
1	2 000			−2 000	−1 818
2	1 500			−1 500	−1 240
3	500	1 500	1 430	−430	−323
4		3 000	2 750	250	171
5		5 000	4 400	600	373

续表

年份	投资成本	销售收入	生产成本	净现金流量	现金流现值
6~12		6 000	4 950	1 050	3 174
合计	4 000	51 500	43 230	4 270	336

（3）销售价格。现假定项目投产后产品销售价格下降了10%，其余条件不变。在此条件下计算净现值为-228万元，比原来下降110%，如表5-7所示。

表5-7 销售价格敏感性分析表　　　　　　单位：万元

年份	投资成本	销售收入	生产成本	净现金流量	现金流现值
1	2 000			-2 000	-1 818
2	1，500			-1 500	-1 240
3	500	1 350	1 300	-450	-338
4		2 700	2 500	200	137
5		4 500	4 000	500	310
6~12		5 400	4 500	900	2 721
合计	4 000	46 350	39 300	3 050	-228

第三步，敏感性分析进行汇总对比，如表5-8所示。

表5-8 三个因素敏感性分析汇总表

序号	敏感因素	净现值（万元）	变动率
0	基本情况	2 213	
1	投资成本增加10%	1 870	-16%
3	生产成本增加10%	336	-85%
4	销售价格下降10%	-228	-110%

该项目的净现值对销售价格更为敏感，对投资成本敏感度最小，但是，建设期结束后，投资成本将影响项目全生命过程，而成本和价格会经常性变动，有时一次剧烈价格变动只会影响较小时间。因此从敏感度的角度分析，我们更应注意投产后的管理，但从影响时间范围的角度分析，我们也不能放松对投资期成本的管理。

在本例中，存在一个问题，就是计算某因素敏感系数时，没有考虑因素变动的概率，某些情况下因素敏感系数可比性不强。比如，成熟市场中价格变动 10% 的可能性也许只有 20% 的可能性，而因管理不善，投资成本增长 10% 的可能性高达 90%。为此，有些企业比较各因素变动一个方差时，目标指标的变动额。这些延伸的方法尚未经科学论证，只是大家实际工作中的经验总结，在此不作详述。

第 5 节　边际分析工具及应用案例

一、边际分析的基本概念

（一）边际分析的定义

经济学中，有边际效益的概念，是指其他投入固定不变时，连续地增加某一种投入，所新增的产出或收益，而边际效益有递减的规律。但管理会计工具中的边际分析则是建立在成本性态分析的基础上，是假设一定范围内单价、单位变动成本、固定成本保持不变的情况，即边际贡献是保持不变，而不是递减。

边际分析，是指分析某可变因素的变动引起其他相关可变因素变动的程度的方法，以评价既定产品或项目的获利水平，判断盈亏临界点，提示营运风险，支持营运决策。 企业在开展制订营运计划的、营运监控分析等程序过程中，通常在进行本量利分析、敏感性分析的同时运用边际分析工具。

（二）工具评价

边际分析的主要优点在于，可有效地分析业务量、变动成本和利润之间的关系，通过定量分析，直观地反映企业营运风险，促进提高企业营运效益。

边际分析的主要缺点在于，决策变量与相关结果之间关系较为复杂，所选取的变量直接影响边际分析的实际应用效果。

二、边际分析工具详解

边际分析工具主要包括边际贡献分析、安全边际分析等。

（一）边际贡献分析

边际贡献总额是产品的销售收入扣除变动成本总额后给企业带来的贡献，进一步扣除企业的固定成本总额后，剩余部分就是企业的利润。边际贡献率，是指边际贡献在销售收入中所占的百分比，表示每 1 元销售收入中边际贡献所占的比重。

边际贡献和边际贡献率两个指标相关计算公式如下：

边际贡献总额 = 销售收入 – 变动成本总额

单位边际贡献 = 单价 – 单位变动成本

边际贡献率 = 边际贡献 ÷ 销售收入 ×100%

  = 单位边际贡献 ÷ 单价 ×100%

当边际贡献总额大于固定成本时，利润大于 0，表明企业盈利；当边际贡献总额小于固定成本时，利润小于 0，表明企业亏损；当边际贡献总额等于固定成本时，利润等于 0，表明企业保本。

通过分析边际贡献，可以衡量产品为企业贡献利润的能力。当企业面临资源约束，需要对多个产品线或多种产品进行优化决策或对多种待选新产品进行投产决策的，可以通过计算边际贡献以及边际贡献率，评价待选产品的盈利性，优化产品组合。如计算现有各条产品线或各种产品的边际贡献并进行比较，增加边际贡献或边际贡献率高的产品组合，减少边际贡献或边际贡献率低的产品组合。

（二）安全边际分析

安全边际是指实际销售量或预期销售量超过盈亏平衡点销售量的差额，体现企业营运的安全程度。衡量企业承受营运风险的能力。安全边际率是指安全边际与实际销售量或预期销售量的比值。

安全边际和安全边际率两个指标公式如下：

安全边际 = 实际销售量或预期销售量 – 保本点销售量

安全边际率 = 安全边际 ÷ 实际销售量或预期销售量 × 100%

通过分析安全边际，衡量企业在保本的前提下，能够承受因销售额下降带来的不利影响的程度和企业抵御营运风险的能力，尤其是销售量下降时承受风险的能力，也可以用于盈利预测。安全边际或安全边际率的数值越大，企业发生亏损的可能性越小，抵御营运风险的能力越强，盈利能力越大。

【例 5-11】 企业盈亏平衡点的销售量为 2 500 件，预计正常销售量为 4 000 件，销售单价为 100 元，则

安全边际 =4 000–2 500=1 500（件）

或　　　　　　=100×（4 000–2 500）=150 000（元）

安全边际率 =1 500÷4 000×100%=37.5%

在传统本量利关系图（见图 5-4）中，盈亏平衡点和安全边际定位清楚，关系明确。只有安全边际才能为企业提供利润，而盈亏平衡点的销售量只能为企业回收固定成本，所以可以借助安全边际的概念计算企业利润值。

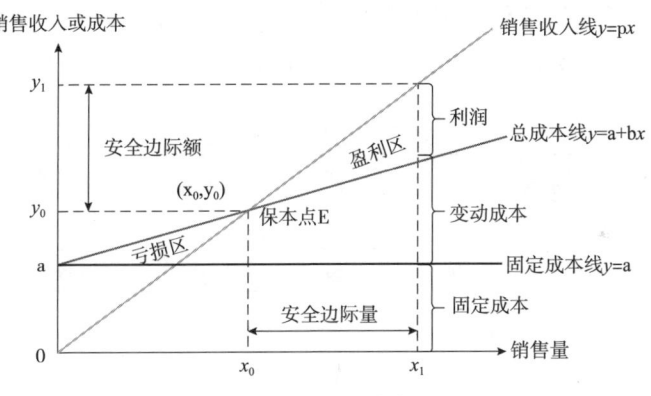

图 5-4　传统本量利关系图

三、边际分析的应用案例

某企业主要生产甲、乙、丙三大类产品。由于丙产品一直亏损，企业于 2017 年宣布停止生产丙产品。丙产品停止生产后，企业的一部分生产能力处于闲置状态。2018 年企业领导班子决定恢复丙产品的生产。针企业员工不理解，在尚无扭转亏损措施的情况下，企业的管理者又为什么要做出这样的决策？这不是"亏本"的买卖吗？

案例分析：

按照管理会计理论，当生产亏损产品的生产能力无法转移时，亏损产品的边际贡献大于零，就可以提供弥补固定成本的来源，就不应该停产，反之，如果产品的边际贡献小于零，就需要停产亏损产品。但如果亏损产品可以增产，为弥补亏损，也可以采用增产或者降低变动成本和固定成本的措施，达到扭亏为盈的目的；当生产能力可以转移时，转产其他产品的边际贡献大于原亏损产品的边际贡献，则停产亏损产品也是正确的选择。

该企业管理层利用边际贡献进行分析后认为，自丙产品停产后，其生产线既不能用于生产其他产品也不能对外出租，造成了企业生产资源的浪费。企业全年固定成本总额为100万元。如果恢复丙产品的生产，不仅利用了闲置资源而且也能负担一部分固定成本，在一定程度上减轻甲乙产品所负担的固定成本。可能可以改善企业经济效益。销售部门计划2018年安排生产100万件，其中，甲产品60万件，乙产品30万件，丙产品10万件。这三类产品的平均单价分别为13元、17元和20元，单位变动成本分别为11元、15元和19元。具体如表5-9和表5-10所示。

表5-9　恢复丙产品效益表

项目	单位	甲产品	乙产品	丙产品	合计
销售收入	万元	780	510	200	1 490
减：变动成本	万元	660	450	190	1 300
边际贡献	万元	120	60	10	190
减：固定成本	万元		100		100
利润	万元		90		90

表5-10　不恢复丙产品效益表

项目	单位	甲产品	乙产品	合计
销售收入	万元	780	510	1 290
减：变动成本	万元	660	450	1 110
边际贡献	万元	120	60	180
减：固定成本	万元		100	100
利润	万元		80	80

将以上两张表对比后，我们可以得出，丙产品的边际效益为10万元，

甲、乙、丙三种产品都为企业或多或少提供了边际贡献。当丙产品停止生产后，剩余的生产能力无法转移时，只要丙产品能够提供边际贡献，就应该继续生产产品用于分摊其他产品所负担的固定成本。

通过对上述案例进行分析后，我们可以得出这样的结论：在决策亏损产品是否需要停产、转产或者增产时，需要综合考虑亏损产品的边际贡献和生产亏损产品的设备、厂房是否能生产其他产品或者对外出租。再通过边际贡献对比各种方案，然后从中选取最优方案。

第 6 节　约束资源优化工具详解及应用案例

一、约束资源优化概述

（一）约束资源优化的定义

约束资源优化，是指识别出制约企业实现生产目标的瓶颈资源，对其进行优化改善并对其他资源进行相应调整，以优化企业资源配置、提高企业资源使用效率的方法。

约束资源，是指企业实际拥有的资源能力小于需要的资源能力的资源，即制约企业实现生产经营目标的瓶颈资源，也称最紧缺资源，如流动资产、原材料、劳动力、生产设备、技术等要素及要素投入的时间安排等。

对约束资源优化的理解，还需注意以下几点：

（1）约束资源优化的最终目的是优化企业资源配置、提高企业资源使用效率，解决瓶颈时要注意投入产出比。

（2）约束资源是指企业拥有的实际资源能力小于需要的资源能力的资源，主要是制约企业目标实现的短板。

（3）识别出的约束瓶颈资源，应重点突出，切勿全面出击，面面俱到，那更不利于企业将有限的资源充分发挥其效果和效率。

（4）约束资源优化是对制约企业目标实现的瓶颈进行优化改善，不可简单理解为补短板，要全面考量补短、替代等多种方式的合理性。

（二）适用范围

约束资源优化不是机械地弥补短板，而是以实现企业目标为追求的资源优化配置，方法适用范围较广，主要适用于以下情况：

（1）适用于企业约束资源的缺口应相对稳定的营运管理等领域。缺口相对稳定是资源约束优化应用的前提条件，毕竟资源约束优化的目的是资源优化配置，如果缺口存在较大的不确定性，也许将大量占用其他业务的资源，甚至可能严重拖累。

（2）相关数据的完整性及可获取性，必要时应有信息技术的支持。在识别约束资源、寻找突破方法等过程中，需要企业各方面数据的支持，防止出现武断决策、经验主义的错误，如产品设计数据、存货周转率、资本成本等各方面信息。

（三）约束资源优化工具评价

1.约束资源优化的主要优点

此工具可促进企业不断地发现、分析和解决企业发展的关键瓶颈，提高企业资源配置效率。因此约束资源优化是一个持续改进的过程，一个问题解决后，就会重新梳理各项作业流程，识别新的约束资源，寻找相应的突破方法，进一步实现资源优化配置。

2.约束资源优化的主要缺点

（1）多部门协同，沟通难度大，责任界定不明确。因约束资源优化是在企业内部的优化调整，涉及众多部门的分工协作、资源重新分配，沟通成本高、难度大，而且各部门职责分工不像日常管理分工一样清晰明了，容易出现临时性工作相互推诿的现象。

（2）对相关数据的量化要求较高。约束资源优化过程中，所需数据涵盖面广、数据量大，对企业信息系统要求高，特别考验企业数据管理能力。

二、约束资源优化的应用程序

企业应用约束资源优化工具，一般按照识别约束资源、寻找突破方法、协同非约束资源、实施不断改进等程序进行，如图 5-5 所示。

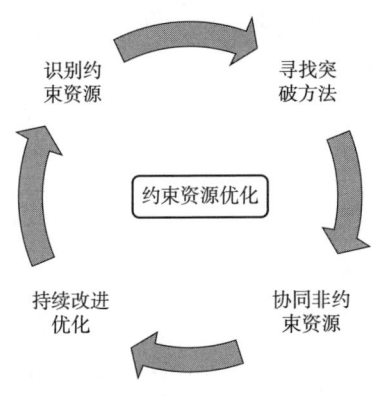

图 5-5　约束资源优化的应用程序

（一）识别约束资源

企业应用约束资源优化工具，应识别出管理过程中制约既定目标实现的约束资源。在约束资源不容易通过定量方法认定的情况下，可以通过内部评审法、专家评价法等，识别出管理过程中的约束资源。

（1）内部评审法。是指通过企业内部组织开展评议、审查，识别约束资源以实现企业管理目标的方法。通常情况下，企业应组建满足约束资源识别所需的、由财务部门和生产部门等相关人员组成的内部评审小组或类似评审组织，通过开展集中研讨等方式，识别出管理过程中的约束资源。

（2）专家评价法。是指利用专家的经验、知识等进行约束资源识别的经验判断方法。通常情况下，对于企业既定目标的实现形成重大制约影响的约束资源，可以通过组织行业内外部专家进行综合评判。

（二）寻找突破方法

在约束资源识别的基础上，企业应比较约束资源的资源能力差距，搜集约束资源的相关数据和信息，系统性分析约束资源形成的原因和涉及的实施责任主体，制订约束资源优化的实施方案，确保实现约束资源的资源能力提升。

（1）当流动资金是约束资源时，通常可以采取企业资金内部调剂、缩短应收账款回收周期、延迟付款周期等方法来消除资金瓶颈，也可以通过外部融资扩大企业的资金来源，如债务融资、权益融资等。

（2）当原材料是约束资源时，通常可通过设置库存缓冲，以确保原材料的及时供应和充分利用。

（3）当劳动力是约束资源时，通常可以采取增加劳动力、其他岗位借调等方法来消除劳动力瓶颈。

（4）当技术是约束资源时，通常可以采取技术改进、引进新技术等方法来消除技术瓶颈。

（5）当要素投入的时间是约束资源时，通常应在明确各项作业的关键路线和关键工序的基础上，利用时间缓冲进行优化，重新安排各项作业的工作流程，同时增加质检，以确保约束资源不受影响。

（三）协同非约束资源

企业应根据约束资源优化的解决方法和解决方案，重新安排相关非约束资源和相关活动，确保相关非约束资源的协同利用。通常情况下，企业需要根据约束资源的运作节奏，调整和改变原有的管理政策和相关非约束资源的配置，利用倒排的方法对相关非约束资源进行调整，确保相关非约束资源的运作与约束资源同步，实现各个环节的衔接，协调整个管理流程。

在协调非约束资源，特别是重新配置资源时，要考虑资源调配过程中的转移成本及其对决策的影响。

（四）持续改进优化

随着企业内外部环境的变化，原有约束因素得到解决后，原来次重要约束因素可能就变成主要约束因素，或者新因素出现，制约企业目标的实现，所以约束资源优化是一个持续改进优化的过程，不是一个临时性的、应急性的、短期工作。

企业应评价并确认原有约束资源的资源能力得到提升，确保原有约束资源不再制约企业实现既定目标，重新梳理各项作业流程，识别新的约束资源，寻找相应的突破方法，进一步实现资源优化配置。

三、约束资源优化的案例分析

（一）案例 1

某生产企业的生产装置设计产能为 13 万吨 / 年，但由于生产过程中的外部资源供应及内部管理水平等因素，使企业产量一直难以超过 10 万吨 / 年，无法满足销售部门的市场订单，制约了企业的发展，主管生产副总召集采购、生产和销售业务骨干，研究、讨论并测算问题原因及如何从 10 万吨提高到 12 万吨。

（1）识别出约束生产量增长的资源，并进行优先级排序。通过生产流程分析、内部评审等方法，公司管理层列出约束资源，并按照重新程度进行了排序：①原材料库房使用率已经达到上限，影响业务扩大；②生产装置老化，停产维修频率过高；③人员不足，新聘员工的业务熟练度不足，使用产品合格率低于历史水平；④夏季用电高峰时，电力供应受限。

（2）针对最急需解决的问题，寻找解决困境的突破方法。针对原材料库房的问题，大家提出以下几种处理方式：①提高订货频率，从 30 天 / 次提高到 20～25 天 / 次，减少库房占用，可解决新增 1 万吨产品的原材料需求，但供应商要求提高付款进度，并结清历史逾期欠款；②外租隔壁企业的空闲库房 1 万平方米，提高原材料储备量，解决 8 000 吨产品的原材料需求，需投入 340 万元；③将部分生产环节外包，从而减少原材料的需求量，需投入外包费用 230 万元；④采取 ABC 管理模式，减少价值低、作用小、体积大的原材料占用面积，需改造库房，投入 50 万元。

（3）协同非约束资源，调配出解决问题所需的资金。这些措施中，需要财务部调整资金计划，保证原材料采购和外租库房、外包生产的资金需求。但企业资金有限，需财务部与各部门沟通，压缩其他部门的资金需求，必然面临各部门较强烈的抵触。为此，公司专门召开了资金调度会议，企业高层领导全部参加，最终决定从广告宣传费、新生产装置投入、研究开发费等预算中，调剂出所需资金。

（4）持续改进优化，不断减少影响生产量的制约因素。库房问题解决后，特别是新生产装置投入使用后，员工的操作水平将会成为制约企业产量及质量的首要因素，必须把员工培训提上日程，持续改进优化企业的生产。

此案例看似简单，但是其中涉及存货结构、不同存货占用面积、不同存储区通用性、各种存货周转率及其对库房存量影响程度、装置维修数据及其对产量影响程度、外租库房的市场信息、各生产环节合格率及其对产量影响程度等，都需各业务部门提供翔实的基础信息及对信息进行加工分析，才能得出量化指标，以支持决策。案例也体现出改进方案将涉及各部门沟通协调和资源重新分配，实际工作难度，不是案例中寥寥几句所能言明的。

（二）案例 2

某企业生产 A、B 两种产品，这两种产品的有关数据资料如下表所示。该企业生产这两种产品时都需要用同一项机器设备进行加工，该机器设备属于该企业的约束资源。该设备每月能提供的最大加工时间是 12 000 分钟。根据目前市场情况，该企业每月需要生产销售 A 产品 4 000 件，A 产品每件需要该设备加工 2 分钟；该企业每月需要生产销售 B 产品 7 000 件，B产品每件需要该设备加工 1 分钟，如表 5–11 所示。

要求：该企业如何安排生产，才能最有效利用该项机器设备？

表 5–11　A 和 B 产品相关数据　　　　　　　　　　　　单位：元

	A 产品	B 产品
销售单价	25	30
单位变动成本	10	18
单位边际贡献	15	12
边际贡献率	60%	40%

分析：

A 产品单位约束资源边际贡献 =15÷2=7.5（元 / 分钟）

B 产品单位约束资源边际贡献 =12÷1=12（元 / 分钟）

优先安排生产 B 产品 7 000 件，则

剩余工时 =12 000−7 000×1=5 000（分钟）

生产 A 产品的件数 =5 000÷2=2 500（件）

从最优利用约束资源角度看，同样的时间，优先用来生产产品 B 效益高。因此，该企业可以优先安排生产产品 B，剩余的机器加工资源再来安排生产产品 A。如此，应该能产生最大经济效益。

第 7 节　转移定价工具详解及应用案例

一、转移定价的含义

内部转移定价，是指企业集团内部转移价格的制定和应用方法。其中，内部转移价格，是指企业集团内部分公司、分厂、车间、分部等责任中心之间相互提供产品（或服务）、资金等内部交易时所采用的计价标准。责任中心，是指企业集团内部独立提供产品（或服务）、资金等的责任主体。

内部转移定价从某种意义上说，就是处于同一控制下且分享共同利益的各部门之间在转移商品、劳务或资产时企业集团内部交易定价的制定。通过转移定价，可以使企业集团的内部成本虚高或者虚低，甚至为了达到某些目的而脱离实际成本。内部转移定价基本上体现两种过程：一个是管理过程，对企业集团内部控制起到了辅助作用，有效的实行内部资源配置整合；另一个是战略过程，对企业集团的整体利益最大化起到了积极作用，利用分子公司所处地区的政策差异、法规限制等因素谋求企业集团最大化利益。

内部转移定价主要适用于具有一定经营规模、业务流程相对复杂、设置了多个责任中心且责任中心之间存在内部供求关系的企业集团。

内部转移定价的主要优点在于，能够清晰反映企业集团内部供需各方的责任界限，为绩效评价和激励提供客观依据，有利于企业集团优化资源配置。

内部转移定价的主要缺点在于，可能受到相关因素影响，内部转移定价体系产生的定价结果不合理，造成信息扭曲，误导相关方行为，从而损害企业集团局部或整体利益。

二、内部转移定价的基本原则

企业集团应用内部转移定价方法，一般应遵循以下原则：

（1）合规性原则。内部转移价格的制定、执行及调整应符合相关会计、财务、税收等法律法规的规定。

（2）效益性原则。企业集团应用内部转移定价工具方法，应以企业集团整体利益最大化为目标，避免为追求局部最优而损害企业集团整体利益的情况；同时，应兼顾各责任中心及员工利益，充分调动各方积极性。

（3）适应性原则。内部转移定价体系应当与企业集团所处行业特征、企业集团战略、业务流程、产品（或服务）特点、业绩评价体系等相适应，使企业集团能够统筹各责任中心利益，对内部转移价格达成共识。

（4）非市场性。内部转移定价是从集团公司内部整体利益出发而制定的交易定价策略，不受市场价格、正常的生产成本、营业利润等因素影响，即不受制于外部市场供需关系的影响。

（5）计划性。集团公司内部最高决策人通过衡量总部及上下游企业集团的综合情况而制定出内部转移定价，因此内部转移定价具有明确的计划性。

（6）隐蔽性。内部转移定价的制定的过程是由集团公司内部最高决策人根据企业集团情况而制定的，具有一定的隐蔽性，不易被外部投资者发现。

三、内部转移定价的动机

（1）绩效评价和激励管理。合适的内部转移定价能够达到激励各责任中心负责人的作用，使得各责任中心的利益达到最大化，利用转移定价使各责任中心与集团公司达成共识。但是，当各责任中心拥有过大的决策权时，对集团公司也会造成威胁，如果想要达到激励的效果，就必须使转移定价与各责任中心负责人的绩效相关联。

（2）减少税赋。企业集团会利用转移定价减轻企业所得税和关税的税赋。跨国企业主要是利用不同国家的税率差，由低税率国家的企业向高税率国家的关联企业采取提价方式提供劳务、销售、转移无形资产等，或者由高税率国家向低税率国家的关联企业采取降价方式提供劳务、销售、转移无形资产等，最终达到利润的转移，以此来达到降低整体企业集团的税负目的。

（3）控制风险。为了避免跨国经营中在东道国可能遇到的外汇风险和政治风险，跨国公司在进行跨国交易商品时，要考虑到关联企业所在国的汇率影响。在汇率制度下，关联企业所在国货币汇率频繁变动，增加了跨国公司经营中的外汇风险。因此，跨国公司通过转移定价来保护自身利益。在交易过程提高出售商品的定价，将关联企业的外汇风险考虑进去，提前把利润抽回。最后将损失转移给特定的关联企业以减少货币贬值对自身造成的损失。

（4）避开管制。为了避开东道国的外汇管制、价格管制和资金管制，跨国企业可以通过转移定价的制定避开外汇的管制，以贸易支付的方式实行外汇的流通。跨国公司为了避开价格管制，可以通过转移定价将商品的原材料、半成品降低，一方面可以增加商品在出口国的利润，另一方面可以避免被定性为倾销指控。

四、内部转移定价的表现形式

内部转移定价的表现形式可概括为以下几种。

1. 有形资产交易的转移定价

有形资产分为固定资产和流动资产两大类，固定资产主要包括土地，厂房，机器设备等。集团公司可以通过规定固定资产的售让价格和折旧方法来影响企业的股权份额并控制企业成本和转移利润。流动资产是指生产经营活动中的原材料、产成品和半成品等。在集团公司关联企业内部交易往来中，流动资产内部交易占有及其重要的地位。集团公司在内部交易中，通过"高买低卖"或者"低买高卖"来调节内部关联公司的收入和费用，最终实现利润的调整和转移。

2. 金融借贷和资金往来的转移定价

贷款是集团公司进行内部投资的一种常见方式，利用借贷利率的高低，来改变和调节关联企业的成本和费用，达到重新分配利润和资金的目的。例如，关联企业的母公司通过低息贷款或免息贷款帮助新成立的子公司解决资金困难，便于其迅速在新兴市场上站稳脚跟，或者母公司通过高息贷款来转移成熟子公司的富余利润。另外，资金借贷产生的利息费用可以在企业所得税税前扣除，以实现减轻税负的目的。

3. 劳务服务的转移定价

总体说来，劳务种类繁多，涉及面更广。集团公司内部企业之间相互提供的技术咨询、培训、财务管理和 IT 托管等劳务服务的收费标准问题也极大地影响着关联企业的成本和利润，甚至有些集团公司本部还向其子公司定期收取一定比例的管理费用。

4. 无形资产使用与转让的转移定价

集团公司通过对知识产权、专利权和商标等无形资产的内部使用与转让，收取特许权使用费的高低，来影响各关联企业的成本和利润。由于特许权使用费缺乏可比性，尤其是专利技术具有独创性的特点，因此，转移定价的随意性较高，这类费用的收取有可能促使集团公司内部资本结构的变动，也有可能影响成本和费用的分摊。比如，母公司可能对经济状况良好的子公司收取较高比例的商标和专利使用许可费，而向经营不佳的子公司收取较低的费用。

五、转移定价机制的影响因素

（一）内部影响因素

影响转移定价的内部因素主要包括三个方面：集团企业管控模式、企业集团绩效评价系统以及企业的经营战略。

企业集团管控模式在很大的程度上影响转移定价的制定，按照分权程度的划分，一般可划分为集权型企业集团和分权型企业集团两种形式。集权型企业集团的转移定价由总部确定，分权型企业集团将决策权下放到各分子公司，各分子公司拥有一定的决策权。一般情况下，集权型企业集团采用以成本导向定价，分权型企业集团一般由分子公司根据市场价格制定转移定价，或者是采用谈判定价。因此，不同的企业管控模式决定了转移定价的制定方法以及由谁来制定。

集团公司绩效评价体系的实施过程，对转移定价系统有着明显的影响。企业集团根据总部的需要会定期对下属子公司或各分部进行绩效评价和考核，其考核的最终目的是激励各个分部提高运营效率，刺激部门经理提升其工作积极性和创造力，不适当的转移定价会扭曲各分部的实际业绩，挫伤部门经理的积极性，导致分部的消极经营，也会影响各个部门之间的利益分配，容易使各分部出现败德行为，从而不利于集团整体的发展。因此，集团公司的绩效评价体系成为转移定价系统的重要影响因素和决定因素。

运营战略对转移定价的影响主要取决于以下两个方面：一是首先看各子公司是否存在纵向一体化战略。如果存在，转移定价的制定就需按照集团公司管理统一进行确定；如果不存在，各子公司可以自由交易地根据各子公司的规定制定转移定价。二是在集团公司总部与各分子公司间进行交易时，需要制定适合的转移定价来满足集团公司总部和各分部间的利益。可见，在制定企业运营战略的同时，要考虑转移定价的制定是否合理，是否有利于企业集团内部整体资源配置达到最优化。

（二）外部影响因素

在转移定价制定过程中，企业集团的外部因素也影响转移定价的制定，而且企业集团的所处的外部环境因素是制定内部转移定价的关键性因素，是战略环境中最难以控制的、最活跃的因素。

第一类是宏观环境。宏观环境对企业集团转移定价的制定有着间接的潜在影响。一般认为企业集团的宏观环境因素有四类：政治法律环境、经济环境、社会文化与技术环境。政治法律环境主要是指那些制约和影响企业的政治要素和法律系统，主要包括国家的政策法规、经济法规、政治形势以及国家制定的法律等因素；经济环境主要是指构成企业集团生存和发展的社会经济状况及国家的经济政策，主要包括利率、物价水平、通货供应量、财政政策等因素；社会文化主要包括企业所处的社会结构、社会风俗和习惯、信仰和价值观、消费观念等因素，这些因素关系到企业确定投资的方向、产品改进与革新等重大经营决策问题；技术环境是指企业集团所处的环境中的科技要素及与该要素直接相关的各种社会现象的集合，主要包括科技水平、科技发展趋势，研究开发、投资等因素，这些因素影响到企业能否及时调整战略决策，以获得新的竞争优势。宏观环境的这些因素之间相互影响，相互作用，影响企业集团转移定价的制定，这些因素当中的政治法律环境和经济环境在转移定价制定的过程中起着尤为重要的作用，分别从集团公司整体战略和经营发展趋势上影响着企业的发展。

第二类是微观环境。企业集团的微观环境主要包括产业环境和市场环境两个方面。对于企业集体而言，所处的行业环境直接影响到企业的生产经营活动，而企业集团所处的市场环境影响企业产品的生产产量的多少及产品属性的选择。一般认为影响产业环境主要包括竞争者、消费者及供应者等因素；影响市场环境主要包括消费者的需求、产品的属性、消费者的消费观等因素。微观环境的这些因素相互影响，相互作用。从企业集团角度分析，这些因素属于企业集团不能控制的客观条件，随时会产生变动，间接地影响着企业集团整体战略的制定。

六、内部转移定价的应用程序

企业集团应用内部转移定价工具方法，一般按照明确责任中心、制定与实施转移价格、分析与评价内部转移价格等程序进行。

（一）明确责任中心

企业集团应根据所属行业的特征、业务流程、组织结构等情况和实际需要明确各责任中心及其主要责任。

一般情况下，企业集团可将直接对外销售或有一定销售决策权的责任单位设置为内部利润中心，内部利润中心是既对成本费用负责、又对利润负责的责任中心；将中间产品（或服务）、辅助产品（或服务）的提供方设置为内部成本中心，内部成本中心是主要对成本费用负责的责任中心。企业集团出于管理需要，也可以将中间产品（或服务）、辅助产品（或服务）的提供方设置为模拟的内部利润中心，该中心除降低成本外还承担优化品种结构、提高产品（或服务）质量、降低资金占用等责任。

（二）制定与实施转移价格

企业集团应根据各责任中心的性质和业务特点，分别确定适当的内部转移定价形式。内部转移定价通常分为市场导向、成本导向型和协商型。

（1）市场导向内部转移定价，主要是依据产品和劳务的目前在开放性市场上的公允价格为基础来制定企业集团内部产品或者劳务的转移定价方法，一般适用于内部利润中心。

在中间产品存在有效竞争市场时，直接采用市场导向定价法时最有效的方法，可以最大限度地降低企业集团内部分子公司间的矛盾，可以比较客观地衡量子公司的绩效。在中间产品所在的子公司实行市场导向型定价方法时，相当于将外部市场的机制引入到企业集团内部，在企业集团内部实现纵向一体化，规避了上游市场或下游市场带来的风险。

责任中心所提供的产品（或服务）经常外销且外销比例较大的，或所提供的产品（或服务）有外部活跃市场可靠报价的，可以外销价或活跃市场报价作为内部转移价格。责任中心一般不对外销售且外部市场没有可靠报价的产品（或服务），或企业管理层和有关各方认为不需要频繁变动价格的，可以参照外部市场价或预测价制定模拟市场价作为内部转移价格。 没有外部市场但企业集团出于管理需要设置为模拟利润中心的责任中心，可以在生产成本基础上加一定比例毛利作为内部转移价格。

（2）成本导向内部转移定价，是指以相对稳定的成本数据为基础，制定内部转移价格的方法，一般适用于内部成本中心。以成本导向型为转移定价法在计算上简便易行，资料容易取得。常用的以成本为导向型转移定价法包括：边际成本法、变动成本法、完全成本法等。

（3）协商型内部转移定价，是指企业集团内部供求双方为使双方利益相对均衡，通过协商机制制定内部转移价格的方法，主要适用于分权程度较高的情形。协商价的取值范围通常较宽，一般不高于市场价，不低于变动成本。

除以外销价或活跃市场报价制定的内部转移价格可能随市场行情波动而变动较频繁外，其余内部转移价格应在一定期间内保持相对稳定，以使需求方责任中心的绩效不受供给方责任中心绩效变化的影响。

企业集团可以根据管理需要，核算各责任中心资金占用成本，将其作为内部利润的减项，或直接作为业绩考核的依据。责任中心占用的资金一般指货币资金，也可以包括原材料、半成品等存货以及应收款项等。占用资金的价格一般参考市场利率或加权资本成本制定。

金融企业集团内部转移资金，应综合考虑产品现金流及重定价特点、信息技术手段及管理需求等因素，分析外部金融市场环境，选择适当的资金转移定价和收益率曲线，获取收益率曲线中特定期限的利率，确定资金转移价格。资金转移定价主要包括指定利率法、原始期限匹配法、重定价期限匹配法、现金流匹配定价法等。

（1）指定利率法，是指以单一利率作为某类资金转移价格的方法。一般适用于无确定期限、利率类型为不定期调整类型的资金业务，以及缺乏数据累积的最初阶段。

（2）原始期限匹配法，是指对有明确期限的资金，按照其期限制定与其匹配的转移价格，且在到期之前转移价格保持不变的定价方法。一般适用于定期存贷款及银行贴现票据等到期支付全部本息的固定利率类型的资金业务。

（3）重定价期限匹配法，是指按照资金重定价的期限获取收益率曲线上对应利率，将该利率作为资金的转移价格，且在重定价期限内保持不变的定价方法，其主要作用是分离资金重定价周期中的利率风险。一般适用于浮动利率类的资金业务。

（4）现金流匹配定价法，是指按照现金流的特性，先针对每一笔现金流按照原始期限匹配法或重定价期限匹配法制定转移价格，再对每笔现金流的转移价格加权平均得出转移价格，且在期限内（或重定价期限内）保持不变的定价方法。一般适用于能够合理估计未来现金流分布的资金业务。

（三）分析与评价内部转移价格

企业集团应及时对内部转移定价形成的结果进行汇总分析，作为考核责任中心绩效的依据；同时，应监测内部转移定价体系运行情况，协调、裁决交易中的争议，保障内部转移定价体系运转顺畅。此外，企业集团应定期开展内部转移定价应用评价工作，根据内外部环境变化及时修订、调整定价策略。

第6章 投融资管理工具

第1节 投融资管理的基本框架

一、投融资管理的含义

投融资管理包括投资管理和融资管理。

投资管理，是指企业根据自身战略发展规划，以企业价值最大化为目标，对将资金投入营运进行的管理活动。投资管理的对象包括权益性投资和非权益性投资。

融资管理，是指企业为实现既定的战略目标，在风险匹配的原则下，对通过一定的融资方式和渠道筹集资金进行的管理活动。融资管理的对象包括权益性融资和债务性融资。

企业融资的规模、期限、结构等应与经营活动、投资活动等的需要相匹配。一般而言，长期资金的资金成本高于短期资金成本，企业倾向于短期债务融资以降低资金成本，但是，如果将短期资金用于长期项目使用，可能导致资金链断裂，影响企业生存。反映在资产负债表上，流动资产与流动负债规模应基本相当，非流动资产与非流动负债和所有者权益应基本相当。

投融资管理领域应用的管理会计工具，一般包括贴现现金流法、项目管理、情景分析、约束资源优化等。

二、投融资管理的基本原则

企业进行投融资管理，一般应遵循以下原则：

（1）价值创造原则。投融资管理应以持续创造企业价值为核心。

（2）战略导向原则。投融资管理应符合企业发展战略与规划，与企业战略布局和结构调整方向相一致。

（3）风险匹配原则。投融资管理应确保投融资对象的风险状况与企业的风险综合承受能力相匹配。

三、投资管理的业务流程

投资管理一般按照制订投资计划、进行可行性分析、实施过程控制和投资后评价等程序进行。

（1）制订投资计划。企业投资管理机构应根据战略需要，定期编制中长期投资规划，并据此编制年度投资计划。中长期投资规划一般应明确指导思想、战略目标、投资规模、投资结构等。年度投资计划一般包括编制依据、年度投资任务、年度投资任务执行计划、投资项目的类别及名称、各项目投资额的估算及资金来源构成等，并纳入企业预算管理。

（2）进行可行性分析。投资可行性分析的内容一般包括该投资在技术和经济上的可行性、可能产生的经济效益和社会效益、可以预测的投资风险、投资落实的各项保障条件等。投资可行性分析是投资管理的关键环节，只有通过了可行性论证的项目才能投资。开展投资可行性分析时，不仅要从项目可行的角度进行分析，更要从项目不可行的角度进行分析，综合正反两方面分析结果，最终做出科学判断。企业应当高度重视可行性分析工作，必要时应寻求专业机构协助做好可行性分析工作。

（3）实施过程控制。企业进行投资管理，应当将投资控制贯穿于投资的实施全过程。投资控制的主要内容一般包括进度控制、财务控制、变更控制等。进度控制，是指对投资实际执行进度方面的规范与控制，主要由投资执行部门负责。财务控制，是指对投资过程中资金使用、成本控制等方面的规范与控制，主要由财务部门负责。变更控制，是指对投资变更方面的规范与控制，主要由投资管理部门负责。投资活动只有全过程受控，才能达成既定目标，将投资规模控制在预定范围内。

对于项目类投资，应当在投资完成后编制项目财务决算报告，由企业审计部门对项目财务决算进行认定，必要时聘请中介机构进行审计。基本建设项目应参照财政部颁发的《基本建设财务规则》及有关制度开展项目竣工决算，编制决算报告。

（4）投资后评价。投资项目实施完成后，企业应对照项目可行性分析和投资计划组织开展投资后评价。投资后评价的主要内容一般包括投资过程回顾、投资绩效和影响评价、投资目标实现程度和持续能力评价、经验教训和对策建议等。开展投资后评价有助于总结投资管理中的经验教训，持续提高企业投资管理水平。

企业可定期编制投资报告，反映一定期间内投资管理的总体情况，一般至少应于每个会计年度编制一份；也可根据需要编制不定期投资报告，主要用于反映重要项目节点、特殊事项和特定项目的投资管理情况。投资报告应根据投资管理的情况和执行结果编制，反映企业投资管理的实施情况。投资报告主要包括以下两部分内容：①投资管理的情况说明，一般包括投资对象、投资额度、投资结构、投资风险、投资进度、投资效益及需要说明的其他重大事项等；②投资管理建议，可以根据需要以附件形式提供支持性文档。

四、融资管理的业务流程

企业融资管理一般按照融资计划制订、融资决策分析、融资方案的实施与调整、融资管理分析等程序进行。

（1）制订融资计划。企业对融资安排应实行年度统筹、季度平衡、月度执行的管理方式，根据战略需要、业务计划和经营状况，预测现金流量，统筹各项收支，编制年度融资计划，并据此分解至季度和月度融资计划。必要时根据特定项目的需要，编制专项融资计划。年度融资计划的内容一般包括编制依据、融资规模、融资方式、资本成本等；季度和月度融资计划的内容一般包括年度经营计划、企业经营情况和项目进展水平、资金周转水平、融资方式、资本成本等。企业融资计划可作为预算管理的一部分，纳入企业预算管理。

（2）融资决策分析。企业应根据融资决策分析的结果编制融资方案，融资决策分析的内容一般包括资本结构、资本成本、融资用途、融资规模、融资方式、融资机构的选择依据、偿付能力、融资潜在风险和应对措施、还款计划等。企业应结合自身实际，从银行贷款融资、发行公司债券、发行可转换债券、增发股票融资、融资租赁、设立产业发展基金等各类融资方式中进行选择，统筹制订最佳方案，满足融资时限、融资规模、融资成本、还款期限等各方面要求。企业集团应开展资金集中管理，首先利用内部资金满足资金需求，提高融资效率，节约资金成本。具体如表 6-1 所示。

表 6-1　企业融资渠道一览表

筹资方式	股权筹资	债权筹资		股债结合筹资
		标准化债权融资工具	非标准化债权融资工具	
企业自主筹资	· 留存收益 · 股东增资 · 员工出资		· 应付账款 · 预收账款 · 股东借款 · 员工集资	
资本市场筹资	· IPO · 配股 · 公开增发股份 · 定向增发股份 · 重大资产重组 · 配套募集资金	· 公开发行公司债（大公募、小公募） · 非公开发行公司债（私募） · 专项资产理财计划		· 可转换公司债券 · 可交换公司债券 · 可分离交易债券 · 永续债券 · 可续期债券 · 优先股
货币市场筹资		· 短期融资券 · 超短期融资券 · 中期票据 · 资产支持票据 · 中小企业集合票据 · 非公开定向债务融资工具 · 项目收益票据	· 流动资金贷款 · 固定资产贷款 · 项目贷款（BOT、BT、BLT、BTO、BOO、BOOT、TOT） · 商业汇票融资（开具银承商承、票据贴现、票据池） · 应收账款融资（保理、质押贷款、证券化、保理池） · 贸易融资 · 保函 · 信用证 · 供应链融资（存货质押、预付账款、应收账款）	
		· 企业债 · 高收益企业债 · 项目收益债券	· 信托融资（信托贷款、股权信托、收益权信托、融资租赁信托） · 租赁融资（经营租赁、融资租赁、售后回租、转租赁、杠杆租赁、委托租赁、产业链租赁）	

续表

筹资方式	股权筹资	债权筹资		股债结合筹资
		标准化债权融资工具	非标准化债权融资工具	
政府筹资	·追加资本			·政府专项基金 ·政府引导基金 ·政府科技计划资金
社会筹资	·股权众筹 ·战略投资者		·互联网融资（P2P）	·天使投资 ·创业投资基金 VC ·私募股权融资 PE ·产业投资基金 ·夹层基金（MBO基金） ·并购基金（合伙人制、资产管理计划） ·重振资本基金 ·秃鹫基金 ·PPP 项目筹资
海外筹资	·海外发行股份 ·海外增发股份 ·外商直接投资	·海外债券融资 ·海外资产证券化融资 ·海外收益权融资	·海外银行融资 ·国际贸易融资	

（3）融资方案的实施与调整。融资方案经审批通过后，进入实施阶段，一般由归口管理部门具体负责落实。如果融资活动受阻或者融资量无法达到融资需求目标，归口管理部门应及时对融资方案进行调整，数额较大时应按照融资管理程序重新报请融资委员会或类似决策机构审批。企业应保持良好的企业信用，与金融机构和相关中介机构保持良好合作关系，提前沟通资金需求计划，缩短融资到位时间。

（4）融资管理分析。企业融资完成后，应对融资进行统一管理，必要时应建立融资管理台账。企业应定期进行融资管理分析，内容一般包括还款计划、还款期限、资本成本、偿付能力、融资潜在风险和应对措施等。还款计划应纳入预算管理，以确保按期偿还融资。企业应高度重视企业信用，防止由于管理原因导致债务融资不能按时偿付，影响企业再融资能力。

企业可定期编制融资报告，反映一定期间内融资管理的总体情况，一般至少应于每个会计年度出具一份；也可根据需要编制不定期报告，主要用于反映特殊事项和特定项目的融资管理情况。融资报告应根据融资管理的执行结果编制，反映企业融资管理的情况和执行结果。融资报告主要包括以下两部分内容：①融资管理的情况说明，一般包括融资需求测算、融资渠道、融资方式、融资成本、融资程序、融资风险及应对措施、需要说明的重大事项等；②融资管理建议，可以根据需要以附件形式提供支持性文档。企业通过总结融资管理情况，分析融资管理经验教训，可以不断提高融资管理水平。

五、投融资管理的内部控制要求

企业应建立健全投融资管理的制度体系，根据组织架构特点，设置能够满足投融资管理活动所需的，由业务、财务、法律及审计等相关人员组成的投融资委员会或类似决策机构，对重大投资事项和投资制度建设等进行审核，对重大融资事项和融资管理制度等进行审批。融资管理一般采取审批制。企业集团应加强成员企业投融资管理，建立分级授权审批制度，在提高工作效率的同时，防止投融资活动失控。企业集团应特别关注成员单位是否存在化整为零逃避监管的情况，防范重大风险。

有条件的企业可以设置投融资管理机构，组织开展投融资管理工作。设置专门归口管理部门牵头负责融资管理工作。机构设置应视企业规模、投融资活动管理工作量等因素综合考虑，注重管理效率和效果。

投融资报告是重要的管理会计报告，应确保内容真实、数据可靠、分析客观、结论清楚，为报告使用者提供满足决策需要的信息。企业应及时进行投融资管理回顾和分析，检查和评估投融资管理的实施效果，不断优化投融资管理流程，改进投融资管理工作。

第2节 贴现现金流法详解与应用案例

一、贴现现金流法的含义

贴现现金流法，是以明确的假设为基础，选择恰当的贴现率对预期的各期现金流入、流出进行贴现，通过贴现值的计算和比较，为财务合理性提供判断依据的价值评估方法。

贴现现金流法一般适用于在企业日常经营过程中，与投融资管理相关的资产价值评估、企业价值评估和项目投资决策等。贴现现金流法也适用于其他价值评估方法不适用的企业，包括正在经历重大变化的企业，如债务重组、重大转型、战略性重新定位、亏损或者处于开办期的企业等。

贴现现金流法的主要优点在于，结合历史情况进行预测，并将未来经营战略融入模型，有助于更全面地反映企业价值。贴现现金流法的主要缺点在于，测算过程相对较为复杂，对数据采集和假设的验证要求繁复，资本成本、增长率、未来现金流量的性质等变量很难得到准确的预测、计算，往往会使得实务中的评估精度大大降低。

二、贴现现金流法的应用环境

企业应用贴现现金流法时，首先应充分了解企业战略、行业特征和外部信息等。企业应用贴现现金流法，应从战略层面明确贴现现金流法应用的可行性，并根据实际情况，建立适宜贴现现金流法开展的沟通协调程序和操作制度，明确信息提供的责任主体、基本程序和方式，确保信息提供的充分性和可靠性。同时，企业应考虑评估标的未来将采取的会计政策和评估基准日时所采用的会计政策在重要方面是否基本一致。

企业应用贴现现金流法，应确认内外部环境对贴现现金流法的应用可提供充分支持，如现金流入和现金流出的可预测性、贴现率的可获取性，以及所有数据的可计量特征等。通常需要考虑以下内容：①国家现行的有关法律法规及政策、国家宏观经济形势有无重大变化，各方所处地区的政治、经济和社会环境有无重大变化；②有关利率、汇率、税基及税率等是否发生重大变化；③评估标的的所有者和使用者是否完全遵守有关法律法规，评估标的在现有的管理方式和管理水平的基础上，经营范围、方式与目前方向是否保持一致；④有无其他不可抗拒因素及不可预见因素对企业造成重大不利影响。

三、应用贴现现金流量法的一般流程

企业应用贴现现金流法，一般按照以下流程进行：①估计贴现现金流法的三个要素，即贴现期、现金流、贴现率；②在贴现期内，采用合理的贴现率对现金流进行贴现；③进行合理性判断；④形成分析报告。

（一）确定贴现期

企业应充分考虑标的特点、所处市场因素波动的影响以及有关法律法规的规定等，合理确定贴现期限，确保贴现期与现金流发生期间相匹配。贴现期可采用项目已有限期，亦可采用分段式，如以 5 年作为一个期间段。企业在进行资产价值评估时，尤其要注意标的资产的技术寿命期限对合同约定期限或者法定使用期限的影响。

（二）确定贴现现金流量

企业应用贴现现金流法，应当说明和反映影响现金流入和现金流出的事项和因素，既要反映现金流的变化总趋势，也要反映某些重要项目的具体趋势。

企业应用贴现现金流法进行资产价值评估，要基于行业市场需求情况、经营风险、技术风险和管理难度等，分析与之有关的预期现金流，以及与收益有关的成本费用、配套资产等；并合理区分标的资产与其他配套资产或者作为企业资产的组成部分，所获得的收益和所受的影响；同时，要准确评估标的资产使用权和收益权的完整性，并评估其对资产预测现金流所产生的影响。

企业应用贴现现金流法进行企业价值评估，一般按照以下程序进行：①从相关当事方获取标的企业未来经营状况和收益状况的预测资料，充分考虑并分析标的企业的资本结构、经营状况、历史业绩、发展前景和影响标的企业生产经营的宏观经济因素、标的企业所在行业发展状况与前景，以及未来各种可能性发生的概率及其影响，合理确定预测假设和权重，进行未来收益预测。②确定预测现金流中的主要参数的合理性，一般包括主营业务收入、毛利率、营运资金、资本性支出、成本及费用构成等，尤其要注意企业会计盈余质量对企业估值所产生的影响，需要调整并减少企业的非经常性损益、重组成本、非主营业务对会计报表的影响。③确定预测现金流，应区分以企业整体还是以所有者权益作为企业价值评估的基础。

通常，企业整体价值评估采用企业自由现金流作为预测现金流的基础；企业所有者权益价值评估采用股权自由现金流作为预测现金流的基础。

企业应用贴现现金流法进行项目投资决策，需要充分考虑并分析项目的资本结构、经营状况、历史业绩、发展前景，影响项目运行的市场行业因素和宏观经济因素，并要明确区分项目的预测现金流，同时要合理区分标的项目与其他项目，或者作为企业的组成部分，所获得的收益和所受到的影响，尤其要注意可能存在的关联交易，包括关联交易性质及定价原则等对预测现金流的影响。

（三）确定贴现率

贴现率是反映当前市场货币时间价值和标的风险的回报率。贴现率的设定要充分体现标的特点，通常应当反映评估基准日类似地区同类标的平均回报水平和评估对象的特定风险。同时，贴现率应当与贴现期、现金流相匹配，当使用非年度的时间间隔（比如按月或按日）进行分析时，年度名义贴现率应调整为相应期间的实际贴现率。

（1）资产价值评估采用的贴现率，通常根据与资产使用寿命相匹配的无风险报酬率进行风险调整后确定。无风险报酬率通常选择对应期限的国债利率，风险调整因素有政治风险、市场风险、技术风险、经营风险和财务风险等。

一般采用资本资产定价模型确定贴现率。该模型的计算公式如下：

$$E(r_i) = R_f + \beta_{im}[E(r_m) - R_f]$$

其中：$E(r_i)$ 是资产 i 的预期回报率；

R_f 是无风险利率；

β_{im} 是 Beta 系数，即资产 i 的系统性风险；

$E(r_m)$ 是市场 m 的预期市场回报率；

$E(r_m) - R_f$ 是市场风险溢价（market risk premium），即预期市场回报率与无风险回报率之差。

在实际评估过程中，往往还需要评估人员根据经验，在资本资产定价模型确定的贴现率基础上，考虑企业、资产或项目特定风险，对贴现率做进一步调整。

（2）进行企业价值评估采用的贴现率，需要区分是以企业整体还是以所有者权益作为价值评估的基础。通常，企业整体价值评估采用股权资本成本和债务资本成本的加权平均资本成本作为贴现率的确定依据；企业所有者权益价值评估采用股权资本成本作为贴现率的确定依据。

资本成本，是指筹集和使用资金的成本率，或进行投资时所要求的必要报酬率，一般用相对数即资本成本率表达。企业的股权资本成本通常以资本资产定价模型为基础进行估计，综合考虑控制权程度、股权流动性、企业经营情况、历史业绩、发展前景和影响标的企业生产经营的宏观经济因素、标的企业所在行业发展状况与前景等调整因素。

加权平均资本成本计算公式如下：

$$WACC=（E/V）\times Re+（D/V）\times Rd\times（1-Tc）$$

其中：WACC=Weighted Average Cost of Capital（加权平均资本成本）

Re= 股本成本

Rd= 债务成本

E= 公司股本的市场价值

D= 公司债务的市场价值

V=E + D

E/V= 股本占融资总额的百分比

D/V= 债务占融资总额的百分比

Tc= 企业所得税率

如果多项带息负债利率不同，需要计算加权平均的利率作为债务成本。

由于存在税收减免因素，不同的企业会适用不同的企业所得税率，企业在不同的阶段也可能适用不同的企业所得税率。为了保证分析结论可比，企业应当采用法定的统一税率进行测算。

（3）项目投资决策采用的贴现率，应根据市场回报率和标的项目本身的预期风险来确定。一般地，可以按照标的项目本身的特点，适用资产价值评估和企业价值评估的贴现率确定方法，但要注意区分标的项目与其他项目，或者作为企业组成部分所产生的风险影响，对贴现率进行调整。

（四）进行合理性判断

企业应用贴现现金流法进行价值评估，一般从以下方面进行合理性判断：①客户要求。当客户提出的特殊要求不符合市场价值为基础的评估对有关贴现期、现金流或贴现率的相关规定时，其估值结果是基于客户特殊要求下的投资价值而不是市场价值。②评判标准。贴现现金流法作为一项预测技术，评判标准不在于贴现现金流预测最终是否完全实现，而应关注预测时的数据对贴现现金流预测的支持程度。

（五）编写分析报告

贴现现金流法分析报告的形式可以根据业务的性质、服务对象的需求等确定，也可在资产评估报告中整体呈现。当企业需要单独提供贴现现金流法分析报告时，应确保内容的客观与翔实。贴现现金流法分析报告一般包括以下内容：

（1）假设条件。贴现现金流法分析报告应当对贴现现金流法应用过程中的所有假设进行披露。通常的假设条件包括：①国家现行的有关法律法规及政策、国家宏观经济形势无重大变化，本次交易各方所处地区的政治、经济和社会环境无重大变化。②假设经营者是负责的，且管理层有能力担当其职务。③假设保持现有的管理方式和管理水平，经营范围、方式与目前方向保持一致。④除非另有说明，假设完全遵守所有有关的法律法规。⑤假设未来将采取的会计政策和编写此份报告时所采用的会计政策在重要方面基本一致。⑥有关利率、汇率、赋税基准及税率、政策性征收费用等不发生重大变化。⑦无其他人力不可抗拒因素及不可预见因素对企业造成重大不利影响。

（2）数据来源。贴现现金流法分析报告应当清楚地说明并提供分析中所使用的有关数据及来源。数据质量是分析结果的重要保证，要详细介绍数据来源依据及合理性判断，避免不合理的预测数据影响分析结果，导致结论偏差，误导决策。

（3）实施程序。编制贴现现金流法分析报告一般按照以下程序进行：合理选择评估方法；评估方法的运用和逻辑推理；主要参数的来源、分析、比较和测算；对评估结论进行分析，形成评估结论。

【例6-1】 某评估报告详细披露了选择收益法的理由和依据。

根据本次尽职调查情况以及评估对象的资产构成和主营业务特点，本次评估是以评估对象的模拟合并会计报表口径估算其权益资本价值。

1. 评估目的的判断

本次评估目的是拟以资产组出资设立新公司之经济行为所涉及的资产组合在评估基准日所表现的市场价值予以客观、真实的反映。资产组合价值不仅由构成企业各单项资产、负债价值的加总，更要充分体现构成产权持有者持续经营的整体获利能力的账外的潜在资源、资产价值，通过对历史及未来发展状况分析，收益法评估结果能够充分体现资产组合整体获利能力中所包含的潜在资源、资产价值。

2. 企业总体情况判断

通过对评估对象的基本情况，近三年及评估基准日资产、财务及经营状况，主要资产的法律权属、经济、物理状况进行综合分析，评估人员认为本次评估所涉及的资产组具有以下特征：

（1）具备持续经营条件。主要资产为经营性资产，能最大化满足企业生产经营需要。

（2）评估对象可以用货币衡量其未来收益，表现为企业主营业务收入能够以货币计量的方式流入，相匹配的成本费用能够以货币计量的方式流出，其他经济利益的流入、流出也能以货币计量，因此企业整体获利能力所带来的预期收益能够用货币衡量。

（3）评估对象承担的风险能够用货币衡量。企业的风险主要有行业风险、经营风险和财务风险。行业风险可以通过对检测行业上市公司披露的经营情况、收益情况资料以及国家宏观经济政策、产业政策对该行业的影响等方面的分析进行判断。经营风险指企业因经营上的原因而导致利润变动的风险，主要有市场需求、服务成本、调整价格的能力和固定成本的比重，这些风险因素都会导致企业的收益下降，成本费用上升，而且这种变动的影响结果能够以货币的形式表现。

3. 企业财务报表判断

历史及2016年1～5月，财务报表披露的企业经营性资产、主营业务收入、净利润等数据均符合收益法预测条件；企业未来整体获利能力符合企业经营发展模式。

本次评估将整体资产作为资产组，通过对其未来收益进行预测，选择适用折现率，确定产权持有单位未来整体获利能力的现值，以此计算资产组价值的评估结果。

根据本次评估目的所对应的经济行为的特性，以及评估现场所收集到的企业经营资料，综合上述分析结果，评估人员认为资产组基本具备采用收益法评估的前提条件。故本次评估项目适宜采用收益法。

4. 收益法预测依据

（1）相关国家产业政策、行业分析资料、参数资料等；

（2）资产组的会计政策；

（3）《审计报告》；

（4）《盈利预测》；

（5）产权持有单位提供的各项产权权属资料；

（6）与企业管理层交流、询问所获取的信息资料；

（7）产权持有单位提供的企业发展规划及预测；

（8）资讯数据平台查询获取的相关资料；

（9）其他与评估有关的资料。

5. 评估者身份

当以内部评估人员身份开展评估工作时，评估人员与控制资产的实体之间的关系应当在评估报告中披露；当以外部评估人员身份开展评估工作且以盈利为目的为委托方工作时，评估人员应当对这种关系予以披露。在报告中披露评估人员身份，特别是评估人员是否保持了客观独立，对报告阅读者更好地理解报告有非常重要的意义。

四、应用贴现现金流法进行资产价值评估的应用案例

（一）案例背景

D公司拟以资产组合作为出资，设立全资子公司。该资产组合近三年及评估基准日资产、财务及经营状况（合并口径）如表6-2所示。

表 6-2　资产组合近三年的财务数据　　　　　单位：万元

项目	2013 年 12 月 31 日	2014 年 12 月 31 日	2015 年 12 月 31 日	2016 年 5 月 31 日
流动资产	52 211.14	73 831.07	79 171.78	74 572.64
非流动资产	3 375.98	3 312.48	3 544.86	4 196.05
资产总计	55 587.12	77 143.55	82 716.64	78 768.68
流动负债	34 013.07	47 158.58	43 786.72	38 680.08
非流动负债	3 320.87	2 007.28	121.74	279.50
负债总计	37 333.94	49 165.87	43 908.45	38 959.58
净资产	18 253.19	27 977.69	38 808.18	39 809.11
项目	2013 年度	2014 年度	2015 年度	2016 年 1～5 月
营业收入	75 043.14	84 148.61	80 074.91	18 533.79
利润总额	18 617.41	16 263.84	15 439.98	1 383.06
净利润	15 620.74	13 685.36	13 130.10	975.36

（二）应用过程

1. 确定收益预测期限

收益期，根据产权持有单位章程、营业执照等文件规定，确定经营期限为永续；本次评估假设企业到期后继续展期并持续经营，因此，确定收益期为无限期。

预测期，根据公司历史经营状况及行业发展趋势等资料，采用两阶段模型，即评估基准日后 4.58 年根据企业实际情况和政策、市场等因素对企业收入、成本费用、利润等进行合理预测，假设以后各年与第 4.58 年持平。

2. 未来收益预测

1）营业收入预测

营业历史收入包括技术、工程、销售和其他，其他为少量的租赁和处置固定资产的收入。营业历史收入如表 6-3 所示。

表 6-3　营业收入历史数据　　　　　单位：万元

序号	产品名称	历史数据			
		2013 年	2014 年	2015 年	2016 年 1～5 月
1	技术	47 340.64	47 883.98	49 759.52	13 306.87
2	工程	15 136.77	27 054.02	12 510.66	4 336.91
3	销售	11 786.76	8 912.59	17 269.54	844.62

续表

序号	产品名称	历史数据			
		2013 年	2014 年	2015 年	2016 年 1～5 月
4	其他	778.98	298.03	535.19	45.39
	合　计	75 043.15	84 148.61	80 074.91	18 533.79

具体收入预测如表 6-4 所示。

表 6-4　营业收入预测 单位：万元

序号	产品名称	预测数据				
		2016 年 6～12 月	2017 年度	2018 年度	2019 年度	2020 年度
1	技术	23 053.17	34 652.16	33 732.70	35 419.34	37 190.30
2	工程	8 194.01	964.96	7 898.51	12 530.92	12 906.85
3	销售	4 223.65	2 697.05	2 427.35	2 451.62	2 476.14
	合计	35 470.83	38 314.17	44 058.56	50 401.88	52 573.29

2）营业成本预测

与营业收入相对应，历史营业成本明细也分为技术、工程、销售和其他，具体数据如表 6-5 所示。

表 6-5　营业成本历史数据 单位：万元

序号	产品名称	历史数据			
		2013 年	2014 年	2015 年	2016 年 1～5 月
1	技术	27 977.78	31 467.01	33 147.19	9 870.53
2	工程	9 910.42	21 723.41	9 376.73	3 803.88
3	销售	7 921.86	5 662.34	12 894.37	387.35
4	其他	1 033.87	339.51	592.23	53.14
	合　计	46 843.92	59 192.26	56 010.52	14 114.89

各年营业成本预测如表 6-6 所示。

表 6-6　营业成本预测数据 单位：万元

序号	产品名称	预测数据				
		2016 年 6～12 月	2017 年度	2018 年度	2019 年度	2020 年度
1	技术	15 547.12	4 070.82	23 651.88	24 291.88	25 759.01
2	工程	5 553.93	759.98	6 247.87	9 996.48	10 296.37
3	销售	3 481.35	1 941.88	1 747.69	1 765.17	1 782.82
	合　计	24 582.40	6 772.68	31 647.44	36 053.52	37 838.20

3）营业税金及附加预测

历史上营业税金及附加包括：营业税、增值税、城建税、教育费附加、地方教育费和水利建设基金。自 2016 年 5 月 1 日起，中国将全面推开营改增试点，受该政策影响，营业税改为增值税，增值税税率分别为：技术和销售收入的增值税税率为 17%、工程收入的增值税税率为 11%、四技收入的增值税税率为 6%。

根据预测收入和各项税金比例，预测期各年营业税金及附加预测如表6-7 所示。

表6-7　营业税金及附加预测

单位：万元

序号	项目名称	预测数据				
		2016 年 6～12 月	2017 年度	2018 年度	2019 年度	2020 年度
1	营业税金及附加	267.64	368.37	378.02	391.13	399.75
	合　计	267.64	368.37	378.02	391.13	399.75

4）销售费用预测

销售费用主要包括办公费、差旅费和其他，根据未来规划和盈利预测，未来预测期内每年的销售费用不会发生重大变化，基本与 2016 年整年持平。预测期各年营业费用预测如表 6-8 所示。

表6-8　销售费用预测

单位：万元

序号	产品名称	预测数据				
		2016 年 6～12 月	2017 年度	2018 年度	2019 年度	2020 年度
1	办公费	2.25	3.86	3.86	3.86	3.86
2	差旅费	14.22	24.38	24.38	24.38	24.38
3	其他	13.73	23.54	23.54	23.54	23.54
	合　计	30.21	51.78	51.78	51.78	51.78

5）管理费用预测

管理费用主要为工资、研发费用、办公费、差旅费、折旧、业务招待费和其他，根据企业盈利预测资料，结合企业未来发展规划、企业历史年度管理费用的构成比例、变动趋势及管理费用与营业收入的比率，预测期各年管理费用预测如表 6-9 所示。

表 6-9　管理费用预测　　　　　　　　　　　　单位：万元

序号	项目名称	预测数据				
		2016 年 6～12 月	2017 年度	2018 年度	2019 年度	2020 年度
1	管理费用	3 503.21	4 603.27	4 597.11	5 933.93	6 241.59
	合　计	3 503.21	4 603.27	4 597.11	5 933.93	6 241.59

6）财务费用预测

财务费用包括汇兑损益、手续费和利息收入，根据企业盈利预测资料和规划，未来无借款计划。本次评估对于预测期各年财务费用预测为 0。

7）所得税预测

以资产组合成立新公司后，假设公司为一般纳税人，企业所得税税率为 25%。考虑到加计扣除因素后，本次评估对于所得税按照 25% 的税率进行预测。

8）折旧与摊销预测

根据企业执行的会计政策、依据评估基准日固定资产、无形资产的评估价值、历史年度综合折旧率、摊销期进行预测。预测期各年固定资产折旧预测如表 6-10 所示。

表 6-10 折旧与摊销预测　　　　　　　　　　　单位：万元

序号	项目名称	预测数据				
		2016 年 6～12 月	2017 年度	2018 年度	2019 年度	2020 年度
1	折旧摊销	402.18	623.25	765.52	723.35	806.53
	合　计	402.18	623.25	765.52	723.35	806.53

9）资本性支出预测

资本性支出主要为固定资产的正常更新投资。按照收益预测的前提和基础，企业在维持现有规模的前提下，未来各年不考虑扩大的资本性投资，则只需满足维持现有生产经营能力所必需的更新性投资支出。因此只需预测现有资产耗损后的更新支出。预测期各年资本性支出预测如表 6-11 所示。

表 6-11　资本性支出预测

单位：万元

序号	项目名称	预测数据				
		2016 年 6～12 月	2017 年度	2018 年度	2019 年度	2020 年度
1	固定资产更新	135.13		307.03	2 025.01	2 515.54
	合　计	135.13		307.03	2 025.01	2 515.54

3. 折现率的确定

各项参数的选取过程如下：

（1）无风险报酬率的确定。

本次评估，评估人员参考同花顺发布的债券相关资料，无风险报酬率选取 10 年期以上国债的平均到期收益率，为 3.94%。

（2）市场平均风险溢价的确定。

本次评估选取的市场平均风险溢价为 7.08%。

（3）风险系数 β 值的确定。

通过同花顺资讯终端系统，查取可比上市公司的评估基准日有财务杠杆的 β 值、带息债务与权益资本比值，并求取平均数、企业所得税率，换算为无财务杠杆的 β 值，取其算术平均值，将此还原为产权持有单位有财务杠杆 β 值为 0.7357。

β 指标值换算公式：

$$\beta L = \beta U \left[1 + (1-T) \times Wd / We \right]$$

（4）公司特定风险的确定。

综合考虑生产经营规模、经营状况、财务状况、流动性、政策影响等，确定产权持有单位的特定风险系数为 4%。

（5）权益资本成本折现率的确定。

将选取的无风险报酬率、风险报酬率代入折现率估算公式计算得出折现率并取整为 13.15%。

$$Re = Rf + \beta \times ERP + Rsp = 13.15\%$$

（6）加权平均资本成本折现率的确定。

则根据公式：$R = Re \times We + Rd \times (1-T) \times Wd$

$$= 13.15\%$$

折现率取整为 13.15%。

4. 经营性资产评估值的确定

根据前述对预期收益的预测与折现率的估计分析，评估人员将各项预测数据代入本评估项目的收益法模型，计算得出经营性资产评估值51 300.00万元。预测值计算过程如表6–12所示。

表6–12　经营性资产价值评估预测计算表　　单位：万元

项目	2016年6~12月	2017年	2018年	2019年	2020年	永续期
自由现金流量	5 215.93	15 657.75	2 863.77	415.94	3 169.15	6 132.85
折现率	13.15%	13.15%	13.15%	13.15%	13.15%	13.15%
折现系数	0.964 6	0.874 7	0.773 1	0.683 2	0.603 8	4.591 8
折现值	5 031.00	13 696.00	2 214.00	284.00	1 914.00	28 161.00
经营性资产价值	51 300.00					

5. 非经营性资产、负债、溢余资产评估值的确定

非经营性资产是指与企业正常经营收益无直接关系不产生经营效益的资产。经分析本项目非经营性资产为：用于支付应付股利的货币资金、因停工放置于井下的部分设备、递延所得税资产。非经营性资产为：应付股利。本次评估采用成本法确定。非经营性资产（负债）、溢余资产评估值汇总如表6–13所示。

表6–13　非经营性资产价值评估预测计算表　　单位：万元

序号	项目	内容	账面值	评估值
一	溢余性资产			
	货币资金	用于支付股利的现金	11 475.70	11 475.70
二	非经营性资产			
	固定资产	因停工放置于井下的设备	202.07	517.85
	递延所得税资产	因风险损失产生的暂时性差异	701.87	489.02
三	非经营性负债			
	应付股利	应支付的股利	11 475.70	11 475.70
	合计		912.94	1 006.87

6. 资产组合评估值的确定

资产组合价值＝经营性资产价值＋非经营性资产价值＋溢余资产价值＋长期股权投资价值－非经营性负债价值－付息负债价值

=51 300.00+1 006.87

=52 306.87（万元）

五、应用贴现现金流法进行企业价值评估的应用案例

（一）案例背景

H公司计划收购W公司，采用自由现金流量贴现法确定W公司企业价值。W公司近年经营状况如表6-14所示。

表6-14　W公司利润表　　　　　　　　单位：元

项目名称	2014 年	2015 年	2016 年 1～8 月
营业收入	20 550 303.56	33 129 150.89	23 332 393.58
主营业务收入	20 550 303.56	33 129 150.89	23 332 393.58
其他业务收入			
减：营业成本		1 226 415.09	641 025.64
主营业务成本		1 226 415.09	641 025.64
其他业务成本			
营业税金及附加			
销售费用	1 219 466.07	1 541 922.31	1 081 409.43
管理费用	5 046 271.24	5 726 755.55	3 562 674.08
财务费用	−481 458.27	1 483 066.23	3 209 117.09
资产减值损失	1 544 459.15	790 497.41	1 939 495.53
加：公允价值变动收益			
投资收益（损失以 "–" 号填列）			
其中：对联营企业和合营企业的投资收益			
营业利润	13 221 565.37	22 360 494.30	12 898 671.81
加：营业外收入	2 998.71	4 937.54	56 682.79
减：营业外支出			
其中：非流动资产处置损失			
利润总额	13 224 564.08	22 365 431.84	12 955 354.60
减：所得税费用	3 331 828.89	5 628 264.20	3 290 875.23
净利润	9 892 735.19	16 737 167.64	9 664 479.37

（二）应用过程

1. 确定收益预测期限

经过综合分析，确定评估基准日至 2020 年为明确预测期，2020 年以后为永续期。

2. 对未来收益进行预测

H 公司通过对 W 公司历史经营状况进行分析，对 W 公司未来现金流量进行了预测，明确预测期企业自由现金流量汇总如表 6-15 所示。

表 6-15　企业自由现金流量预测表　　　　　　　单位：万元

项目名称	2016 年 9～12 月	2017 年	2018 年	2019 年	2020 年
一、产品销售收入	742.48	2 780.00	2 480.00	2 480.00	2 480.00
其中：主营业务收入	742.48	2 780.00	2 480.00	2 480.00	2 480.00
其他业务收入		0.00	0.00	0.00	0.00
减：折扣与折让					
二、销售净额	742.48	2 780.00	2 480.00	2 480.00	2 480.00
减：销售税金及附加	0.00	0.00	0.00	0.00	0.00
主营业务成本	100.00	131.28	111.59	111.59	111.59
三、销售毛利	642.48	2 648.72	2 368.41	2 368.41	2 368.41
减：销售费用	150.00	230.00	207.00	207.00	207.00
管理费用	253.57	577.00	577.48	577.95	578.43
财务费用	119.00	390.00	351.00	351.00	351.00
资产减值损失	−30.00	160.00	132.00	132.00	132.00
四、销售利润	149.91	1 291.72	1 100.93	1 100.46	1 099.98
加：其他业务利润净额	0.00	0.00	0.00	0.00	0.00
五、营业利润	149.91	1 291.72	1 100.93	1 100.46	1 099.98
加：投资收益	0.00	0.00	0.00	0.00	0.00
补贴收入					
营业外收入	0.00	0.00	0.00	0.00	0.00
减：营业外支出	0.00	0.00	0.00	0.00	0.00
以前年度损益调整					

续表

项目名称	2016 年 9～12 月	2017 年	2018 年	2019 年	2020 年
六、利润总额	149.91	1 291.72	1 100.93	1 100.46	1 099.98
适用所得税税率	25%	25%	25%	25%	25%
减：所得税	40.00	340.00	296.00	296.00	275.00
七、净利润	109.91	951.72	804.93	804.46	824.98
加：折旧费用	1.69	7.02	7.49	7.97	8.44
摊销费用	2.30	6.90	6.90	6.90	6.50
税后利息支出	95.10	298.65	270.08	270.08	270.08
减：资本性支出	2.00	5.00	5.00	13.15	9.15
营运资金变动	−3 327.18	632.84	308.42	−2.25	−2.27
八、自由现金流量	3 534.18	626.45	775.98	1 078.51	1 103.12

3. 永续期收益预测及主要参数的确定

永续期收益即终值，被评估单位终值按以下公式确定：

$$P_n = \frac{R_{n+1}}{(r-g)} \times (1+r)^{-n}$$

式中：

r：折现率

R_{n+1}：永续期第一年企业自由现金流

g：永续期的增长率

n：明确预测期第末年

（1）永续期折现率按目标资本结构等参数进行确定。

（2）永续期增长率：永续期业务规模按企业明确预测期最后一年确定，不再考虑增长，故 g 为零。

（3）R_{n+1}按预测期末第 n 年自由现金流量调整确定。

主要调整包括：

（1）折旧 & 摊销费。由于会计折旧年限与经济寿命年限存在差异，考虑折旧货币时间价值对预测年后的折旧进行调整，确定预测年后每年的折旧为 6.01 万元。具体评估思路为：①将各类现有资产按年折旧额按剩余折旧年限折现到预测末现值；②再将该现值按经济年限折为年金；③将各类资产每一周期更新支出对应的年折旧额按折旧年限折现到下一周期更新时点再折现到预测末现值；④将该现值再按经济年限折为年金；⑤将②和④相加得出永续期折旧，如表 6-16 所示。

表 6-16　永续期年折旧额

单位：万元

序号	项目	账面原值	折旧年限	折现率	现有资产折旧额	现有资产剩余折旧年限	现有资产年折旧额年金	更新资产年折旧额	更新资产年折旧额年金	永续期年折旧额
1	运输车辆	41.50	12	9.70%	3.29	11.00	3.13	2.89	1.04	
2	电子设备	18.63	10	9.70%	1.77	3.00	0.71	1.49	1.13	
	合计	60.13			5.06		3.84	4.38	2.17	6.01

（2）资本性支出。永续年资本性支出是考虑为了保证企业能够持续经营，各类资产经济年限到期后需要更新支出，但由于该项支出是按经济年限间隔支出的，因此本次评估将该资本性支出折算成年金，具体测算思路分两步进行：第一步，将各类资产每一周期更新支出折现到预测末现值；第二步，将该现值年金化。经计算，永续年资本性支出为 4.04 万元，如表 6-17 所示。

表 6-17　永续年资本性支出

单位：万元

序号	项目	重置价值	经济寿命年限	尚可使用年限	折现率	资本性支出
1	运输车辆	38.59	12.00	11.00	9.70%	2.02
2	电子设备	16.60	10.00	3.00	9.70%	2.02
	合计	55.19				4.04

（3）利息支出。见税后利息支出表采用最后一年的数据为 263.25 万元。则预测年后按上述调整后的自由现金流量 Rn+1 为 1 097.03 万元。

4. 明确预测期间的折现率确定

1）折现率模型的选取

折现率应该与预期收益的口径保持一致。由于本评估报告选用的是企业现金流折现模型，预期收益口径为企业现金流，故相应的折现率选取加权平均资本成本（WACC），计算公式如下：

$$WACC = K_e \times \frac{E}{D+E} + K_d \times (1-t) \times \frac{D}{D+E}$$

式中：

$WACC$：加权平均资本成本

E：权益的市场价值

D：债务的市场价值

K_e：权益资本成本

K_d：债务资本成本

T：被评估企业的所得税税率

加权平均资本成本 WACC 计算公式中，权益资本成本 Ke 按照国际惯常作法采用资本资产定价模型（CAPM）估算，计算公式如下：

$$K_e = R_f + \beta \times MRP + R_c$$

式中：

K_e：权益资本成本

R_f：无风险收益率

β：权益系统风险系数

MRP：市场风险溢价本

R_c：企业特定风险调整系数

T：被评估企业的所得税税率

2）无风险收益率的选取

国债收益率通常被认为是无风险的，因为持有该债权到期不能兑付的风险很小，可以忽略不计。根据 WIND 资讯系统所披露的信息，10 年期国债在评估基准日的到期年收益率为 2.74%，本评估报告以 2.74% 作为无风险收益率。

3）权益系统风险系数的计算

被评估单位的权益系统风险系数计算公式如下：

$$\beta_L = [1 + (1-t) \times D/E] \times \beta_U$$

式中：

β_L：有财务杠杆的 Beta

β_U：无财务杠杆的 Beta

T：被评估单位的所得税税率

D/E：被评估单位的目标资本结构

根据被评估单位的业务特点，评估人员通过 WIND 资讯系统查询了 4 家沪深 A 股可比上市公司的 β_L 值（起始交易日期：最近 52 周。截止交易日期：2016 年 8 月 31 日），然后根据可比上市公司的所得税率、资本结构换算成 β_U 值。在计算资本结构时 D、E 按市场价值确定。将计算出来的 β_U 取平均值 0.831 5 作为被评估单位的 β_U 值，具体数据如表 6–18 所示。

表 6–18 β_U 平均值计算过程

股票代码	公司简称	β_L 值	企业资本结构（D/E）	所得税	β_U 值
600075.SH	新疆天业	1.572 8	0.106 7	25%	1.456 3
000656.SZ	金科股份	1.522 4	2.287 2	25%	0.560 7
600643.SH	爱建集团	1.248 3	0.240 8	25%	1.057 3
000415.SZ	渤海金控	0.834 1	3.086 4	25%	0.251 6
平均值		1.294 4	1.430 3		0.831 5

【D/E 企业资本结构】

该公司资本结构采用上市公司的平均资本结构 1.430 3。

该公司所得税率为 25%。

将上述确定的参数代入权益系统风险系数计算公式，计算得出被评估单位的权益系统风险系数。

$$\beta_L = \left[1 + (1 - t) \times D/E\right] \times \beta_U$$
$$= \left[1 + (1 - 25\%) \times 1.430\,3\right] \times 0.831\,5$$
$$= 1.723\,5$$

4）市场风险溢价的计算

由于国内证券市场是一个新兴而且相对封闭的市场。一方面，历史数据较短，并且在市场建立的前几年中投机气氛较浓，市场波动幅度很大；另一方面，目前国内对资本项目下的外汇流动仍实行较严格的管制，再加上国内市场股权割裂的特有属性，因此，直接通过历史数据得出的股权风险溢价不具有可信度；而在成熟市场中，由于有较长的历史数据，市场总体的股权风险溢价可以直接通过分析历史数据得到；因此国际上新兴市场的风险溢价通常采用美国成熟市场的风险溢价进行调整确定，计算公式为：

中国市场风险溢价 = 美国股票市场风险溢价 + 中国股票市场违约贴息

（1）美国股票市场风险溢价。

美国股票市场风险溢价 = 美国股票市场收益率 – 美国无风险收益率

美国市场收益率选取标普 500 指数进行测算，标普 500 指数数据来源于雅虎财经 http：//finance.yahoo.com/；美国无风险收益率以美国 10 年期国债到期收益率表示，数据来源于 Wind 资讯终端全球宏观数据板块。

（2）中国股票市场违约贴息。

根据国际权威评级机构穆迪投资者服务公司公布的中国债务评级及对风险补偿的相关研究测算，得到中国股票市场违约贴息。

在美国股票市场风险溢价和中国股票市场违约贴息数据的基础上，计算得到评估基准日中国市场风险溢价为 7.30%。

5）企业特定风险调整系数的确定

企业特定风险调整系数指的是企业相对于同行业企业的特定风险，影响因素主要有：①企业所处经营阶段；②历史经营状况；③主要产品所处发展阶段；④企业经营业务、产品和地区的分布；⑤公司内部管理及控制机制；⑥管理人员的经验和资历；⑦企业经营规模；⑧对主要客户及供应商的依赖；⑨财务风险；⑩法律、环保等方面的风险。

综合考虑上述因素，我们将本次评估中的个别风险报酬率确定为 3%。

6）折现率计算结果

（1）计算权益资本成本。

将上述确定的参数代入权益资本成本计算公式，计算得出被评估单位的权益资本成本。

$$K_e = R_f + \beta \times MRP + R_c$$
$$= 2.74\% + 1.7235 \times 7.30\% + 3\%$$
$$= 18.32\%$$

（2）计算加权平均资本成本。

评估基准日 5 年投资利率为 4.90%，将上述确定的参数代入加权平均资本成本计算公式，计算得出被评估单位的加权平均资本成本。

$$WACC = K_e \times \frac{E}{D+E} + K_d \times (1-t) \times \frac{D}{D+E}$$
$$= 18.32\% \times 0.4115 + 4.90\% \times (1-25\%) \times 0.5885$$
$$= 9.70\%$$

5. 永续期的折现率确定

永续期折现率的计算与明确预测期相同。

6. 经营性资产评估结果

根据上述预测的现金流量以计算出的折现率进行折现，从而得出企业经营性资产价值为 13 712.22 万元。计算结果详见表 6-19。

表 6-19　现值计算过程　　　　　单位：万元

项目名称	2016年9~12月	2017年	2018年	2019年	2020年	以后年度永续
企业自由现金流	3 534.18	626.45	775.98	1 078.51	1 103.12	1 097.03
折现期	9.70%	9.70%	9.70%	9.70%	9.70%	9.70%
折现率	0.33	1.33	2.33	3.33	4.33	
折现系数	0.969 9	0.884 1	0.806 0	0.734 7	0.669 7	6.904 1
折现值	3 427.80	553.84	625.44	792.38	738.76	7 574.00
现值和	13 712.22					

7. 其他资产和负债价值的估算及分析过程

1）溢余资产的分析及估算

该公司在测算 2016 年 9~12 月至 2020 年营运资金时，采用 2014 年和 2015 年的平均财务数据，先测算出 2016 年的营运资金，然后再按月分配 2016 年 1~8 月和 2016 年 9~12 月的营运资金，这样，2016 年 1~8 月的各项营运资金与基准日的实际发生额会有差异，具体情况如表 6-20 所示。

表 6-20　营运资金差额表　　　　　单位：万元

项目名称	基准日实际数	2016年1~8月	2016年9~12月	2016年	差异
货币资金	3 778.97	1 213.33	606.67	1 820.00	2 565.64
应收票据	200.00	–	–		200.00
应收账款净值	2 653.92	1 354.00	677.00	2 031.00	1 299.92
预付账款	6.12	223.59	111.80	335.39	–217.47
其他应收款		–			–
存货净值	–				–
一年内到期的非流动资产	21 127.88	10 373.29	5 186.65	15 559.94	10 754.59
合理流动资产合计	27 766.89	13 164.21	6 582.12	19 746.33	14 602.68
应付票据		–			

续表

项目名称	基准日实际数	2016 年 1~8 月	2016 年 9~12 月	2016 年	差异
应付账款	15 126.05	16 351.78	8 175.89	24 527.67	−1 225.73
预收款项	195.71	106.81	53.40	160.21	88.90
应付职工薪酬	39.44	217.52	108.76	326.28	−178.08
应交税费	179.74	238.10	119.05	357.15	−58.36
应付利息	–	–			
应付股利	–			–	
其他应付款	–				
合理流动负债合计	15 540.94	16 914.21	8 457.10	25 371.31	−1 373.27

由此，溢余现金 2 565.64 万元，溢余流动资产 12 037.04 万元，溢余流动负债 −1 373.27 万元。另外，溢余非流动资产为其他非流动资产合计为 5 028.60 万元。

2）非经营性资产的分析及估算

该公司非经营性资产为其他应收款和其他应付款（去除有息债务后）评估值之差为 305.61 万元。

3）长期股权投资的估算及分析

该公司没有长期股权投资。

8. 收益法评估结果

1）企业整体价值的计算

$V=P+C_1+C_2+E'$

=13 712.22 +21 004.53+305.61

=35 022.36（万元）

2）付息债务价值的确定

该公司的付息债务，评估价值 13 203.10 万元。

3）股东全部权益价值的计算

根据以上评估工作，该公司的股东全部权益价值为：

$E=V−D$

=35 022.36−13 203.10

=21 819.26（万元）

六、应用贴现现金流法进行项目投资决策

（一）案例背景

C公司计划参与一项目建设运营。项目建设期3年，运营期30年。C公司聘请专业评估机构对项目价值进行了评估，作为决策参考依据。由于项目的特殊性，该项目不考虑税收影响。

（二）应用过程

1.确定预测期

整个预测期间为33年，包括建设期3年和运营期30年。

2.预测现金流量

根据项目可行性研究报告，项目建设期和运营期现金流量情况如表6-21、表6-22、表6-23、表6-24和表6-25所示。

表6-21　未来经营期内的净现金流量预测　　　单位：万美元

项目/年度	2017年7~12月	2018年	2019年	2020年	2021年	2022年	2023年
收入	–	–	–	–	43 695.23	41 273.24	40 179.37
成本及管理费用	100.18	200.35	200.35	200.35	27 957.37	27 187.91	26 102.23
财务费用	–	–	–	–	2 174.56	4 694.64	4 338.67
营业利润	−100.18	−200.35	−200.35	−200.35	13 563.30	9 390.70	9 738.46
利润总额	−100.18	−200.35	−200.35	−200.35	13 563.30	9 390.70	9 738.46
净利润	−100.18	−200.35	−200.35	−200.35	13 563.30	9 390.70	9 738.46
折旧摊销等	0.18	0.35	0.35	0.35	5 562.50	5 562.50	5 562.50
扣税后利息	–	543.30	2 244.90	3 426.94	4 970.97	4 694.64	4 338.67
资产支出及更新	–	48 808.49	29 521.14	24 349.36	10 161.99	–	–
其中：资产更新	–	–	–	–	–	–	–
营运资本增加额	–	–	–	–	5 873.86	–	–
资本性支出	–	48 808.49	29 521.14	24 349.36	4 288.13	–	–
资产回收	–	–	–	–	–	–	–
其中：营运资金回收	–	–	–	–	–	–	–
固定资产回收	–	–	–	–	–	–	–
净现金流量	−100.00	−48 465.19	−27 476.23	−21 122.42	13 934.78	19 647.84	19 639.64

表 6-22　　未来经营期内的净现金流量预测（续一）　　　　单位：万美元

项目 / 年度	2024 年	2025 年	2026 年	2027 年	2028 年	2029 年	2030 年
收入	39 507.12	38 907.48	39 073.78	37 603.96	38 100.54	37 146.04	36 615.50
成本及管理费用	25 621.48	25 045.26	25 210.40	23 930.74	24 564.33	25 224.25	24 870.72
财务费用	3 963.02	3 566.60	3 148.25	2 706.77	2 240.88	1 749.22	1 230.38
营业利润	9 922.61	10 295.61	10 715.13	10 966.45	11 295.33	10 172.56	10 514.40
利润总额	9 922.61	10 295.61	10 715.13	10 966.45	11 295.33	10 172.56	10 514.40
净利润	9 922.61	10 295.61	10 715.13	10 966.45	11 295.33	10 172.56	10 514.40
折旧摊销等	5 750.49	5 750.49	5 750.49	5 932.45	5 994.51	6 241.01	6 412.16
扣税后利息	3 963.02	3 566.60	3 148.25	2 706.77	2 240.88	1 749.22	1 230.38
资产支出及更新	–	–	–	–	–	–	–
其中：资产更新	–	–	–	–	–	–	–
营运资本增加额							
资本性支出	–	–	–	–	–	–	–
资产回收	–	–	–	–	–	–	–
其中：营运资金回收	–	–	–	–	–	–	–
固定资产回收	–	–	–	–	–	–	–
净现金流量	19 636.13	19 612.70	19 613.87	19 605.68	19 530.72	18 162.79	18 156.94

表 6-23　　未来经营期内的净现金流量预测（续二）　　　　单位：万美元

项目 / 年度	2031 年	2032 年	2033 年	2034 年	2035 年	2036 年	2037 年
收入	25 966.04	25 513.96	25 215.32	25 701.35	24 400.18	24 988.11	25 922.70
成本及管理费用	24 686.85	24 242.97	24 096.30	24 577.65	21 032.08	21 780.81	22 649.82
财务费用	682.84	682.84	682.84	682.84	682.84	682.84	682.84
营业利润	596.35	588.16	436.18	440.87	2 685.26	2 524.46	2 590.05
利润总额	596.35	588.16	436.18	440.87	2 685.26	2 524.46	2 590.05
净利润	596.35	588.16	436.18	440.87	2 685.26	2 524.46	2 590.05
折旧摊销等	6 426.21	6 426.21	6 580.53	6 580.53	4 326.77	4 492.25	4 492.25
扣税后利息	682.84	682.84	682.84	682.84	682.84	682.84	682.84
资产支出及更新	–	–	–	–	–	–	–
其中：资产更新	–	–	–	–	–	–	–
营运资本增加额	–	–	–	–	–	–	–
资本性支出	–	–	–	–	–	–	–
资产回收							
其中：营运资金回收	–	–	–	–	–	–	–

续表

项目 / 年度	2031 年	2032 年	2033 年	2034 年	2035 年	2036 年	2037 年
固定资产回收	–	–	–	–	–	–	–
净现金流量	7 705.41	7 697.21	7 699.55	7 704.23	7 694.86	7 699.55	7 765.14

表 6–24　未来经营期内的净现金流量预测（续三）　　单位：万美元

项目 / 年度	2038 年	2039 年	2040 年	2041 年	2042 年	2043 年	2044 年
收入	25 457.75	26 206.13	25 975.41	25 700.18	26 103.06	24 013.69	22 290.90
成本及管理费用	22 020.57	23 146.44	22 853.70	22 486.34	23 011.90	21 472.43	19 593.71
财务费用	682.84	682.84	682.84	682.84	682.84	682.84	682.84
营业利润	2 754.34	2 376.85	2 438.87	2 531.00	2 408.32	1 858.43	2 014.35
利润总额	2 754.34	2 376.85	2 438.87	2 531.00	2 408.32	1 858.43	2 014.35
净利润	2 754.34	2 376.85	2 438.87	2 531.00	2 408.32	1 858.43	2 014.35
折旧摊销等	4 384.18	4 766.35	4 783.97	4 601.66	4 726.68	4 480.18	4 309.03
扣税后利息	682.84	682.84	682.84	682.84	682.84	682.84	682.84
资产支出及更新	–	–	–	–	–	–	–
其中：资产更新	–	–	–	–	–	–	–
营运资本增加额	–	–	–	–	–	–	–
资本性支出	–	–	–	–	–	–	–
资产回收	–	–	–	–	–	–	–
其中：营运资金回收	–	–	–	–	–	–	–
固定资产回收	–	–	–	–	–	–	–
净现金流量	7 821.35	7 826.04	7 905.68	7 815.50	7 817.84	7 021.44	7 006.22

表 6–25　未来经营期内的净现金流量预测（续四）　　单位：万美元

项目 / 年度	2045 年	2046 年	2047 年	2048 年	2049 年	2050 年
收入	22 720.72	22 217.12	22 931.53	22 659.82	22 368.20	22 624.68
成本及管理费用	20 035.60	19 802.33	20 355.40	20 106.84	19 928.62	20 018.46
财务费用	682.84	682.84	682.84	682.84	682.84	682.84
营业利润	2 002.29	1 731.95	1 893.29	1 870.14	1 756.74	1 923.39
利润总额	2 002.29	1 731.95	1 893.29	1 870.14	1 756.74	1 923.39
净利润	2 002.29	1 731.95	1 893.29	1 870.14	1 756.74	1 923.39
折旧摊销等	4 325.78	4 438.01	4 283.69	4 303.33	4 415.56	4 250.08
扣税后利息	682.84	682.84	682.84	682.84	682.84	682.84
资产支出及更新	–	–	–	–	–	–

续表

项目 / 年度	2045 年	2046 年	2047 年	2048 年	2049 年	2050 年
其中：资产更新	–	–	–	–	–	–
营运资本增加额	–	–	–	–	–	–
资本性支出	–	–	–	–	–	–
资产回收	–	–	–	–	–	16 652.11
其中：营运资金回收	–	–	–	–	–	5 873.86
固定资产回收	–	–	–	–	–	10 778.25
净现金流量	7 010.90	6 852.79	6 859.82	6 856.31	6 855.14	23 508.41

3. 确定折现率

1）无风险收益率 r_f

无风险报酬率通常可以参考政府发行的长期国债利率或同期银行存款利率来确定，本次评估按长期国债利率确定无风险报酬率为 3.93%。中长期国债利率如表 6-26 所示。

表 6-26　中长期国债利率一览表

序号	国债代码	国债名称	期限	实际利率
1	101119	国债 1119	10	0.039 7
2	101123	国债 1123	50	0.043 8
3	101124	国债 1124	10	0.036 0
4	101204	国债 1204	10	0.035 4
5	101206	国债 1206	20	0.040 7
6	101208	国债 1208	50	0.043 0
7	101209	国债 1209	10	0.033 9
8	101212	国债 1212	30	0.041 1
9	101213	国债 1213	30	0.041 6
10	101215	国债 1215	10	0.034 2
11	101218	国债 1218	20	0.041 4
12	101220	国债 1220	50	0.044 0
13	101221	国债 1221	10	0.035 8
14	101305	国债 1305	10	0.035 5
15	101309	国债 1309	20	0.040 3
16	101310	国债 1310	50	0.042 8
17	101311	国债 1311	10	0.034 1

续表

序号	国债代码	国债名称	期限	实际利率
18	101316	国债1316	20	0.043 7
19	101318	国债1318	10	0.041 2
20	101319	国债1319	30	0.048 2
21	101324	国债1324	50	0.053 8
22	101325	国债1325	30	0.051 1
23	101405	国债1405	10	0.044 7
24	101409	国债1409	20	0.048 3
25	101410	国债1410	50	0.047 2
26	101412	国债1412	10	0.040 4
27	101416	国债1416	30	0.048 2
28	101417	国债1417	20	0.046 8
29	101421	国债1421	10	0.041 7
30	101425	国债1425	30	0.043 5
31	101427	国债1427	50	0.042 8
32	101429	国债1429	10	0.038 1
33	101505	国债1505	10	0.036 7
34	101508	国债1508	20	0.041 3
35	101510	国债1510	50	0.040 3
36	101516	国债1516	10	0.035 4
37	101517	国债1517	30	0.039 8
38	101521	国债1521	20	0.037 7
39	101523	国债1523	10	0.030 1
40	101525	国债1525	30	0.037 7
41	101528	国债1528	50	0.039 3
42	101604	国债1604	10	0.028 7
43	101608	国债1608	30	0.035 5
44	101610	国债1610	10	0.029 2
45	101613	国债1613	50	0.037 3
平均				0.039 3

2）市场期望报酬率 r_m

一般认为，股票指数的波动能够反映市场整体的波动情况，指数的长期平均收益率可以反映市场期望的平均报酬率。通过对上证综合指数自 1992 年 5 月 21 日全面放开股价、实行自由竞价交易后至 2017 年 6 月 30 日期间的指数平均收益率进行测算，得出市场期望报酬率的近似，即 $r_m=10.47\%$。

3）β_e 值

取沪深同类可比上市公司股票，以 2013 年 12 月 1 日至 2017 年 6 月 30 日的市场价格测算估计，按 $\beta_u = \dfrac{\beta_t}{1 + (1 - t) \dfrac{D_i}{E_i}}$ 得到评估对象预期无财务杠杆风险系数的估计值 β_u，按 $\beta_e = \beta_u \times \left[1 + (1 - t) \times \dfrac{D}{E} \right]$ 得到评估对象权益资本的预期市场风险系数 β_e。

4）权益资本成本 r_e

本次评估考虑到评估对象在公司的融资条件、资本流动性以及公司的治理结构等方面与可比上市公司的差异性所可能产生的特性个体风险，设公司特性风险调整系数 ε；最终由 $r_e = r_f + \beta_e \times (r_m - r_f) + \varepsilon$ 得到评估对象的权益资本成 r_e。

5）计算 W_d 和 W_e

评估对象的债务比率 $w_d = \dfrac{D}{(E + D)}$，评估对象的权益比率 $w_e = \dfrac{E}{(E + D)}$。由可比公司的资本结构可得到 W_e、W_d。

6）折现率 WACC

由资本资产加权平均成本模型 $r = r_d \times w_d + r_e \times w_e$ 得 WACC。

被评估项目预测期折现率计算过程如表 6-27 和表 6-28 所示。

表 6-27　被评估项目预测期折现率计算表

项目 / 年度	2017 年 7~12 月	2018 年	2019 年	2020 年	2021 年	2022 年	2023 年	2024 年
权益比	1.000 0	1.000 0	0.322 8	0.198 5	0.127 2	0.131 4	0.141 3	0.153 5
债务比	–	–	0.677 2	0.801 5	0.872 8	0.868 6	0.858 7	0.846 5
贷款加权利率	–	–	0.088 5	0.070 2	0.059 9	0.058 8	0.059 1	0.059 5
国债利率	0.039 3	0.039 3	0.039 3	0.039 3	0.039 3	0.039 3	0.039 3	0.039 3
可比公司收益率	0.104 7	0.104 7	0.104 7	0.104 7	0.104 7	0.104 7	0.104 7	0.104 7
适用税率	–	–	–	–	–	–	–	–
历史 β	1.014 5	1.014 5	1.014 5	1.014 5	1.014 5	1.014 5	1.014 5	1.014 5

项目 / 年度	2017 年 7～12 月	2018 年	2019 年	2020 年	2021 年	2022 年	2023 年	2024 年
调整 β	1.009 6	1.009 6	1.009 6	1.009 6	1.009 6	1.009 6	1.009 6	1.009 6
无杠杆 β	0.676 3	0.676 3	0.676 3	0.676 3	0.676 3	0.676 3	0.676 3	0.676 3
权益 β	0.676 3	0.676 3	2.095 4	3.407 3	5.318 3	5.147 6	4.787 4	4.407 2
特性风险系数	0.040 0	0.040 0	0.040 0	0.040 0	0.040 0	0.040 0	0.040 0	0.040 0
权益成本	0.123 5	0.123 5	0.216 3	0.302 1	0.427 1	0.416 0	0.392 4	0.367 5
债务成本（税后）	–	–	0.088 5	0.070 2	0.059 9	0.058 8	0.059 1	0.059 5
WACC	0.123 5	0.123 5	0.129 8	0.116 3	0.106 6	0.105 7	0.106 2	0.106 7
折现率	0.123 5	0.123 5	0.129 8	0.116 3	0.106 6	0.105 7	0.106 2	0.106 7

表 6-28　被评估项目预测期折现率计算表（续一）

项目 / 年度	2025 年	2026 年	2027 年	2028 年	2029 年	2030 年	2031 年	2031— 2049 年
权益比	0.153 5	0.168 8	0.188 8	0.215 7	0.253 9	0.312 2	0.412 0	0.622 0
债务比	0.846 5	0.831 2	0.811 2	0.784 3	0.746 1	0.687 8	0.588 0	0.378 0
贷款加权利率	0.059 5	0.060 0	0.060 6	0.061 6	0.063 1	0.065 7	0.071 4	0.093 0
国债利率	0.039 3	0.039 3	0.039 3	0.039 3	0.039 3	0.039 3	0.039 3	0.039 3
可比公司收益率	0.104 7	0.104 7	0.104 7	0.104 7	0.104 7	0.104 7	0.104 7	0.104 7
适用税率	–	–	–	–	–	–	–	–
历史 β	1.014 5	1.014 5	1.014 5	1.014 5	1.014 5	1.014 5	1.014 5	1.014 5
调整 β	1.009 6	1.009 6	1.009 6	1.009 6	1.009 6	1.009 6	1.009 6	1.009 6
无杠杆 β	0.676 3	0.676 3	0.676 3	0.676 3	0.676 3	0.676 3	0.676 3	0.676 3
权益 β	4.407 2	4.006 0	3.582 5	3.135 7	2.664 2	2.166 6	1.641 5	1.087 3
特性风险系数	0.040 0	0.040 0	0.040 0	0.040 0	0.040 0	0.040 0	0.040 0	0.040 0
权益成本	0.367 5	0.341 3	0.313 6	0.284 4	0.253 5	0.221 0	0.186 7	0.150 4
债务成本（税后）	0.059 5	0.060 0	0.060 6	0.061 6	0.063 1	0.065 7	0.071 4	0.093 0
WACC	0.106 7	0.107 5	0.108 4	0.109 7	0.111 4	0.114 2	0.118 9	0.128 7
折现率	0.106 7	0.107 5	0.108 4	0.109 7	0.111 4	0.114 2	0.118 9	0.128 7

4. 项目价值预测

将得到的预期净现金流量代入 $P = \sum_{i=1}^{n} \dfrac{R_i}{(1+r)^i} + \dfrac{R_{n+1}}{r(1+r)^n}$，即可得到评估对象的经营性资产价值为 12 084.30 万美元。由于项目现值大于零，所以项目可行。

第3节 项目管理概述

一、项目管理的含义

项目管理，是指通过项目各参与方的合作，运用专门的知识、工具和方法，对各种资源进行计划、组织、协调、控制，使项目能够在规定的时间、预算和质量范围内，实现或超过既定目标的管理活动。

项目管理适用于以一次性活动为主要特征的项目活动，如一项工程、服务、研究课题、研发项目、赛事、会展或活动演出等；也可以适用于以项目制为主要经营单元的各类经济主体。

企业进行项目管理时，一般应遵循以下原则：①注重实效，协同创新。项目应围绕项目管理的目标，强调成本效益原则，实现项目各责任主体间的协同发展、自主创新。②按级负责，分工管理。项目各责任主体，应当根据管理层次和任务分工的不同，有效行使管理职责，履行管理义务，确保项目取得实效。③科学安排，合理配置。严格按照项目的目标和任务，科学合理编制预算，严格执行预算。

项目管理的工具一般包括挣值法、成本效益法、价值工程法等。

二、项目管理的业务流程

企业应用项目管理工具一般按照可行性研究、项目立项、项目计划、项目实施、项目验收和项目后评价等程序进行。

（一）可行性研究

可行性研究，是指通过对项目在技术上是否可行、经济上是否合理、社会和环境影响是否积极等进行科学分析和论证，以最终确定项目投资建设是否进入启动程序的过程。企业一般可以从投资必要性、技术可行性、财务可行性、组织可行性、经济可行性、环境可行性、社会可行性、风险因素及对策等方面开展项目的可行性研究。重大项目可以聘请专业机构协助开展可行性研究，保证决策的科学性。

（二）项目立项

项目立项，是指对项目可行性研究进行批复，并确认列入项目实施计划的过程。经批复的可行性研究报告是项目立项的依据，项目立项一般应在批复的有效期内完成。

（三）项目计划

项目计划，是指项目立项后，在符合项目可行性报告批复相关要求的基础上，明确项目的实施内容、实施规模、实施标准、实施技术等计划实施方案，并据此编制项目执行预算的书面文件。通常情况下，项目执行预算超过可行性研究报告项目预算的 10% 时，或者项目实施内容、实施规模、实施地点、实施技术方案等发生重大变更时，应重新组织编制和报批可行性报告。项目计划应落实人财物等各种资源配备、进度安排和质量标准等核心内容，经批复的项目计划及项目执行预算应作为项目实施的依据。

项目可行性报告的内容一般包括项目概况、市场预测、产品方案与生产规模、厂址选择、工艺与组织方案设计、财务评价、项目风险分析，以及项目可行性研究结论与建议等。

（四）项目实施

项目实施，是指按照项目计划，在一定的预算范围内，保质保量按时完成项目任务的过程。通常，应重点从质量、成本、进度等方面，有效控制项目的实施过程。

（1）企业应遵循国家规定及行业标准，建立质量监督管理组织、健全质量管理制度、形成质量考核评价体系和反馈机制等，实现对项目实施过程的质量控制。

（2）成本控制应贯穿于项目实施的全过程。企业可以通过加强项目实施阶段的投资控制，监督合同执行，有效控制设计变更，监督和控制合同价款的支付，实现项目实施过程的成本控制。

（3）企业应通过建立进度控制管理制度，编制项目实施进度计划，制订项目实施节点；实行动态检测，完善动态控制手段，定期检查进度计划，收集实际进度数据；加强项目进度偏差原因分析，及时采取纠偏措施等，实现对项目实施过程的进度控制。企业可以参考项目管理协会（PMI）发布的有关标准，对项目实施过程进行管理。

（五）项目验收

项目验收，是指项目完成后，进行的综合评价、移交使用、形成资产的整个过程。项目验收一般应由可行性研究报告的批复部门组织开展，可以从项目内容的完成情况、目标的实现情况、经费的使用情况、问题的整改情况、项目成果的意义和应用情况等方面进行验收。项目承担单位应组织编制经费使用情况决算，经审计后，作为项目验收的重要组成部分。

（六）项目后评价

项目后评价，是指通过对项目实施过程、结果及其影响进行调查研究和全面系统回顾，与项目决策时确定的目标以及技术、经济、环境、社会指标进行对比，找出差别和变化，据以分析原因、总结经验、提出对策建议，并通过信息反馈，改善项目管理决策，提高项目管理效益的过程。企业应比对项目可行性报告的主要内容和批复文件开展项目后评价，必要时应参照项目计划的相关内容进行对比分析，进一步加强项目管理，不断提高决策水平和投资效益。企业至少应对重大项目开展后评价，有条件的企业应对所有的项目实施后评价。有条件的企业应设立专门的项目管理部门，负责项目业务管理工作，形成项目管理闭环。

三、项目财务管理

项目财务管理，是指基于项目全生命周期的项目财务活动的归口管理工作，是对项目营运过程中财务资源使用的全流程管理活动。在项目营运过程中，企业应当重视并严格执行项目预算管理、项目执行成本控制、项目会计核算、资金管理与项目结算、项目决算和项目经济后评价等。企业可根据项目规模、周期、经费额度等指定专人负责上述工作，并参与项目论证与评估等工作。

（一）项目预算管理

企业进行项目预算管理，一般应从项目预算编制、预算执行控制、项目预算调整等方面开展。

（1）项目预算编制。①企业应基于项目的重要性和成本效益考虑，制订项目预算管理制度，可以指定项目预算管理分管领导、设置项目概预算专职人员。②企业应依据总量控制、分项预算的总体框架，按照需要与可能、局部与全局、重点与一般、当前与长远相结合的编制原则，编制项目预算。③企业应在充分调研和论证的基础上，强调项目预算编制的明细化和标准化，明确预算的编制内容、编制依据和编制方法，实现项目预算与会计核算科目的配比性。

【例 6-2】　某企业拟对卫生室进行改造，单层砖混结构，建筑面积为 110.3m²，占地面积为 110.3m²。建筑物高度为 4.2m，本工程基础采用条形基础，内墙和天棚装饰均为水泥石灰砂浆，地面为水泥砂浆地面，门采用房大门，本窗均刷调和漆。工程总造价 56 037.47 元。有关预算如表 6-29 所示。

表 6-29　分部分项工程量清单计价表

工程名称：*** 卫生室

序号	单位工程名称	金额（元）
1	分部项工程量清单计价计算	35 785.55
2	措施项目清单计价合计	15 323.07
3	其他项目清单计价合计	0
4	规费	3 067.65
5	税金	1 861.2
	合计	56 037.47

序号	项目名称	金额（元）
一	分部分项工程	
1	土方石工程	1 356.37
2	砌筑工程	15 206.20
3	砼及钢筋砼工程	14 613.33
4	厂库房门、木结构工程	1 907.92
5	屋面及防水工程	2 701.73
二	措施项目	
1	模板工程	5 017.73
2	脚手架工程	2 992.97
3	垂直运输工程	1 009.67
4	安全防护、文明	1 419.35
5	措施项目	1 419.35
6	措施其他项目	3 464.00
三	规费	
1	社会保险费	2 022.70
2	住房公积金	782.19
3	工程定额测定费	61.10
4	工程排污费	201.66
四	税金	
1	税金费用	1 861.20
	合计	56 037.47

【例 6-3】 某企业科研项目经费实行预算管理，项目人员需要按照表 6-30 编制经费预算。

表 6-30 科研经费预算表

填表日期： 年 月 日

姓名		工号		学院 / 部门	
项目名称					
项目类别					
经费类别		纵向项目经费□		横向项目经费□	

续表

预算开支构成	预算金额（元）
（1）设备费	
（2）材料费	
（3）测试化验加工及计算分析费	
（4）燃料动力费	
（5）会议费	
（6）差旅费	
（7）出版/文献/信息传播/知识产权事务费	
（8）国际合作与交流费	
（9）劳务费	
（10）专家咨询费	
（11）其他支出	
（12）科研项目津贴	
（13）管理费	
合　计	

注：①项目类别填写如：国家社科青年项目、省级自然科学基金中的面上项目、教育部重点项目、社科联立项项目等。②纵向项目经费不得填写（12）项；横向项目经费，可在第（12）中填写预算，但不得再重复填写（9）（11）项预算，（12）项预算金额不得超过到账经费的30%。③（13）项，如无特殊说明，纵向按到账经费5%、横向按到账经费8%填写。

（2）预算执行控制。①企业应分解落实项目实施各阶段的预算执行计划，明确项目各阶段的预算控制目标。②在项目执行过程中，企业应以项目预算执行计划和目标为依据，定期对项目预算执行情况进行核查、比对、分析。在预算执行阶段，财务部门应与业务部门密切配合，跟踪业务进展情况，切实加强预算执行控制，防止预算超支。

（3）项目预算调整。①企业应依据外部环境变化、项目实施进展和项目方案优化要求等，不断修正和完善项目各阶段的预算执行计划和预算控制目标。②在项目预算管理中，企业可采用滚动预算方式，以项目执行前一阶段的预算调整，作为下一阶段项目预算控制的目标，按照时间（如年、月、日）或项目单元编制，依次分解，滚动预算。滚动预算编制方式如图 6-1 所示。

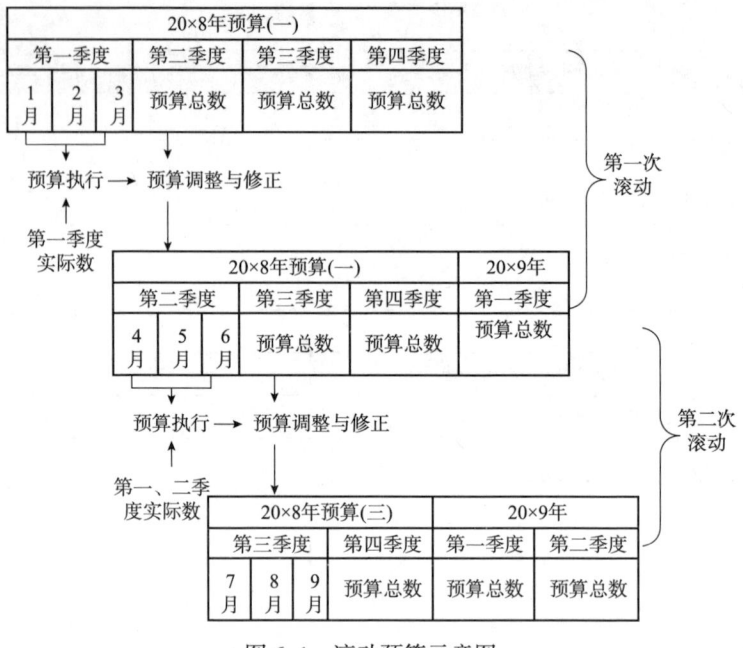

图 6-1　滚动预算示意图

（二）项目执行成本控制

企业进行项目执行成本控制，一般应从项目费用定额表、项目合同管理、项目执行成本变更等方面开展。

（1）项目费用定额管理。企业应根据项目自身特点，制订项目费用定额表，如物资消耗费、工时定额等，形成项目执行成本控制的依据。企业在设定费用定额时，应开展对标活动，不断提高费用管理水平。

（2）项目合同管理。项目执行过程中涉及合同管理时，财务管理人员一般可以参与合同的论证、签订、审查和履行、变更、解除等，负责审查并履行合同支付职能，定期了解合同方的资信和履约能力，建立合同管理台账。财务部门可以合同为抓手，跟踪合同执行情况，参与到项目过程中。

（3）项目执行成本变更管理。项目执行成本原则上不得随意变更，因特殊情况需要调整时，需根据相应的批报程序，报原审核部门核定，按照先批准、后变更的原则进行处理。项目执行成本变更需相应对预算做出调整。

（三）项目会计核算

项目执行过程中，应按照国家统一的会计制度进行会计核算。项目收支应分项目、分要素进行明细核算，确保会计核算制度与项目预算管理相衔接。项目经费中包含政府补助的，可以结合企业实际情况，分别采用总额法或净额法进行会计核算，使核算结果能更好反映企业业务实际情况。项目经费有专门的会计核算规定的，应遵从相应规定。

（四）资金管理与项目结算

企业应建立健全资金管理和项目结算制度。设立项目专款账户对资金的使用进行管理，加强资金统筹利用，提高资金使用效率和效益，同时应避免项目资金被挤占，影响项目正常开展。正确区分会计期间，规范成本列支，统一对项目进行收支与结算。项目结算一般包括项目月度结算、年度结算和完工结算。企业可以根据管理需要，利用结算结果编制项目财务报表，反映项目经费收支及形成资产情况。项目财务报表内容和格式由企业根据管理需要自行设计，不受企业会计准则约束。

（五）项目决算与审计

企业应建立项目决算审计制度，明确项目决算报表内容、格式要求和填报口径，严格执行项目决算数据材料的收集、审核、汇总，形成项目决算报告，同时提交审计部门进行项目审计。项目决算报告一般包括项目决算说明书、项目决算报表、项目成果和费用支出的对比分析等。项目决算报告和项目审计意见应作为项目验收的依据。

基本建设项目竣工决算应按照财政部发布的《基本建设项目竣工财务决算管理暂行办法》，编报项目竣工财务决算报表，编写竣工财务决算说明书，组织竣工财务决（结）算审核，并将其他相关资料统一归档管理。竣工财务决算说明书主要包括以下内容：项目概况；会计账务处理、财产物资清理及债权债务的清偿情况；项目建设资金计划及到位情况，财政资金支出预算、投资计划及到位情况；项目建设资金使用、项目结余资金分配情况；项目概（预）算执行情况及分析，竣工实际完成投资与概算差异及原因分析；尾工工程情况；历次审计、检查、审核、稽察意见及整改落实情况；主要技术经济指标的分析、计算情况；项目管理经验、主要问题和建议；预备费动用情况；项目建设管理制度执行情况、政府采购情况、合同履行情况；征地拆迁补偿情况、移民安置情况；需说明的其他事项。

项目竣工决（结）算需附完整的审核报告及审核表，审核报告内容应当翔实，主要包括：审核说明、审核依据、审核结果、意见、建议。相关资料主要包括：项目立项、可行性研究报告、初步设计报告及概算、概算调整批复文件的复印件；项目历年投资计划及财政资金预算下达文件的复印件；审计、检查意见或文件的复印件；其他与项目决算相关资料。

（六）项目经济后评价

企业应在对比项目可行性研究的基础上进行项目经济后评价，并编制项目经济后评价报告。经济后评价报告一般包括项目资金收入和使用情况、重新测算项目的财务评价指标、经济评价指标等。经济后评价应通过投资增量效益的分析，突出项目对经济价值和社会价值的作用和影响。开展项目后评价也有助于查找项目管理中存在的不足和薄弱环节，通过整改，不断提高项目管理水平。

第4节　项目管理工具详解及应用案例

项目管理的工具一般包括挣值法、成本效益法、价值工程法等。除上述方法外，企业开展项目管理，还可以采用限额设计、偏差分析、动态比较分析等工具。

一、挣值法工具详解及应用案例

（一）挣值法的含义

挣值，是指项目实施过程中已完成工作的价值，用分配给实际已完成工作的预算来表示。挣值法，是一种通过分析项目实施与项目目标期望值之间的差异，从而判断项目实施的成本、进度绩效的方法。挣值法广泛适用于项目管理中的项目实施、项目后评价等阶段。

挣值法的主要优点有：一是通过对项目当前运行状态的分析，可以有效地预测出项目的未来发展趋势，严格地控制项目的进度和成本；二是在出现不利偏差时，能够较快地检测出问题所在，留有充足的时间对问题进行处理和对项目进行调整。

挣值法的主要缺点有：一是片面注重用财权的执行情况判断事权的实施效益；二是属于事后控制方法，不利于事前控制；三是存在用项目非关键路径上取得的挣值掩盖关键路径上进度落后的可能性，影响项目绩效判断的准确性。

（二）挣值法的评价基准

挣值法的评价基准包括成本基准和进度基准，通常可以用于检测实际绩效与评价基准之间的偏差。

1. 进度偏差

进度偏差可以采用绝对数，表示为挣值与计划成本之差（偏差量＝挣值－计划成本）；也可采用相对数，表示为挣值与计划成本之比（偏差率＝挣值÷计划成本）。计划成本，是指根据批准的进度计划或预算，到某一时点应当完成的工作所需投入资金的累计值。企业应用挣值法进行项目管理，应当把项目预算分配至项目计划的各个时点。

企业应用挣值法开展项目管理时，既要监测挣值的增量，以判断当前的绩效状态；又要监测挣值的累计值，以判断长期的绩效趋势。

2. 成本偏差

成本偏差，是在某个给定时点上，测量并反映项目预算亏空或预算盈余的成本绩效指标。成本偏差可以采用绝对数，表示为挣值与实际成本之差（偏差量＝挣值－实际成本）；也可采用相对数，表示为挣值与实际成本的比值（偏差率＝挣值÷实际成本）。

实际成本，是指按实际进度完成的成本支出量。企业应用挣值法开展项目管理时，实际成本的计算口径必须与计划成本和挣值的计算口径保持一致。

（三）挣值法应用案例 [①]

1. 案例背景

1）M公司概况

M公司创建于1989年。2008年，在原先经营良好的福建建筑市场份额基础上，开拓广东市场，集中精力在福建、广东两区域开拓经营房建业务，在承建超高层建筑、超大型城市综合体、城市综合住宅区、大型厂房、复杂地下室空间逆作等领域都享有良好声誉。

改革开放以来，作为首批全国建筑业 AAA 级信用企业，房屋建筑工程施工总承包特级资质企业，M公司应天时亮剑，占地利开篇，以人和为本，坚持以科学发展观为指导，坚持"锐意进取，追求卓越"的企业精神，铭记"紧跟大市场、大业主、大项目；实施区域化、标准化、持久化"的经营理念。

2）M公司工程项目管理中成本控制现状

M公司从成立开始，项目进度编制过程中始终通过甘特图法进行，而对项目建设组织设计的作用和价值缺乏足够的重视，在工程进度控制手段上，公司基本上通过以下两种比较法进行，也就是通过 s 型曲线、横道图，另一方面，其对进度的影响条件，未细致深入的考虑与探讨；在成本管理上，M这一个企业基本上仅仅停留在考虑建筑产品生产环节的成本，而在很大程度上忽视了生产价值链的成本，没有进行相关的探讨；但是项目成本以及进度两者具有一定的关系，它们彼此制约，其中一个变化，那么相应地就会造成另外一个同样有所改变。

3）M公司工程项目管理中进度控制现状

自很长一段时间开始，M公司在项目进度编制过程中，基本上通过甘特图法进行，这一个技术非常容易使用，非常便捷，在具体的实业界得到一致认可，但随着项目烦琐状况的不断增加以及建设时间相对较短，这种技术开始暴露一系列弊端和缺陷：没有把握其中的关键工序，每一个工序之相互间没有形成清晰的关系，这样就在很大程度上使得当一项工序出现

---

① 本案例改编自财政部课题研究《公益性企业管理会计工具方法应用案例》，2017 年。

推迟时，在这种情况下，无法把对别的工序会造成什么样的作用，不能通过图形进行体现，无法及时选择科学合理的策略和手段进行适当的调整；当项目建设时间需加快时，无法弄清楚应当着重减少其中的哪一个工序才可以达到降低施工时间的目的，一般情况下，只是随意性的对其中的某些工序压缩，然而因这一个过程中将一切工序均进行压缩，这样做仅仅在一定程度上提高了施工成本，导致企业收益在很大程度上降低。

M公司在编制工程建设施工组织设计以及开展过程中，缺乏足够的认识，没有注重其重要性。对于广大建筑公司来说，通常情况下，工程施工组织设计主要涉及以下几方面的内容：进度计划、方案、平面图、安全策略手段等，同时，属于工程开展过程中非常关键的内容。而M公司只是将其当作招投标环节的技术文件进行制订，只是走一个过场，并没有将其当作指导项目开展的资料进行严格的落实。整个编写任务，只是通过技术员负责开展，并未进行细致深入的考察，这样就使得所制订的文件在具体的工程开展过程中基本没有多少意义。因没有进行科学合理的部署，最终使得平面布局有失偏颇，不尽科学，而无法科学有效地部署每一个环节的具体操作程序，使得经常出现一定的窝工问题，在很大程度上制约着项目进展。

M公司在其项目进度的控制方法的方面，主要是采用S形曲线和横道图比较法，经由绘制上面阐述的两个图形，在此基础上，加以分析，从中发现存在的区别，这样就能够科学合理的分析施工进度并实时的进行监控。然而，该技术同样具有不足之处，仅仅可以控制施工进度，却无法在最短时间内找出成本偏差，将会导致项目蒙受或多或少的损失。在项目开展时，存在着大量限制性的条件，因没有细致深入的分析每一个条件，无法明确掌握其中的关键因素，这样将会在一定程度上为许多条件所左右，使得项目建设无法有序推进，最终在很大程度上制约着进度。

4) M公司项目进度与成本控制存在问题及原因

进度控制目标主次不分、成本管理观念过于僵化；成本与进度联合控制滞后、成本控制指导原则落后；成本和进度的关系分离；成本控制意识薄弱及制度不完善；成本控制人员能力不足及素质不高。

5）选择挣值法的主要原因

施工企业施工阶段的成本控制，是一个周期长，复杂程度高，涉及面广的工作，在整个项目成本控制中占有举足轻重的位置。在市场竞争日益激烈的今天，如何在保证质量、安全的前提下，有效降低工程项目成本已经成为施工企业能否持续前进的重要因素。而应用挣值法，利用工程 3 个基本值的相互关系来实现对建设工程进度与成本的偏差探讨，可以支持企业进行成本控制。随着我国的项目管理水平的提高，也许有更多的企业走出国门，面向世界。但无论如何，加强对项目成本的控制始终是项目管理的永恒主题之一，特别是在项目施工过程中。

2. 应用过程

M 公司在 B 项目应用挣值法开展项目管理，取得了较好效果。

1）挣值法的具体应用（3 月份）

根据整个工程的总进度计划，明确各月进度与成本控制预案，需要注意的问题是，在这之中直接费用属于项目成本控制的主要内容。项目部的管理水平系数按照分项工程存在的区别、各种费用的区别而存在着一定的差别，例如，在建筑项目中，对于土方工程人工成本来说，其控制系数为 0.95，其目标成本是 0.95 乘以土石方人工费预算成本。这样就能够计算得到每一分项相关费用的目标成本，把它们全部合计形成结构施工阶段的目标成本，如表 6-31 所示。

表 6-31　B 工程项目土建工程目标成本　　　　单位：元

项目	人工费合价（1）	成本控制标准（2）	人工费目标成本（1）×（2）	材料费合价（3）	成本控制标准（4）	材料费目标成本（3）×（4）	机械费合价（5）	成本控制标准（6）	机械费目标成本（5）×（6）
清表	8 598	0.95	8 168				1 789 289	0.96	1 717 717
清淤	197 665	0.95	187 782	10 890	0.94	10 237	2 589 002	0.96	2 485 442
挖方	353 459	0.95	335 786	179 210	0.94	168 457	3 200 981	0.96	3 072 942
填方	392 876	0.95	373 232	197 835	0.94	185 965	709 885	0.96	681 490
基层	760 034	0.92	699 231	4 872 310	0.93	4 531 248	279 089	0.93	259 553
面层	307 813	0.92	283 188	4 735 871	0.93	4 404 360	98 701	0.93	91 792
排水	61 457	0.92	56 540	308 919	0.93	287 295	198 763	0.97	192 800

续表

项目	人工费合价（1）	成本控制标准（2）	人工费目标成本（1）×（2）	材料费合价（3）	成本控制标准（4）	材料费目标成本（3）×（4）	机械费合价（5）	成本控制标准（6）	机械费目标成本（5）×（6）
通道	47 256	0.97	45 838	1 209 078	0.97	1 172 806	146 568	0.91	133 377
绿化	48 560	0.93	45 616	710 989	0.91	647 000	159 033	0.91	144 720
目标成本合计				22 222 127					
预算成本合计				23 574 131					

2）三月份"挣值法"应用的实施步骤

第一步，明确目标，责任到人。目标成本得到后，项目部管理阶层将根据责权利统一的指导思想，把目标的成本分解到各部位、各工种，施工队会按照项目部的要求，把目标的成本分解到各班组，同时进一步具体到人。最终能够充分激发建设过程中相关工作者的主动性，使得所有相关者形成非常强烈的成本控制思想观念。具体如表 6-32 所示。

表 6-32 BCWS：3 月份的土建工程目标成本 单位：元

项目	定额人工费合价（1）	成本控制标准（2）	人工费目标成本（1）×（2）	定额材料费合价（3）	成本控制标准（4）	材料费目标成本（3）×（4）	定额机械费合价（5）	成本控制标准（6）	机械费目标成本（5）×（6）
清表	4 790	0.95	4 551				27 002	0.96	25 922
清淤	48 929	0.95	46 483	18 670	0.94	17 550	27 900	0.96	26 784
挖方	46 879	0.95	44 535	23 891	0.94	22 458	37 009	0.96	35 529
填方	58 924	0.95	55 978	38 710	0.94	36 387	49 878	0.96	47 883
基层		0.92			0.93			0.93	
排水	5 090	0.92	4 683	38 090	0.93	35 424	9 870	0.97	9 574
通道	38 902	0.97	37 735	142 010	0.97	137 750	19 220	0.91	17 490
计划完成预算成本合计				606 713					

第二步，挣得值法三值相关计算。根据这一个技术方法，项目部评估了三个值，依次为：挣值、BCWP 和 ACWP，同时利用这个去预测工程工期及其成本。

第三步，项目部按照三月所结束的工程量，将定额预算成本计算出来，在此基础上，与成本控制系数相乘，通过这种方法就能够计算已结束工程的预算成本，具体来说也就是挣值，如表 6–33 所示。

表 6–33　BCWP：项目三月份已完成的土建工程预算成本　　单位：元

项目	定额人工费合价（1）	公司成本控制标准（2）	人工费目标成本（1）×（2）	定额材料费合价（3）	公司成本控制标准（4）	材料费目标成本（3）×（4）	定额机械费合价（5）	公司成本控制标准（6）	机械费目标成本（5）×（6）
清表	3 087	0.95	2 933				26 088	0.96	25 044
清淤	47 902	0.95	45 507	26 093	0.94	24 527	21 093	0.96	20 249
挖方	50 090	0.95	47 586	31 893	0.94	29 979	29 287	0.96	28 116
填方	61 022	0.95	57 971	47 092	0.94	44 266	41 098	0.96	39 454
基层		0.92			0.93			0.93	
面层		0.92			0.93			0.93	
排水	6 890	0.92	6 339	46 903	0.93	43 620	39 090	0.97	37 917
通道	39 011	0.97	37 841	95 092	0.97	92 239	19 878	0.91	18 089
计划完成预算成本合计				601 677					

第四步，工期偏差。挣值和项目预算成本两者的差值也就是所说的 SV，其依旧通过货币对其加以阐明。要是前者比后者高，在这种情况下，则 SV 就大于零，其所体现出的相对偏好的绩效，也就是说建设工期有所缩短；另一方面，要是 SV 小于零，在这种情况下，则说明项目工期有所推迟。

对于这一个月的 SV，对于这一个指标，具体可以通过下面的公式进行求解，具体如下：

SV=BCWP–BCWS= 挣值 – 项目预算成本 =601 677–606 713=–5 036（元）

第五步，成本和工期绩效指数（CPI 和 SPI）。对于这一个月中的 CPI，对于这一个指标，其主要可以通过以下的公式进行求解，具体如下：

CPI=BCWP/ACWP= 挣值 / 实际成本 =601 677/549 015=1.096

CV%=（BCWP–ACWP）/BCWP=1–ACWP/BCWP=1– 实际成本 / 挣值 =1–549 015/601 677=0.88%

对于这一个月中的 SPI，对于这一个指标，其主要可以通过以下的公式进行求解，具体如下：

SPI=BCWP/BCWS= 挣值 / 项目预算成本 =601 677/606 713=0.99

SV%=（BCWP−BCWS）/BCWP=1−BCWS/BCWP=1− 预 算 成 本 / 挣 值 = 1−606713/601677=8.3%

第六步，完成预算成本（BAC）、预计项目完工成本（EAC）。3 月月末，对于这一个指标，其主要可以通过以下的公式计算：

EAC=BAC/CPI= 完工预算成本 / 成本绩效指数 =22 222 127/1.096=20 275 663

ACWP，主要是涉及机械、材料、人工等几个方面的费用，通过计算可以得出这一个月工程的实际成本为 549 015 元。这三个方面的数值如表 6−34 所示。

表 6−34　月度工程成本表（3 月份）　　　　　　　　　　单位：元

项目	BCWS	BCWP	ACWP
人工费	193 964	198 175	216 068
材料费	249 568	234 632	242 469
机械费	163 182	168 870	90 478
直接费总计	606 713	601 677	549 015

第七步，项目完工直接费用成本偏差。3 月末，对于这一个指标，其主要可以通过以下的公式进行求解，具体如下：

VAC=BAC−EAC=22 222 127−20 275 663=1 946 464

3）3 月份项目成本偏差分析

成本偏差分析表（3 月份）如表 6−35 所示。

表 6−35　成本偏差分析表（3 月份）　　　　　　　　　　单位：元

项目编码	（1）	011	012	013	014
项目名称	（2）	人工费	材料费	机械费	直接费合计
计划单位	（3）				
拟完工程量	（4）				
已完成预算成本（BCWP）	（5）	198 175	234 632	168 870	601 677
实际成本（ACWP）	（6）	216 068	242 469	90 478	549 015
成本偏差	（7）=（5）−（6）	−17 893	−7 837	78 392	34 443
成本偏差程度	（8）=（7）÷（5）	−0.09	−0.03	0.46	0.06

项目预算成本 （BCWS）	（9）	193 964	249 568	163 182	606 713
进度偏差	（10）=（5）-（9）	4 211	-14 936	5 688	-5 036
进度偏差程度	（11）=（10）÷（5）	0.02	-0.06	0.03	-0.01

按照挣值法求解获得结果，从成本的角度进行分析 5 月成本少用了 34 443 元人民币，通过计算可以得出成本率减小了 1.4%。通过细致的分析可以发现，在所有的费用之中，人工费已多付出 17 893，原因在于民工的消极生产，出勤下降，使得生产效率的下降，超出了实际的成本。材料费超支 7 837 元，超支率为 1.1%，原因在于，与材料的相对应上涨有着很大关联，材料价格也平均上涨了 2%，说明提高了材料的利用率，材料的节约意识已深入人心。对于机械费来说，其主要是少用了 78 392 元人民币，通过计算可以得出其成本率减少了 7%，减少幅度相对较大，其成本主要还在控制范围之内。分析这一个月的成本管理我们就能够发现，对于压路机这一个机械来说，其实际成本大体上与计划相当，因此应当切实强化成本管理，通过这种方式，最终能够为达到机械费成本控制奠定坚实的基础。

按照上面进行的分析可得出相应结论：员工的不积极生产，导致人工费超支，因此在人工费成本控制方面仍需做相应的改进；材料的上涨，导致材料费超支，因此，在材料费成本控制方面也需要做相应的改进；而机械费虽然总体上属于受控状态，但也应当采取相应改进措施以继续保持这种状态。

4）成本控制改进措施

第一，在人工费方面，项目部应当主动加强项目工程施工人员思想政治教育，建立奖罚制度，最大限度地为工作人员出勤率提供保障，这样通过一系列的策略和方法，最终实现生产效率的增加。

第二，在材料费上，主要是考虑到现实生活中钢筋等价格的提高，应该积极主动地深入市场进行考察，有效搜集钢材方面的数据，以有效预测其价格变化趋势，在此基础上，最终可以选择提前订购的方式进行。在材料的节约的角度，应当积极采购许多科学高级的计量器械，通过这种方式为项目材料质量提供坚实的保障。

第三，在机械费上，一定要认真管理大型机械的设备费的维修，提高了挖掘机的总体效率，科学地合理安排了施工机械。同时，每天统计好每一台挖掘机所完成的全部工程量，对那些比平均水平还低的机手要予以警告，并且降低单价。

3. 取得成效

图 6-2 展示了已完成预算成本（BCWP）、实际成本（ACWP）和实际成本（ACWP）在 4～6 月的发生额。

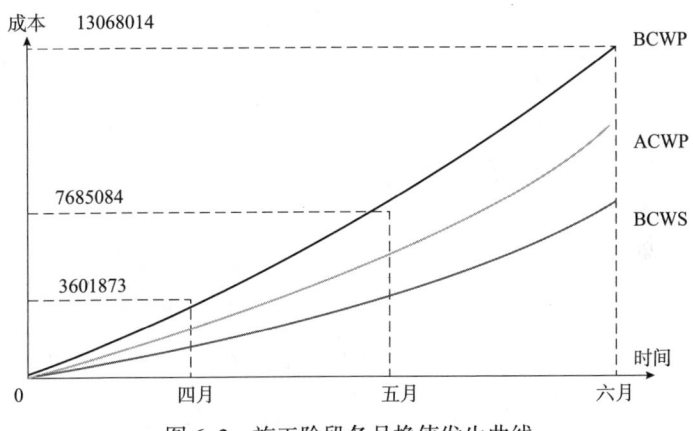

图 6-2　施工阶段各月挣值发生曲线

1）成本控制观念显著提升

在结构施工时期，利用严格落实工程进度与成本同步管理的手段，项目部在这一个方面的能力显著提升，总体成本控制的观念明显增强，而就项目部管理阶层而言，主要是充分弄清了其概念，具体的目标，同时还可以通过定量的方式探讨相关问题，最终为其项目决策提供了重要的参考。

由于进度与成本的同步控制技术手段的引入，科学合理地化解了内部生产和经营管理存在的分歧和争端，在很大程度上降低了生产者和管理者双方彼此推卸责任，使其能够开展充分的互动交流等缺陷，在工程多目标管理控制上取得了非常明显的提升。

2）进度、成本得到有效控制

在进度控制上，有了很大的起色，从前建设刚开始推动相对较为缓慢，不注重有效控制进度，而在项目最后阶段为可以在预定时间内结束任务，一味地肆意赶工，在很大程度上使得材料与人工两个方面的费用显著提高，将从前存在的这个问题改变；每一个月均可以消除工期延迟的现象，结构完工后，其所用的时间与原定期限相比来说。早实现了半个月，从而获得项目法人与监理公司的充分认可，这样施工进度的增快，在很大程度上提高了相关机械的使用率，从而减小了直接费用。

从成本控制的角度来说，从前项目结束之后才会对总成本进行核算，这样就使得平时控制成本工作做得非常差，要是在中间看到使用的成本超支，往往是到了无法弥补的时候，将这一种不良的状态改变。在成本控制过程中引入挣值法后，能够使成本偏差保持在可控程度之中，同时能够科学合理的实施成本控制责任制，在管理上取得非常明显的成功，利用切实强化成本考核，利用这种方法确保每一个任务能够具体到个人，从而在成本缩减、核算等方面获得显著改善。

3）经济与社会效益良好

通过引入该种技术手段，项目的管理更加趋于科学合理，在很大程度上减小了工程成本，在此基础上，相应地使其经济效益显著提升。并且这一个工程的质量、进度等均顺利达到既定工作目标，获得工程法人的称赞，同时取得显著的社会效益。

4. 经验总结

研究发现，引入挣值法在项目成本控制中的运用比传统成本管理具有更大的优势，包括过程动态监控，估算的科学性，数据处理的精确性，成本控制的广度与深度等等。在国内中型企业中的项目管理中运用此方面对降低项目成本，提高项目效率起到非常重要的作用。在很大程度上增强了M公司成本管理能力；同时也在很大程度上增强了其成本控制思想观念，多目标同步控制获得充分实现，在很大程度上缓和了M公司过去成本与进度时而有矛盾的现象，取得了比较好的经济效益。该种技术方法在M公司B工程中的引入极其成功，充分体现出挣值法进一步明确了工程管理目标，非常高效。需要以许多基本数据为基础实施相应的探讨以及实践应用。这一个技术手段具有非常重要的作用，属于合理的进度、成本控制技术手段，主要是通过货币量对项目进度进行评估，注重同步控制成本、进度两个方面，对于M公司相关公司项目管理工作的不断发展非常有帮助，同时对于中国项目管理非常有帮助。

二、成本效益法工具详解及应用案例

（一）成本效益法的含义

成本效益法，是指通过比较项目不同实现方案的全部成本和效益，以寻求最优投资决策的一种项目管理工具。其中，成本指标可以包括项目的执行成本和社会成本等；效益指标可以包括项目的经济效益和社会效益等。成本效益法属于事前控制方法，适用于项目可行性研究阶段。企业在可行性研究阶段采用成本效益法进行方案选择，可以有效避免盲目决策，有助于提高决策科学性水平。

例如，20 世纪 80 年代中期，中国政府组织了四百多位专家和数千名勘测、调查、试验、设计和研究人员参加了三峡工程的重新论证工作，对三峡工程的成本收益进行了深入系统的分析，并于 1988 年重新编写了三峡工程可行性研究报告[①]。

三峡工程的收益包括：①防洪作用。三峡工程建成后，有防洪库容221.5 亿立方米，遇千年一遇和 1870 年类似的洪水，配合分蓄洪工程，可避免荆江两岸发生毁灭性灾害；遇 1931、1935、1954 年型洪水，可拦洪120～200 亿立方米，减少中下游淹没农田 250～300 万亩；并可减轻武汉市的洪水威胁，为洞庭湖区的根本治理创造条件。②发电效益。三峡水电站装机容量 1 768 万千瓦，年发电量 840 亿千瓦时，每年可替代煤炭约 4 000～5 000 万吨。③航运方面。川江下水运量 2030 年为 5 000 万吨。目前川江通过能力仅约 1 000 万吨。三峡工程修建后，航运条件明显改善，万吨级船队可直达重庆，运输成本可降低 35%～37%。

三峡工程的成本包括：

（1）直接工程投资。按批准的初步设计方案及 1993 年 5 月物价水平测算，枢纽工程费用为 500.9 亿元，移民费用 400 亿元，批准的三峡工程静态总投资（1993 年 5 月物价水平）为 900.9 亿元，动态投资（包括物价影响及利息等）与物价变动、资金来源以及利率等因素有关，1994 年根据已确定的资金来源和对物价的预测，估算三峡工程动态投资为 2 039 亿元。

---

① 本案例改编自 http://www.docin.com/p-1328220843.html。

（2）移民安置成本。三峡水库淹没区有耕地 35.7 万亩，人口 72.6 万人，其中农业人口约占 46%。推算到 2008 年，需迁安的移民总人数为 113.2 万人。

（3）对环境的影响。生态与环境专家组的综合结论认为，大坝兴建对生态与环境的有利影响主要在中游，不利影响主要在库区，其中库区移民环境容量是工程决策中比较敏感的制约因素，需要认真对待、慎重处理，并提出了对策和建议。①地震和库岸稳定。三峡坝和库区地壳稳定，基岩完整，历史地震活动轻微，经国家地震部门鉴定，坝址基本地震烈度为 VI 度。建筑物按 VII 度设防。建库后可能产生的诱发地震，估计最高震级为 5.5 级左右，从最坏的情况估计，假定距坝址最近的九湾溪断层发生 6 级地震，影响到坝区的最大烈度也不会超过 VI 度，不影响建筑物的安全。水库库岸基本稳定，经多部门平行调查，干流库岸 100 万立方米以上的大、中型崩塌、滑坡体约 140 处，其中有 22 处建库后可能失稳，但距坝址在 26 千米远。经计算、实验，即使距大坝最近的新滩滑坡和链子岩危岩体整体滑入库内，坝址处的涌浪最高为 2.7 米，不会影响建筑物的安全。由于建库后水面拓宽，水深加大，滑坡对航道的影响较建库前为小。②工程泥沙问题。三峡坝址多年平均输沙量 5.3 亿吨，平均含沙量 1.3 千克每立方米。借鉴三门峡、葛洲坝等工程处理泥沙问题的经验，经过大量现场观测、数学模型计算、模型试验、已建工程的类比分析，工程泥沙问题已基本研究清楚。水库汛期按防洪要求持低水位，以腾空防洪库容并排沙，汛末蓄水至正常蓄水位，采用这种运行方式（俗称"蓄清排浑"），水库有效库容可长期保留。据数学模型计算，防洪库容可保留 85%，调节库容可保留 90%。库尾和坝区的泥沙淤积，可以采取综合措施予以解决，航道、港口和建筑物运行的安全可有保证。如不考虑上游建水库拦沙和调节洪水的有利影响，枢纽运用 100 年后，重庆市百年一遇最高洪水位约 199 米，不会影响主要市区。③人防问题。三峡大坝设有大批低高程、大流量的泄水底孔，下游河道的安全泄量也很大，监战前可迅速降低水位运行。加之水库为狭长的河道型，坝下游有 40KM 的狭谷河段限制，据试验，万一大坝遭受核袭击，溃坝损失可限制在沙市以上的局部地区，不致造成两湖平原的毁灭灾害。

从成本收益的角度进行分析，按影子价格和 10% 的社会折现率，对三峡工程本身的投入、产出和早建、晚建、不建三峡工程进行了动态经济分析。计算结果表明,三峡工程的净现值为131.2亿元,经济内部收益率为14.5%。按规定,净现值大于零,或经济内部收益大于10%,建设项目是可以接受的。说明从国民经济总体角度衡量,兴建三峡工程是有利的。对早建(假定1989年开工)、晚建(假定2001年开工)、不建(以其他工程替代)进行了综合分析,成果表明,三峡工程早建方案费用总现值最小,晚建方案费用现值大于早建方案,但小于不建方案。

从财务评价的角度进行分析,根据以电养电的方针和有关规定,设想的资金来源是,自有资金(包括葛洲坝电站和三峡投产后的收入)占64.7%;防洪、航运分摊的投资74.5亿元,豁免本息,由国家基建投资占11.9%;国内贷款109.8亿元,占17.5%,年利率9.35%;国外借款37.1亿元(10亿美元),年利率8.5%。三峡工程从第12年起机组陆续投产后,本身收益可以基本满足后期工程施工的资金需求,故筹措三峡建设资金的关键是前12年。前12年需要资金180.3亿元,除去自有资金,实际需要筹措的资金总额为153.1亿元,其中国家基建投资22.8亿元,国内贷款76.8亿元,短期债券5.0亿元。按500千伏末端上网电价9.3分/千瓦时(这一电价是按10%的投资利润率测算的,低于新建水、火电站的电价)计算,财务内部收益率为11%,利税率为12.1%,贷款偿还期和投资回收期均为20.6年,即在工程全部竣工后的次年,就可以还清全部贷款和回收全部投资,说明三峡工程在财务上是可行的。

从可行性的角度进行分析,三峡工程的总投资仅占工程建设期(1989—2008年)国民生产总值、国民收入(均以1986年不变价计算)0.73‰和1.23‰,低于宝钢一期工程和攀枝花钢铁基地建设总投资所占份额;所需三大材料(钢材、木材、水泥)消耗量占施工期国内生产总量的0.12%~0.33%,所需外汇约10亿美元。国家完全有能力承担。

由于公共工程的成本收益的内容比较复杂,特别是一些成本收益项目不能货币化,人们的主观评价会有很大的分歧。因此,全国人大在决定是否批准三峡工程时,以1767票赞成、177票反对、664票弃权、25人未按表决器的结果通过。弃权、反对的票数比例比一般议案要高。

（二）应用成本效益法的程序

企业应用成本效益法，一般按照以下程序进行：

（1）确定项目中的收入和成本；

（2）确定项目不同实现方案的差额收入；

（3）确定项目不同实现方案的差额费用；

（4）制订项目不同实现方案的预期成本和预期收入的实现时间表；

（5）评估难以量化的社会效益和成本。

成本效益法的主要优点有：一是普适性较强，是衡量管理决策可行性的基本依据；二是需考虑评估标的经济与社会、直接与间接、内在与外在、短期与长期等各个维度的成本和收益，具有较强的在综合性。

成本效益法的主要缺点有：一是属于事前评价，评价方法存在的不确定性因素较多；二是综合考虑了项目的经济效益、社会效益等各方面，除了经济效益以外的其他效益存在较大的量化难度。

（三）成本效益法的应用案例 [①]

1. 背景描述

Y 大学附属医院创建于 1950 年 4 月 11 日，先后命名为"Y 人民医院""Y 地区人民医院""Y 市人民医院"等。1998 年随着高校体制改革，整建制划归 Y 大学，更名为"Y 大学附属医院"。医院经过 60 多年的发展，现已发展成为集医疗、教学、科研、预防、保健、急救和康复为一体的陕北区域最大的三级甲等医院，目前由院本部、东关心脑血管专科病区、洛川分院三部分组成；服务半径达 200 多公里，承担着 Y 乃至周边地区近 500 万人口和中国 Y 干部学院的保健工作。医院现占地面积 6.1 万平方米，建筑面积 42.53 万平方米，全院固定资产 18 亿元，正式编制床位 1 800 张，实际开放床位 2 500 张。全院在职职工 3638 名，专业技术人员占全院职工总数的 83%，其中正高职称 183 名，副高职称 317 名，博士研究生 12 名，硕士研究生 180 名，有市级、部级突出贡献专家 5 人；医院共设 5 个研究所、2 个硕士学位授予点等；拥有 256 层双源螺旋 CT、64 层螺旋 CT、16 排 CT、

---

① 本案例改编自财政部课题研究《公益性企业管理会计工具方法应用案例》，2017 年。

ECT、3.0 核磁共振、1.5T 核磁共振、15 兆直线加速器、劳力 7 型、9 型、VVE 型彩色 B 超、日立全自动生化分析仪、3100 大型数字减影机、数字化胃肠机、"会飞"的 DR 等大中型医疗设备 1400 余台（件）。

Y 大学附属医院由于其地理位置较好，而且近年来由于人们生活水平的提高，对于医疗相关的服务需求也逐渐增加，目前我国可以说是世界上对于医疗设备需求最为强烈的地区之一，国内外的厂商都对于中国这个市场都比较重视，但是医院在引进设备中主要存在几个方面的问题：

（1）一些医院引入设备后经济效益反而下降，其主要原因是设备的使用不够，由于设备的使用费用多是由于国家定价，所以对于设备的效果并没有多大的差距，往往使得一些先进的设备回收有一定的困难。另外，一些医院往往只是追求产品的价格，或者只是追求更加先进的设备，会使得投入的成本相对较大，往往给医院相当大的负担，使得医院不仅仅效益得不到提升，往往会拖累这些医院的效益。而在现状中，发达地区的医院通过引进设备增加的经济效益相对较高，而不发达地区产生亏损的可能性相对较大，而大型城市的相对效益相对较好，综合医院比专科医院的效益相对较好，所以使得医院在引进设备的时候，不单单只是追求设备的先进，还需要考虑以后的经济效益。

（2）医院引进的设备往往趋同，但是对于一些急需的设备并没有引进。现在很多医院都在引进一些大型的医疗设备，如生化分析仪、大型的 X 光机、彩超等这类设备受到了很多医院的欢迎，而这些医院在引进这些设备的时候并没有考虑是否到以后是否能够达到相应的使用量，虽然一些设备在治疗中会得到更好的效果，但是价格昂贵会增加患者的负担。一些医院往往是出于攀比的目的进行引进，并没有多大的实际效用。而且引进一些设备后，就会占用很多的资源，使得医院不能够将这些资源投入一些急需的，或者是能够救死扶伤的医疗设备，往往过于追求经济效益，使得医疗水平的提高受到一定的阻碍。

（3）企业在引进设备时候，缺乏科学的决策依据。由于以前医院在购买设备决策时候，往往需要对自己所需要的那些设备通过报告的形式向政府报告，然后政府根据当年的预算决定是否购买这些设备，在购买设备的决策时候往往缺乏较为科学的依据。现在医院都实现自主经营了，在经营中拥有更大的自主权,所以在决策购买那些设备的时候,很多医院还是形成了惯性思维,没有进行相应的科学分析,包括医院自身是否具有操作这类设备的能力,该地区是否需要这些设备,设备的使用成本和设备后期的保养等都需要较为科学的决策,也是医院在后续发展中的必然选择,这样医院的设备购入才能够更加的合理。这些都是现如今医院在引进设备的主要问题,这类问题具有一定的普遍性,使得医院有限的资金不能够得到更好的应用,通过对医院设备采购的成本效益的分析使得医院的效益能够更好。

2. Y 大学附属医院大型医疗设备成本效益分析

1)设备直接成本分析

直接成本在计算中主要由以下几个方面所构成:包括设备的折旧、其他相关资产的折旧,所设置房屋的费用,管理人员的相关费用,劳务人员的相关费用,以及日常的水电气的花费等方面的费用,其计算过程中主要包括以下几个公式:

a. 设备的年折旧额 = 设备的价格 ÷ 设备的有效使用年限

这个计算公式是设备的购买价格除以有效的使用年限,各个医院对于设备的使用年限不同,而 Y 大学附属医院规定了 CT 为 8 年,彩超为 10 年等,还规定了每个设备的周使用时间和最大的使用时间,用这个就可以算出实际的折旧年限。

设备的年折旧额 = 如结算价(320 万元)÷ 有效年限(6 年)=53.33 万元 / 年

b. 对其他固定资产的折旧 = 其他固定资产的总值(4 万元)÷ 该类型的固定资产的使用年限(8 年)=0.5 万元 / 年

由于不同类型的固定资产使用年限不一样,所以要对其折旧的使用年限进行分类,包括机电设备、办公家具等,有的产品的折旧年限相对较短,有的较长。

c. 对于设备所使用的房屋的折旧 =2 万元

每年房屋的折旧 = 设备建筑面积 × 房屋的建造成本或是房屋的实际价值 ÷ 房屋的有效使用年限

而对于目前国家规定的折旧年限,房屋的有效使用年限目前为 30 年,但是一些范围在使用过程中不但没有折旧，反而会增值，所以算实际的市场价值比较符合房屋的折旧。

d. 劳务费用 =16 万元

这些费用包含的较多，不仅仅包括医院管理人员的工资也应当计提一部分到设备的成本中去，还包括医生和其他工作人员的工资也应当计提，是使用该设备的提成额度，最后还应当加上直接使用该设备的劳务人员的工资。

f. 水电气的费用 =5 万元

这项费用主要是将医院全年所使用的水电气费用分摊到每个设备上，可以以设备的资产价值或者是创造的收入来定额每个设备所分摊的费用相对较为准确，也可以是根据设备所参与的工作人员的数目来分摊相应的费用。这些费用也构成了该设备的直接使用成本。

g. 维修费用和材料费用 =18 万元

购买维修保险的费用，这类费用包括在维修过程中所使用的零部件的费用，应该直接计提到相应的设备的使用费用的头上，其次就是维护的费用，可以根据维护人员的工资情况进行相应的分摊。另外，材料费用在具体的使用过程中也是计提到具体的使用设备头上，以方便计算相应的支出。

另外，在计算时候不仅仅要考虑的是设备的固定的价值，还要考虑其变动价值，各个医疗设备都应当根据相应的物价指数进行调整。另外国家还会通过一定的政策，来对折旧年限进行相应的变动。所以计算出来的第一年的固定成本为 78 万元，而变动成本为 18 万元。

2）设备间接成本分析

设备的间接成本比较难以计算，包括在实际的使用过程中的一些操作不当所带来的磨损等等都能算入设备的间接成本。还包括如设备监测出来的一些故障和误差，造成监测结果与实际情况相差太大，而且一些疾病监测出来并没有什么疾病，只需要动态观察，所以也不需要收取什么费用，但是仪器的使用成本在里面。二是在一些诊断过程中，患者对于仪器的使用要求并不强烈，一些医生凭借经验就可以诊断一些疾病，使得仪器的使用不是很多，效率较为低下。设备的间接成本的计算，包括医疗的间接成本乘以设备的工作人员数，再除以全院的职工数，在设备的间接成本中，有房屋的折旧，设备折旧和其他相关的费用。间接成本是医院医疗设备成本的重要组成部分。

间接成本假设费用为 2 万元。计算公式：

设备的间接成本 = 医院间接成本 × 设备工作人员数 ÷（全院职工总数 – 行政后勤人数）

其中，医院的间接成本中，包括一些其他分摊到该设备的费用，由于 Y 的经济条件和物价水平相对较低，所以这类费用也相对较低，使得医院的总成本算下来就比较低。而其他发达地区，如榆林等地方，由于价格相对较高，使得这些地区的间接成本相对较高，在同等条件下，除去政府的补贴，这些地方的就医成本要高于 Y 地区。

3）设备的直接效益评估

医疗设备的使用会给这个医院带来直接的经济效益，表现为账面收入的增加，除去投入和其他费用，就会形成是医院的净收益。这类收入的增加主要是设备的治疗收费和检查的相关费用，减去设备的使用成本，包括设备的使用寿命和材料等都会对净收益产生一定的影响。而对于目前医院的检查费用都是由政府定价，主治医院没有相应的定价权限，所以在收入一定的情况下，可以通过以下方法能够分析出该设备所带来的直接效益。

首先，可以分析出设备的年产值，这就等于设备的使用次数和该年的收费价格的乘积，将该设备自购买以来的收入汇总，还可以知道设备的总产值。计算设备的创收额就等于该年的设备总收入减去该年的运行成本，其中就包括了设备的折旧费用等相关费用。而设备的保本业务量，是设备的年度总成本，除以单次检测所需要的费用，就构成了保本业务量，就是需要检测多少次才能够收回当时所投入的相应的成本。而设备的回收期，则是设备投资到最后全部收回投资所需要经历的年限，其中包括投资的时间价值等，以衡量设备投资的经济效益。计算出第一年的设备年收入为 131.04 万元，减去其成本 96 万元，其毛利润为 35.4 万元。

其次，除了这类评价方法，还包括量本利分析法，这是指在设备的运用过程中，在成本一定的情况下，多少业务量能够满足成本的回收，这主要是取决于设备的成本和收益之间的关系。衡量这个指标的主要有以下几方面：①边际贡献和单位的边际贡献，指的是单次的设备使用会对设备的总收益贡献多少，有多少影响，这类贡献包括对固定成本的边际贡献，和减去单位变动成本的部分。这类分析能够找到相应的损益均衡点，能够知道最低的业务量和业务水平。这类分析的关键因素是技术业务量、变动成本和固定成本等相关的因素。改设备第一年的边际贡献额为 300 元左右。②差额分析法。主要是计算各个方案之间的差别，比较各个方案的投入费用，和收入差别，从而能够在不同的方案中选取较优方案来实施。③成本分解法。这类方法主要关注的是成本的降低，是一种常见的关于成本类的分析方法。在具体应用中，可以通过两个或者两个以上在相同的引进成本，然后比较其变动成本等方面的原因。有的设备是固定成本较高而变动成本相对较低，而有的设备是变动成本较高，这就可以画一个曲线，看这两种设备的成本线的交点在那里，然后再根据这个交点来确定数量，如果计划的使用数量在之交点之前，而甲方案相对于以方案总成本都较低，则使用甲方案，反之亦然。根据成本曲线可以在几个方案之间进行选择，并且能够得出具体量化的数据，是较为合理而且比较有效的方法。④整体评价法。是对整个投入产出进行较为整体评价的行为，目前主要的方法就是根据评分法对各个方案进行打分，也是和管理学中的德尔菲法比较相似，是一种主观与客观相结合的方法。首先在评价中需要确定的是评价的项目，要在多个备选项目进行选择，并且将各个项目按照细节进行划分，包括了项目的投入成本、运营成本、运营效果等等各个方面，按照相应的分制进行打分。其次组织专家对各个项目进行打分，这里的专家要进行认真的筛选，要选取行业内经验较为丰富，并且对于各个设备比较了解，还能够具有一定的管理经验的人员进行相应的打分。最后打分所得来的数据进行评判，根据项目的重要性设定不同的权重，按照各个方案和设备进行最后的排序，选出最终的方案。

我们认为 Y 大学附属医院的某设备年产值可以达到 131.04 万元，而设备能够使得收入增加 124 万元，设备在购买后第一阶段所创造的利润为 38 万元，设备的保守业务量为 5.5 万人次，而且第二年的业务量还需要提升，而该设备的投资回收期需要 3.5 年，从经济效益来看，该设备所要求的使用人才相对较多。

4）设备的间接效益分析

通过设备的引进所带来的间接效益也是医院评价是否引进这一设备的主要因素，这类设备的引进可能对医院知名度的提升，和解决一些疑难杂症具有较好的效果。不仅仅能够使得患者能够对医院更加放心，提高患者的治愈率也会创造一定的社会效益。然而，这些间接效益并不是很容易能够量化的，只有大概估计值和对医院产生多大的影响。

首先，设备提升所带来的经济效益可以使得医院的业务量增加，有的患者可能不是直接需要这个设备治疗，但是认为医院有这个能力能够给他提供较好的质量，所以找到这家医院。在患者传统的心目中，医疗设备越先进，往往越能够使得患者的疾病能够得到更好的治疗。

其次，通过医院设备的引进和相关的工作，能够规范医生的诊断行为，让医生能够较为清楚的了解患者的病情。通过仪器进行有效快速的诊断一直是国内外医疗发展的较为先进的项目，在一些发达国家，患者往往需要进行很多方面的监测，以防止其有其他疾病的发生。通过引进先进的设备，对于医生科学诊断，科学管理的思想是一定程度的提升，能够提升医院资深的水平。让患者能够比较清楚地知道自己的病情，也不能够单位到患者的治疗。

最后，从医院营销和医院名声上来讲，通过引进先进设备，能够使得医院能够在竞争日益激烈的医药市场能够生存下去。而且具有较好的医疗设备也能够吸引到一些医疗人才来到本地，有利于这些人才的医疗技术水平的提高，也有利于留住这些人才。也可以再宣传中，直接提出医院所拥有的大型医疗设备，通过这些设备做广告能够使得医院的知名度能够得到较为显著的提升。

3. 取得成效

医院在进行改革中，不仅仅提升了自身的服务意识，还在合理的范围内提升医院的经济效益，特别是通过提高资产的使用效率，提高医院的综合竞争力和服务项目的多样性和科学性，使得医院的档次得到了提升。通过引进大型的和高技术的医疗设备，给医院的发展带来很好的经济收入，而且还能够给医院带来一定的口碑，提升医院的名气。

同时，医院要求各单位做好预算管理，强调未做预算管理的采购，市标办将不予以办理招标工作。医院应借此东风，充分认识预算管理在医院管理中的重要意义，建立百万元以上医疗设备的预算管理制度。要求各临床科室根据各自科室发展的需求申报年度的医疗设备需求计划，进行预算管理，这样既可以做到科学合理地配置大型设备、有效规范资金地使用，新技术及科研工作有序地开展，又可以避免盲目采购、随意采购、灰色采购、大腕专家一言堂等给医院造成的医疗资源浪费和资金分布不合理等现象，从而阻碍了医院的发展。

而且医院注重对科室不同需求的把握和对不同档次产品的引进工作，即便是同样的产品，其价格也会因国产、进口而相差悬殊，技术参数的配置即有标配也有选配的区分，科学地、合理地选择医院的百万元以上医疗设备是设备采购管理中的重要问题。在具体的操作中，并不是认为越贵的设备越好，因为越贵的设备对医院操作人员的要求较高，维修和维护的难度较高且在单一设备上耗费巨资势必会引起在另外设备购置方面的资金短缺，同时加大了患者的经济负担，造成患者流失，不利于医院长远发展。

4. 经验总结

不能简单地凭借一种方法就去下结论是否应该购买什么设备，或者是花多少价格去购买该项设备，我们认为应该采取比较综合的方法，对设备的各个方面进行评估，包括设备的投入及设备的投入回收期、设备的盈亏平衡点、设备的盈亏点使用量、设备的边际成本和固定成本、设备的性能和价格相对的比例、设备的后续维护成本等等各个方面都需要进行相应的考量，将一些没有涵盖到的隐性成本能够分解，包括对于医务人员所耗费的时间和精力这类非数字性的东西能够更好地细化，不能简单凭借一两项指标或者是领导层未经科学计算，拍脑袋所做的决定就引进相应的设备，这是不科学的。

三、价值工程法工具详解及应用案例

（一）价值工程法的含义

价值工程法，是指对研究对象的功能和成本进行系统分析，比较为获取的功能而发生的成本，以提高研究对象价值的管理方法。价值工程法的基本原理涉及三个重要的基本概念，即功能、成本和价值。

1. 功能

功能是产品、服务或设施的特殊目标或用途，价值工程方法通过研究用户的实际需要来确定功能，是由特定的业主、客户或用户所确定的。其分类有 4 种。

（1）使用功能和品味功能。使用功能是对象所具有的与技术经济用途直接有关的功能；品味功能是与使用者的精神感觉、主观意识有关的功能，如美观、豪华等。

（2）基本功能和辅助功能。基本功能是决定对象性质和存在的基本要素；辅助功能是为更好实现基本功能而附加的一些因素。

（3）必要功能和不必要功能。必要功能是为满足使用者的要求而必须具备的功能；不必要功能是与满足使用者的需求无关的功能。

（4）不足功能和过剩功能。不足功能是对象尚未满足使用者需求的必要功能；过剩功能是超过使用者需求的功能。

2. 寿命周期成本

寿命周期成本（C）是指产品整个寿命周期过程中发生的全部费用，包括生产成本（C_1）（产品从研发到用户手中为止的全部费用）和使用成本（C_2）（用户在使用过程中发生的各种费用）。因此，寿命周期费用 = 生产成本 + 使用成本，即 $C=C_1+C_2$。产品的寿命周期成本与产品的功能有关，如图 6-3 所示。

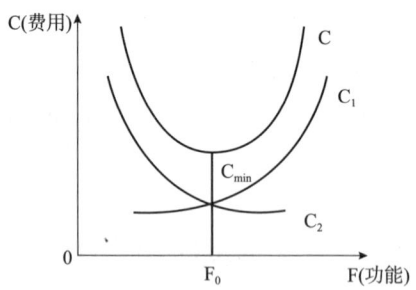

图 6-3　功能与成本之间的关系

C_1 表示研制费用变动曲线，它随功能的增加而上升，C_2 表示使用费用变动曲线，它随着功能增加而下降；C 表示总费用变动曲线，它随着功能完成度的增加形成马鞍形，存在着最低点 C_{min}，这一点即是产品功能的最佳完成度。C_{min} 点对于生产者与消费者都是最合适的，此点表示功能与成本达到最佳配合。

3. 价值

价值 = 功能 / 成本，即 $V=F/C$。

价值的大小是对产品功能与成本之间的关系所作的评价。用户在选购商品时，一般会合算商品的价格是否合适，即付出的成本与所购买到的需要满足力是否平衡。其实考虑的正是商品的价值。价值工程法主要通过对功能和成本的量化求得 V 值来判断价值是否合适。

（二）价值工程法的原则

价值工程法是一个充分利用人类创造性思维能力的团队活动。在运用价值工程法的过程中，一般要遵循以下原则。

（1）创新性原则。要求公开地讨论当前项目中的不足之处，突破关于对象选择和方案设计的旧框。

（2）民主性原则。价值工程法天生就是一个达成共识而不是独裁的过程。

（3）协作性原则。团队活动有赖于复杂组织中成员间的相互依赖。

（4）平等性原则。大多数时候，处于组织较低层的团队成员常常会掌握一些被忽略的重要信息，因此，团队的每个成员的方案要受到同等重视。

（5）客观性原则。团队中每个成员必须尊重事实、数据和客观分析。

（6）科学性原则。遵从不同对象本身的客观规律，持科学态度。

（7）经济性原则。在价值工程法分析活动中，具有大量的经济问题，因此，在活动时应选用技术经济方面的专业成员，尤其要站在客户角度，用经济手段定量地工作。

（8）择优性原则。在价值工程法分析活动中，敢于淘汰落后的方案，选择最优方案，去掉多余功能，提高不足功能，达到提高价值的目的。

（9）能执行原则。在开展价值工程活动时要符合具体单位的经济、技术等实际情况。

（三）提高产品价值的途径

通过分析产品功能与成本的关系图，可以得到提升价值的五种途径：一是提高功能，同时降低成本；二是提高功能，成本保持不变；三是功能大幅提高，成本小幅度增加；四是功能保持不变，降低成本；五是功能小幅降低，成本大幅度降低，如表 6-36 所示。

表 6-36　提升产品价值的五个途径

途径	模式	适用范围	特点	采用方法
提高功能，同时降低成本	$V\uparrow\uparrow=F\uparrow/C\downarrow$	新产品设计、老产品更新换代以及重大工艺技术革新	符合用户物美价廉心理，最理想途径，为 VE 实施主要方向	采用新技术、新方法、新材料等先进方法
提高功能，成本保持不变	$V\uparrow=F\uparrow/C\rightarrow$	功能不足，用户在价格相当前提下欲购买质量最佳的产品	功能提升为提升价值的主要手段	采用新技术、新方法等提升功能
功能大幅提高，成本小幅度增加	$V\uparrow=F\uparrow\uparrow/C\uparrow$	高档产品、新型时髦产品，特殊功能产品		采用新构思、新思维等
功能保持不变，降低成本	$V\uparrow=F\rightarrow/C\downarrow$	发展较为成熟、质量稳定、基本满足客户需求的产品	成本降低为提升价值的主要手段	保障质量前提下，选择材质或加强管理，减少非必需成本
功能小幅降低，成本大幅度降低	$V\uparrow=F\downarrow/C\downarrow\downarrow$	"经济实惠"型产品，常见于消耗品和低档产品		不影响必要功能，降低次要功能，以简代繁

以上 5 种途径通过功能合理化和成本合理化提高价值，"合理"要求不单纯追求降低成本，也不片面追求提高功能，而是要求提高它们之间的比值，且在一个合适的范围。

（四）价值工程法的特点

（1）价值工程法是以寻求最低产品生命周期成本、实现产品的必要功能为目标。价值工程法不是单纯强调功能提升，也不是片面地要求降低成本，而是致力于研究功能与成本之间的关系，找出两者共同提高产品价值的结合点，克服只顾功能而不计成本或只考虑成本而不顾功能的盲目做法。

（2）价值工程法是以功能分析为核心。在价值工程法中，产品成本计量是比较容易的，可按产品设计方案和使用方案，采用相关方法获取产品生命周期成本。但产品功能确定比较复杂、困难，因为功能影响因素不仅很多，且不易进行定量分析，而且由于设计方案和制造工艺等方面的不完善、不必要功能的出现以及客户评价产品功能方法存住差异性等，都会造成产品功能难以准确界定。因此，产品功能分析成为价值工程法的核心。

（3）价值工程法是一项有组织的跨职能活动。价值工程法的分析过程不仅要贯穿于产品整个生命周期，而且它涉及面广，需要所有参与产品生产的单位、部门及专业人员的相互配合，才能准确地进行产品的成本计量和功能评价，从而达到提高产品的单位成本功效的目标。

（4）价值工程法是一项以信息为基础的创造性活动。价值工程法是以产品成本、功能指标、市场需求等有关的信息数据资料为基础，不断寻找产品创新的最佳方案。因此，信息资料是价值工程法的基础，产品创新是价值工程的最终目标。

（5）价值工程法能将技术和经济问题有机地结合起来。尽管产品的功能设置或配置是一个技术问题，而产品的成本降低是一个经济问题，但价值工程法通过"价值"（单位成本的功能）这一概念，把技术工作和经济工作有机地结合起来，从而克服了产品设计制造中普遍存在的技术工作与经济工作相互脱节的现象。

价值工程法可广泛适用于项目设计与改造、项目实施等阶段。

价值工程法的主要优点在于，一是把项目的功能和成本联系起来，通过削减过剩功能、补充不足功能使项目的功能结构更加合理化；二是着眼于项目成本的整体分析，注重有效利用资源，有助于实现项目整体成本的最优化。

价值工程法的主要缺点在于，要求具有较全面的知识储备，不同性质的价值工程分析对象涉及的其他领域的学科性质，以及其他领域的广度和深度等都存在很大差别，导致功能的内涵、结构和系统特征必然具有实质性区别。

（五）价值工程法的应用程序

企业应用价值工程法，一般按照以下程序进行：

1. 准备阶段

选择价值工程法的对象并明确目标、限制条件和分析范围；根据价值工程对象的特点，组成价值工程工作小组；制订工作计划，包括具体执行人、执行日期、工作目标等。

2. 分析阶段

收集整理与对象有关的全部信息资料；通过分析信息资料，简明准确地表述对象的功能、明确功能的特征要求，并绘制功能系统图；运用某种数量形式表达原有对象各功能的大小，求出原有对象各功能的当前成本，并依据对功能大小与功能当前成本之间关系的研究，确定应当在哪些功能区域改进原有对象，并确定功能的目标成本。

3. 创新阶段

依据功能系统图、功能特性和功能目标成本，通过创新性的思维和活动，提出实现功能的各种不同方案；从技术、经济和社会等方面评价所提出的方案，看其是否能实现规定的目标，从中选择最佳方案；将选出的方案及有关的经济资料和预测的效益编写成正式的提案。

4. 实施阶段

组织提案审查，并根据审查结果签署是否实施的意见；根据具体条件及内容，制订实施计划，组织实施，并指定专人在实施过程中跟踪检查，记录全程的有关数据资料，必要时，可再次召集价值工程工作小组提出新的方案；根据提案实施后的技术经济效果，进行成果鉴定。

在运用价值工程法的过程中，一般围绕以下 7 个问题来展开研究。

（1）价值工程的研究对象是什么？

（2）对象的用途是什么？

（3）对象的成本是多少？

（4）对象的价值是多少？

（5）有无其他方法可以实现同样的功能？

（6）新方案的成本是多少？

（7）新方案能满足要求吗？

（六）价值工程法中的功能分析和功能评价

功能分析是价值工程的核心和基本内容，包括功能定义和功能整理。它基于项目是"做什么"而不是"是什么"的原则，要求项目设计者明确区分项目的基本功能和附属功能。在满足用户基本功能的基础上，确保和增加产品的必要功能，剔除或减少不必要功能。

功能评价是对对象实现的各功能在功能系统中的重要程度进行定量估计，评价方法如下。

1. "01"评分法

在"01"评分法下，重要者得1分，不重要者得0分，如表6-37所示。

表 6-37　"01"评价法

零件功能	一对一比较结果					得分	功能评价系数
	A	B	C	D	E		
A	×	1	0	1	1	3	0.3
B	0	×	0	1	1	2	0.2
C	1	1	×	1	1	4	0.4
D	0	0	0	×	0	0	0
E	0	0	0	1	×	1	0.1
合计						10	1.0

2. 直接评分法

在直接评分法下，由专业人员对各功能直接打分，如表6-38所示。

表 6-38　直接评分法

评价人员 零件功能	1	2	3	4	5	6	7	8	9	10	各零件得分	功能评价系数
A	3	3	2	2	3	3	1	2	3	2	24	0.24
B	2	2	2	2	3	2	2	2	2	2	21	0.21
C	4	3	4	4	3	4	4	3	4	4	37	0.37
D	0	1	1	0	0	0	1	0	1	1	5	0.05
E	1	1	1	2	1	1	2	3	0	1	13	0.13
合计	10	10	10	10	10	10	10	10	10	10	100	1.0

3. "04"评分法

在采用"04"评分法时进行一一比较时,分为以下四种情况,如表6-39所示。

(1)非常重要的功能得4分,很不重要的功能得0分;

(2)比较重要的功能得3分,不太重要的功能得1分;

(3)两个功能重要程度相同时各得2分;

(4)自身对比不得分。

表6-39　"04"评分法

零件功能	一对一比较结果					得分	功能评价系数
	A	B	C	D	E		
A	×	3	1	4	4	12	0.3
B	1	×	3	1	4	9	0.225
C	3	1	×	3	0	7	0.175
D	0	3	1	×	3	7	0.175
E	0	0	4	1	×	5	0.125
合计						40	1.0

(七)价值工程法的应用案例 [①]

某房地产开发商要在某城区内的二级地段进行住宅开发,地块面积为200亩,一边临水,一边紧邻城市次干道,周边居民收入水平和环境条件一般。现对此地块住宅开发进行产品的档次定位分析。

1. 方案的拟订及成本系数的确定

根据地块的城市规划用途、地段特征以及周边城市居民的收入状况,现拟定建设三种不同住宅标准的住宅小区,其建造标准如表6-40所示。同时为了计算的简便,将开发商的住宅建造成本和市场上居民愿意或实际购买住宅的整体功能所花成本,转换为成本系数。

---

① 本案例改编自:李国敏:"价值工程法在房地产项目产品决策中的应用",《项目管理技术》,2005年08期,第34至36页。

表 6-40 三个方案的特征和成本系数分析

方案名称	主要特征	平均成本		成本系数（C）	
		单位造价	市场售价	单位造价	市场售价
A	环境幽雅、富有特色、智能化高档住宅小区，小高层框架结构，内外结构布置具有人文气息	2 200	2 750	0.40	0.404
B	各种环境较好的中档住宅小区，框架结构，一般智能化条件	1 800	2 250	0.33	0.331
C	环境一般化的低档经济型住宅小区，框架砖混结合	1 500	1 800	0.27	0.26

2. 功能指标系统的选择

把住房作为一个独立完整的"产品"进行功能定义和评价，而不再将住房细分下去。功能指标系统的选取，主要考虑对住房市场需求和住房功能定位有直接影响的因素。因此，可建立下列功能系统图：经济适用（价格适中，布局合理）；生活便捷（设施完备，使用方便）；环境适宜（环境舒适，政策配套）；使用安全（结构牢固，三防齐全）；资产增值（地段改良，市场发展）。

3. 功能指标重要系数的确定

首先对上述五个大类指标菩话用市场调查方式打分，然后确定市场目前环境下的指标功能重要性系数，以此作为确定市场各类人员对指标细分评分调查表的有效性标准，以防止个人偏好而导致与实际市场情况相差太远。

通过市场调查的数据整理分析可得：

$f1=0.3$，$f2=0.25$，$f3=0.2$，$f4=0.15$，$f5=0.10$

根据各功能指标在不同档次住宅中所占的地位不同，首先选取相应的目标客户、市场销售人员、专家等有代表性的相关群体为调查对象，以保证市场调查结果的科学性和合理性，再运用指标之间相对重要性对各指标评分，然后加权系数（0.4，0.30，0.30）求和并归一化，得出各功能重要系数。

根据市场调查结果计算各功能重要性系数如表 6-41 所示。

表6-41　功能重要性系数的评分

功能		用户评分（g1）		专家评分（g2）		销售人员评分（g3）		功能重要系数
		得分	修正值（0.4）	得分	修正值（0.3）	得分	修正值（0.3）	
经济适用（0.30）	价格适中	20	8	17	5.1	21	6.3	0.194
	布局合理	13	5.2	14	4.2	11	3.3	0.127
生活便捷（0.25）	设施完备	12	4.8	12	3.6	14	4.2	0.126
	使用方便	7	2.8	10	3	10	3	0.088
环境适宜（0.20）	环境舒适	15	6	12	3.6	13	3.9	0.135
	政策匹配	8	3.2	7	2.1	7	2.1	0.074
使用安全（0.15）	结构牢固	7	2.8	8	2.4	8	2.4	0.076
	三防齐全	7	2.8	8	2.4	5	1.5	0.067
资产增值（0.10）	地段改良	6	2.4	7	2.1	6	1.8	0.063
	市场发展	5	2	5	1.5	5	1.5	0.050
合计		100	40	100	30	100	30	1

4. 方案的功能满足程度评分

对三个方案的情况，采取按功能细分的状况和拟订方案的项目特征进行比较适应性打分，然后用细分功能指标重要性系数进行修正，得出功能评价系数（见表6-42）。

表6-42　三个方案的功能满足程度评分

评价因素		A	修正值（d1）	B	修正值（d2）	C	修正值（d3）
功能因素	重要系数（g）						
价格适中	0.194	4	0.776	7	1.358	8	1.552
布局合理	0.127	2	0.254	7	0.889	8	1.016
设施完备	0.126	4	0.504	8	1.008	7	0.882
使用方便	0.088	7	0.616	10	0.88	4	0.352
环境舒适	0.135	7	0.945	8	1.08	2	0.27
政策匹配	0.074	6	0.444	9	0.666	4	0.296
结构牢固	0.075	5	0.375	9	0.675	4	0.3
三防齐全	0.067	8	0.536	7	0.469	3	0.201

续表

评价因素		A	修正值 （d1）	B	修正值 （d2）	C	修正值 （d3）
功能因素	重要系数（g）						
地段改良	0.063	10	0.63	9	0.567	2	0.126
市场发展	0.05	4	0.2	7	0.35	8	0.4
方案总分		57	5.28	81	7.942	50	5.395
功能评价系数（F）			0.284		0.427		0.29

5. 方案价值系数的计算

将表 6-42 计算的结果和表 6-40 的成本系数分别代入表 6-43 或表 6-44，按价值功能系数计算公式（V=F/C），求出价值功能系数。

表 6-43　方案价值系数的计算

方案名称	功能评价系数	成本系数	价值系数	最优选择
	F	C	V=F/C	
A	0.284	0.40	0.710	
B	0.427	0.33	1.294	最优
C	0.29	0.27	1.074	

表 6-44　方案价值系数的计算

方案名称	功能评价系数	成本系数	价值系数	最优选择
	F	C	V=F/C	
A	0.284	0.401	0.71	
B	0.427	0.335	1.27	最优
C	0.29	0.275	1.05	

根据单位造价（见表 6-43）和销售价格（见表 6-44）的价值系数计算结果可知：方案 B 最优。因此，在上述地段、环境等状况下，此项目应该选择建造中档价位住宅小区的产品决策方案最为合理。

6. 案例结论

此案例分析评价的结果与项目产品的实际现状一致。这结果表明，价值工程法对房地产项目产品决策的应用具有有效性。运用价值工程法对具体项目的实证分析表明：

（1）价值工程法着重于提高房地产项目产品的整体价值，使产品具有较强的市场适应性。价值工程法兼顾功能、成本两个方面，不同于成本管理和质量管理。它通过价格性能比进行市场适应性调整，不仅能够改善产品性能，而且可以增强产品市场生存力，协调产品市场的供需平衡，致力于产品价值的提高。

（2）价值工程法可保证产品决策的科学性和可靠性。价值工程法能从多个方面考虑项目产品的影响因素，即对主要影响产品"功能实现"的因素进行分析评价，确定产品的功能和成本范围，从而成功地选择产品决策方案。它可克服目前单调的"成本 – 价格 – 利润"产品决策法和定性的多因素分析法的弊端，从而使房地产项目产品决策理论及其评价方法体系得到完善。

（3）价值工程法注重对用户所需的产品功能进行分析，促进项目产品功能的完善。价值工程法不直接研究产品的实物本身，而是抽象地研究住宅成本与用户所要求功能的适应性。它把成本、功能、用户有机地联系起来，提高产品价格性能比和环境的适应性。这种方法可使开发商认真地、全面地了解和分析具体地域产品的市场需求状况，确保产品决策正确性和市场适时性。

但价值工程法并没有分析房地产项目产品的经济可行性，因此，具体的产品决策还必须同时进行技术经济分析，以保证产品决策的经济可行性。也就是说，价值工程法还必须结合相关的方法，才能更好发挥其作用。

第 5 节　情景分析工具详解及应用案例

一、情景分析的含义

情景分析，是指在对企业经营管理中未来可能出现的相关事件情景进行假设的基础上，结合企业管理要求，通过采取模拟等技术，分析相关方案发生的可能性、相应后果和影响，以做出最佳决策的方法。

情景分析一般适用于企业的投融资决策，也可用于战略目标制订、风险评估等。情景分析的主要优点在于，注重情景发展的多种可能性，降低决策失误对企业造成的影响，对决策事项的可参考性更强。情景分析的主要缺点为：情景假设的主观性较强，对于情景数据的准确性、逻辑性及因果关系的建立要求较高。

二、情景分析的应用环境

企业应用情景分析工具，应重点考虑对决策事项有重大影响的事件情景，确保事件情景与分析方案、决策事项相关联并将情景分析建立在合理的假设基础上。企业应用情景分析工具，应确保与决策事项有关的参数、边界条件等的完整性及可获取性，尤其应确保宏观环境的可测性，如产业政策、行业状况等。

三、情景分析的应用程序

企业应用情景分析工具，一般应按照决策事项确认、影响因素确认、情景设定、情景分析和实施后果分析等程序进行。

（一）决策事项确认

企业应用情景分析工具，应根据决策目标和决策需求确定决策事项。同时，决策事项应具有多种可量化的影响因素，不同的实现路径会对决策事项形成不同的实质性影响。

（二）影响因素确认

企业应用情景分析工具，应对影响决策事项的因素进行全面分析，并根据重要性原则明确影响决策事项的主要因素，以此作为设定情景的主要内外部影响因素。通常情况下，可以采取德尔菲法、敏感性分析等方法。

（1）在进行投融资决策时，通常应考虑投资额、资本成本等影响因素；

（2）在进行战略目标制订时，通常应考虑消费者信心指数、市场占有率等影响因素；

（3）在进行风险评估时，通常应以产生最大损失的因素为主，如利率、汇率等影响因素。

（三）情景设定

情景的设定应与决策事项密切相关，会对决策事项产生实质性影响。通常情况下，企业需要设定不同的情景，这些情景应能提供有意义的测试环境，以便后续制订多个可选择方案。

（1）根据历史情况设定情景时，通常可以选取历史极值（最优、最差或基准）作为情景，或者以历史特殊事件作为情景，如重复进行的标准历史事件；

（2）根据假设设定情景时，通常使用人为假设、专家认定或者数据模拟来设定情景。

（四）情景分析和实施后果分析

企业应在情景设定的基础上，建立影响因素与决策目标之间的逻辑关系。通过搜集相关数据，对不同情景下决策事项的总体发展状况进行分析，或对不同情景下决策事项可能产生的经济后果进行测算，制订出各种情景下的对策和实施方案。

企业应用情景分析工具，应书面记录决策事项、影响因素、情景设定、情景分析结果、应对措施设置等，详细说明情景设定的基本原则及理由，以不断完善情景分析。

四、情景分析的应用案例 ①

（一）案例背景

世博会 EXPO 是综合反映世界各国政治、经济、文化和科技发展水平及成就的大型展示活动，被称为经济、科技、文化界的奥林匹克盛会。每一届世博会均展现着当时政治、经济、科技、文化的发展水平及其成就，同时也展示着人类社会经济发展的未来，是人类生活的重要组成部分和反

---

① 本案例改编自：龚明雷："基于情景分析的供应链风险管理研究"，上海交通大学硕士学位论文，2008。

映人类历史进步的"台阶"。可口可乐公司是一个总部在美国的世博会消费品制造企业，对可口可乐来说，上海世博会是扩大它全球影响力的绝佳机会，所以它必须提前运用情景分析法，把自己置身于几个关键情景中，从而找出公司所在供应链的薄弱环节，提前做好应对政策。

（二）可口可乐在中国的供应链管理模式

1. 可口可乐供应链主要成员

可口可乐公司的主要产品碳酸饮料是一种由香料、甜味剂和碳酸水（含二氧化碳的水）构成的。在它的供应链中有三个主要参与者（见图6-4）：浓缩液厂、装瓶厂、分销商。包装物供应商和甜味剂生产公司是这个行业的主要供应商。

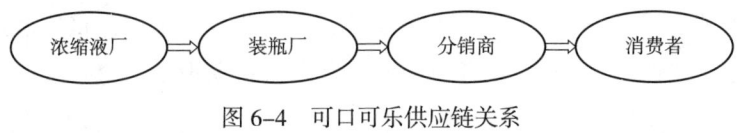

图 6-4　可口可乐供应链关系

1）浓缩液厂

浓缩液厂将基本原料（不包括糖和高果糖谷物糖浆）混合在一起，用塑料瓶包装，将这些混合物运输到装瓶厂，装瓶厂在这些混合物中加入糖和高果糖谷物糖浆，有时为了制造节食型饮料，也加入人工甜味剂，通常为阿斯巴甜等。这个过程包括了在机器、生产费用和劳动力上的一小部分投资。浓缩液厂的最大费用在于广告、市场推广和同装瓶厂的关系方面。市场项目由浓缩液厂和装瓶厂共同完成，并分担费用，在中国，这个比例一般为 50：50。浓缩液厂通常在发展这样的项目中起领导作用，特别是在产品计划、市场研究和广告等方面。装瓶厂在贸易发展和消费者推广方面担任重要角色，并且承担相应百分比的推广和广告费用。在中国，该浓缩液厂称为可口可乐中国饮料有限公司，它的总部位于上海，并分别在广州、武汉、北京、成都设有办事处，总部和办事处雇用了大量的销售和市场辅助员工以及技术和质量工程师同他们的特许装瓶厂一起工作，并帮助他们提高工作表现。这些人员帮助装瓶厂培训员工，和装瓶厂一起完成总部要求的市场项目，并观察装瓶厂市场运作效果。

在技术方面，对装瓶厂新厂房建设和设备更新提出建议并进行审核，为装瓶厂建立各种质量标准，对装瓶厂的各道工序操作程序提出建议，目前，它设计了一个涵盖质量、环保、安全方面的质量体系——可口可乐质量系统（类似 ISO 9000 国际标准体系），并协助和监督装瓶厂建立该质量体系。此外，浓缩液厂为了保证产品质量，还直接同装瓶厂的供应商发生关系，并规定所有装瓶厂的主要原辅材料、包装物供应商必须满足可口可乐公司的要求，也就是这些供应商的基础设施、管理水平必须能保证生产出符合可口可乐公司要求的原材料，通过可口可乐公司认可，才能成为装瓶厂的供应商。同时，可口可乐公司也利用其规模优势同供应商协商，力求使装瓶厂得到可靠的供应、快速的供货和较低的价格。

2）装瓶厂

在中国的可口可乐特许经营的装瓶厂购买浓缩液，添加碳酸水和糖浆，将这些饮料装瓶和装罐，然后将其送到各地客户手中。这些装瓶厂甚至提供包括销售人员直接参与和管理商店内饮料摆设的"直接上门"的送货服务。这种服务包括整理商品货柜、摆放商品标识、清洁包装和货架以及确定商品的摆放等等。

灌装过程是一个资本集中的过程，并且包括一些专业化的、高速度的生产线。这些生产线只在包装相同规格和构造的产品时才能互换。在中国，软性饮料至少有6种不同规格和结构。装瓶厂在灌注可口可乐产品时，必须严格按可口可乐公司制定的标准进行。

可口可乐公司的特许经营协议允许装瓶厂进行其他品牌的非可乐产品的经营，同时也允许装瓶厂选择是否推广新的饮料产品，例如，可口可乐在中国的装瓶厂之一广州的广美食品有限公司经营"美津"系列碳酸饮料，并在当地占有一定的市场占有率。但是他们对装瓶厂仍然有一些限制，装瓶厂不允许直接经营其他竞争对手的品牌，例如，他们不能销售百事、非常可乐等产品。装瓶厂有决定是否参与新产品的包装设计、本地区的广告宣传和市场测试等工作的权利，并且在价格、新包装、销售、广告和市场推广等方面有最后决定权利。但是装瓶厂只能使用可口可乐公司授权的包装。

3）分销商

可口可乐产品属于数量大、价格低的通常消费品，通常通过大量街头零售店、大小超市、商店等场所销售，因此其供应链的分销商包括各种食品批发商、大型超市、大型连锁超市等。

2. 中国可口可乐供应链分析

可口可乐的经营理念为三点："心中首选、方便得到、物超所值"。下面就分析可口可乐公司如何通过管理供应链来实现其经营理念。可口可乐在中国的供应链如图 6-5 所示。

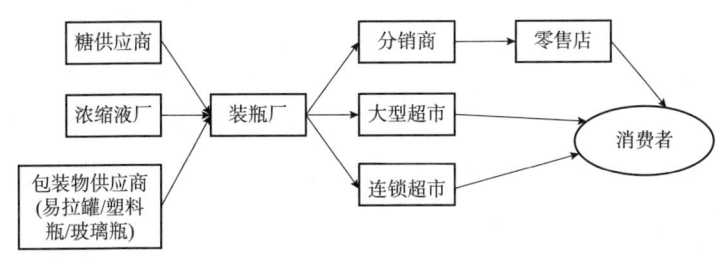

图 6-5　可口可乐在中国的供应链

在可口可乐的供应链中，有一种物品起着非常关键的作用，那就是浓缩液。在可口可乐旗下的饮料中，浓缩液在每升饮料中的含量有严格的规定，饮料中必须含有浓缩液才具有特定的风味，否则就成了碳酸化糖水，做一个形象的比喻，浓缩液相当于电脑中的 CPU。可口可乐公司通过控制浓缩液的生产，间接掌控了整条供应链，在该供应链的物流中，可口可乐公司卖多少浓缩液给装瓶厂，装瓶厂才能生产相应数量的产品，同时也采购一定量的糖和包装物，然后卖给消费者相当数量的产品。

由于可口可乐公司垄断了浓缩液的供应，因而它可以将向装瓶厂收取的特许经营费、广告费用、市场推广费等包含在浓缩液的价格中，并且这些费用同销量成正比，使资金流顺利从消费者到分销商到装瓶厂再到可口可乐公司手中。另外，浓缩液的销售量同饮料销售量有一定比例，通过统计卖给装瓶厂的浓缩液数量和种类，也掌握了每种饮料的销量的信息。

可口可乐公司在该供应链中起着主导地位，但它和该供应链上的另一个主要成员装瓶厂还是存在一定分工。这表现在从原料到消费者的供应链整个过程中。

1）原材料

在主要原材料包括糖和包装物的供应商选择中，可口可乐公司起主导作用，可口可乐公司技术部门根据这些原料供应商的地理位置、规模、设备水平、管理水平、原料的供求状况，选择一批认可供应商，装瓶厂只能从这些认可供应商中购买原料。

可口可乐公司选择这些供应商的首要依据为原料的质量，通过控制原料质量，从根本上保证了可口可乐产品的质量。在保证质量的前提下，可口可乐公司也要考虑供应商的地理位置、价格，通过控制这些因素，也为装瓶厂降低成本，为实现"物超所值"做了准备。此外，当原料价格过高时，也会考虑使用替代品，如自1998年以来，中国碳酸饮料的主要原料之一白砂糖价格一路上升，由2 000元上升至最高4 500元，使可口可乐公司系列产品的成本有所上升，这时可口可乐公司考虑引进在美国广泛使用的液体果糖，并和这方面的供应商协商在中国建厂的问题。但在原料的购买上起决定作用的还是装瓶厂，装瓶厂可在可口可乐认可的供应商中选择其中一家或数家为其供应商，并独立和供应商谈判价格、运输等问题。装瓶厂和原料供应商的关系从表面来看，完全是独立企业之间的正常商业行为，但可口可乐公司已经在其中进行了控制。

2）制造过程

中国地区的可口可乐装瓶厂和可口可乐公司基本上没有什么股权关系，都属于独立经营、独立核算的企业，照理说，装瓶厂在可口可乐系列饮料生产方面应和可口可乐的关系不会很密切，但其系列产品的制造过程却体现着可口可乐公司的影子。

在可口可乐刚进入中国时，它的特许经营装瓶厂均为国营的汽水厂，生产规模小，设备落后，管理差，只能生产简单的玻璃瓶汽水，有的装瓶厂原来并不是生产饮料，可口可乐公司采用赠送从其他国家更新设备后留下的旧设备，虽然这些旧设备在其他国家属于旧设备，但对80年代初的中国来说还是十分先进的，然后，对装瓶厂生产、质量控制、工程人员进行饮料生产和质量控制培训，并建立了一整套标准供装瓶厂执行，这些标准包括生产工艺、产品质量等。这样，每个装瓶厂基本上按照可口可乐公司要求的方式进行运作。到了最近几年，陆续建立的若干个新厂的设备选型、工艺流程、参数要求等都必须经过可口可乐公司的认可。一般来说，可口可乐公司的技术人员每年均会到每个工厂进行3～4次质量方面的审核。这样它就将可口可乐公司在产品和质量要求溶入装瓶厂自身的运营系统中去，从而使和自己没有控制关系的产品制造过程按自己的要求进行运作。

3）分销过程

分销过程即将生产出的产品送到消费者手中，在这一过程中，可口可乐起着主导作用，但可口可乐公司和装瓶厂也存着严格的分工关系。可口可乐系列产品分销策略总体上分为两部分：一部分为"拉"的部分，即通过广告、促销、公共关系等市场推广策略吸引消费者购买可口可乐系列产品；另一部分为"推"的部分，通过各种渠道、价格促销、赊销手段等销售策略，将可口可乐产品销售到零销商手中。

市场策略一般由可口可乐公司制订，特别是"拉"的部分是完全由可口可乐公司包办，"推"的部分则是由可口可乐公司提出建议，然后由装瓶厂根据实际情况自行制订，装瓶厂在选择经销商，规划销售渠道，制订价格策略、赊销手段拥有最终决定权。在分销过程的分工可用下图6-6所示。

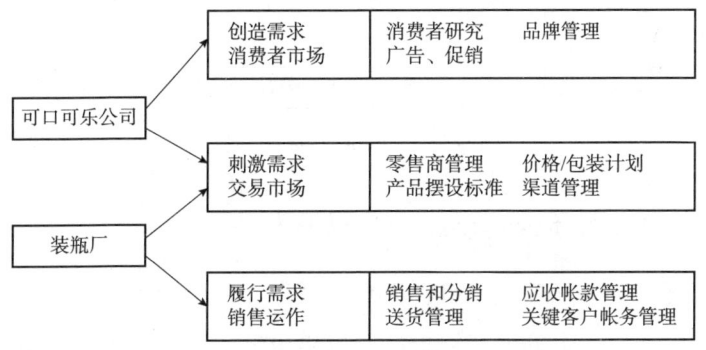

图6-6 可口可乐公司与装瓶厂业务分工

由图6-6可以看出，装瓶厂在"推"的方面，即从装瓶厂到分销商这供应链上的环节起主要作用，包括销售和分销、应收账款管理、送货管理、冷饮计划、关键客户账务管理等方面。而可口可乐公司在"拉"的方面，即从零售商到消费者这一供应链环节起主要作用，包括消费者研究、品牌管理、广告和促销等方面起主要作用。而从分销商到零售商这一供应链环节由可口可乐公司和装瓶厂共同进行管理，包括零售商管理、价格及包装计划、产品摆设标准、渠道管理等方面。

（三）可口可乐世博会供应链流程分析

首先画出供应链流程图。图6-7是可口可乐公司A供应上海世博会一大型零售商 E 的供应链，这条供应链涉及 2 个供货商、1 个浓缩液厂、1 个装瓶厂、1 个第三方物流服务提供商和 1 个零售商。世博会可口可乐供应链的流程如下：首先 A 通过人流预测来计算出需求量，然后生产一定的浓缩液提供给 D，D 通过浓缩液的量来确定需要的包装数和甜味剂数量，并给 B、C 下单，然后进行装瓶，最后由 F 负责装载运输到 E 零售商的配送中心，最后由配送中心分配到各门店销售（R1–R3）。

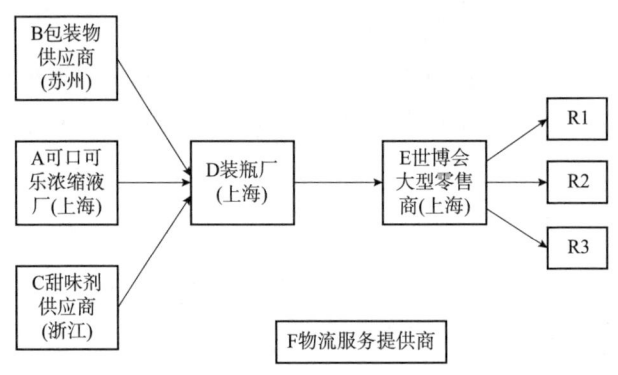

图 6-7 目标供应链的流程图

（四）可口可乐公司供应链情景开发

世博会属于国际顶级盛事，大量人流会在短时间内集中到一个指定区域，同时会带来巨大的消费需求，所以供应链中任何一个环节出现问题都会影响可口可乐公司消费品的供应。

第一步，描绘出供应链风险的层次结构。根据可口可乐供应链特点，以供应链实际风险作为总体目标，以需求风险因素、生产风险因素、供应风险因素、环境风险因素、制度风险因素、物流风险因素等 6 种风险因素为判据，在每种判据下列出所有可能的风险因子作为判据属性（如图 6-8 所示），这样我们可以使用模糊层次分析法来计算出所有风险因子的风险权重大小。

第二步是开发相应情景。该案例的假设背景是 2010 年上海世博会，这里需要强调指出的是，世博会的特殊之处就是，所有的物流与短时间内集聚到某一场所的人流有着相当大的关系。基于世博会的特殊性，可以列出以下两个供应链风险关键纬度：①客流量，影响产品生产数量和库存；②交通问题，影响产品配送，进而影响客户满意度和库存水平。

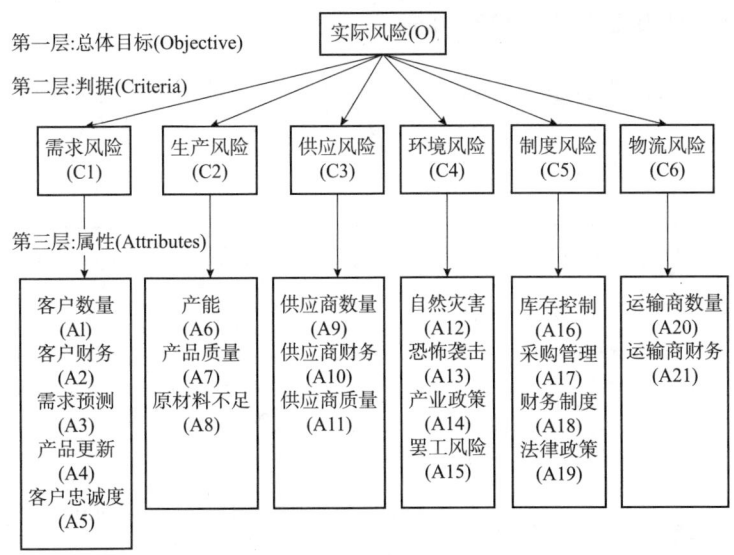

图6-8 供应链风险层次结构

对两个关键纬度通过排列组合可以形成4种不同的组合如表6-45所示，从而形成了4种不同的情景。

表6-45 情景组合表

	客流量		交通问题	
	异常	正常	严重	一般
情景1	√		√	
情景2	√			√
情景3		√	√	
情景4		√		√

（五）供应链风险因素调查问卷

设计调查问卷，对全公司各部门进行风险因素调查。按照图6-8的风险层次结构，供应链风险因素调查包括对6个判据因子和21个属性因子的调查，每个风险变量设置了其对供应链影响程度的五个等级：1=很低，2=低，3=中，4=高，5=很高。

（六）基于模糊层次分析法进行风险评估

按照图6-8所示的供应链风险层次结构，逐步介绍在不同情景下，模糊层次分析法对于所有风险因子评价过程的具体实现（该部分省略）。

（七）各情景下的风险分析

我们定义权重值超过 0.05 的风险因子为薄弱环节，通过模糊层次分析法，得出的四种情景下的薄弱环节如表 6-46 所示。

表 6-46　不同情景下的薄弱环节

	薄弱环节
情景 1：客流量出现异常，交通问题严重	运输商数量 A20（0.267） 需求预测 A3（0.196） 客户数量 A1（0.101） 供应商数量 A9（0.072） 运输商财务 A21（0.055）
情景 2：客流量出现异常，交通问题一般	需求预测 A3（0.237） 客户数量 A1（0.126） 供应商数量 A9（0.104） 供应商质量 A11（0.078） 原材料不足 A8（0.057） 客户财务 A2（0.053）
情景 3：客流量正常，交通问题严重	运输商数量 A20（0.329） 原材料不足 A8（0.09） 供应商数量 A9（0.082） 供应商质量 A11（0.074） 运输商财务 A21（0.069） 产能 A6（0.058）T
情景 4：客流量正常，交通问题一般	供应商数量 A9（0.156） 原材料不足 A8（0.127） 供应商质量 A11（0.109） 客户数量 A1（0.074） 产能 A6（0.069） 供应商财务 A10（0.062） 运输商数量 A20（0.06） 运输商财务 A21（0.06）

在客流量出现异常时，需求预测，客户数量和供应商的数量比较重要。当人流量远超过预期或远低于预期时，如果需求预测做得不好，那么可乐的供应量要么供小于求要么供大于求。当供大于求时，势必会加大库存的数量，增加库存成本；当供小于求时会导致很多游客买不到可乐，势必会降低最终客户的满意度。此时客户的数量也比较重要，这里的客户是指可口可乐的装瓶厂，本文研究的目标供应链只有一个客户，所以当需求比较大时，一个客户的装瓶能力有可能达不到市场的需求量，这样会降低

最终客户的满意度，而且也会降低自己的市场份额，使竞争对手处于有利位置。供应商的数量也比较重要，目标供应链只有一个包装物供应商和一个甜味剂供应商，当市场需求比较大时，如果包装物和甜味剂的供应量达不到需求的话，同样会使可乐的供应量达不到市场需求。

在交通问题比较严重时，运输商数量和运输商财务比较重要。上海世博会的所有场馆的分布是比较广的，而且距离都比较远，目标供应链只有一个物流服务提供商，交通问题严重的话，一个运输商的物流配送能力有可能达不到市场的要求。这样有可能导致很多世博会场馆都不能及时得到可乐的供应。而且运输商的财务如果问题的话，会影响该运输商的运营，最严重的情况，该运输商倒闭的话，那势必对该供应链的物流配送造成巨大的影响。

在客流量正常和交通问题也一般时，供应商和原材料（指浓缩液的原材料）比较重要。包装物供应商和甜味剂供应商的供应情况会影响装瓶厂的生产，原材料的供应会影响浓缩液的生产，从而也会影响装瓶厂的生产。

（八）各情景下的风险应对策略

针对上述四种不同情景下的供应链薄弱环节，公司管理层必须做出相应的风险规避对策，这样才能在情景真正发生时，使公司的损失减少到最小。表 6-47 是四种情景下的风险规避对策。

表 6-47　风险应对策略

情　景	风险规避对策
情景 1：客流量出现异常，交通问题严重	（1）运用更科学的方法评估和选择物流提供商； （2）增加物流提供商的数量； （3）运用更科学的物流调度算法和物流信息软件； （4）理解市场及客户需求，如可采用问卷调查、访谈的方式向消费者、客户了解他们的喜好； （5）检测市场的变化，如在节假日前做好需求预测，以防断货，根据市场流行趋势，快速反应； （6）对现有产品不断改进和革新； （7）运用更科学的方法评估和选择客户（装瓶厂）； （8）增加客户（装瓶厂）的数量； （9）运用更科学的方法评估和选择供应商； （10）增加供应商的数量； （11）通过与供应商签订供应合同，加大对供应商失约的惩罚

续表

情　　景	风险规避对策
情景2：客流量出现异常，交通问题一般	（1）理解市场及客户需求，如可采用问卷调查、访谈的方式向消费者、客户了解他们的喜好； （2）检测市场的变化，如在节假日前做好需求预测，以防断货，根据市场流行趋势，快速反应； （3）对现有产品不断改进和革新； （4）运用更科学的方法评估和选择客户（装瓶厂）； （5）增加客户（装瓶厂）的数量； （6）运用更科学的方法评估和选择供应商； （7）增加供应商的数量； （8）通过与供应商签订供应合同，加大对供应商失约的惩罚； （9）加强对原材料供应市场的关注
情景3：客流量正常，交通问题严重	（1）运用更科学的方法评估和选择物流提供商； （2）增加物流提供商的数量； （3）运用更科学的物流调度算法和物流信息软件； （4）加强对原材料供应市场的关注； （5）运用更科学的方法评估和选择供应商； （6）增加供应商的数量； （7）通过与供应商签订供应合同，加大对供应商失约的惩罚
情景4：客流量正常，交通问题一般	（1）运用更科学的方法评估和选择供应商； （2）增加供应商的数量； （3）通过与供应商签订供应合同，加大对供应商失约的惩罚； （4）加强对原材料供应市场的关注； （5）运用更科学的方法评估和选择客户（装瓶厂）； （6）增加客户（装瓶厂）的数量； （7）运用更科学的方法评估和选择物流提供商； （8）增加物流提供商的数量； （9）运用更科学的物流调度算法和物流信息软件

第7章　绩效管理工具

第1节　绩效管理的基本框架

一、绩效管理概述

（一）绩效的含义

根据《韦氏词典》，绩效（performance）指的是完成、执行的行为，以完成某项任务或达到某个目标，通常是有功能性或有效能的。[①] 从管理学角度看，绩效包括个人绩效和组织绩效两个方面。绩效是以结果来评判，影响绩效因素很多。迄今为止，无论是理论研究者还是实务工作者，对此问题进行了许多研究。概括起来，主要有以下因素影响绩效。

1. 技能

技能是指员工的工作技巧和能力水平。一般来说，影响员工技能的因素有天赋、智力、经历、教育、培训等。因此，员工的技能并不是一成不变。为了提高员工的整体技能水平，企业既可以在招聘与录用阶段进行科学甄选，也可以在员工进入企业后进行各种类型的培训或依靠员工个人主动地进行各种类型的学习。

2. 激励

激励作为影响员工工作绩效的因素，是通过改变员工的工作积极性来

---

① 梅里亚姆·韦伯斯特公司编：《韦氏词典》，世界图书出版公司，1996年版。

发挥作用。激励的理论基础是马斯洛的需求理论。马斯洛认为，人的需求具有不同层次，而需求层次与员工个人的个性、感知、学习过程与价值观等特点是分不开的。从员工群体看，为了使激励手段能真正发挥作用，企业应摸清群体的需求结构、个性结构、价值观结构、文化层次结构等，针对多数人的倾向，提出激励措施。个体与群体的激励都是必要的。对个别人的激励，只有在不影响群体积极性的前提下，其效果才是积极有效的。企业应综合两方面情况，根据具体情况选择适当的激励手段和方式。

3. 环境

影响工作绩效的环境因素可以分为组织的内部环境因素和外部环境因素两类。组织的内部环境一般包括：劳动场所的布局和物理环境条件；工作设计的质量和工作任务的性质；工具、设备、原材料的供应；上级的领导作风和监督方式；公司的组织结构和政策；工资福利水平；培训机会；企业文化和组织氛围等。组织的外部环境因素包括社会政治、经济状况，市场的竞争程度等。无论是组织的内部环境还是外部环境，都会通过影响员工的工作能力（技能等）和工作态度（工作积极性等），影响员工的工作绩效。

4. 机会

机会亦成机遇，俗称"运气"，指的是一种偶然性。对任何一名员工来说，被分配做什么样的工作往往在客观必然性之外，还带有一定的偶然性。在特定环境下，员工如果有机会完成特定的工作任务，可能就会使其达到在原有职位上无法实现的工作绩效。与前三种影响因素相比，机会是一种偶然因素，但这种偶然性是相对的。一个好的管理者应该善于为员工创造这样的机会。从这个意义上说，所谓的机会实际上是可以把握的。

在上述因素中，环境与机会对员工来说都是客观的，但对企业而言则是可以创造和争取的；技能完全是由员工主观因素决定；激励主要取决于主观因素，也与企业正确政策有密切关系。一个员工可能会技巧熟练、能干、敏捷、知识渊博，但仍然不能做出优秀的绩效和贡献，尤其是当他的工作系统有缺陷或严重阻碍的时候。在这种情况下，仅仅关注员工个人并不能改善绩效。如果我们能从广义角度来看待绩效，认识到绩效是由员工个人特质和外部系统特质以及两者间的相互作用决定，这样才能使得绩效评估与管理过程更加公平。

（二）绩效管理的含义

绩效管理（performance management），是指企业与所属单位（部门）、员工之间就绩效目标及如何实现绩效目标达成共识，并帮助和激励员工取得优异绩效，从而实现企业目标的管理过程。绩效管理的核心是绩效评价（performance appraisal）和激励管理。

绩效管理是一个系统，也是一个过程，该过程通常被看作一个循环，可分为四个环节：绩效计划、绩效辅导、绩效考核与反馈、绩效考核结果的应用。也有学者将其分为五个环节，即将绩效考核与反馈分为：绩效考核、绩效反馈。虽然环节不同，但本质都是一样。四环节的分法是受美国质量管理专家戴明的 PDCA 圈影响（见下图），其中 P—plan（计划）、D—do（执行）、C—check（检查）、A—action（行动）[①]。

相对于绩效管理，绩效考核是企业管理中更常见的一个概念。所谓绩效评价，又称绩效考核，是指企业运用系统的工具方法，对一定时期内评价对象（组织、部门或人员）运营、职责履行情况、工作效率及发展潜能或趋势等进行综合评判的管理活动。绩效评价不是单纯为了评价而评价，而是通过绩效评价确认员工的绩效水平，并通过对评价结果的各种合理运用达到激励员工努力工作的目的。简言之，绩效评价是企业实施激励管理的重要依据。管理者和员工常会把两者混淆或等同，或者在实施过程中将其割裂。与传统的绩效考核相比，绩效管理是一个更完整与科学的概念。绩效考核只是构成绩效管理流程中的环节之一。绩效管理与绩效考核的区别如表 7-1 所示。

表 7-1　绩效管理与绩效考核的区别

绩效管理	绩效考核
一个完整的管理过程	管理过程中的局部环节和手段
侧重于信息沟通与绩效提升	侧重于判断和评估
伴随管理活动的全过程	只出现在特定时期
具有前瞻性和过程性，注重事先承诺和持续沟通	具有阶段性和总结性，注重事后的评估

① 梅里亚姆·韦伯斯特公司编：《韦氏词典》，世界图书出版公司，1996 年版。

由表 7-1 可见，绩效管理与绩效考核存在较大差异。但是，绩效管理与绩效考核相互依存，密切相关：绩效考核的成功与否不仅取决于考核评估，而且很大程度上取决于与其相关联的整个绩效管理过程；而成功的绩效管理也需要有效的绩效考核作为依据和支撑。

激励管理，是指企业运用系统的工具方法，调动企业员工的积极性、主动性和创造性，激发企业员工工作动力的管理活动。激励管理是促进企业绩效提升的重要手段。

绩效管理领域应用的管理会计工具方法，一般包括关键绩效指标法、经济增加值法、平衡计分卡、股权激励等。企业可根据自身战略目标、业务特点和管理需要，结合不同工具方法的特征及适用范围，选择一种适合的绩效管理工具方法单独使用，也可选择两种或两种以上的工具方法综合运用。

二、绩效管理的基本原则

企业进行绩效管理，一般应遵循以下原则。

（一）目标导向原则

绩效管理是一种目标导向的管理方法，要求每个成员的行动都要与企业的战略目标挂钩，通过系统化的管理机制，把企业的战略目标、核心价值观层层传递给员工，使之变成员工的自觉行为，从而使每个员工都清楚自己应该努力的方向，各级管理者都能明确自己应该更好地对员工进行有效的管理并提供支持和帮助。因此，只有绩效管理的目标明确了，各级管理者和员工的努力才会有方向，才会更加团结一致，共同致力于绩效自标的实现，共同提高绩效能力，更好地服务于企业的战略规划和愿景目标。

（二）客观、公正、公开原则

绩效管理应实事求是，评价过程应客观公正，激励实施应公平合理。员工的实际工作表现和职务说明书中对工作内容的描述是绩效评价的依据，无论用什么方法进行绩效评价，都要以此为客观依据，对考评者实事求是地做出评价。同时，应在考评中一视同仁，避免人为因素使绩效评价结果与员工的实际工作绩效有较大的差距，影响绩效评价结果的可信度。为此，要建立科学适用的考评指标体系和考评标准，应尽量采用客观公正的尺度，尽量使用绝对考评方法。

绩效管理的基本标准要做到公开化和透明化，要对评价标准、考评程序、考评方法及时间选择等公开宣布，使员工心里有数，积极参与到考评中来。考评的结果也应该是公开的，这样有利于员工的横向和纵向的比较，明确自己在整个企业中的绩效水平，自己可以确定今后的努力方向。只有推行绩效考核公开化，这样才能保证绩效管理公平公正。

（三）系统全面原则

绩效管理是一个系统，因而需要具有系统全面的观点，需要重视目标制定、沟通管理等过程，需要掌握和使用许多相应的技巧与技能，在实施绩效管理中还需要克服各种困难与障碍。只有系统地、战略地看待绩效管理，形成系统性思维，绩效管理才能够摆脱在低层次徘徊的状况，实现战略目标。

（四）科学有效原则

绩效管理通过设定科学、合理的组织目标、部门目标和个人目标，才能为员工指明努力方向，才能真正发挥激励作用。同时，管理方法科学有效，激励与约束并重，操作简便易行。

（五）相对稳定原则

绩效评价的要素和绩效评价方法及绩效评价的频度一旦制定出来，就要保持其实施在一定的时段内的持续性，若朝令夕改，员工没有归属感，不利于长久地激励员工，更不利于企业稳定性。因此，在制定绩效评价方案以前，应进行充分的调查和详细的设计，并请专家进行论证，以保证实施的有效性。当然，随着科学技术发展、生产方式变化和工作内容的变化，相应的绩效评价内容和方法也在变化，必须及时地丰富、完善及改进现有的绩效管理方式以适应实际情况的变化，才能使绩效管理系统持续地良性循环，稳定地提高员工的绩效。

（六）注重沟通原则

沟通在绩效管理中起决定作用。沟通过程包括：沟通企业的价值、使命和战略目标；沟通企业对每个人的期望结果和评价标准以及如何达成结果，沟通企业的信息和资源，使员工之间相互支持、相互鼓励。总之，制定绩效标准要沟通，帮助员工实现目标要沟通，评估考核要沟通，分析原因与改进绩效也要沟通。绩效管理的过程就是员工和组织持续不断沟通的过程。离开了沟通，绩效将流于形式。因此，好的绩效管理，必须全面提升各级管理者和员工的沟通意识，提高沟通技巧，进而改善企业管理能力和提高绩效管理水平。

三、绩效管理的业务流程

企业应用绩效管理工具方法，一般按照制订绩效计划与激励计划、执行绩效计划与激励计划、实施绩效评价与激励、编制绩效评价与激励管理报告等程序进行，如图 7-2 所示。

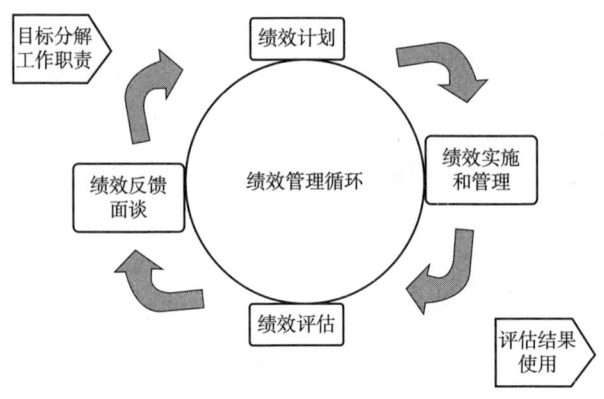

图 7-2 绩效管理流程图

（一）制订绩效计划与激励计划

企业应根据战略目标，综合考虑绩效评价期间宏观经济政策、外部市场环境、内部管理需要等因素，结合业务计划与预算，按照上下结合、分级编制、逐级分解的程序，在沟通反馈的基础上，编制各层级的绩效计划与激励计划。

1. 绩效计划

绩效计划是企业开展绩效评价工作的行动方案，包括构建指标体系、分配指标权重、确定绩效目标值、选择计分方法和评价周期、拟定绩效责任书等一系列管理活动。绩效计划是绩效管理流程的第一个环节，是绩效管理实施的关键与基础所在。绩效计划制订的科学合理与否，直接影响绩效管理的实施效果。制订绩效计划通常从企业级开始，层层分解到所属单位（部门），最终落实到具体岗位和员工。

1）构建指标体系

企业可单独或综合运用关键绩效指标法、经济增加值法、平衡计分卡等工具方法构建指标体系。指标体系应反映企业战略目标实现的关键成功因素，具体指标应增值性（对企业目标具有增值左右）、定量化（便于度量）和行为化（指标内容是否被付诸实践）。从不同的角度看，绩效指标有多种分类方式。常见分类主要三种：软指标与硬指标、"特质、行为、结果"三类绩效指标[①]、结果指标与行为指标。

硬指标指那些可以以统计数据为基础，把统计数据作为主要评价信息，建立评价数学模型，以数学工具求得评价结果，并以数量表示评价结果的评价指标。使用硬指标可以免除个人经验和主观意识的影响，具有相当的客观性和可靠性。软指标指通过人的主观评价方能得出评价结果的评价指标。实践中，人们用专家评价来指代这种主观评价的过程。软指标的优点在于这类指标不受统计数据的限制，可以充分发挥人的智慧和经验。

特质类指标关注员工的素质与发展潜力，在选拔性评价中更常用。行为类绩效指标关注绩效实现过程，适用于通过单一方式或程序化方式达到绩效目标的职位。结果类指标更多关注绩效结果或绩效目标的实现程度。

结果指标一般与公司目标、部门目标以及员工的个人指标相对应，如销售额增加多少、成本降低多少等。行为指标一般与工作态度、协调能力、合作能力、知识文化水平、发展游力等指标相对应。

2）分配指标权重

对于评量指标间的权重分配问题，一种观点是假定所有的评量指标

[①]　杨杰、方俐洛、凌文轻："对绩效评价的若干基本问题的思考"，《中国管理科学》，2000年第4期。

具有同等程度的重要性，因此对各个评量指标赋以相同的权重。另一种观点则认为：对于不同的组织或职位而言，各指标间的权重显然是不尽相同的，只有根据各指标的相对重要性赋以适宜的权重才能保证最终的复合结果不出现"效标扭曲"现象。指标权重的确定一般可选择运用主观赋权法和客观赋权法，也可综合运用这两种方法。主观赋权法是利用专家或个人的知识与经验来确定指标权重的方法，如德尔菲法、层次分析法等。客观赋权法是从指标的统计性质入手，由调查数据确定指标权重的方法，如主成分分析法、均方差法等。

（1）德尔菲法（Delphi Method，也称专家调查法），本质上是一种反馈匿名函询法，是指邀请专家对各项指标进行权重设置，将汇总平均后的结果反馈给专家，再次征询意见，经过多次反复，逐步取得比较一致结果的方法。德尔菲法是一种利用函询形式进行的集体匿名思想交流过程。它有三个明显区别于其他专家预测方法的特点，即匿名性、多次反馈、小组的统计回答。可以避免群体决策的一些可能缺点，声音最大或地位最高的人没有机会控制群体意志，因为每个人的观点都会被收集。另外，管理者可以保证在征集意见以便作出决策时，没有忽视重要观点。主要缺点是：缺少思想沟通交流，可能存在一定的主观片面性；易忽视少数人的意见，可能导致预测的结果偏离实际；存在组织者主观影响。

（2）层次分析法（Analytic Hierarchy Process，AHP）。首先建立层次结构模型，将绩效指标分解成多个层次，接着构造成对比较阵，通过下层元素对于上层元素相对重要性的两两比较，构成两两比较的判断矩阵，然后计算权向量并做一致性检验，或计算组合权向量并做组合一致性检验，最终求出判断矩阵最大特征值所对应的特征向量作为指标权重值。层次分析法优点很多，其中最重要的一点就是简单明了。这种方法不仅适用于存在不确定性和主观信息的情况，也允许以合乎逻辑的方式运用经验、洞察力和直觉，是一种定性和定量相结合的、系统化、层次化的分析方法，在处理复杂的决策问题上非常实用和有效，因而在世界范围得到广泛应用。

（3）主成分分析法，也称主分量分析（Principal Components Analysis，PCA）是一种简化数据集的技术，是将多个变量重新组合成一组新的相互无关的综合变量，根据实际需要从中挑选出尽可能多地反映原来变量信息的少数综合变量，进一步求出各变量的方差贡献率，以确定指标权重的方法。这种方法主要优点在于可消除评估指标之间的相关影响和减少指标选择的工作量。主要缺点：要保证所提取的前几个主成分累计贡献率达到一个较高水平，而且这些被提取的主成分必须都能够给出符合实际背景和意义的解释，否则主成分将空有信息量而无实际含义；主成分的解释含义多少带点模糊性、当主成分因子负荷的符号有正有负时，综合评价函数意义将不明确。

（4）均方差法，是指将各项指标定为随机变量，指标在不同方案下的数值为该随机变量的取值，首先求出这些随机变量（各指标）的均方差，然后根据不同随机变量的离散程度确定指标权重的方法。通常，某个指标均方差越大，表明指标值变异程度越大，提供的信息量越大，综合评价中所起作用越大，其权重也越大。相反，某个指标标准差越小，表明指标值变异程度越小，提供的信息量越小，在综合评价中所起的作用越小其权重也应越小。

3）确定纯净目标值

绩效目标值的确定可参考内部标准与外部标准。内部标准有预算标准、历史标准、经验标准等；外部标准有行业标准、竞争对手标准、标杆标准等。

4）选择计分方法

绩效评价计分方法可分为定量法和定性法。定量法主要有功效系数法、综合指数法等；定性法主要有素质法、行为法等。

（1）功效系数法，是指根据多目标规划原理，将所要评价的各项指标分别对照各自的标准，并根据各项指标的权重，通过功效函数转化为可以度量的评价分数，再对各项指标的单项评价分数进行加总，得出综合评价分数的一种方法。该方法的优点是从不同侧面对评价对象进行计算评分，满足了企业多目标、多层次、多因素的绩效评价要求，缺点是标准值确定难度较大，比较复杂。功效系数法的计算公式为：

$$绩效指标总得分 = \sum 单项指标得分$$

$$单项指标得分 = 本档基础分 + 调整分$$

$$本档基础分 = 指标权重 \times 本档标准系数$$

$$调整分 = 功效系数 \times （上档基础分 - 本档基础分）$$

$$上档基础分 = 指标权重 \times 上档标准系数$$

本档标准值上档标准值本档标准值实际值功效系数

对评价标准值的选用，应结合评价的目的、范围、企业所处行业、企业规模等具体情况，参考国家相关部门或研究机构发布的标准值确定。

（2）综合指数法，是指根据指数分析的基本原理，计算各项绩效指标的单项评价指数和加权评价指数，据以进行综合评价的方法。该方法的优点是操作简单，容易理解，缺点是标准值存在异常时影响结果的准确性。综合指数法的计算公式为：

$$绩效指标总得分 = \sum （单项指标评价指数 \times 该项评价指标的权重）$$

（3）素质法，是指评估员工个人或团队在多大程度上具有组织所要求的某种基本素质、关键技能和主要特质的方法。

（4）行为法，是指专注于描述与绩效有关的行为状态，考核员工在多大程度上采取了管理者所期望或工作角色所要求的组织行为的方法。

5）评价同期

绩效评价周期一般可分为月度、季度、半年度、年度、任期。月度、季度绩效评价一般适用于企业基层员工和管理人员，半年度绩效评价一般适用于企业中高层管理人员，年度绩效评价适用于企业所有被评价对象，任期绩效评价主要适用于企业负责人。

6）拟定绩效责任书。

绩效计划制订后，评价主体与被评价对象一般应签订绩效责任书，明确各自的权利和义务，并作为绩效评价与激励管理的依据。绩效责任书的主要内容包括绩效指标、目标值及权重、评价计分方法、特别约定事项、有效期限、签订日期等。绩效责任书一般按年度或任期签订。

2. 激励计划

所谓激励，就是组织通过设计适当的外部奖酬形式和工作环境，以一定的行为规范和惩罚性措施，借助信息沟通，来激发、引导、保持和归化组织成员的行为，以有效地实现组织及其成员个人目标的系统活动。激励计划是企业为激励被评价对象而采取的行动方案，包括激励对象、激励形式、激励条件、激励周期等内容。激励计划按激励形式可分为薪酬激励计划、能力开发激励计划、职业发展激励计划和其他激励计划。

（1）薪酬激励计划。薪酬激励计划按期限可分为短期薪酬激励计划和中长期薪酬激励计划。短期薪酬激励计划主要包括绩效工资、绩效奖金、绩效福利等。中长期薪酬激励计划主要包括股票期权、股票增值权、限制性股票以及虚拟股票等。根据个人与群体划分，薪酬与员工个人绩效挂钩有四种方式：绩效加薪、绩效奖金、浮动薪酬和量化薪酬。群体绩效薪酬主要是收益分享计划，比较经典的方式是斯坎伦计划：用最低的人工成本实现最高的产量，员工群体与企业最终分享结余的生产成本，实现双赢。

（2）能力开发激励计划。能力开发激励计划主要包括对员工知识、技能等方面的提升计划。

（3）职业发展激励计划。职业发展激励计划主要是对员工职业发展做出的规划。

（4）其他激励计划。其他激励计划包括良好的工作环境、晋升与降职、表扬与批评等。

激励计划的制订应以绩效计划为基础，采用多元化激励形式，兼顾内在激励与外在激励、短期激励与长期激励、现金激励与非现金激励、个人激励与团队激励、正向激励与负向激励，充分发挥各种激励形式的综合作用。

3. 绩效计划与激励计划管理要求

绩效计划与激励计划制订完成后，应经薪酬与考核委员会或类似机构审核，报董事会或类似机构审批。经审批的绩效计划与激励计划应保持稳定，一般不予调整。若受国家政策、市场环境、不可抗力等客观因素影响，确需调整的，应严格履行规定的审批程序。

（二）绩效计划与激励计划的执行

审批后的绩效计划与激励计划，应以正式文件的形式下达执行，确保与计划相关的被评价对象能够了解计划的具体内容和要求。绩效计划与激励计划下达后，各计划执行单位（部门）应认真组织实施，从横向和纵向两方面落实到各所属单位（部门）、各岗位员工，形成全方位的绩效计划与激励计划执行责任体系。

绩效计划与激励计划执行过程中，企业应建立配套的监督控制机制，及时记录执行情况，进行差异分析与纠偏，持续优化业务流程，确保绩效计划与激励计划的有效执行。

（1）监控与记录。企业可借助信息系统或其他信息支持手段，监控和记录指标完成情况、重大事项、员工的工作表现、激励措施执行情况等内容。收集信息的方法主要有观察法、工作记录法、他人反馈法等。

（2）分析与纠偏。根据监控与记录的结果，重点分析指标完成值与目标值的偏差、激励效果与预期目标的偏差，提出相应整改建议并采取必要的改进措施。

（3）编制分析报告。分析报告主要反映绩效计划与激励计划的执行情况及分析结果，其频率可以是月度、季度、年度，也可根据需要编制。

绩效计划与激励计划执行过程中，绩效管理工作机构应通过会议、培训、网络、公告栏等形式，进行多渠道、多样化、持续不断地沟通与辅导，使绩效计划与激励计划得到充分理解和有效执行。

当然，绩效计划制订后并不是一成不变的，而是随着工作的开展会不断调整。在整个绩效期间，需要管理者进行持续的绩效沟通。这种沟通是一个双方追踪进展情况、找到影响绩效的障碍以及得到使双方成功所需信息的过程。持续的沟通能够保证管理者与员工共同努力，及时处理出现的问题，修订工作职责。

（三）绩效评价与激励的实施

绩效评价是一个按事先确定的工作目标及其衡量标准，考察员工实际完成的绩效的过程。绩效评价可以根据具体情况和实际需要进行月度、季度、半年度和年度考核。考核期开始时签订的绩效合同或协议一般都规定了绩效目标和绩效衡量标准。绩效合同是进行评价的依据，一般包括工作目的的描述、员工认可的工作目标及其衡量标准等。在绩效实施过程中收集到的能够说明员工绩效表现的数据和事实，可以作为判断员工是否达到绩效指标要求的证据。绩效管理工作机构应根据计划的执行情况定期实施绩效评价与激励，按照绩效计划与激励计划的约定，对被评价对象的绩效表现进行系统、全面、公正、客观地评价，并根据评价结果实施相应的激励。

（1）评价主体应按照绩效计划收集相关信息，获取被评价对象的绩效指标实际值，对照目标值，应用选定的计分方法，计算评价分值，并进一步形成对被评价对象的综合评价结果。

（2）绩效评价过程及结果应有完整的记录，结果应得到评价主体和被评价对象的确认，并进行公开发布或非公开告知。公开发布的主要方式有召开绩效发布会、企业网站绩效公示、面板绩效公告等；非公开发布一般采用一对一书面、电子邮件函告或面谈告知等方式进行。

（3）评价主体应及时向被评价对象进行绩效反馈，反馈内容包括评价结果、差距分析、改进建议及措施等，可采取反馈报告、反馈面谈、反馈报告会等形式进行。

（4）绩效结果发布后，企业应依据绩效评价的结果，组织兑现激励计划，综合运用绩效薪酬激励、能力开发激励、职业发展激励等多种方式，逐级兑现激励承诺。

具体而言，绩效结果主要用于以下几方面：

（1）招聘和甄选：根据对绩效考核结果的分析，可以确认采用何种评价指标和标准作为招聘和甄选员工的工具，以便提高绩效预测效度，同时提高招聘质量并降低招聘成本。

（2）薪酬及奖金的分配：员工薪酬中的变动薪酬部分是体现薪酬激励和约束的主要方式，员工绩效则是确定和发放变动薪酬的主要依据之一。一般来说，绩效评价结果越好，员工所得工资越多，这是对员工努力付出的鼓励和肯定。

（3）职务调整：职务晋升、轮换、降职或解聘的决定，很大程度是以绩效考核结果为依据。一名经多次考核业绩始终不见改善的员工，如果确实是能力不足不能胜任，管理者应考虑为其调整岗位；业绩优良且拥有一定发展潜力的员工，则可以通过晋升方式更加充分地发挥其潜力并激励其继续努力。

（4）培训与开发：绩效考核结果可用于指导员工工作业绩和工作技能的提高，通过发现员工在完成工作过程中遇到的困难和工作技能差距，制订有针对性的员工培训和发展计划，有针对性地安排一些培训项目，及时弥补员工能力不足。这样既满足了工作需要，又可以实现员工自我提升的目标，对企业和员工都有利。

（四）绩效评价与激励管理报告

绩效管理是一个循环的动态系统，各环节紧密联系、环环相扣，任何一环脱节都将导致绩效管理的失败。因此，绩效管理工作机构应定期或根据需要编制绩效评价与激励管理报告，对绩效评价和激励管理的结果进行反映，对各环节工作进行审视与经验总结，提出改进意见，使未来绩效管理各环节更有效地整合，保证绩效能不断提升与改善。绩效评价与激励管理报告是企业管理会计报告的重要组成部分，应确保内容真实、数据可靠、分析客观、结论清楚，为报告使用者提供满足决策需要的信息。

绩效评价报告根据评价结果编制，反映被评价对象的绩效计划完成情况，通常由报告正文和附件构成。报告正文主要包括以下两部分：①评价情况说明，包括评价对象、评价依据、评价过程、评价结果、需要说明的重大事项等；②管理建议。报告附件包括评价计分表、问卷调查结果分析、专家咨询意见等报告正文的支持性文档。

激励管理报告根据激励计划的执行结果编制，反映被评价对象的激励计划实施情况。激励管理报告主要包括以下两部分：①激励情况说明，包括激励对象、激励依据、激励措施、激励执行结果、需要说明的重大事项等；②管理建议。其他有关支持性文档可以根据需要以附件形式提供。

绩效评价与激励管理报告可分为定期报告、不定期报告。定期报告主要反映一定期间被评价对象的绩效评价与激励管理情况。每个会计年度至少出具一份定期报告。不定期报告根据需要编制，反映部分特殊事项或特定项目的绩效评价与激励管理情况。

绩效评价与激励管理报告应根据需要及时报送薪酬与考核委员会或类似机构审批。

企业应定期通过回顾和分析，检查和评估绩效与激励管理的实施效果，不断优化绩效计划和激励计划，改进未来绩效管理工作。

（五）绩效管理的内部控制要求

1. 绩效管理的组织管理

绩效管理原来是人力资源管理的核心职能之一，与人力资源管理部门密切相关。但是，绩效管理功能已超出了人力资源管理部门的职能范围，其真正的责任人应当是企业的各级管理人员。因此，企业进行绩效管理时，应设立薪酬与考核委员会或类似机构，主要负责审核绩效管理的政策和制度、绩效计划与激励计划、绩效评价结果与激励实施方案、绩效评价与激励管理报告等，协调解决绩效管理工作中的重大问题。薪酬与考核委员会或类似机构下设绩效管理工作机构，主要负责制订绩效管理的政策和制度、绩效计划与激励计划，组织绩效计划与激励计划的执行与实施，编制绩效评价与激励管理报告等，协调解决绩效管理工作中的日常问题。人力资源管理部门在绩效管理中的角色，是在具体操作中承担横向组织和协调等支持与服务工作。

2. 绩效管理的制度体系

企业应建立健全绩效管理的制度体系，明确绩效管理的工作目标、职责分工、工作程序、工具方法、信息报告等内容，建立一套完善的制度体系。首先，尽可能通过指标体系的设计所有的工作过程和任务进行量化，减少管理人员在考核过程中的主观因素，达到考核的公正和公平。其次，也要注意绩效管理中很难完全量化的部分，对于一些依靠知识、经验及技能从事创造性工作的员工，如研发人员，定性评价可能比定量考核更重要。制度体系一定要将定量与定性评价有机结合起来，从而对员工绩效做出客观公正、且定性与定量相结合的评价。

3. 信息系统支撑

绩效管理对企业管理信息系统有较强的依赖性。例如：按照平衡记分卡模型建立的指标体系，需要处理大量的财务、运作流程及市场数据并使信息在组织内快速流动，才能使绩效指标及时反映企业的经营状况，提高经营绩效反馈和调整的效率。因此，企业应考虑建立有助于绩效管理实施的信息系统，为绩效管理工作提供信息支持。同时，绩效管理系统的设计与运作也要考虑到信息系统的承载和处理能力，两者相辅相成、互相促进，逐步得到完善与发展。

第2节　关键绩效指标法详解及应用案例

一、关键绩效指标法的含义

关键绩效指标法，是指基于企业战略目标，通过建立关键绩效指标（Key Performance Indicator，KPI）体系，将价值创造活动与战略规划目标有效联系，并据此进行绩效管理的方法。

关键绩效指标基于"二八原理"，80% 业绩成果是由关键核心的 20% 的工作驱动形成，即 20% 的关键原因揭示了 80% 的工作成果。绩效管理要抓住核心的 20% 关键行为，通过对进行考核，引导达成关键成果。关键绩效指标链接组织战略和员工绩效，也是关键成功因素的量化，用于沟通和评估被考核者绩效。

关键绩效指标，是对企业绩效产生关键影响力的指标，是通过对企业战略目标、关键成果领域的绩效特征分析，识别和提炼出的最能有效驱动企业价值创造的指标。关键绩效指标体系是关键绩效指标的集合，并不是简单的堆积和相加，而是基于一定目标层次之上的合理选择，企业的关键绩效指标与部门的关键绩效指标，以及个人的关键绩效指标相互联系，从而构成了整个企业的关键绩效指标体系。

关键绩效指标所体现的衡量内容最终取决于企业的战略目标，是对企业战略目标的进一步细化和发展，并随着企业战略目标的发展演变而调整。总体而言，关键绩效指标是从企业战略目标出发，以事实为基础，从最高目标向下层层分解，建立团体和个人的绩效衡量指标体系，以制定检查绩效计划、促进行动过程、实现绩效结果，使各个绩效链条朝预期方向发展，促进企业目标达成的一种绩效管理工具。关键绩效指标法不仅成为一种激励约束的手段，更成为一种战略实施的工具。

KPI 体系出发点是将指标作为牵引所期望的行为和结果的内在动力，

成为激励产生所期望业绩的风向标，注重把企业战略有效地转化成为企业的内部管理过程，尽量采用财务指标和其他能有效量化的指标来反映最终结果，并通过指标转化成企业成员的具体行动。KPI 体系不仅能够成为企业员工行为的约束机制，同时能够发挥战略导向的牵引作用。战略导向的 KPI 体系在评价、监督员工行为的同时，强调战略在绩效管理过程中的核心作用。

KPI 来自企业战略，是支撑企业战略目标的关键绩效因素。这正是关键绩效指标与一般绩效指标的主要区别所在。KPI 体系与一般绩效指标体系的区别可以从假设前提、考核目的、指标产生、指标来源、指标构成及作用、收入分配体系与战略的关系这六个方面进行比较，如表 7-2 所示[①]。

表 7-2　KPI 体系与一般绩效指标体系的区别

比较项目	KPI 体系	一般绩效指标体系
假设前提	假定人们会采取一切必要行动以达到事先确定的目标	假定人们不会采取行动实现目标；假定人们不清楚应采取什么行动以达到目标；假定制定和实施战略与一般员工无关
考核目的	以战略为中心，指标体系的设计都是为战略服务的	以控制为中心，指标体系的设计与运用来源于控制的意图，也是为更有效地控制个人的行为服务的
指标产生	在组织内部自上而下地对战略目标进行层层分解产生	通常是自上而下根据个人以往的绩效和目标产生
指标来源	来源于组织的战略目标与竞争的需要	来源于特定程序，以及对过去行为和绩效的修正
指标构成及作用	通过财务指标和非财务指标相结合，体现关注短期利益和长期发展的原则；指标本身不仅传达了产生的结果，而且传达了产生结果的过程	以财务指标为主、非财务指标为辅，注重对过去绩效的评价，并且指导绩效改进的出发点是过去绩效存在的问题，绩效改进行动与战略需要脱钩
收入分配体系与战略的关系	与关键绩效指标的值、权重相匹配，有助于推进战略的实施	与组织战略的相关程度不高，但与个人绩效的好坏直接相关

关键绩效指标法可单独使用，也可与经济增加值法、平衡计分卡等其他方法结合使用。关键绩效指标法的应用对象可为企业、所属单位（部门）和员工。

关键绩效指标法的主要优点有：一是使企业业绩评价与战略目标密切

[①]　郑炜："企业 KPI 体系的设计与实施研究"，天津财经大学论文，2007。

相关，KPI 抓住了企业关键问题，提高了绩效考评效率，便于动员员工将精力和时间投入到重要工作，有利于企业战略目标的实现；二是通过识别的价值创造模式把握关键价值驱动因素，能够更有效地实现企业价值增值目标；三是评价指标数量相对较少，简单明了，易于员工理解、接受和使用，实施成本相对较低，有利于推广实施；四是高度参与性，员工不再是被动执行者，而成为主动参与者，目标明确，员工清楚知晓自己应该努力方向，从而控制自己的行为，而且在 KPI 总结与反馈过程中，上级与下级共同探讨需要进行怎样的培训才能实现预期目标，这些都满足了员工自尊的需要，有利于激发员工的创新精神、主动性与积极性。

关键绩效指标法的主要缺点有：关键绩效指标的选取需要透彻理解企业价值创造模式和战略目标，有效识别核心业务流程和关键价值驱动因素，指标体系设计不当将导致错误的价值导向或管理缺失。在实施 KPI 绩效管理过程中，尤其是对部门考核时，考评指标往往倾向于定位在部门绩效结果，而忽视部门之间的相互配合以及与组织战略的关系，因而容易使职能部门强调自己专业的地位和贡献，会使部门领导和经理的眼光偏离企业的目标，从而部门的努力变成一种离心力量。简言之，可能出现部门目标与战略、部门与部门之间脱节的现象。

二、制订以关键绩效指标为核心的绩效计划

企业应用关键绩效指标法，一般也按照制订绩效计划与激励计划、执行绩效计划与激励计划、实施绩效评价与激励、编制绩效评价与激励管理报告等程序进行。但最为关键的是制订以关键绩效指标为核心的绩效计划，其他应用程序参照本章第 1 节相关内容。

1. 构建关键绩效指标体系的业务流程

企业构建关键绩效指标体系，其建立过程可分为两大部分。

第一部分：进行总体性指标分解。首先要明确企业的战略目标，利用头脑风暴法和鱼骨图分析法找出企业的业务重点，找出这些关键业务领域的 KPI，主要分为两个层次：①企业级关键绩效指标。企业应根据战略目标，结合价值创造模式，综合考虑内外部环境等因素，设定企业级关键

绩效指标。②所属单位（部门）级关键绩效指标。根据企业级关键绩效指标，结合所属单位（部门）关键业务流程，按照上下结合、分级编制、逐级分解的程序，在沟通反馈的基础上，分析绩效驱动因数（技术、组织、人员等），确定实现目标的工作流程，设定所属单位（部门）级关键绩效指标。

第二部分：制订岗位（员工）级关键绩效指标。根据所属单位（部门）级关键绩效指标，结合员工岗位职责和关键工作价值贡献，进行个别性指标分解，设定岗位（员工）级关键绩效指标。

通过以上两大部分的工作，从而建立完整的企业 KPI 体系。确立 KPI 体系的程序主要包括大致五个步骤：

（1）确定绩效指标。明确所辖部门和个人在一定时期内应该完成的职责和任务。对于绩效指标的确定应保证与组织目标相一致，并以客户需求为导向；绩效指标应尽量为某项活动的结果或关键行为。

（2）审核 KPI。确定所选指标是否属于 KPI，KPI 能否全面、客观反映被考核者工作绩效，以及是否适用于实际的绩效管理与考核操作。

（3）建立评价标准。KPI 的建立既可以企业战略规划、业务计划或任务协议书为依据，也可以工作分析、工作说明书为基础，但无论来自何方，均应选择最能反映被考核者应该完成的工作绩效的评价指标。这些指标应该有比较客观、可靠、全面的评价标准和依据。建立评价标准时应同时考虑基本要求与卓越指标，以区分员工的不同绩效表现。

（4）分配指标权重。关键绩效指标的权重分配应以企业战略目标为导向，反映被评价对象对企业价值贡献或支持的程度，以及各指标之间的重要性水平。指标权重的分配一般有两种方法：一种是将指标按照重要性原则进行排序，然后依据排序确定其相应的权重；另一种是采用权值因子法，即运用权值因子判断表对设计的各个指标进行两两比较并评估分值，以此确定相应指标的权重。无论采用何种方法，指标权重的确定都必须符合下列原则：所有 KPI 的权重之和为 100%；单个指标的权重一般设定在 5%～30% 之间；各指标的权重比例应呈现一定的差异性，避免出现平均分配权重的状况。对特别重要的指标可适当提高权重，对特别关键、影响企业整体价值的指标可设立"一票否决"制度，即如果某项关键绩效指标未完成，无论其他指标是否完成，均视为未完成绩效目标。

（5）确定评价主体。根据 360° 考评反馈和责权对等原则，应该对不同的绩效指标安排相应的评价主体。如果没有合适、可靠的评价主体，再好的绩效指标设计也无法得到公正的执行。

2.关键绩效指标的设计原则

设计关键绩效指标时应大体遵循以下原则：

战略导向原则。企业的关键绩效指标应来源于企业的战略，而且必须能够有效地支撑战略目标的实现。当企业的战略发生转移时，KPI 应该及时进行调整。

可操作性原则。KPI 必须从技术上保证指标的可操作性，对每一指标都必须给予明确的定义，建立完善的信息收集渠道，同时，应当简单明了，容易被执行人所理解和接受。

平衡性原则。涉及相关部门的配合和相互支持协助的目标，应由相关部门结合流程共同协调制定。

敏感性原则。KPI 应能区分不同评价对象绩效的不同程度和差别，能够区分出不同个体工作成果的好坏、绩效水平的高低。

精炼性原则。设计 KPI 的数量不宜过多，而应简洁、精炼，重点突出，避免 KPI 的过分细化与泛化；也不应全面，而在于聚焦和有效。

可控性原则。要注意员工应该对 KPI 的达成具有相当的控制力。

SMART 原则。S 代表具体（Specific），指绩效考核要切中特定的工作指标，不能笼统；M 代表可度量（Measurable），指绩效指标是数量化或者行为化的，验证这些绩效指标的数据或者信息是可以获得的；A 代表可实现（Attainable），指绩效指标在付出努力的情况下可以实现，避免设立过高或过低的目标；R 代表现实性（Realistic），指绩效指标是实实在在的，可以证明和观察；T 代表有时限（Timebound），注重完成绩效指标的特定期限。

3.关键绩效指标的分类

企业的关键绩效指标一般可分为结果类和动因类两类指标。结果类指标是反映企业绩效的价值指标，主要包括投资回报率、净资产收益率、经济增加值、息税前利润、自由现金流等综合指标；动因类指标是反映企业价值关键驱动因素的指标，主要包括资本性支出、单位生产成本、产量、销量、客户满意度、员工满意度等。

关键绩效指标应含义明确、可度量、与战略目标高度相关。指标的数量不宜过多，每一层级的关键绩效指标一般不超过 10 个。

4. 关键绩效指标选取的方法

关键绩效指标选取的方法主要有因果分析法、过程分析法和策略目标分解法。

1）因果分析法

因果关系是事物之间客观存在的一种基本联系。组织内部相邻层级部门或岗位之间的职能职责、工作目标都具有相关性，可以回答"为什么"和"怎么做"的问题：上级部门 / 岗位的目标是下属工作职责安排和工作控制点设置的依据，即为什么要做这些工作；而下属的关键工作任务完成则是上级绩效目标得以实现的基本条件，即怎么实现这些目标。鉴于此，对于特定的管理系统，为了得到期望的结果，我们可以反向追溯产生这一结果的原因（或诱因），并对这些诱因进行合理的控制。

辅助因果分析的一个基本工具就是因果分析图，也称鱼骨图或石川图。应用因果分析法设置关键绩效指标的过程为：①确定组织的战略目标（或分目标、子目标），并将其写在鱼骨的头上；②召集人员共同讨论导致该目标失败的可能原因（事件或行为），并尽可能多地列出；③把相似的原因分组、归类，在鱼骨上标出；④根据不同原因类型征求大家的意见，识别出重要的原因类型；⑤针对列出的主要原因类型，分别进一步讨论其产生的原因，并进一步对原因分组归类；⑥如此反复，当深入到一定程度，认为无法继续进行时，即可终止；⑦分别对各层次的原因项设置指标，作为相应事件或行为的监控变量，形成分层的指标体系。

2）过程分析法

关键绩效指标体系的建立也可以通过分析组织的关键业务流程来完成。组织的一切活动都应该围绕组织战略目标的实现而安排，并通过相关的管理和业务流程来体现，组织内部各部门分别负责这些流程的某些具体过程或环节。为了保证组织战略的高效实现，必须设置相关的监控变量对关键流程的关键环节进行有效的监控，这些监控变量就分别对应为责任相关部门的绩效指标。进一步将各部门承担的流程任务或活动深入展开，落实到各个相关岗位，则可以得到岗位任职者的绩效监控指标。应用过程分析法确定关键绩效指标的常用工具是"what-how"矩阵。

3）策略目标分解法

首先要确定企业战略；其次要分析企业的业务重点，业务重点是为了实现企业的战略目标必须重点关注的领域，这些业务重点就是企业的关键绩效领域。战略目标确定以后，要通过业务价值分析，对战略方案和计划进行评估，并按照它们对企业价值创造的贡献大小进行排序，分别建立企业的价值体系，并以此找出企业中数目有限的关键战略价值驱动因素，进而确定关键的岗位和部门。

5. **确定关键绩效指标目标值**

企业确定关键绩效指标目标值，一般参考以下标准：①依据国家有关部门或权威机构发布的行业标准或参考竞争对手标准。②参照企业内部标准，包括企业战略目标、年度生产经营计划目标、年度预算目标、历年指标水平等。③不能按前两项方法确定的，可根据企业历史经验值确定。

关键绩效指标的目标值确定后，应规定因内外部环境发生重大变化、自然灾害等不可抗力因素对绩效完成结果产生重大影响时，对目标值进行调整的办法和程序。一般情况下，由被评价对象或评价主体测算确定影响额度，向相应的绩效管理工作机构提出调整申请，报薪酬与考核委员会或类似机构审批。

6. **常见的关键绩效指标及计算**

（1）投资资本回报率，是指企业一定会计期间取得的息前税后利润占其所使用的全部投资资本的比例，反映企业在会计期间有效利用投资资本创造回报的能力。一般计算公式如下：

$$投资资本回报率 = \frac{税前利润 \times (1 - 所得税税率) + 利息支出}{投资资本平均余额} \times 100\%$$

$$投资资本平均余额 = \frac{期初投资资本 + 期末投资资本}{2}$$

$$投资资本 = 有息债务 + 所有者（股东）权益$$

（2）净资产收益率（也称权益净利率），是指企业一定会计期间取得的净利润占其所使用的净资产平均数的比例，反映企业全部资产的获利能力。一般计算公式如下：

$$净资产收益率 = \frac{净利润}{平均净资产} \times 100\%$$

（3）经济增加值回报率，是指企业一定会计期间内经济增加值与平均资本占用的比值。一般计算公式如下：

$$经济增加值回报率 = \frac{经济增加值}{平均资本占用} \times 100\%$$

（4）息税前利润，是指企业当年实现税前利润与利息支出的合计数。一般计算公式如下：

$$息税前利润 = 税前利润 + 利息支出$$

（5）自由现金流，是指企业一定会计期间经营活动产生的净现金流超过付现资本性支出的金额，反映企业可动用的现金。一般计算公式如下：

$$自由现金流 = 经营活动净现金流 - 付现资本性支出$$

（6）资产负债率，是指企业负债总额与资产总额的比值，反映企业整体财务风险程度。一般计算公式如下：

$$资产负债率 = \frac{负债总额}{资产总额} \times 100\%$$

（7）总资产周转率，是指营业收入与总资产平均余额的比值，反映总资产在一定会计期间内周转的次数。一般计算公式如下：

$$总资产周转率 = \frac{营业收入}{总资产平均余额}$$

（8）存货周转率，是指企业营业收入与存货平均余额的比值，反映存货在一定会计期间内周转的次数。一般计算公式如下：

$$存货周转率 = \frac{营业收入}{存货平均余额}$$

（9）资本周转率，是指企业在一定会计期间内营业收入与平均资本占用的比值。一般计算公式如下：

$$资本周转率 = \frac{营业收入}{平均资本占用} \times 100\%$$

（10）资本性支出，是指企业发生的、其效益涉及于两个或两个以上会计年度的各项支出。

（11）产量，是指企业在一定时期内生产出来的产品的数量。

（12）销量，是指企业在一定时期内销售商品的数量。

（13）单位生产成本，是指生产单位产品而平均耗费的成本。

（14）客户满意度，是指客户期望值与客户体验的匹配程度，即客户通过对某项产品或服务的实际感知与其期望值相比较后得出的指数。客户满意度收集渠道主要包括问卷调查、客户投诉、与客户的直接沟通、消费者组织的报告、各种媒体的报告和行业研究的结果等。

（15）员工满意度，是指员工对企业的实际感知与其期望值相比较后得出的指数。主要通过问卷调查、访谈调查等方式，从工作环境、工作关系、工作内容、薪酬福利、职业发展等方面进行衡量。

（16）市场份额，是指一个企业的销售量（或销售额）在市场同类产品中所占的比重。

（17）客户获得率，是指企业在争取新客户时获得成功部分的比例。该指标可用客户数量增长率或客户交易额增长率来描述，一般计算公式如下：

$$客户数量增长率 = \frac{本期客户数量 - 上期客户数量}{上期客户数量} \times 100\%$$

$$客户交易额增长率 = \frac{本期客户交易额 - 上期客户交易额}{上期客户交易额} \times 100\%$$

（18）客户保持率，是指企业继续保持与老客户交易关系的比例。该指标可用老客户交易增长率来描述，一般计算公式如下：

$$老客户交易增长率 = \frac{老客户本期交易额 - 老客户上期交易额}{老客户上期交易额} \times 100\%$$

（19）客户获利率，是指企业从单一客户得到的净利润与付出的总成本的比率。一般计算公式如下：

$$单一客户获利率 = \frac{单一客户净利润}{单一客户总成本} \times 100\%$$

（20）战略客户数量，是指对企业战略目标实现有重要作用的客户的数量。

（21）交货及时率，是指企业在一定会计期间内及时交货的次数占其总交货次数比例。一般计算公式如下：

$$交获及时率 = \frac{及时交货的订单个数}{总订单个数} \times 100\%$$

（22）生产负荷率，是指投产项目在一定会计期间内的产品产量与设计生产能力的比例。一般计算公式如下：

$$生产负荷率 = \frac{实际产量}{设计生产能力} \times 100\%$$

（23）产品合格率，是指合格产品数量占总产品数量的比例。一般计算公式为：

$$产品合格率 = \frac{合格产品数量}{总产品数量} \times 100\%$$

（24）员工流失率，是指企业一定会计期间内离职员工占员工平均人数的比例。一般计算公式如下：

$$员工流失率 = \frac{本期离职员工人数}{员工平均人数} \times 100\%$$

$$员工保持率 = 1 - 员工流失率$$

（25）员工生产率，是指员工在一定会计期间内创造的劳动成果与其相应员工数量的比值。该指标可用人均产品生产数量或人均营业收入进行衡量。一般计算公式如下：

$$人均产品生产数量 = \frac{本期产品生产总量}{生产人数} \times 100\%$$

$$人均营业收入 = \frac{本期营业收入}{员工人数} \times 100\%$$

（26）培训计划完成率，是指培训计划实际执行的总时数占培训计划总时数的比例。一般计算公式如下：

$$培训计划完成率 = \frac{培训计划实际执行的总时数}{培训计划总时数} \times 100\%$$

三、应用关键绩效指标法的内部控制要求

（1）企业应有明确的战略目标。为保证绩效管理在组织目标实现过程中发挥应有的作用，必须建立战略导向的绩效管理体系。战略目标是确定关键绩效指标体系的基础，关键绩效指标反映战略目标，对战略目标实施效果进行衡量和监控。在绩效管理指标设立上，应追求长期战略目标，而不仅仅是取得和维持短期财务结果；应注重未来发展潜力，而不仅仅是评价过去业绩。企业战略是企业使命的具体化和对企业长远发展的一种规划，如果只重视对短期经营结果的评价与追求，势必助长员工的短期效应

与近视眼光，这对于企业长期发展是有害的。战略导向的绩效管理要求对战略发展的情况进行及时的评估与调控，要求考虑企业的长期利益与发展潜力，促进并保证所有员工对企业战略发展的关心。

（2）企业应用关键绩效指标法。绩效指标设计应抓住关键，应综合考虑绩效评价期间宏观经济政策、外部市场环境、内部管理需要等因素，构建指标体系。如果指标设计不合理，便不能够有效支持企业的目标和绩效，甚至会把企业带到错误方向。如果绩效指标基本以各个职能部门为单位设计，各职能部门间就可能为了本部门的利益而相互推卸责任，从而使企业陷入混乱和低效率。如果指标设计不合理，就不能适应企业管理对员工的支持及对其自身素质提高的要求，使通过绩效管理促进企业与员工共同成长的目标根本不能实现。

（3）企业应清晰识别价值创造模式，按照价值创造路径识别出关键驱动因素，科学地选择和设置关键绩效指标。KPI 是对企业重点经营活动的衡量，而不是对所有操作过程的反映。每个岗位的工作内容都涉及不同方面，高层管理人员工作任务更复杂，但 KPI 只对其中对公司整体战略目标影响较大、对战略目标实现起到不可或缺作用的工作进行衡量。

（4）KPI 体系实施应以优化组织结构和流程，培育公平竞争的企业文化为前提。企业通过实施 KPI 体系，促进组织结构优化，提高效率，精简不必要的机构、人员、流程和成本。因此，培育公平竞争的企业文化是 KPI 体系成功的保障。为此，企业要建立相应的投诉与争议处理机制，使员工参与绩效考核由被动转为主动，同时对绩效考核中的不公正加以及时的制约与纠正。

四、关键绩效指标法应用案例

（一）案例背景

A 公司由转制科研院所合并组建，是一家国资委直接监管的科技型中央企业，建设有规范的董事会制度。A 公司立足所在行业，主营业务涵盖设计与工程总包、机械装备等五大板块。

在绩效评价实践中，A 公司以自身发展战略为指引，采用 KPI 绩效评价方法，建立了业绩考核体系。实施几年以来，企业战略目标得到了员工的广泛认同，员工的工作积极性得到了充分调动，企业的收入、利润快速增长，科技创新收入、科研奖项和专利数量连年攀升。

公司的战略目标和愿景可以描述为：做强做优，坚持培育创新能力、实现引领支撑的原则，提供以客户需求为核心的集成式服务，努力发展成为提供一体化解决方案的工程服务商和装备供应商，建设具有国际影响力和竞争力的大型高科技企业集团。同时，A公司明确了到2020年的收入和利润目标。

为实现公司战略目标和愿景，A公司采用一体化、差异化和国际化三大战略，并制订了分阶段的战略目标。

（二）确定驱动战略目标的关键流程及 KPI

1. 实现公司战略的主要业绩指标

根据公司战略，A公司确定了驱动战略目标实现的关键流程及 KPI，主要业绩指标（见表7-3）包含两类指标，分别为：经营业绩指标（占80%）和科技创新能力及重点工作指标（占20%）。

表7-3　A公司主要业绩指标表

指标	权重	分项指标	分项权重	分解指标	分解指标权重	目标值
经营业绩指标	80%	利润总额	30%	/	/	
		经济增加值	30%	/	/	
		科技创新收入	15%	/	/	
		……		/	/	
科技创新能力及重点工作指标	20%	科技创新能力	30%	科技投入	30%	
				专利、著作等知识产权	30%	
				新承担纵向科技项目	20%	
				……		
		重点工作	70%	全面推进五大板块统筹规划、业务拓展、资源整合等工作	20%	
				全面推进协调企业国内外生产经营工作	20%	
				……		

1）经营业绩指标

（1）基本指标。为保障到 2020 年收入、利润目标的实现，切实履行企业国有资产出资人职责，维护所有者权益，落实国有资产保值增值责任，A 企业将利润总额和经济增加值作为经营业绩指标中的分项指标，各占 30%。

（2）分类指标。分类指标主要针对企业管理"短板"，综合考虑企业经营管理水平及风险控制能力等因素确定。随着企业经营环境和经营状况的变化，分类指标经论证后随之改变。此类指标可以是绝对指标也可以是相对指标，如：成本费用利润率、应收账款周转率、资产负债率等。

2）科技创新能力及重点工作指标

（1）科技创新能力指标。A 企业坚持培育创新能力，以建设具有国际影响力和竞争力的大型高科技企业集团为战略目标。因此，技术创新能力是其绩效评价体系中的重要内容。

科技创新能力指标包括科技开发投入、企业专利及知识产权、行业标准及规范、科技规划重点目标等方面的指标。由董事会根据集团公司的科技创新战略发展规划设置并进行评价。比如，科技投入金额，专利、著作等知识产权数量，新承担纵向科技项目数量等。

（2）重点工作指标。由董事会根据集团公司的战略实施、科技创新、改革发展、管理短板、安全生产、节能减排等方面的集团公司年度重点工作设置并进行评价。比如：①实施一体化战略、发展成为提供一体化解决方案的工程服务商和装备供应商。为此必须全面推进五大板块统筹规划、业务拓展、资源整合等工作。②实施国际化战略、走出去。为此需全面推进协调企业国内外生产经营工作。此类重点工作指标还需进行进一步分解和细化。

2. 企业高管的个人绩效评价

企业高管的年度业绩考核指标分为主要业绩指标、个人 KPI、个人能力素质指标三个部分。

（1）主要业绩指标为上述经营业绩指标和科技创新能力及重点工作指标。该指标占总经理个人绩效评价指标的权重为 85%，占各副总个人绩效评价指标的权重为 70%。

（2）个人 KPI 主要依据高管人员的岗位职责及分管工作确定，一般为

3～5 项考核指标。需在分管工作指标基础上进一步提出细化标准，列清每项分管工作指标的分解目标、完成时间和完成效果。该指标占总经理个人绩效评价指标的权重为 10%，占各副总个人绩效评价指标的 25%。

（3）个人能力素质指标。个人能力素质指标包括：①个人素质考核要素：政策水平、全局意识、民主作风、业务知识、廉洁自律等。②工作能力考核要素：分析处理问题能力，组织协调能力，科学决策能力、改革创新能力、驾驭全局能力等。③工作态度考核要素：责任感、事业心、敬业精神、奉献精神等。该指标占高管人员个人绩效评价指标的权重为 5%，由董事会成员和其他高管进行打分。

3. 对下属单位的业绩考核

A 公司在确定了集团整体 KPI 后，向各二级单位进行指标分解，经营业绩指标中的基本指标（利润总额和经济增加值）对所有单位都适用，经营业绩指标中的分类指标依据各单位的特点、管理"短板"和重要风险点来设立，科技创新能力和重点工作指标的设立也是结合各单位的实际情况。

本案例以科技业绩考核指标的分解为例，对 A 公司对下属单位的考核进行说明。

1）科技业绩考核指标体系

A 公司的下属单位多是转制科研院所，A 公司对科技业绩考核制订了专门的考核办法，并通过签订科技业绩考核责任书的方式实现了指标的有效分解和责任落实。在这个过程中，集团公司与所属企业负责人签订科技业绩责任书，对责任书中规定的考核指标完成情况进行量化计分。考核项目设立 2 个一级指标，13 个二级指标和 2 个三级指标（见表 7-4）。

表 7-4　科技业绩考核指标表

一级指标	权重	二级指标	权重
1. 科技创新收入与投入	50%	1.1 科技创新收入	10%
		1.2 新产品收入	5%
		1.3 科技投入	25%
		1.3.1 R&D 投入	15%
		1.3.2 其他科技投入	10%
		1.4 科技投入占主营业务的比例	5%
		1.5 科技投入增长率	5%

续表

一级指标	权重	二级指标	权重
2.科技创新能力	50%	2.1 纵向科技项目立项数	12%
		2.2 省部级以上科技奖励	10%
		2.3 专利等情况	8%
		2.4 标准规范	8%
		2.5 论文和论著	4%
		2.6 科技项目完成率	5%
		2.7 科技信息发布量	1%
		2.8 科技创新管理	2%

2）科技业绩考核目标值的确定

（1）考核指标目标值的确定程序。

首先由各企业按照集团公司年度科技创新业绩责任书考核指标目标值确定的原则和本企业发展规划及经营状况，对照同行业国际国内先进水平，提出本年度拟完成的年度科技创新业绩考核目标值；再由集团公司依据集团公司"十二五"科技发展规划中的发展目标，参考"十一五"期间及上年度科技创新业绩，并结合各企业实际最终确定。

（2）考核指标目标值确定的原则。

A公司对每个指标的定义、数据来源和计算方式都做出了明确规定，同时，规定了考核指标目标值的确定原则，旨在对各下属单位做出引导和激励。部分指标确定原则列举如下：

科技投入：对科研单位的科技投入占主营业务收入的比例做出最低规定，每年或者每两年根据实际情况进行最低线的调整。例如，对科研单位和工程设计单位的科技投入占当年主营业务收入的最低比例进行规定。

专利等情况：指当年获得的授权专利数量、软件著作权、核心技术秘密等。要求年度目标值不低于本企业在上个五年计划中的年度平均值，且逐年应有一定增长。

省部级以上科技奖励：指当年获得的国家科学技术奖励工作办公室认定的国家、省及社会力量设立的奖项。并分别就科技奖励总数占科技成果总数的比例做出指导性的最低规定。例如，省部级以上科技奖励总数年度目标值不低于近三年年均取得的科技成果数的一定比例。

科技项目完成率：对此做出最低规定。例如，要求年度目标值不低于当年列入集团公司年度科技发展计划应完成项目数的一定比例。

论文和论著：鼓励论文和论著，对年度目标值做出最低规定。例如，要求不低于各企业中级职称以上科技人员总数一定比例。

科技创新管理：该指标考核内容有科技进步工作体系或技术创新体系建设情况；科技进步考核、科研项目管理、技术创新激励、知识产权保护等制度的完善性与执行情况；组织参加国内外学术活动情况，为国家政府提供技术咨询并被采纳的情况，只设考核指标，不设具体目标值。

3）考核评分及结果应用

（1）考核指标评分标准。

考核指标满分为 100 分。各类考核指标（除科技创新管理）完成值低于目标值 50%，该项不得分；完成值不低于目标值 50% 的，按该项权重计算得分，完成值每超过目标值 10%，得分增加权重分的 10%，最多加 30%，完成值每低于目标值 10%，得分减去权重分的 10%，最多减 30%。

科技创新管理评价由集团公司根据各企业年度科技工作总结，按照科技创新管理评价标准进行打分。对该指标的评价可以进一步细分为 3 个一级指标和 6 个二级指标（见表 7-5）。

表 7-5　科技创新管理评价表

一级指标	二级指标	评价内容	权重
科技创新体系 30%		是否有创新体系，合理性	30%
制度建设 40%	科技考核制度	是否建立完善制度，执行情况	10%
	科技项目管理制度	是否建立完善制度，执行情况	10%
	科技创新奖励制度	是否建立完善制度，执行情况	10%
	知识产权保护制度	是否建立完善制度，执行情况	10%
科技影响 30%	国内外学术活动	组织国内外学术会议、开展国际合作	12%
	国家政府战略咨询	为国家政府提供咨询建议并采用	18%

（2）最终考核成绩。

业绩考核结果分成优秀、良好、中等、差四档。90 分以上可评为优秀，90～80 分可评为良好，79～60 分可评为中等，低于 60 分可评为差。

（3）考核结果应用。

考核结果与企业负责人年度经营业绩考核挂钩，同时与科研项目的立项挂钩。对于考评结果为优秀的企业，集团公司将给予精神和物质奖励。

（4）考核基础数据来源及确认。

A公司的指标体系设计充分考虑了数据来源的可靠性和真实性，并且明确了数据填报部门和审核确认部门。例如，①当年科技创新收入、新产品收入、科技投入、R&D投入、科技投入增长率及占主营业务比例为财务数据，由各企业财务部门填报，经集团公司资产财务部审核后确认。②当年立项项目数，以科技立项部门批准立项的文件或盖有公章的计划任务书（合同书）为依据。由各企业科技管理部门报集团公司科技发展部，经审核后确认。

4. 下属单位对考核指标的进一步分解

以A公司科技业绩考核办法为指导，各下属单位确定驱动科技业绩的关键部门并对相关指标进行进一步分解，确定关键部门的科技KPI后，根据岗位职责和团队角色确定个人KPI。

在这个过程中，各单位可能先将本单位KPI分解到承担科技创新项目或业务的分院或者研究所，进而分解到关键处室和个人。其中，各级单位或部门的KPI占该单位或部门负责人的个人KPI的权重一般超过80%。

第3节 经济增加值法详解及应用案例

一、经济增加值法的含义

经济增加值（Economic Value Added，EVA），指从税后净营业利润中扣除包括股权和债务的全部投入资本成本后的所得。经济增加值及其改善值是全面评价经营者有效使用资本和为企业创造价值的重要指标。

经济增加值法，是美国思腾思特管理咨询公司（Stern Stewart）在20世纪90年代创设的一项财务绩效评价指标，是指以经济增加值为核心，建立绩效指标体系，引导企业注重价值创造，并据此进行绩效管理的方法。

经济增加值法较少单独应用，一般与关键绩效指标法、平衡计分卡等其他方法结合使用。企业应用经济增加值法进行绩效管理的对象，可为企业及其所属单位（部门）（可单独计算经济增加值）和高级管理人员。

经济增加值法的主要优点有：①考虑了所有资本的成本，以企业的回报为基础，更真实地反映了企业的经营业绩；能有效遏制企业盲目扩张规模以追求利润总量和增长率的倾向，重新发现经营管理中最基本的要素，并为企业的偏好、体制与文化带来了持续的变化，使企业处于价值创造的文化氛围中，引导企业注重长期价值创造。②有利于管理者的目标与企业股东的目标保持一致，实现企业利益、经营者利益和员工利益的统一，激励经营者和所有员工为企业创造更多价值，有利于企业内部财务管理体系的协调和统一，避免财务决策与执行之间的冲突。③使企业财务管理简单化，由于EVA是调整后的财务指标，这保证了评价数据的易获得性，在一定程度上克服了平衡计分卡财务指标被歪曲操纵的缺点。

经济增加值法的主要缺点有：①EVA强调短期效果，仅对企业当期或未来1-3年价值创造情况的衡量和预判，无法衡量企业长远发展战略的价值创造情况。而且，EVA与管理者的利益直接挂钩，容易导致管理者的短期行为，可能使经理在投资于产品开发、技术更新时比较消极，片面强调财务指标，若创新的风险高于潜在的回报，就会使经理趋于短期的偏好。②EVA作为一个数量指标，是投入与产出的差额，其计算主要基于财务指标，无法对企业的营运效率与效果进行综合评价，即无法体现经济效益的高低，对经济效益的反映存在缺陷。因此，对不同规模的企业或者部门进行比较时，很难判断EVA高是不是因为投入了较大的资本。③EVA对经营业绩的评价作为一种事后的报告，只是客观地反映了事实，是经营管理的结果。EVA是在会计期末积累形成的指标，反映了所有要素的综合生产率，但其本身并未告诉我们一项产品或者服务不能带来增值的原因以及如何对其进行处理。④EVA的调整项高达200多项，计算复杂、难度大，成本较高，不同行业、不同发展阶段、不同规模等的企业，其会计调整项和加权平均资本成本各不相同，计算比较复杂，影响指标的可比性，并且存在为提高企业EVA而人为操纵会计信息的情况。⑤EVA过于强调股东财富的创造而忽视利益相关者的利益。

二、经济增加值法的应用程序

企业应用经济增加值法，一般按照制订以经济增加值指标为核心的绩效计划、制订激励计划、执行绩效计划与激励计划、实施绩效评价与激励、编制绩效评价与激励管理报告等程序进行。

（一）制订以经济增加值指标为核心的绩效计划

绩效计划是企业开展业绩评价工作的行动方案，包括构建指标体系、分配指标权重、确定业绩绩效目标值、选择计分方法和评价周期、拟定业绩绩效责任书等。

1. 构建指标体系

构建经济增加值指标体系，一般按照以下程序进行：

（1）制订企业级经济增加值指标体系。首先应结合行业竞争优势、组织结构、业务特点、会计政策等情况，确定企业级经济增加值指标的计算公式、调整项目、资本成本等，并围绕经济增加值的关键驱动因素，制订企业的经济增加值指标体系。

（2）制订所属单位（部门）级经济增加值指标体系。根据企业级经济增加值指标体系，结合所属单位（部门）所处行业、业务特点、资产规模等因素，在充分沟通的基础上，设定所属单位（部门）级经济增加值指标的计算公式、调整项目、资本成本等，并围绕所属单位（部门）经济增加值的关键驱动因素，细化制订所属单位（部门）的经济增加值指标体系。

（3）制订高级管理人员的经济增加值指标体系。根据企业级、所属单位（部门）级经济增加值指标体系，结合高级管理人员的岗位职责，制订高级管理人员的经济增加值指标体系。

2. 经济增加值的计算

经济增加值的计算公式为：

EVA= 税收营业净利润 – 资本成本

= 税收营业净利润 – 加权平均资本成本率 × 平均资本占用总额

上式中，税后净营业利润衡量的是企业的经营盈利情况，税收营业净利润和平均资本占有总额是在对资产负债表的有关数据进行相应调整后得出的结果。如果 EVA > 0，则表明经营者在为企业创造了新价值；如果 EVA < 0，则表明经营者在损毁企业价值。如果 EVA=0，则表明经营者既未增加企业价值，也未减少企业价值。

计算经济增加值时，需要进行相应的会计项目调整，以消除财务报表中不能准确反映企业价值创造的部分。会计调整项目的选择应遵循价值导向性、重要性、可控性、可操作性与行业可比性等原则，根据企业实际情况确定。常用的调整项目有：①研究开发费、大型广告费等一次性支出但收益期较长的费用，应予以资本化处理，不计入当期费用。②反映付息债务成本的利息支出，不作为期间费用扣除，计算税后净营业利润时扣除所得税影响后予以加回。③营业外收入、营业外支出具有偶发性，将当期发生的营业外收支从税后净营业利润中扣除。④将当期减值损失扣除所得税影响后予以加回，并在计算资本占用时相应调整资产减值准备发生额。⑤递延税金不反映实际支付的税款情况，将递延所得税资产及递延所得税负债变动影响的企业所得税从税后净营业利润中扣除，相应调整资本占用。⑥其他非经常性损益调整项目，如股权转让收益等。税后净营业利润等于会计上的税后净利润加上利息支出等会计调整项目后得到的税后利润。

平均资本占用总额是所有投资者投入企业经营的全部资本，包括债务资本和股权资本。其中，债务资本包括融资活动产生的各类有息负债，不包括经营活动产生的无息流动负债。股权资本中包含少数股东权益。资本占用除根据经济业务实质相应调整资产减值损失、递延所得税等，还可根据管理需要调整研发支出、在建工程等项目，引导企业注重长期价值创造。

加权平均资本成本是债务资本成本和股权资本成本的加权平均，反映了投资者所要求的必要报酬率。加权平均资本成本的计算公式如下：

$$K_{\mathrm{WACC}} = K_{\mathrm{D}} \frac{DC}{TC}(1 - T) + K_{\mathrm{S}} \frac{EC}{TC}$$

其中：TC 代表资本占用，EC 代表股权资本，DC 代表债务资本；T 代表所得税税率；K_{WACC} 代表加权平均资本成本，K_{D} 代表债务资本成本，K_{S} 代表股权资本成本。

债务资本成本是企业实际支付给债权人的税前利率，反映的是企业在资本市场中债务融资的成本率。如果企业存在不同利率的融资来源，债务资本成本应使用加权平均值。

股权资本成本是在不同风险下，所有者对投资者要求的最低回报率。通常根据资本资产定价模型确定，计算公式为：

$$K_S=R_f+\beta\left(R_m-R_f\right)$$

其中：R_f 为无风险收益率，R_m 为市场预期回报率，R_m-R_f 为市场风险溢价。β 是企业股票相对于整个市场的风险指数。上市企业的 β 值，可采用回归分析法或单独使用最小二乘法等方法测算确定，也可以直接采用证券机构等提供或发布的 β 值；非上市企业的 β 值，可采用类比法，参考同类上市企业的 β 值确定。

企业级加权平均资本成本确定后，应结合行业情况、不同所属单位（部门）的特点，通过计算（能单独计算的）或指定（不能单独计算的）的方式确定所属单位（部门）的资本成本。通常情况下，企业对所属单位（部门）所投入资本即股权资本的成本率是相同的，为简化资本成本的计算，所属单位（部门）的加权平均资本成本一般与企业保持一致。

3. 分配指标权重

经济增加值法指标体系通常包括经济增加值、经济增加值改善值、经济增加值回报率、资本周转率、产量、销量、单位生产成本等。应用经济增加值法建立的绩效评价体系，应赋予经济增加值指标较高的权重。设定指标权重的方法有四种：直接判断法、重要性排序法、三维确定法和权值因子分析法。

（1）直接判断法。直接判断法是指由设定者自己根据自己的经验和对各项考核指标重要程度的认识，或从引导意图出发直接分配各项考核指标权重。这种方法有效的前提是指标设定者十分熟悉考核对象的工作和职责。主要优点是：第一，简单易行，容易操作；第二，适合规模比较小、绩效指标比较简单的企业考核；第三，节省时间，决策效率高。这种方法的主要缺点是：第一，基于个人的经验判断，主观性强；第二，个人色彩比较强，容易招致员工的不满和质疑。

（2）重要性排序法。重要性排序法就是将考核指标按照其重要性依次排序，并赋予分值，最终根据每个考核指标在绩效指标体系整体重要程度得分中所占比重来确定其权重。相对直接判断法，这种方法同样也是基于个人经验判断，但有以下优点：第一，允许多个指标设定者各自作出判断，在一定程度上消除了单纯个人的主观性；第二，将每个指标设定者对指标重要性的判断结果以定量的方式进行综合处理，更加科学；第三，简单易行，省时省力。但是这种方法的缺点在于其打分过程仍然在较大程度上受主观臆断的影响，因此，其结果的客观性、准确性仍有欠缺。

（3）三维确定法。三维确定法是一种定性与定量相结合的权重确定方法，也是企业在确定每一个指标权重时最常用的一种方法。三维确定法认为，决定一个指标权重的主要因素有三个：在现有资源配置和条件下该指标的可实现程度、重要程度和紧急程度。只有三者综合起来考虑才能得出合理的权重系数。三维确定法的主要操作步骤如下：第一，将一组指标先按重要程度、紧急程度、可实现程度采用"五点打分法"分别打分；第二，将每个指标的重要程度得分、紧急程度得分和可实现程度得分相乘，得出该指标的综合分数；第三，将每个指标的综合分数相加，然后确定每个指标综合分数在总综合分数中所占的比例；第四，最终得出每个指标的权重值。

（4）权值因子分析法。权值因子分析法相对前三种方法而言是最科学但同时也是最复杂的方法，因而这种方法一般需要专业人员的参与，以确保其成功实施。这种方法的步骤如下：第一步是组成评价小组，包括人力资源管理专家、评估专家和其他相关人员，根据对象和目的的不同，可以确定不同的专家构成。第二步是经专家讨论选取恰当的权值因子，制定权值因子判断表和权值因子计算统计表。第三步是由专家填写权值因子判断表，填写的方法是将行因子和列因子进行比较。第四步是对各位专家所填写结果进行统计，填写权值因子计算统计表。第五步是将统计结果折算为每个指标权重。

4. 确定业绩绩效目标值

经济增加值目标值根据经济增加值基准值（简称 EVA 基准值）和期望的经济增加值改善值（简称期望的△ EVA）确定。

$$EVA 目标值 = EVA 基准值 + 期望的 △ EVA$$

企业在确定 EVA 基准值和期望的△ EVA 值时，要充分考虑企业规模、发展阶段、行业特点等因素。其中，EVA 基准值可参照上年实际完成值、上年实际完成值与目标值的平均值、近几年（比如前 3 年）实际完成值的平均值等确定。期望的 △EVA 值，根据企业战略目标、年度生产经营计划、年度预算安排、投资者期望等因素，结合价值创造能力改善等要求综合确定。

（二）制订激励计划

经济增加值法的激励计划按激励形式可分为薪酬激励计划、能力开发激励计划、职业发展激励计划和其他激励计划。应用经济增加值法建立的激励体系，应以经济增加值的改善值为基础。

（1）薪酬激励计划。薪酬激励计划主要包括目标奖金、奖金库和基于经济增加值的股票期权。①目标奖金。目标奖金是达到经济增加值目标值所获得的奖金，只对经济增加值增量部分实施奖励。②奖金库。奖金库是基于对企业经济增加值长期增长目标实施的奖励。企业设立专门的账号管理奖金，将以经济增加值为基准计算的奖金额存入专门账户中，以递延奖金形式发放。③股票期权。根据经济增加值确定股票期权的行权价格和数量，行权价格每年以相当于企业资本成本的比例上升，授予数量由当年所获得的奖金确定。

（2）能力开发激励计划。能力开发激励计划主要包括对员工知识、技能等方面的提升计划。

（3）职业发展激励计划。职业发展激励计划主要是对员工职业发展做出的规划。

（4）其他激励计划。其他激励计划包括良好的工作环境、晋升与降职、表扬与批评等。

（三）其他应用程序

绩效评价计分方法和周期的选择、绩效责任书的签订，参照本章前述绩效管理有关内容。

绩效计划和激励计划制订后，执行、实施及编制报告参照本章前述绩效管理有关内容。

企业应用经济增加值法，应循序渐进，在企业及部分所属单位试点的基础上，总结完善后稳步推开。

三、应用经济增加值法的内部控制要求

（1）企业应用经济增加值法，应树立价值管理理念，明确以价值创造为中心的战略目标，建立以经济增加值为核心的价值管理体系，使价值管理成为企业的核心管理制度。

（2）企业应综合考虑宏观环境、行业特点和企业的实际情况，通过价值创造模式的识别，确定关键价值驱动因素，构建以经济增加值为核心的指标体系。

（3）企业应建立清晰的资本资产管理责任体系，确定不同被评价对象的资本资产管理责任。

（4）企业应建立健全会计核算体系，确保会计数据真实可靠、内容完整，并及时获取与经济增加值计算相关的会计数据。

（5）企业应加强融资管理，关注筹资来源与渠道，及时获取债务资本成本、股权资本成本等相关信息，合理确定资本成本。

（6）企业应加强投资管理，把能否增加价值作为新增投资项目决策的主要评判标准，以保持持续的价值创造能力。

四、经济增加值法与平衡计分卡（BSC）的比较

平衡计分卡（BSC）是一种绩效管理工具，具体内容与运用等事项参加下一节。由于 EVA 与 BSC 均是绩效管理工具，而且都是在传统绩效考核基础上发展起来的，因此存在可比性。

首先，两者服务目标一致，即为企业价值最大化服务。随着企业发展，传统单一的评价方法已经无法有效管理企业，学界与业界提出了 EVA 和 BSC 两种方法，迅速得到认可，并广泛应用。EVA 强调股东第一，但不否认利益相关者，认为股东和其他利益相关者之间虽存在短期利益冲突，但两者利益最终一致。BSC 从管理学角度揭示出企业价值创造的动因，认为管理者只有注重所有的利益相关者，使他们的利益最大化，才能使企业价值达到最大化。

其次,两者在评价体系上在不同方面弥补了传统方法的不足。传统方法问题很多,没有充分考虑资本成本因素,财务数据的选取无法真实反映企业的经营业绩,对其他信息的度量缺乏,准确性和及时性差等。但是,EVA 和 BSC 取得显著进步,EVA 在财务数据的选取和信息的辨别上更为慎重,可以剔除不真实的因素,令评价结果更为可靠。BSC 在四个方面的设定给管理者一定的警示,不可因一方面的提升而导致整体的退步。

最后,两者在企业内部管理步调一致。EVA 在财务方面考虑了企业的资本成本,从而能更真实地反映企业的经营绩效,这就为股东有效地监督和激励企业的管理层提供了一种行之有效的方法。同时,管理层也可以运用 EVA 制定经营者和员工的激励和报酬体系。BSC 用多维度的指标指明了企业的战略和愿景,以及员工应在哪些方面努力才能实现企业目标。

在绩效管理中,EVA 和 BSC 可以互补,可以在企业绩效管理中结合使用。

首先,企业管理方法上互补。EVA 属财务指标,具有滞后特性,因而不能很好地预测未来的 EVA 及其增长可能。若想保持 EVA 持续增长,就应该了解反映企业价值的根本指标,考察非财务性价值驱动因素,而 BSC 最大特点就是考虑了非财务因素,便于识别对企业价值增值有利的驱动要素。在指导具体决策上,EVA 强调在不确定环境中指导企业战略决策的制定,指导整个企业的员工在战略实施过程中需要采取的正确行为。BSC 体现过程驱动,通过将战略目标分解为各年度的目标,并用因果关系将绩效指标联系起来,建立短期目标,评价每一期计划的实施结果。

其次,考核指标互补。EVA 考核体系指标选取主要体现在财务领域,其在考虑能给企业带来利润的所有资本成本的基础上衡量投资的收益。BSC 考核体系指标分别从财务收益、市场客户、内部流程、学习成长方面选取了各自指标,从财务领域扩展到了非财务领域,但四方面指标均以财务指标为根本。BSC 中的财务指标采用的是传统的、基于会计报表之上的财务指标,未能考虑全部的资本成本,而 EVA 考虑了全部资本的成本。

再次,实施范围互补。EVA 仅从财务指标出发,适用性相对较大,可以应用于对子公司、部门甚至个人的评价。但对组织适应性上存在一定的局限,只适用于拥有资本支出权的组织。BSC 从企业战略出发,分别从四个不同方面考评企业绩效,适用于企业层面的整体绩效测评,还适合对高管层的评价。

最后，考核结果适用范围互补。EVA 以直观方式反映企业价值，可被企业外部信息使用者用来评价企业业绩。BSC 反映了企业各方面经营情况，通过其可以彻底了解企业的竞争战略，因此 BSC 作为企业内部业绩管理体系对外要保密。

五、经济增加值法的应用案例 [①]

（一）案例背景

C 电器股份有限公司（以下简称：C 股份公司）成立于 1988 年，1994 年 3 月 11 日，C 股份公司在上海交易所 A 股上市，其股价于 1997 年 5 月曾一度高达 66.18 元 / 股，是当时沪市 A 股的龙头企业。然而，1999 年 C 股份公司的业绩猛然下跌，净利润从 1998 年的 17.43 亿元，降为 5.25 亿元，销售净利率从 17.27% 降为 5.2%；并且此后年度持续走低，净资产收益率甚至低于国债收益率。

C 股份公司的净资产收益率持续低于国债利率，意味着 C 股份公司的股东承担着比国债更高的风险，却没有得到更高的回报。尽管 C 股份公司除 2004 年外的其他所有年度均赚取了正的会计利润，但"净利润"只是企业的收入扣除生产成本、费用及债务资本成本（利息费用）等项目后的业绩指标，并没有考虑到企业使用股东投入资本的成本。资本的报酬率应该高于资本的成本率，这时股东投入资本所获得的收益才能弥补这些资本相应的机会成本，股东的价值才会真正实现增值。EVA 正是这样一个衡量股东价值增值的业绩评价指标。那么，一直盈利的 C 股份公司近年来是否创造出了新的企业价值呢？要回答这个问题，需要对 C 股份公司的 EVA 进行计算和分析。

（二）C 股份公司 EVA 的计算

依据 EVA 的计算公式、计算步骤以及对相关项目的调整，C 股份公司

---

① 本案例改编自财政部课题研究《公益性企业管理会计工具方法应用案例》，2017 年。

EVA 的计算过程如下：

1. 计算资本占用（C）

根据资 C 股份公司历年年报，结合具体调整项目及计算方法如下：

（1）有息债权资本投入额，等于资产负债表中短期借款、一年内到期的长期借款、长期借款及应付债券的合计。

（2）应予以资本化的费用项目，包括年报中披露的研发费用和市场拓展费用。

（3）资产负债表外的投入实际生产经营的资产。2000—2006 年，C 股份公司均没有经营租赁租入的资产，2007 年发生租赁费 3 475 000 元。

（4）递延税款贷方余额，等于资产负债表中披露的递延税款贷项。

（5）提取的各项准备金，等于年报中资产减值准备明细表中各项数据。

（6）当期未投入实际生产经营的资产，综合年报中的信息，包括短期投资、应收补贴款及在建工程三项。

计算过程如表 7-6 所示。

表 7-6　C 股份公司 2000—2007 年资本占用计算（C）　　单位：百万元

		2000	2001	2002	2003	2004	2005	2006	2007
股权资本		13 070.42	12 993.53	12 859.87	13 057.77	11 329.04	9 657.85	9 432.73	9 124.60
有息债券资本	短期借款	261.49	185.00	853.28	2 163.79	2 688.24	1 987.69	1 858.79	2 354.46
	长期借款	6.00	3.00	–	35.00	70.00	35.00	–	85.00
	一年内到期的长期借款	20.00	5.00	–	–	–	35.00	35.00	–
	应付债券	–	–	–	–	–	–	–	–
资本化费用	研发费用	–	–	–	–	–	87.63	88.65	91.81
	市场拓展费用	–	73.56	80.77	92.35	52.37	127.30	574.75	24.92
经营租赁		–	–	–	–	–	–	–	3.48
递延税款贷方余额		10.41	9.18	7.27	5.48	4.49	3.51	2.52	3.70
各项准备金	坏账准备	1.90	5.93	11.56	58.73	58.70	20.34	31.84	108.17
	短期投资跌价准备	–	11.02	11.02	17.96	55.60	104.33	78.05	11.38
	存货跌价准备	210.71	261.89	275.11	296.64	315.85	300.60	283.02	265.77
	长期投资减值准备	7.82	7.87	7.87	3.91	–	–	–	6.44
	固定资产减值准备	–	206.97	413.56	413.20	406.28	390.18	275.18	135.87

		2000	2001	2002	2003	2004	2005	2006	2007
未投入实际生产	在建工程	474.18	399.92	325.54	320.69	297.40	167.01	61.57	16.90
	短期投资	567.60	1 104.57	1 105.16	1 048.09	666.40	291.69	174.76	119.39
	应收补贴款项	–	–	9.35	200.58	219.61	69.90	69.90	28.39
CE		12 546.97	12 258.45	13 080.26	14 575.46	13 797.16	12 220.83	12 354.30	12 050.89

2. 计算税后净经营利润（NOPAT）

根据税后净经营利润的计算公式，结合 C 股份公司历年年报，具体调整项目及计算方法如下：

（1）首先将净利润调整为息税前利润，计算 EVA 概念下的营业所得税，以调整债务利息和所得税对 NOPAT 的影响。

（2）非正常经营损益，此处使用的数据直接取自年报中"扣除非经常性损益项目和金额"表，该表主要包括短期投资收益、各种形式的政府补贴等内容，与非正常经营损益调整项基本一致。

（3）调整为资本占用的原各项费用，根据资本占用中资本化费用项目的调整，该项包括历年研发费用支出和市场拓展费用及 2007 年发生的租赁费；按照我国专利法的规定，发明专利的保护期限为 20 年，实用新型与外观设计的保护期限为 10 年，因此，此处设定研发费用按 15 年摊销；由于家电行业产品更新较快，设定市场拓展费按 5 年摊销。

（4）每年提取的各项准备金，等于年报中资产减值准备明细表中各项数据，期末数减去期初数。

（5）递延税款贷方增加额，等于资产负债表中披露的递延税款贷项，期末数减去期初数。

计算过程如表 7–7 所示。

表 7–7　C 股份公司 2000–2007 税后净经营利润（NOPAT）计算表　　单位：百万元

	2000	2001	2002	2003	2004	2005	2006	2007
净利润	285.92	83.27	158.68	218.70	–3 684.67	275.54	299.97	224.34
所得税	68.07	21.68	30.79	59.48	13.34	–	–	39.59
利息费用	15.14	26.30	26.25	42.82	97.49	106.31	130.05	122.52

续表

	2000	2001	2002	2003	2004	2005	2006	2007
EBIT	369.13	131.25	215.73	321.00	−3 573.84	381.85	430.03	386.45
所得税税率	15%	15%	15%	15%	15%	15%	15%	15%
息前税后利润	313.76	111.56	183.37	272.86	−3 037.76	324.58	365.52	328.48
非正常经营损益	79.79	146.60	73.84	121.52	51.53	140.82	256.56	80.53
广告费用	–	73.56	80.77	92.35	154.03	467.91	574.75	28.39
研发费用	–	–	–	–	–	87.63	88.65	91.81
资本化费用摊销	–	14.71	30.87	49.33	80.14	179.57	285.72	281.36
各项准备金余额增加额	82.07	464.40	−13.49	156.12	−64.12	22.15	−316.86	35.92
递延税款贷方余额增加	−1.22	−1.22	−2.60	−1.00	−1.00	−0.99	−0.99	3.33
NOPAT	314.82	486.98	143.35	349.48	−3 080.50	580.90	168.81	126.05

3. 计算加权平均资本成本

加权平均资本成本是指考虑企业用各种融资方式取得的单项资本成本（债务资本成本、权益资本成本），以各单项资本占总资本的比例为权重，计算出的反映企业综合资本成本的指标。平均加权成本计算公式如下：

$$K_{\text{WACC}} = \frac{D}{V} \times K_d(1 - T) + \frac{P}{V} \times K_p \frac{E}{V} \times K_e$$

式中：K_d、K_p、K_e——（有息）债务资本成本、优先股资本成本、普通股权益资本成本；

D、P、E——债务资本、优先股、普通股权益资本；

V——企业资本总额。

由资本资产定价模型（CAPM），计算得出普通股权益资本成本：

$$K_e = K_f + \beta \times (K_m - K_f)$$

式中：K_f——无风险利率；

K_m——市场证券组合的期望收益率；

β——股票的系统风险。

计算过程如表 7–8 所示。

表 7-8 　C 股份公司 2000-2007 加权平均资本成本（WACC）计算表 　单位：百万元

项目	2000	2001	2002	2003	2004	2005	2006	2007
短期借款	285.00	85.00	1 621.55	2 706.02	2 670.50	1 304.93	2 412.66	2 296.25
长期负债	16.00	0	0	70.00	70.00	70.00	0	170.00
股东投入资本	13 215.56	12 771.50	12 948.24	13 167.28	9 490.79	9 824.91	9 040.54	9 208.65
全部资本	13 516.66	12 856.50	14 569.80	15 943.30	12 231.25	11 199.84	11 453.20	11 674.90
短期负债比重	2.11%	0.66%	11.13%	16.97%	21.83%	11.65%	21.07%	19.67%
长期负债比重	0.12%	0.00%	0.00%	0.44%	0.57%	0.63%	0.00%	1.46%
权益比重	97.77%	99.34%	88.87%	82.59%	77.59%	87.72%	78.93%	78.88%
短期债务资本成本	5.85%	5.85%	5.31%	5.31%	5.58%	5.58%	6.00%	6.48%
长期债务资本成本	6.03%	6.03%	5.49%	5.49%	5.49%	5.49%	6.17%	6.84%
无风险报酬率	2.25%	2.25%	1.98%	1.98%	2.25%	2.25%	2.52%	3.47%
风险溢价	4.40%	4.40%	4.40%	4.40%	4.40%	4.40%	4.40%	4.40%
β 系数	0.83	1.07	0.96	1.18	0.99	0.94	0.92	1.18
权益资本成本	5.92%	6.96%	6.19%	7.15%	6.59%	6.38%	6.59%	8.66%
WACC	5.90%	6.95%	6.00%	6.69%	6.18%	6.18%	6.27%	8.00%

4. 计算 EVA

根据 EVA 的计算公式，C 股份公司 2000—2007 年的 EVA 计算过程如表 7-9 所示。

表 7-9 　C 股份公司 2000—2007 年 EVA 计算表 　单位：百万元

项目	2000	2001	2002	2003	2004	2005	2006	2007
NOPAT	314.82	486.98	143.35	349.48	−3 080.50	580.90	168.81	126.05
−CE	12 546.97	12 258.45	13 080.26	14 575.46	13 797.16	12 220.83	12 354.30	12 050.89
×WACC	5.90%	6.95%	6.00%	6.69%	6.18%	6.18%	6.27%	8.00%
=EVA	−425.15	−364.66	−641.34	−626.20	−3 933.09	−174.06	−606.38	−837.50

从计算结果可以看出，用 EVA 衡量的企业为股东创造的财富与会计利润存在着明显的差异。如图 7-3 所示，在财务报表中，除 2004 年外，C 股份公司各年的净利润都是正值；但公司从 2000 年以来的 EVA 却远远小于

零。由此说明从 2000 年开始，C 股份公司没有获得价值增值，股东财富遭受了损失。

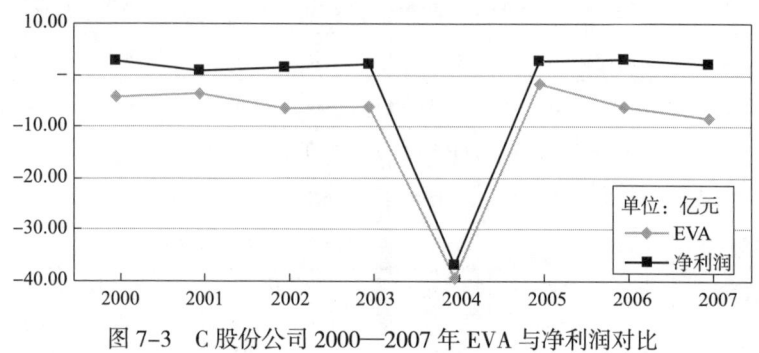

图 7-3 C 股份公司 2000—2007 年 EVA 与净利润对比

（三）C 股份公司 EVA 分析对管理层的启示

从上述分析和计算过程中可以发现 C 股份公司在价值增值能力上存在的一些问题：

第一，缺乏"使用资金必须付出成本"的意识。在经营状况较好的 1995-1998 年，没有对其资本投入的结构进行长远的分析和规划，而是一味地在资本市场上增发融资。一方面，营业收入的成长性并没有随权益资本的投入而得到改善；另一方面，过多地使用权益资本提高了企业加权平均资本成本，使企业价值增值背上了沉重的包袱。

第二，市场前景分析不清，发展战略规划失误。1997 年 C 股份公司迎来发展的辉煌时期，而此后净利润急速下滑：1999 年下跌 69.87%，2000 年下跌 45.57%。面临发展的瓶颈，C 股份公司将大部分资本投入开发背投电视，并力图成为中国最大的背投影彩基地。而实际上，背投产品在市场上反应平平，很快就被新产品平板电视所替代，背投电视成为 C 股份公司日后发展的包袱。2004—2006 年，C 股份公司试图通过开发新产品，寻找新的利润增长点，但结果却并不如人意。IT、手机和冰箱的毛利率都不及传统的彩电、空调业务，未能有力的提升企业持续稳定的盈利能力。

第三，一味追求"国际化"，忽视了经营风险。C 股份公司为扭转下滑的业绩，采取的另一个措施是开发国际市场。急于开拓的思想使 C 股份公司严重地忽视了对应收账款的管理。销售产品大量采取信用结算的方式，往往是产品已经发出，却迟迟不能收回货款。而且，C 股份公司在北美市场的销售代理几乎由 APEX 垄断，其欠 C 股份公司的货款占到了应收账款总额的 70% 以上。最终，APEX 公司经营不善，C 股份公司于 2004 年对 APEX 的应收账款计提了 25.97 亿坏账准备的巨款，冲减了 C 股份公司多年的盈利累积，给企业以后的发展带来严重的影响。

第四，管理层绩效考核体系导致其对产品研发不够重视。根据公司年报，2005 年以前几乎找不到关于研发费用的披露；2005—2007 年，研发费用投入占主营业务收入的比例也不到 0.1%。家电产品升级换代速度较快，只有加强研发，形成自身的核心技术优势，才能保证利润持续稳定的增长。但显然，C 股份公司作为行业主导性的企业，尚缺乏引领行业发展方向的家电产品。

（四）对我国企业 EVA 管理的启示

根据上述对 C 股份公司 EVA 的分析，我国企业进行 EVA 管理实践时，应重点关注以下几个方面。

1. 培养"价值增值"的管理理念

EVA 指标的核心思想是只有当企业投入资本的回报超过了它的成本时才能创造出新的价值。因此企业的管理层需要明白，价值创造并不仅是获得利润，而是能够为资本提供者的资本带来价值增值。企业在赚取利润的同时还要看投入了多少资本，靠这些投入资本获得的实际回报率必须高于资本的必要报酬率。C 股份公司就因缺乏这样的意识，经营状况较好时，盲目增发筹集资本，不仅没有获得相应产出，而且还提高了企业使用资本的成本。只有当管理层树立了"价值增值"的理念，才能在资本市场上不断取得生存和发展的资源，真正做强做大企业。

2. 建立以"为股东创造价值"为导向的业绩评价体系及激励体系

我国企业的经营业绩评价标准，大都是以会计准则和会计制度计算的净利润指标为主，如资产收益率、权益报酬率等。这些指标不仅难以真实反映企业的经营绩效，而且指标的增长并不一定代表企业价值的增长。EVA 指标通过对会计报表的调整，消除了会计稳健性原则的影响，减少了管理层进行盈余管理的机会，防止了经理人的短期经营行为，并且聚焦于企业的"价值增值"上。在企业业绩评价指标中引入 EVA，更能有效地度量企业的经营是否增加了股东的财富。

C 股份公司管理层的报酬和业绩相关度不高，缺乏激励其进行创新的薪酬制度，导致管理层并不关注核心技术研发，阻碍了 C 股份公司成为引领行业标准的世界级企业。将 EVA 引入绩效考核体系，能够让管理层清楚地意识到，只有为股东创造更多的财富才能增进自己的利益。创造价值的途径又在很大程度上依赖于技术进步，从而能引起管理层对研发的重视。

3. 增强企业战略管理能力

C 股份公司"背投彩电开发"之败、"产品多元化发展"之误表明，管理层对企业未来发展方向缺乏详细的分析，制订的发展战略不够合理；"国际市场拓展"之错则反映出管理层的战略执行能力较弱，没有很好的控制经营风险。因此，管理层在战略制订前应对企业面临的内外部环境有充分的了解，在战略执行的过程中应不断保持对战略的评价与控制，以便及时发现差异，适时采取措施予以调整。从 EVA 管理的角度看，就是要从企业战略目标出发，通过合理设计，将企业的战略贯彻到财务指标的考核中，实现企业价值增值。

第4节　平衡计分卡详解及应用案例

一、平衡计分卡的含义

平衡计分卡（The Balanced Score Card，BSC），是由美国哈佛商学院 Robert S. Kaplan 与复兴全球战略集团总裁 David P. Norton 在 1992 年提出，是指基于企业战略，从财务、客户、内部业务流程、学习与成长四个维度（见图 7-4），将战略目标逐层分解转化为具体的、相互平衡的绩效指标体系，并据此进行绩效管理的方法。平衡计分卡通常与战略地图等其他工具结合使用。平衡计分卡适用于战略目标明确、管理制度比较完善、管理水平相对较高的企业。平衡计分卡的应用对象可为企业、所属单位（部门）和员工。平衡记分卡打破了传统的单一使用财务指标衡量业绩的方法。而在财务指标基础上加入未来驱动因素，即客户因素、内部经营管理过程和员工学习成长等，将企业使命与战略转化为适当的绩效指标，因而得到广泛认可，在企业绩效管理中广泛使用，被当时《哈佛商业评论》评为最具影响力的管理工具之一。

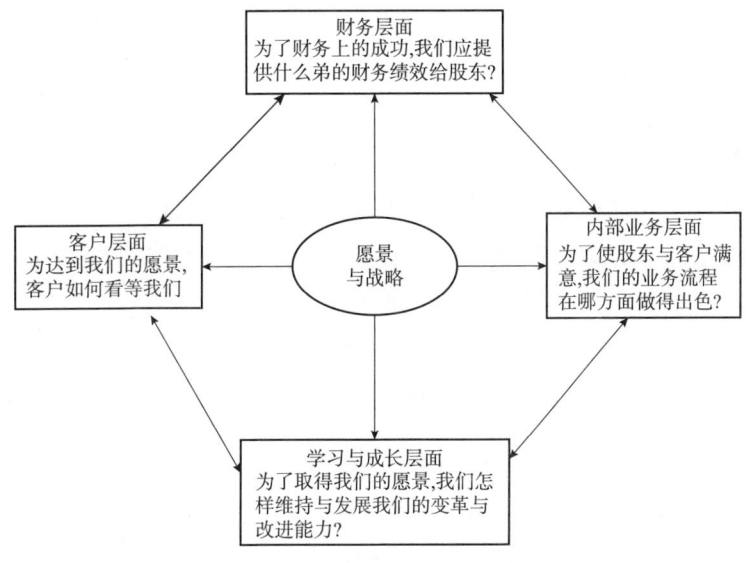

图 7-4　平衡计分卡基本框架

（一）财务维度

平衡计分卡从财务、客户、内部流程、学习与成长四个维度对绩效进行分解，客户、内部流程、学习与成长三个维度是以财务维度为起始点和中心，可以说财务维度更是战略目标的最终体现，是公司股东最关心的维度。财务绩效指标一般与盈利能力有关，如权益回报率、资产回报率及经济增加值等。这是股东最关注的，财务指标也直接反映出公司的运营状况和股东的收益情况，因而一直被广泛应用于对组织的绩效进行控制和评价。组织的财务表现也是其战略正确性及战略实施效果的有效反映。

（二）客户维度

随着买方市场的形成，以客户满意为中心已经成为今天绝大多数组织最基本、最重要的经营理念之一。客户是企业赖以生存的根本，为了满足股东，使他们获得令人鼓舞的回报，需要关注利益相关者——客户，关注市场表现。企业战略的细分市场和客户维护和发展通过平衡计分卡的客户维度得以体现，客户维度的绩效指标包括客户满意度、新增客户率、客户保持率、客户盈利率、市场占有率和客户份额等。客户维度使企业找到目标客户并根据客户需求提供客户价值，从而为企业财务维度指标提供强有力支持。

（三）内部流程维度

内部业务流程和学习与成长角度的目标主要描述该如何实现组织的财务与客户目标。内部流程维度关注确定优化完整的内部流程价值链，这个价值链包括创新流程、经营流程、服务流程等等。开端是创新流程，这个流程目的在于确定市场，产品和服务是否满足客户需要，关键在于获得市场规模和客户偏好的有效信息，进而进入开发阶段，进行产品和服务的开发生产。经营流程是指企业接到客户订单，进行生产，客户收到产品或服务。服务流程是内部流程的最后一环，可以从时间、质量和成本方面进行衡量。创新流程通过平衡计分卡融入内部业务流程中，需要企业创造更新和差异化的产品和服务来提高企业竞争优势，从而使得企业获得长远发展。

（四）学习与成长维度

学习与成长维度是指企业在制订战略中关于员工成长进步的关键部分，直接影响企业核心竞争力的保持和提高。员工是企业的经营成败的重要因素，是最能体现企业核心竞争力的重要参数，也是企业保持强劲发展势头的来源。学习与成长维度在平衡计分卡体系中承担基础性作用，是推进器及培育器，分为三方面：人力资本、信息资本和组织资本。人力资本衡量有三种指标：员工满意度、员工保持率、员工生产率。信息资本是企业战略发展所必需的，可以帮助员工改进业务流程，快速、及时、准确地得到产品和服务的信息。组织资本可以调动员工的工作积极性，使收入与业绩挂钩，改善员工关系等。

（五）平衡计分卡的优、缺点

传统绩效测量系统主要基于财务指标，常常鼓励的是一些短视的决策，如减少在产品开发、员工培训及信息技术方面的投入。平衡计分卡方法通过测量四个主要领域的绩效而纠正了这一问题。这四个领域分别是财务方面的绩效，顾客方面的绩效，内部的业务过程绩效，以及组织的学习与成长方面的绩效。最关键在于将企业持续稳定所需的关注的多方面目标有效平衡起来，并使企业能实时关注这一平衡。因此，它的优点非常突出：

（1）战略目标逐层分解并转化为被评价对象的绩效指标和行动方案，使整个组织行动协调一致，为企业战略管理提供强有力的支持。市场竞争日趋激烈，企业可持续发展需要战略管理的支撑。平衡计分卡可以将组织的战略目标与评价内容紧密联系起来，通过实时监控战略的实现状态，使企业行动协调一致，使组织战略管理融入日常的经营活动。

（2）平衡计分卡能够实现企业的全面绩效管理，提高企业整体管理效率。平衡计分卡从财务、客户、内部业务流程、学习与成长四个维度确定绩效指标，使绩效评价更为全面完整。企业根据战略使用平衡计分卡设计系统的评价体系，其评价指标涵盖了企业成功的关键因素，是一套完整的绩效管理系统。它不仅克服了传统绩效管理体系的片面性和滞后性，而且强化了目标制定、行为引导及绩效提升等，使组织绩效目标的达成有了制度保障。

（3）注重团队合作，防止组织管理机能失调。平衡计分卡强调平衡，通过对各方面均衡关注，使管理者也具有了系统管理、关注联系的思维，使各职能部门的不同作用与功能更加明确，从而做到统筹全局，慎重决策。

（4）平衡计分卡具有更好的员工参与和激励效果。传统的绩效评价体系以对员工工作行为及其结果的考核为中心，即员工是否按照管理者意愿开展各种行为活动；而平衡计分卡则以目标管理为中心，将学习与成长作为一个维度，鼓励员工主动、创造性地达到目标，提高员工的主动参与性，注重员工的发展要求和组织资本、信息资本等无形资产的开发利用，从而产生激励效果，有利于增强企业可持续发展的动力。

（5）平衡计分卡可以最大限度地降低企业的信息负担。在现代信息社会，信息量极其复杂，高层决策者筛选有用信息、进行有效决策变得困难。平衡计分卡让管理者能够只关注少数关键指标，在保证满足组织管理需要的同时，尽量减少信息成本，从而有效提高决策效率和决策质量。

企业使用时会有很多好处：首先，平衡计分卡为企业提供了一个整合的框架，将各种职能管理和公司战略联合在一起，实现纵向战略和横向战略的协同性，并能够使战略明晰化并获得人们共识；其次，平衡计分卡为企业提供一个战略执行的工具，为工作计划管理提供了依据。企业都有工作计划的管理，通过平衡计分卡的层层落实和分解，可以制定出公司的平衡计分卡、部门的平衡计分卡和岗位的平衡计分卡。各级的平衡计分卡也就是年度工作计划。根据岗位的平衡计分卡，可以制订出岗位的月度工作计划，根据岗位的月度计划制订个人的周计划。这样以平衡计分卡为媒介使部门目标和个人目标与组织的战略相校准的机制，实现了战略与员工工作结合，使公司战略彻底落实，也为员工工作找到了方向和依据。再次，平衡计分卡是一个过程管理的工具。平衡计分卡一般会设定年度目标值，然后设定衡量指标的更新频率，一般设定月度和季度的更新频率，监控每个月指标的完成情况来保证年度目标的完成，确保战略目标与年度预算相联系。平衡计分卡包括四个方面的内容：财务、客户、内部运营、学习和成长，制度本身设计就体现了过程管理的思想。最后，平衡计分卡是一个自主管理的工具。实施平衡计分卡目的除战略执行之外，更重要的是帮助各级组织提高绩效水平。每一级组织可以进行本层面的绩效管理，提高自身绩效水平的工具。只有当各级组织管理自己的工作、分析问题的时候，平衡计分卡报告的质量自然就会提示，而且确立了能在整个组织中对战略进行沟通的机制，提出改进战略意见的及时反馈。

但是，平衡记分卡使用时也有缺点，主要如下：

（1）不同行业的绩效考核维度有所差异，没有统一的标准化模式，某些关键绩效指标可能不属于那四个大的维度，实际应用样式繁多，企业选择增加某些维度时一定要谨慎，如果增加不当就会使人觉得平衡计分卡只是将组织所有的指标进行了综合和分类，这有悖于发明平衡计分卡的强调战略和关键成功因素的初衷。

（2）将目标转换成可计量的业绩指标对管理者具有很大挑战性。各指标权重在不同层级及各层级不同指标之间的分配比较困难，且要求这些指标必须是可控和完整的，尤其是部分非财务指标的量化工作难以落实。指标应当告诉部门的真实情况，但是在大多数情况下很难实现，因为总是存在一些不可控因素。完整性和可控性常常是矛盾均衡的需要。当两个或者更多的下属经营单元相互依赖时，这时的绩效就比较难衡量，因为相互依赖使追踪每项决策的成本和相应的效益相对比较困难。

（3）区别因果关系、准确评估比较困难。平衡计分卡不是简单的指标汇集，而是多种指标的系统整合。其指标可分成前置指标和滞后指标两种类型，反映了手段与目的或者原因和结果的关系，实际应用中可能由于因果链太多使指标间的关联过于复杂，使得这种表达方式并不完美。平衡计分卡指标，一部分可能适用于每个经营单元，另一部分则可能是某个经营单元所独有。进行多部门评价的管理者常常会低估甚至忽略这些特别的指标。这种认识上的局限，会极大地降低平衡计分卡在抓住经营单元特性方面的卓越潜力。平衡计分卡体系系统性强、涉及面广，需要专业人员的指导、企业全员的参与和长期持续地修正与完善，对信息系统、管理能力有较高的要求。

（4）平衡计分卡实施成本高，实施难度大。要求企业具有明确的组织战略，高层管理者具有分解和沟通战略的能力和意愿，中高层管理者具有指标创新的能力和意愿。同时，平衡计分卡工作量极大，除要对战略有深刻理解外，还需要消耗大量精力和时间把它分解到部门和岗位，并找出恰当的指标。

（5）平衡计分卡也许不一定完全适合对个人的考核。相比成本和收益，没有必要把平衡计分卡应用到个人层面。对于个人而言，绩效考核要求易于理解，易于操作，易于管理。

（六）战略地图和平衡计分卡的关系

战略地图是以平衡计分卡四个层面目标为核心，通过分析这四个层面目标的相互关系而绘制的企业战略因果关系图。平衡计分卡只建立了一个战略框架，缺乏对战略进行具体而系统、全面描述，使管理者之间及管理者与员工之间无法沟通，对战略无法达成共识。战略地图是平衡计分卡的进一步发展，在平衡计分卡思想上将组织战略在财务、客户、内部运营和学习与成长四个层面展开，在不同层面确定组织战略达成所必备的关键驱动因素，我们往往称之为战略重点或者战略主题。在明确战略重点或主题时，建立各个重点或主题之间的必然联系，形成相互支撑关系，从而明确战略目标达成的因果关系，将其绘制成一战略简图，即战略地图。

从一定程度而言，战略地图是企业战略描述的一个集成平台，平衡计分卡本身是对战略地图的深一层解释，并通过设计具体的指标将战略地图具体化和指标化，使其能够被衡量。战略地图的构成文件主要是"图、卡、表"。所谓"图、卡、表"是指"战略地图""平衡计分卡"和"单项战略行动计划表"，它是运用战略地图来描述战略的三个必备构成文件。与平衡计分卡相比，战略地图增加了两个层次的内容：一是颗粒层，每一个层面下都可以分解为很多要素；二是动态层面，即战略地图是动态的，可以结合战略规划过程来绘制。

（七）平衡计分卡（BSC）与关键绩效指标（KPI）的联系与区别

平衡计分卡与关键绩效指标的联系主要体现在：BSC 与 KPI 都是一种整体性的绩效管理系统，绩效指标设置上均要求必须与企业的战略挂钩，指标分解上均为从上而下层层分解。从企业战略出发，寻找衡量指标，设定目标，掌控行动。

平衡计分卡与关键绩效指标的区别主要体现在：

（1）BSC 是一种管理工具，是一种新的管理思想，KPI 更多表现为一种绩效考核方法。①平衡计分卡提供了一种管理思想。作为一个部门领导，首先要了解本部门的存在能对企业提供怎样的价值；其次要很好实现部门的价值，需要明确客户是谁，应该给客户提供什么样的产品和服务；再次为了更好地满足客户需求，需要明确应该做好哪些事情；最后，要做好这些事情，应该在哪些方面不断地学习和成长。每位员工只有这样思考个人的工作，绩效才能不断提升。②平衡计分卡提供了一种工作方法。平衡计分卡提供了一套工作方法和工具,强调做任何工作,首先明确目标,然后设定衡量标准和完成期限、责任人等,定期对目标达成情况进行跟踪并分析原因。通过分析原因,找出存在的问题,有针对性地设定行动计划解决存在的问题,并且要跟踪设定的行动计划,直至问题得到解决。平衡计分卡在这样的往复的闭循环中,使企业的绩效水平得到不断提升。KPI只是将"二八"定律的原理应用于绩效管理或绩效考核中的一种方法及工具。

(2)BSC 的指标之间具有很强的逻辑性,KPI 的指标之间则没有明显逻辑关系。KPI 根据各种方法分析、寻找影响绩效的主要因素,各主要因素之间不存在明显逻辑关系,只是一起构成了总目标的组成部分。BSC 通过把总目标的绩效指标划分为不同的板块,不同板块间具有明确的因果支撑关系,它们相互支持,相互依赖,形成了一个绩效发展循环。

二、平衡计分卡的应用程序

将组织战略在四个层面进行反映,由此建立战略监控与实现应该关注的经营变量集合及其关键工作行为体系,并由上及下逐层实现是平衡计分卡的基本思想。建立平衡计分卡始于最高管理层将使命与战略转化为特定的顾客与财务目标。在顾客及财务目标的基础上,进而确定相关的内部业务过程指标。最后,再将在员工培训及信息技术方面的投资与顾客、财务和内部业务过程的目标联系起来。要注意的是,构造适当的平衡计分卡既应包括与现实结果相关的产出类指标,也要包括一些驱动未来绩效的指标。构建平衡记分卡基于一个前提,即战略是一套因果关系的假设,它可以按照"如果……就会……"的方式来表述。因此,平衡记分卡中的所有指标都应成为因果关系链条上的而一个组成元素。

企业应用平衡计分卡工具方法,一般按照制订战略地图、制订以平衡计分卡为核心的绩效计划、制订激励计划、制订战略性行动方案、执行绩效计划与激励计划、实施绩效评价与激励、编制绩效评价与激励管理报告等程序进行。

（一）制订战略地图

战略地图是平衡记分卡方面工作的拓展。战略地图的核心是组织战略，组织战略由战略目标和战略主题体系构成。制订平衡计分卡的第一步就是明确组织战略目标，然后将其展开成若干战略主题，形成战略地图。企业首先应制订战略地图，即基于企业愿景与战略，将战略目标及其因果关系、价值创造路径以图示的形式直观、明确、清晰地呈现。战略地图的制订参照本书第 2 章第 3 节战略地图部分。

战略地图基于战略主题构建，战略主题反映企业价值创造的关键业务流程，每个战略主题包括相互关联的 1～2 个目标。

（二）制订以平衡计分卡为核心编制绩效计划

战略地图制订后，应以平衡计分卡为核心编制绩效计划。绩效计划是企业开展绩效评价工作的行动方案，包括构建指标体系、分配指标权重、确定绩效目标值、选择计分方法和评价周期、签订绩效责任书等一系列管理活动。制订绩效计划通常从企业级开始，层层分解到所属单位（部门），最终落实到具体岗位和员工。

1. 构建指标体系

平衡计分卡指标体系的构建应围绕战略地图，针对财务、客户、内部业务流程和学习与成长四个维度的战略目标，确定相应的评价指标。构建平衡计分卡指标体系的一般程序如下。

1）制订企业级指标体系

企业级平衡计分卡指标体系设计首先根据企业层面的战略地图，并将企业的战略主题清晰详细表述出来，并将其与平衡计分卡框架的四个层面对应结合起来，对每个战略主题分别设计相关的监控衡量指标，设定目标期望，每个目标至少应有 1 个指标，讨论并详细计划出该主题方面实现预定目标所必须采取的行动。

2）制订所属单位（部门）级指标体系

部门平衡计分卡的制定逻辑与企业级平衡计分卡并无根本差异，其流程其实就是组织平衡计分卡制定过程的一个变形。不过，部门目标是企业战略目标的分解，关注更特定的战略主题和业务流程。依据企业级战略地图和指标体系，制订所属单位（部门）的战略地图，确定相应的指标体系，协同各所属单位（部门）的行动与战略目标保持一致。部门平衡计分卡的制定过程大致经历三个步骤。

（1）企业和高层管理人员平衡计分卡的分解。

企业层次的指标体系确立后，需要将其在各个维度上的目标、指标、标准及工作任务都具体分解到部门层次，如图 7-5 所示。

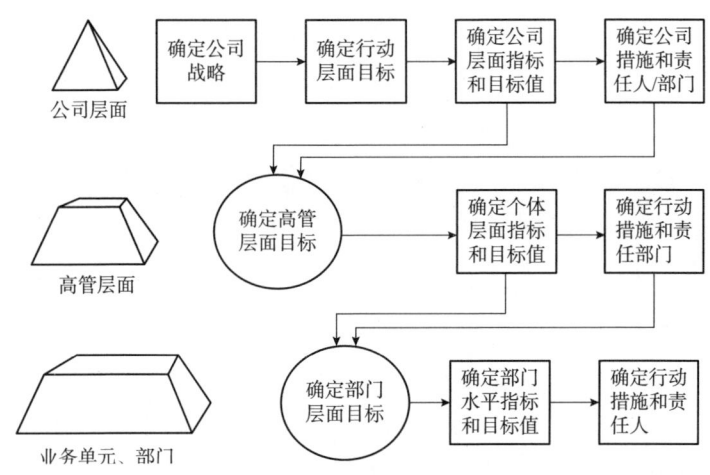

图 7-5　部门关键绩效领域和目标的分解过程

企业平衡计分卡中的目标、指标及相关的工作任务都必须指定具体的负责人，并且落实到各高层管理人员身上，这就转变为给每个高层管理人员都制定了一张平衡计分卡，方法就是明确每个高管人员的关键绩效要素、标准及需要采取的管理行动，每个高层管理人员都有其分管的业务和部门，其绩效目标即通过这些部门的工作得以实现。这些部门就从对应的高层管理人员那里得到了各自的责任范围、工作目标及相应的绩效标准。各部门主管需要和自己对应的高层管理进行足够的沟通交流与讨论分析，合理划分责任范围和工作目标，并确定各项分工工作的绩效标准。另外，由于企业部门与高管职务并不完全是逐一对应，一个部门可能需要与多个高层管理人员的工作进行配合，因此部门主管必须积极主动与高层管理人员充分研究讨论并分析目标和行动要求，从而明确相互的合作关系，这对于后续确定部门关键绩效领域的工作非常关键。

（2）部门关键绩效范围的确定。

通过企业和高层管理人员的平衡计分卡分解，我们就能够初步了解各部门的工作责任范围，使各部门了解各项工作的框架性要求，进而进一步确定部门的绩效要素、绩效目标及绩效评价标准，从而实现对部门工作明确指导和准确有效监控。

（3）形成部门最终平衡计分卡。

部门主管需要鼓励部门所有员工积极主动参与，有效讨论工作重点、遴选关键绩效领域，对每个关键绩效领域设置若干关键监控点和合理有效的标准，员工参与在所有环节中都至关重要。当确定了部分的工作目标、绩效指标、评价标准和行动方案等要素，也就基本确立了部门的平衡计分卡指标体系。从上可以看出，部门平衡计分卡的直接责任人就是该部门的主管，而其中的各要素则需要进一步设计岗位 / 员工的平衡计分卡指标体系，从而明确相应的责任人。

3）制订岗位（员工）级指标体系

根据企业、所属单位（部门）级指标体系，按照岗位职责逐级形成岗位（员工）级指标体系。一般来说，岗位（员工）级平衡计分卡的设计流程与部门平衡计分卡设计没有本质差异，可参照前述步骤进行。不过，由于岗位（员工）存在特性，企业或部门可将个人平衡计分卡指标体系四个维度具体化，从上级、岗位、绩效和学习与创新等角度综合考虑，设计具体而翔实的相关指标体系和行动措施。

平衡计分卡指标体系构建时，应注重短期目标与长期目标的平衡、财务指标与非财务指标的平衡、结果性指标与动因性指标的平衡、企业内部利益与外部利益的平衡。平衡计分卡每个维度的指标通常为4～7个，总数量一般不超过25个。

平衡计分卡指标体系构建时，企业应以财务维度为核心，其他维度的指标都与核心维度的一个或多个指标相联系。通过梳理核心维度目标的实现过程，确定每个维度的关键驱动因素，结合战略主题，选取关键绩效指标。

财务维度以财务术语描述了战略目标的有形成果。企业常用指标如表7-10所示。

表 7–10　财务维度常用指标

第二层指标	第三层指标	第二层指标	第三层指标
盈利指标	净资产收益率	偿债能力	资产负债率
	总资产报酬率		流动比率
	资本保值增值率		速动比率
	销售利润率		现金流动负债比率
	成本费用利润率	增长能力	销售增长率
资产营运	总资产周转率		资本积累率
	流动资产周转率存货周转率		总资产增长率
	应收账款周转率		三年利润平均增长率
	不良资产比率		固定资产更新率

客户维度界定了目标客户的价值主张，企业常用指标如表 7–11 所示。

表 7–11　客户维度常用指标

第二层指标	第三层指标	第二层指标	第三层指标
成本	客户购买成本	客户忠诚度	顾客回头率
	销售成本		流失顾客人数
	安装成本		挽留顾客成本
	售后服务成本	吸引新客户能力	新顾客人数
质量	质量控制体系		新顾客比率
	废品率		客户服务体系建设
	退货率	市场竞争力	产品 / 服务市场覆盖率
及时性	准时交货率		产品 / 服务市场份额
	产品生产周期		品牌认同度

内部业务流程维度确定了对战略目标产生影响的关键流程。企业常用指标如下：企业常用指标有交货及时率、生产负荷率、产品合格率、存货周转率、单位生产成本等，如表 7–12 所示。

表 7–12　内部业务流程维度常用指标

第二层指标	第三层指标
创新过程	R&D 占总销售额的比例
	R&D 投入回报率
	新产品销售收入百分比
	研发设计周期

续表

第二层指标	第三层指标
运作过程	单位成本水平
	管理组织成本水平
	生产线成本
	顾客服务差错率
	业务流程顺畅
售后服务过程	服务成本/次
	技术更新成本
	顾客投诉响应时间
	订货交货时间
	上门服务速度

学习与成长维度确定了对战略最重要的无形资产。企业常用指标有员工保持率、员工生产率、培训计划完成率、员工满意度等，具体如表7-13所示。

表7-13　学习与成长维度常用指标

第二层指标	第三层指标	第二层指标	第三层指标
员工素质	员工的知识结构	员工满意度	员工满意度
	人均脱产培训费用		员工获提升比率
	人均在岗培训费用		管理者的内部提升比率
	年培训时数	组织结构能力	评价和建立沟通机制费用
	员工平均年龄		团队工作有效性评估
员工生产力	人均产出		传达信息或反馈的平均时间
	人均专利	信息系统	软硬件系统的投入成本
	员工被顾客认知度		拥有个人计算机的员工比例
员工忠诚度	员工流动率		软硬件系统更新周期
	核心人才流失率		

企业可根据实际情况建立通用类指标库，不同层级单位和部门结合不同的战略定位、业务特点选择适合的指标体系。

4）分配指标权重

平衡计分卡指标的权重分配应以战略目标为导向，反映被评价对象对企业战略目标贡献或支持的程度，以及各指标之间的重要性水平。

企业绩效指标权重一般设定在5%～30%之间，对特别重要的指标可适当提高权重。对特别关键、影响企业整体价值的指标可设立"一票否决"制度，即如果某项绩效指标未完成，无论其他指标是否完成，均视为未完成绩效目标。

5）确定绩效目标值

平衡计分卡绩效目标值应根据战略地图的因果关系分别设置。首先确定战略主题的目标值，其次确定主题内的目标值，然后基于平衡计分卡评价指标与战略目标的对应关系，为每个评价指标设定目标值，通常设计 3–5 年的目标值。

平衡计分卡绩效目标值确定后，应规定因内外部环境发生重大变化、自然灾害等不可抗力因素对绩效完成结果产生重大影响时，对目标值进行调整的办法和程序。一般情况下，由被评价对象或评价主体测算确定影响程度，向相应的绩效管理工作机构提出调整申请，报薪酬与考核委员会或类似机构审批。

（三）其他程序

绩效评价计分方法和周期的选择、绩效责任书的签订、激励计划的制订，参照本章绩效管理有关内容。

绩效计划与激励计划制订后，企业应在战略主题的基础上，制订战略性行动方案，实现短期行动计划与长期战略目标的协同。战略性行动方案的制订主要包括以下内容：①选择战略性行动方案。制订每个战略主题的多个行动方案，并从中区分、排序和选择最优的战略性行动方案。②提供战略性资金。建立战略性支出的预算，为战略性行动方案提供资金支持。③建立责任制。明确战略性行动方案的执行责任方，定期回顾战略性行动方案的执行进程和效果。

绩效计划与激励计划执行过程中，企业应按照纵向一致、横向协调的原则，持续地推进组织协同，将协同作为一个重要的流程进行管理，使企业和员工的目标、职责与行动保持一致，创造协同效应。

绩效计划与激励计划执行过程中，企业应持续深入地开展流程管理，及时识别存在问题的关键流程，根据需要对流程进行优化完善，必要时进行流程再造，将流程改进计划与战略目标相协同。

绩效计划与激励计划的执行、实施及编制报告参照本章绩效管理有关内容。

平衡计分卡的实施是一项长期的管理改善工作，在实践中通常采用先试点后推广的方式，循序渐进，分步实施。

（四）设计平衡计分卡的三个关键要素

得到符合要求的战略地图之后，需要设计平衡计分卡的三个关键要素，即衡量指标（measures）、衡量标准（targets）和行动计划（programs/initiates）。

衡量指标是指描述特定战略主题的完成情况的一系列关键变量，即绩效监控指标。这些指标不但要遵循绩效指标的一般原则，还要保证它们可以真正为战略提供动力、驱动变革，这就要求这些指标都是对应的战略主题的必要条件所对应的变量。

每个衡量指标都必须有对应的衡量标准，即目标或期望值，以判断战略主题的进展情况，为相关责任对象提供指导性和激励性信息。通过历史数据预测或者通过行业标杆分析可以基本确定目标或期望值。

平衡计分卡异常重视指标的实现（即战略主题的实现），因此在得到指标体系和评价标准之后需要进一步强调对应的行动计划的制订。这一特点导致平衡计分卡与其他绩效管理工具有了根本不同。行动计划中需要明确相关责任对象的行动方案及合理的资源配置。计划的行动宜粗不宜细，主要是为责任对象提供框架上的指导。

三、应用平衡计分卡的内部控制要求

（1）企业应用平衡计分卡工具方法，应有明确的愿景和战略。平衡计分卡应以战略目标为核心，全面描述、衡量和管理战略目标，将战略目标转化为可操作的行动。

（2）平衡计分卡可能涉及组织和流程变革，具有创新精神、变革精神的企业文化有助于成功实施平衡计分卡。

（3）企业应对组织结构和职能进行梳理，消除不同组织职能间的壁垒，实现良好的组织协同，既包括企业内部各级单位（部门）之间的横向与纵向协同，也包括与投资者、客户、供应商等外部利益相关者之间的协同。

（4）企业应注重员工学习与成长能力的提升，以更好地实现平衡计分卡的财务、客户、内部业务流程目标，使战略目标贯彻到每一名员工的日常工作中。

（5）平衡计分卡的实施是一项复杂的系统工程。企业一般需要建立由战略管理、人力资源管理、财务管理和外部专家等组成的团队，为平衡计分卡的实施提供机制保障。

（6）企业应建立高效集成的信息系统，实现绩效管理与预算管理、财务管理、生产经营等系统的紧密结合，为平衡计分卡的实施提供信息支持。

四、平衡计分卡应用案例 [①]

（一）T公司原绩效考核体系存在的问题

T公司是上海证券交易所主板上市公司，从2000年公司成立以来，一直在持续改进绩效评价系统。T公司的绩效评价经历了单指标评价、多项财务指标评价、财务指标与个性化重要事项指标综合评价等阶段，形成了一个相对完整的绩效评价体系。但是，T公司在考评体系方面仍然存在以下不足：一是考核对象不完整。绩效考核的范围仅包括经营单位和员工个人，没有将职能部门纳入其中。此外，对职能部门负责人的考核仅涉及个人履职情况，没有考核其部门整体职能作用的发挥情况。二是考核内容不全面。在公司层面，董事会只考核财务预算完成情况，对涉及公司未来发展的重大问题、重要工作没有进行考核。在经营单位层面，绩效考核指标的构成不全面，不能实现对经营单位的全面考核。在岗位层面，对员工考核指标的设置没有考虑通过考核促进员工的全面发展。三是部分考核标准不明确。在使用非财务指标考核时，由于考核指标的特殊性，往往只能是定性考核（如对员工政策水平与决策能力的考核）。如果不采取措施加以量化，将使考核工作难以开展。四是部分考核指标与实际脱节。公司考核的主要财务指标——收入和利润，通常用增长率代表，没有考虑到经营环境变化时其实际完成结果可能会高于或低于任务目标。五是考核内容难以全

---

① 本案例改编自：蒋占华:《最新管理会计学》，中国财政经济出版社，2014年版。

面支持公司战略。如创新是保证公司长期生存的原动力，是保持公司竞争力的根本，但公司在创新考核上采用的方式却是有创新项目就安排创新指标考核，而不是通过安排创新考核指标来推动创新投入，这使得考核内容不能全面支持公司战略。

（二）基于平衡计分卡构建绩效考核体系

1. T 公司战略地图

战略地图是通过说明股东、客户、业务流程和技能之间的关系，来给战略下定义的逻辑结构。战略地图是建立与组织战略相联系的平衡计分卡的基础。T 公司的战略目标在于树立独特的品牌形象，在技术上总体保持领先地位，在服务上保持综合配套能力，在经营规模上占据较大市场份额，最终目标在于增加股东价值。根据 T 公司的战略目标，按照平衡计分卡战略管理思想，T 公司构建了四个维度之间的逻辑关系（如图 7-6 所示）。

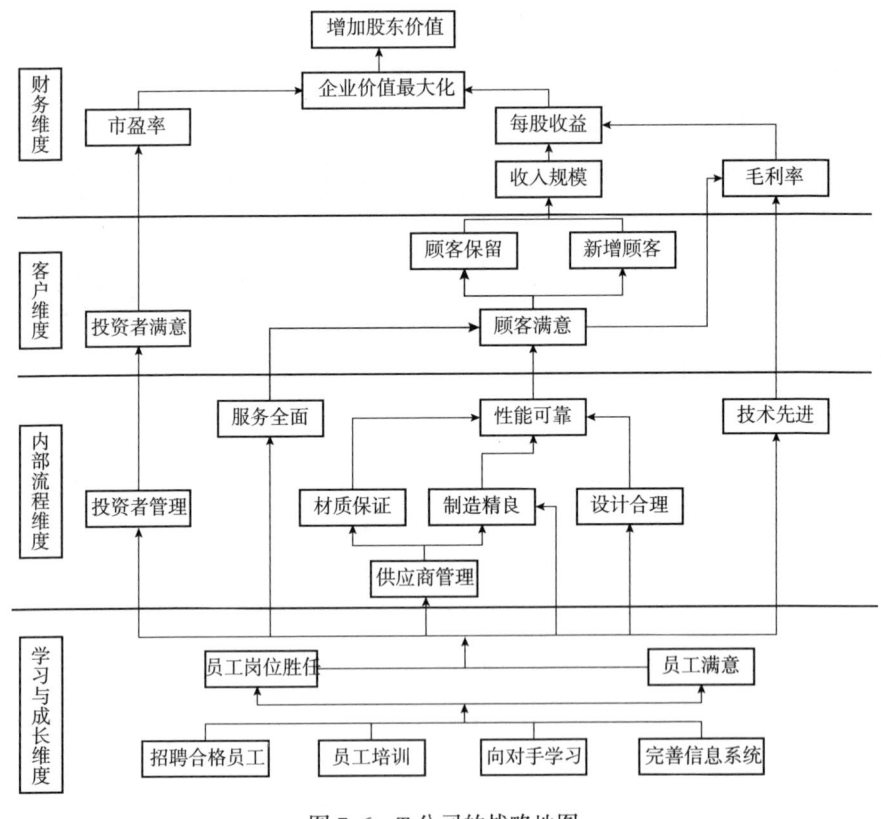

图 7-6　T 公司的战略地图

2. T公司绩效管理体系结构

按照平衡计分卡绩效管理模式的要求，一个完善的绩效管理系统应全方位覆盖企业的各个层面，在绩效考核上要做到"纵向到底、横向到边、不留死角"；在考核指标的设计上，既要考虑各指标之间的因果关系，又要考虑指标体系对实现战略的保证作用。根据组织结构特点和管理模式特点，T公司将绩效管理分为四个层级：公司层面、经营层面、部门层面和岗位层面。

公司层面指T公司集团层面。该层面的绩效考核是公司董事会对公司经营管理层的考核，目的是从整体上保证公司战略目标得到实现。经营层面指T公司二级单位层面，即事业部、分公司、控股子公司层面，该层面的单位都是经营实体。这个层面的考核是公司对二级单位的考核，目的是确保公司各单位的战略目标得到实现，并支持公司整体战略目标得到实现。部门层面指T公司总部和各二级单位职能部门及业务单元层面。该层面的考核是公司和各二级单位对所属职能部门及业务单元的考核，目的是保证各职能部门和业务单元围绕公司战略发挥职能作用，保证公司战略得到职能支持，从而保证实现公司战略目标。岗位层面指公司各岗位员工层面。该层面的考核是各职能部门、业务单元对本单位职工绩效的考核，目的是通过职工个人岗位目标的实现来支持单位战略目标的实现，最终支持公司战略目标的实现。

在不同层级上，绩效考核都要实现层级内考核单元的全覆盖。在经营层面，所有的经营实体都需要纳入考评体系。在部门层面，所有的职能部门和业务单元都要纳入考评体系。在岗位层面，所有岗位也要纳入考评体系。结合分层级考核和层级内全方位考核，在公司内部形成了全方位、全层次的绩效评价系统。

3. T公司平衡计分卡绩效管理指标体系

T公司的绩效管理指标体系由平衡计分卡指标体系（见表7-14）与重要事项指标共同构成，以平衡计分卡指标为主，重要事项指标为辅，充分体现了多层级、全方位考评的特点。

T公司根据其绩效管理体系结构，在考核指标的设计上，尽管各经营单位业务不同，但由于所处行业相同，面临的竞争态势相近，因此采用了近似的绩效管理指标体系。而同类型的职能部门，发挥的职能作用相近，因此采用了相同的绩效管理指标体系；不同类型的职能部门其绩效管理指标体系应体现部门职能差异的特点。各业务单元分处不同的经营单位，在具体业务上有差异，各业务单元的绩效管理指标体系应体现其差异。相同岗位的绩效管理指标应相同，不同岗位之间的绩效管理指标体系应体现岗位职责差异。然而从绩效考核的角度看，仅有平衡计分卡指标体系还不够，还需要把平衡计分卡指标体系之外的其他重要事项纳入考评范围。

随着外部环境的不断变化与企业自身的发展，在不同时期企业会面临不同的情况和问题。为适应当时的实际情况，T公司会随时对构建的绩效管理指标体系进行适时调整，以保证其动态性。

表 7–14　T 公司平衡计分卡

维度	目标	指标	计算公式
财务	保持经营规模快速增长 保持较高毛利率水平 保持新产品收入比重 提高资产周转率 保持适当合同储备 市盈率处于同类领先	主营收入增长率 主营业务毛利率 新产品收入比重 营业周期 待实施合同额 市盈率差异率	本年主营收入 / 上年主营收入 –100% 主营业务毛利 / 主营业务收入 *100% 新产品收入 / 产品销售收入 *100% 应收账款周转天数 + 存货周转天数 累计已签订尚未完成合同额 公司平均市盈率 / 同类企业平均市盈率
客户	较高主要客户维持率 争取更多高端客户 较高主要顾客获利水平 较高顾客满意度 较高投资者满意度	主要顾客保留率 煤炭百强企业占有率 主要顾客获利率 顾客满意率 投资者满意率	上年收入规模超过 XX 万元客户当年保留数 / 上年数 拥有煤炭百强企业户数 / 煤炭百强企业户数 *100% 收入规模 XX 万元以上顾客毛利额 / 收入额 *100% 满意和比较满意顾客数 / 参与调查顾客总数 *100% 满意和比较满意投资者数 / 参与调查投资者总数 *100%
内部业务流程	保持技术领先 加强知识产权保护 保持集成服务能力 保证产品 / 工程质量 良好的售后服务	技术项目获奖率 专利申请率 集成服务合同比率 产品 / 工程一次交验合格率 售后服务一次成功率	获奖技术项目数 / 完成技术项目总数 *100% 申请专利数 / 完成技术项目总数 *100% 集成服务合同额 / 签订合同总额 *100% 产品 / 工程一次交验合格次数 / 产品 / 工程交验总次数 *100% 售后服务一次成功次数 / 售后服务总次数 *100%

续表

维度	目标	指标	计算公式
学习与成长	保持较高高级员工招录率	高级员工招录率	当年招录高级员工人数 / 当年招录员工总数 *100%
	保持较高员工培训率	员工培训率	当年培训达标员工人数 / 平均员工总数 *100%
	保持较高员工满意率	员工满意率	满意和比较满意员工人数 / 参与调查员工总数 *100%
	保持关键员工较低离职率	关键员工离职率	关键员工离职人数 / 关键员工总数 *100%
	行业内人均创利最高	人均创利额	净利润额 / 平均员工人数

4. T公司平衡计分卡绩效管理指标权重

T公司的公司层面考核指标体系权重分为平衡计分卡指标体系权重和重大事项指标权重两部分,且权重之和为100分。其中,平衡计分卡指标体系是保障公司实现长远发展战略目标的基础,具有绝对重要性,赋予计分90分;重大事项对公司而言也具有相当重要的影响,赋予计分10分。社会责任履行情况作为调整系数,根据履行情况取值为0~1。各项指标考核得分需要建立专门的评价标准,以实际完成情况与评价标准的相对关系确定考核得分结果。公司层面指标考核以平衡计分卡指标体系得分与重大事项指标得分之和为基础,以社会责任指标得分作为调整系数,其计算公式为:公司层面考核得分=(平衡计分卡指标考核得分+重大事项指标考核得分)×调整系数。

虽然平衡计分卡指标体系四个维度的重要性相近,但财务维度反映了公司的最终目标,因此其权重应高于其余三个维度。在四个维度指标权重分配上,财务维度赋予30分,其余三个维度分别按照20分赋予权重。同时,在每个维度内部,由于不同时期公司工作重点有所不同,不同的指标权重在不同时期应适当调整。在各维度内部指标权重分配上,既要突出重点,又不能差距过大。如果某项指标权重太低,将失去指标考评的价值。

按照以上原则,T公司平衡计分卡指标体系权重如表7-15所示。T公司的重大事项主要包括实现再融资和相关企业重组整合,可以赋予每项指标权重为5分。需要注意的是,企业不应把所有的社会责任履行情况都纳入其中,应有所选择,随着经济社会发展,再逐步扩展社会责任考核范围。当前公司最关注的企业社会责任是生产安全,因此将其作为调整系数项。如果发生安全事故,系数为 0;如果没有发生安全事件,系数为 1;其他情况,可以按照经济损失和社会影响大小,在 0 至 1 之间合理确定系数值。

与此同时,T公司还构建了基于经营层面、部门层面和岗位层面的平衡计分卡绩效管理指标体系和考评标准等,其构建过程与上述过程相类似,但是所使用的指标会根据实际情况有所侧重。

表7-15 T公司平衡计分卡指标体系权重

维度	维度权重	指标	指标权重	信息来源	责任部门
财务	30	主营收入增长率	8	会计报表	财务部
		主营业务毛利率	5	会计报表附注	财务部
		新产品收入比重	4	内部管理报表	财务部
		营业周期	3	会计报表	财务部
		待实施合同额	6	内部管理报表	生产经营部
		市盈率差异率	4	交易所或证券公司网站	证券部
客户	20	主要顾客保留率	3	内部管理报表	生产经营部
		煤炭百强企业占有率	6	内部管理报表	生产经营部
		主要顾客获利率	3	内部管理报表	财务部、生产经营部
		顾客满意率	4	顾客满意度调查统计表	生产经营部
		投资者满意率	4	投资者满意度调查统计表	证券部
内部业务流程	20	技术项目获奖率	3	内部管理报表	投资发展部
		专利申请率	4	内部管理报表	投资发展部
		集成服务合同比率	3	内部管理报表	生产经营部
		产品/工程一次交验合格率	6	内部管理报表	生产经营部
		售后服务一次成功率	4	内部管理报表	生产经营部
学习与成长	20	高级员工招录率	3	内部管理报表	人力资源部
		员工培训率	4	内部管理报表	人力资源部
		员工满意率	3	员工满意度调查统计表	人力资源部
		关键员工离职率	6	内部管理报表	人力资源部
		人均创利额	4	内部管理报表	财务部、人力资源部
重大事项指标	10	再融资额	5	会计报表	证券部和投资发展部
		投资回报率	5	会计报表	财务部
调整指标	/	安全责任事件次数	0~1	安全生产状况	生产经营部

（三）T 公司的经验总结与借鉴

T 公司基于平衡计分卡对绩效考核体系进行完善，促进了公司的快速发展，其具体经验主要有四个方面：一是构建多层次的平衡计分卡绩效考核体系；二是科学地选择平衡计分卡绩效考核体系指标；三是合理设置平衡计分卡绩效考核体系的指标权重，T 公司在分配其平衡计分卡绩效考核体系的指标权重时，保证了各维度的均衡，突出了不同指标的重要性和差异性，并重视战略的主要方面，确保了平衡计分卡绩效评估体系的准确性；四是追踪和调整平衡计分卡绩效考核体系，企业在不同时期的工作重点不一样，存在的问题和薄弱环节也不同，因此需要改进的方面也就各异。T 公司正是在充分考虑了其战略和环境的动态性的基础上，构建并实施了富有弹性和成效的平衡计分卡绩效考核体系。

需要注意的是，由于不同的企业具有不同的行业特征，面临不同的市场环境和法律环境，处于不同的生命周期阶段，其战略目标和实现战略目标的途径是不相同的，关键成功因素也不相同，同时，企业的组织架构可能也不相同，因此，其他单位在构建平衡计分卡时，应该从本单位实际出发，切忌生搬硬套。

第 5 节　绩效棱柱模型详解及应用案例

一、绩效棱柱模型的含义

绩效棱柱模型，是指从企业利益相关者角度出发，以利益相关者满意为出发点，以利益相关者贡献为终点，以企业战略、业务流程、组织能力为手段，用棱柱的五个构面构建三维业绩评价体系，并据此进行绩效管理的方法。其中，利益相关者，是指有能力影响企业或者被企业所影响的人或者组织，通常包括股东、债权人、员工、客户、供应商、监管机构等。

绩效棱柱模型是一个三棱柱模型，模型建立的基础就是首先要在明确公司利益相关者需求的基础上，明确公司发展的目标，制订公司的发展战略，之后将公司流程和公司能力与公司战略相结合，对于公司利益相关者的贡献和满意度纳入公司的治理之中，从而为公司的发展提供动力。

绩效棱柱模型主要包括 5 个关键层面：

（1）利益相关者的需求：谁是企业的利益相关者，以及他们的愿景与需求是什么。

（2）利益相关者的贡献：企业要从利益相关者获得什么。

（3）战略：企业应该选择何种战略实现自己的目标，而对于利益相关者而言，该企业选取的战略是否与其他利益相关者本身的战略目标存在一致性。

（4）流程：对于公司本身来讲，流程是对自身战略实现的实施过程，而对于其他利益相关者来讲，一方面是自身行为对公司的影响，另一方面是公司实施流程对利益相关者的影响。

（5）能力：这是最后一个方面，也是不可忽视的一个方面，公司需要什么能力来实现公司制订的战略目标。相反利益相关者需要以什么样的能力去辅助公司实现自身的战略目标。

绩效棱柱模型如图 7-7 所示。

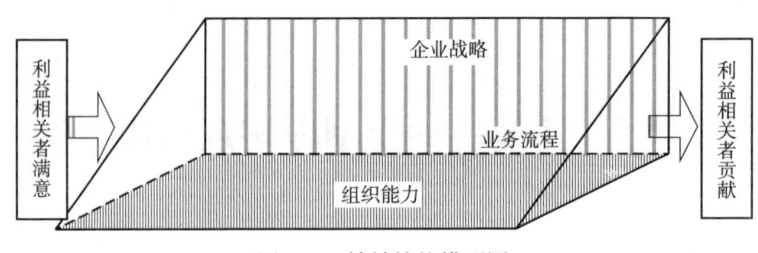

图 7-7　绩效棱柱模型图

总体来说，这五个方面相辅相成，每个部分都相互影响，相互作用。任何侧面的缺失都不可能构成三棱柱模型，更并不能推动公司可持续发展。虽然绩效棱柱模型的各个层面相互存在关联，但是利益相关者思想是绩效棱柱模型中的重中之重。再加之将绩效棱柱的每个侧面的问题加以定量和定性的分析就能够达到区别于传统的财务指标衡量公司绩效效果，从而为促进公司管理水平的不断进步，实现公司的长期发展做出重要贡献。

二、绩效棱柱模型的优缺点

绩效棱柱模型适用于管理制度比较完善,业务流程比较规范,管理水平相对较高的大中型企业。绩效棱柱模型的应用对象可为企业和所属单位(部门)。

绩效棱柱模型的主要优点:首先,在于坚持利益相关者价值取向,考虑了利益相关者在企业中的双向作用,使利益相关者与企业紧密联系。企业与利益相关者之间是互动关系,利益相关者的需求与贡献是企业生存与发展的两翼。绩效棱柱模型不仅考虑利益相关者的需求,而且考虑利益相关者对企业的贡献,体现了利益相关者在企业中的能动性和企业与利益相关者之间的互惠性,有利于实现企业与利益相关者的共赢,为企业可持续发展创造良好的内外部环境。其次,绩效棱柱模型逻辑关系明确。该模型从利益相关者需求到战略、流程、能力,再到利益相关者贡献,五个构面环环相扣,逻辑关系更加清楚,使绩效评价体系更加容易理解。再次,绩效棱柱模型分析透彻。绩效棱柱模型针对每个利益相关者都从需求、战略、流程、能力、贡献五个方面来设计指标,通过对利益相关者多角度透视,清晰地反映那些隐蔽的复杂问题,挖掘绩效评价和管理中的关键因素。最后,绩效棱柱模型是一个具有灵活性并能够不断自我完善的开放系统。由于五个构面衍生出的评价指标之间具有沟通和反馈的性质,因而该评价体系又是一个用来交流、沟通、学习和改进的开放系统。

绩效棱柱模型的主要缺点在于:首先,涉及多个利益相关者,对每个利益相关者都要从五个构面建立指标体系,每个透视层面都能衍生出许多评价指标,导致评价指标过多,关键指标被淹没众多评价指标中,而且散落在多个职能部门,因而指标选取复杂,部分指标较难量化,数据处理上带来极大的难度和误差,这增加了绩效棱柱模型的实施难度。其次,实施绩效棱柱模型实施门槛比较高,需要有较扎实的企业管理基础和相对完备的信息系统,许多企业在这方面尚有欠缺。

三、绩效棱柱模型的应用环境

(1)企业应坚持利益相关者价值取向,建立有效的内外部沟通协调机制，与利益相关者建立良好的互动关系。

（2）企业应根据利益相关者的需求制订战略，优化关键流程，提升组织能力，在满足利益相关者需求的基础上分享其做出的贡献。

（3）企业应用绩效棱柱模型工具方法，一般需要建立由负责战略、人力资源、财务、客户和供应商等有关部门及外部专家等组成的项目团队。

（4）企业应对人力资源管理、客户关系管理、供应商关系管理、财务管理等系统进行集成，为绩效棱柱模型的实施提供信息支持。

四、绩效棱柱模型的应用程序

企业应用绩效棱柱模型工具方法，一般按照明确利益相关者、绘制利益相关者地图、制订行动方案、制订以绩效棱柱模型为核心的业绩计划、制订激励计划、执行业绩计划与激励计划、实施业绩评价与激励、编制业绩评价与激励管理报告等程序进行。绩效棱柱模型的实施是一项长期管理改善工作，企业在实践中通常可采用先试点后推广的方式，循序渐进分步实施。

（一）明确利益相关者

企业应结合自身的经营环境、行业特点、发展阶段、商业模式、业务特点等因素界定利益相关者范围，进一步运用态势分析法、德尔菲法等方法确定绩效棱柱模型的主要利益相关者。

（二）并绘制利益相关者地图

企业应根据确定的主要利益相关者，绘制基于绩效棱柱模型的利益相关者地图。利益相关者地图是以利益相关者满意为出发点，按照企业战略、业务流程、组织能力依次展开，并以利益相关者贡献为终点的平面展开图。

利益相关者地图可将绩效棱柱模型五个构面以图示形式直观、明确、清晰地呈现出来。

（三）制订行动方案

绘制利益相关者地图后，企业应及时查找现有的战略、业务流程和组织能力在满足利益相关者满意方面存在的不足和差距，进一步优化战略和业务流程，提升组织能力，制订行动方案并有效地实施。

（四）制订以绩效棱柱模型为核心的业绩计划

绘制利益相关者地图后，企业还应以绩效棱柱模型为核心编制业绩计划。业绩计划是企业开展业绩评价工作的行动方案，包括构建指标体系、分配指标权重、确定业绩目标值、选择计分方法和评价周期、签订绩效责任书等一系列管理活动。

1. 构建指标体系

企业应围绕利益相关者地图，构建绩效棱柱模型指标体系。指标体系的构建应坚持系统性、可操作性、成本效益原则。各项指标应简单明了，易于理解和使用。主要内容如下：

（1）制订企业级指标体系。根据企业层面的利益相关者地图，分别设计出各个构面的绩效评价指标。

（2）制订所属单位（部门）级指标体系。根据企业级利益相关者地图和指标体系，绘制所属单位（部门）级利益相关者地图，制订相应的指标体系。

绩效棱柱模型指标体系通常包括以下内容：①利益相关者满意评价指标：与投资者（包括股东和债权人，下同）相关的指标有总资产报酬率、净资产收益率、派息率、资产负债率、流动比率等；与员工相关的指标有员工满意度、工资收入增长率、人均工资等；与客户相关的指标有客户满意度、客户投诉率等；与供应商相关的指标有逾期付款次数等；与监管机构相关的指标有社会贡献率等。②企业战略评价指标：与投资者相关的指标有可持续增长率、资本结构、研发投入比率等；与员工相关的指标有员工职业规划、员工福利计划等；与客户相关的指标有品牌意识、客户增长率等；与供应商相关的指标有供应商关系质量等；与监管机构相关的指标有政策法规认知度、企业的环保意识等。③业务流程评价指标：与投资者相关的指标有标准化流程比率、内部控制有效性等；与员工相关的指标有员工培训有效性、培训费用支出率等；与客户相关的指标有产品合格率、准时交货率等；与供应商相关的指标有采购合同履约率、供应商的稳定性等；与监管机构相关的指标有环保投入率、罚款与销售之比等。④组织能力评价指标：与投资者相关的指标有总资产周转率、管理水平评分等；与员工相关的指标有员工专业技术水平、人力资源管理水平等；与客户相关的指标有售后服务水平、市场管理水平等；与供应商相关的指标有采购折扣率水平、供应链管理水平等；与监管机构相关的指标有节能减排达标率等。⑤利益相关者贡献评价指标：与投资者相关的指标有融资成本率等；与员工相关的指标有员工生产率、员工保持率等；与客户相关的指标有客户忠诚度、客户毛利水平等；与供应商相关的指标有供应商产品质量水平、按时交货率等；与监管机构相关的指标有当地政府支持度、税收优惠程度等。

2. 分配指标权重

企业分配绩效棱柱模型指标权重，应以利益相关者价值为导向，反映所属各单位或部门、岗位对利益相关者价值贡献或支持的程度，以及各指标之间的重要性水平。首先根据重要性水平分别对各利益相关者分配权重，权重之和为100%；然后对不同利益相关者五个构面分别设置权重，权重之和为100%；单项指标权重一般设定在5%至30%之间，对特别重要的指标可适当提高权重。

3. 确定业绩目标值

企业设定绩效棱柱模型的业绩目标值，应根据利益相关者地图的因果关系，以利益相关者满意指标目标值为出发点，逐步分解得到企业战略、业务流程、组织能力的各项指标目标值，最终实现利益相关者贡献的目标值。各目标值应符合企业实际，具有可实现性和挑战性，使被评价对象经过努力可以达到。

绩效棱柱模型业绩目标值确定后，因内外部环境发生重大变化、自然灾害等不可抗力因素对业绩完成结果产生重大影响时，企业应明确对目标值进行调整的办法和程序。一般情况下，由被评价对象或评价主体测算确定影响额度，向相应的绩效管理工作机构提出调整申请，报薪酬与考核委员会或类似机构审批。

对于其他活动，企业可参照第1节关于绩效管理的业务流程，明确业绩评价计分方法、选择业绩评价周期、签订绩效责任书、制订激励计划以及执行、实施业绩计划与激励计划并编制报告。

五、绩效棱柱模型的应用案例[①]

（一）XX 会计师事务所背景介绍

1. XX 会计师事务所基本情况

XX 会计师事务所是 X 集团下的龙头公司，除 XX 会计师事务所以外，X 集团还包括工程咨询有限公司、房地产评估有限公司以及税务师事务所，是一家集三个分公司为一体的大型综合专业服务机构。

XX 会计师事务所以"做实、做强、做大"为公司宗旨，以"以人为本、质量求生存、信誉求发展、效率求效益"为经营理念，以"独立、客观、公正"为工作方针，以牢固树立"诚信为本、操守为重、追求卓越、为客户创造价值"为 XX 会计师事务所的价值观。

XX 会计师事务所拥有一批精通会计、审计、管理咨询和法律等方面的专家、教授及复合型专业人才。从业人员 168 人，其中注册会计师 47 人，全体员工平均年龄 29 岁，人员构成老、中、青结合，体现出 XX 会计师事务所团队的沉稳与朝气，经验与活力的人才队伍优势。在行业中，具有较强的人力资源优势和专业技术实力。

X 集团致力于本领域服务工作十六载，其中，XX 会计师事务所主要业务为中介鉴证、咨询，其服务涵盖：审查大型公司会计报告、担任破产管理、会计类司法鉴定、办理公司合并、分立、清算事宜中的审计业务、提供经济责任审计（包括离任和届满）、财务收支审计、财务状况审计、经营成果审计、项目资本金审计等特殊目的审计、内部控制审计及设计服务、内部审计服务、财务咨询，担任会计顾问，会计咨询，培训会计和财务管理人员、验证公司资本、金融相关审计业务、A 股公司补充审计业务及首次发行证券的专项复核业务等。

此外，公司还拥有产权的办公场地达 5 000 平方米，拥有现代化的办公设备以及高速网络系统、专业技术应用软件和先进的交通工具。

---

① 本案例改编自：王瑜洋："绩效棱柱模型在 XX 会计师事务所的应用研究"，重庆理工大学硕士学位论文，2015。

2. XX 会计师事务所绩效考评现状

本案例通过对 XX 会计师事务所实地考察，结合对 XX 会计师事务所绩效考评相关数据以及对内部考核人员访谈的基础上对 XX 会计师事务所绩效考评现状进行简单总结。

XX 会计师事务所的绩效考评方式主要以原集团绩效考评方式为主，根据集团绩效考评体系进行绩效考评。在分析相关资料之后，发现 XX 会计师事务所的绩效考评方式存在一定问题。首先，XX 会计师事务所的绩效考评体系将财务指标作为主要的绩效考评的主要目标，这种将财务指标作为主要绩效考评中心的绩效考核方式忽略了 XX 会计师事务所本身的战略目标以及长期发展过程中出现的问题。其次，指标的单一化，使得绩效考核实施的过程难以实现对于特定绩效水平进行考核。XX 会计师事务所指标的单一化，除了指指标偏重财务指标以外，还体现在指标缺乏对无形价值的考量，这一点是包括事务所在内的中介机构所面临的不可忽视的问题。再者，对于员工、被审顾客以及业务委托人的关注度不够。对于员工绩效评价采用一刀切的方式，使得绩效评价缺乏应有的公正性。对于被审计顾客与业务委托人的满意度与忠诚度未纳入绩效考核之中，从而导致绩效考核的过程中，对于不同利益主体信息的传递与反馈存在一定的缺陷。

（二）会计师事务所的利益相关者分析

根据绩效棱柱模型，本案例把与会计师事务所相关的利益相关者分为五个层次，分别是：合伙人、被审计顾客、内部员工、业务委托人和政府及公众等信息使用者。本案例将这五者的关系与绩效棱柱模型的五个方面相关联，其构成关系如图 7-8 所示。

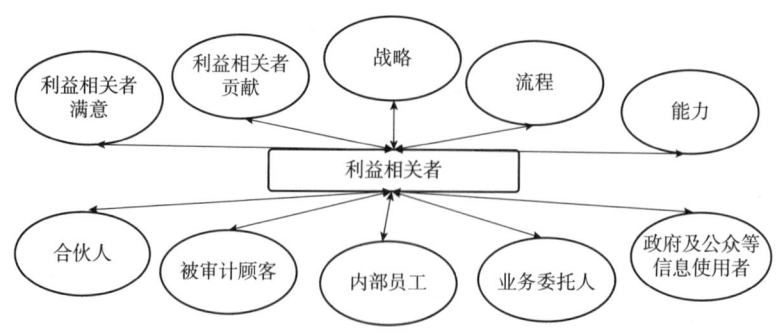

图 7-8　绩效棱柱模型与主要的利益相关者关系图

五个公司主体作为利益相关者的主要代表以此种方式分别与利益相关者满意、利益相关者贡献、战略、流程与能力紧紧相连。这不但体现出科斯的公司契约理论，同时也将以 XX 会计师事务所为案例的公司主要因素相关联。

（三）绩效棱柱模型下指标设计的原则与思路

在绩效评价的过程中由于不同公司在不同情况下会存在不同的评估方法，因而绩效棱柱模型要将公司绩效评价的广泛性纳入公司绩效评价的过程之中，本案例根据 KPI 思想将绩效评价过程中遵循的原则简单加以描述为下几个原则。

1. 整体性原则

在选取绩效评价对象指标的过程中，应该包括绩效评价主体的各个侧面，这也是我们绩效棱柱模型所关注的重要因素即利益相关者。利益相关者对于公司的愿望与需要都要通过绩效棱柱模型加以体现，如果划分过程中忽略了评价对象的某个重要方面就会使得评价过程失去客观性，也就使得评价结果失去可信度。

2. 重要性原则

在进行绩效评价的过程中，本案例将 KPI 的思想融入绩效评价的过程中。这主要是因为如果将所有信息一一罗列，就无法显示出关键因素的重要性，也就会加大评价过程的复杂性，这就使得评价的结果形成偏颇失去有效性。正是由于我们所知的这种KPI 在指标评价过程中，选取重要指标，粗略化次要指标才使得我们的评价方法更为可行。

3. 层次性原则

层次性原则主要是指将众多指标进行一定的分析后，对指标进行重新分类的过程，在这个过程之中，将主要的指标最为主导，一般作为第一级分支，本案例则以绩效棱柱模型的五个方面作为主要枝干。之后再将五个方面的具体指标作为这五个枝干的分支，从而形成一种系统而有效的评价方法与体系。

4. 可度量性原则

这种原则主要是对度量的信息是否可得而界定的，在本文的绩效评价方法中包含了定性与定量的指标，对于指标的取得业是根据 XX 会计师事务所的具体情况获得，并且在指标的计算中将指标进行无量纲化处理，因而可以满足可度量的原则。

5. 动态性原则

在绩效评价方法确立之后，我们所追求的是一种广泛性的应用，这种应用会随着科学技术的不断发展与完善形成一种基础，作为包括会计师事务所整个行业，甚至为各个行业提供参考依据。

6. 独立性原则

指标之间尽可能减少相关联的可能性，这样不但会使我们的指标尽量精简，而且会减少评价过程中指标重要性水平的降低，从而保证评价的合理与有效。

（四）XX 会计师事务所绩效棱柱模型评价体系的构建

从利益相关者结构图来说，XX 会计师事务所一个重要的利益相关这就是合伙人，他们的愿望和目标十分明确，他们希望能够在不断提升本所业务量的同时，提升本所在本地区内的影响力，从而提升本所的效益。

对于 XX 会计师事务所来说，它的被审计顾客也是主要的利益相关者之一，这些顾客对于事务所的需求主要依赖事务所的知名度、专业能力以及在审计之后顾客与会计师事物之间关系的建立。被审计顾客不再以价格作为首要的考虑事项。

对于 XX 会计师事务所来说，审计人员和助理们对于公司的需求，主要是集中在 XX 会计师事务所长期的发展、XX 会计师事务所的影响力、公司对于雇员的培养、良好的工作氛围以及公司的工作环境与待遇。

从 XX 会计师事务所的战略、流程与能力的角度来讲，主要是抓住 XX 会计师事务所在其所在地区的影响力、审计过程的标准化、审计风险的最低化、与被审计单位业务委托人之间建立良好的沟通关系以及不断吸收优秀的注册会计师作为主干力量。

因此，从绩效棱柱角度，会计师事务所绩效棱柱框架如表 7-16 所示。

表 7-16　绩效棱柱模型下会计师事务所指标体系构建

绩效棱柱模型主体	利益相关者角度主体因素				
	合伙人	被审顾客	内部员工	业务委托人	政府及公众等信息使用者
利益相关者满意	净资产报酬率、EVA 增长率、成本费用利润率等	审计单位的专业能力的满意程度、审计单位服务态度满意率、包括错误复查率等在内的审计质量可靠性保证等	工作满意水平、薪酬水平、上级管理水平、提供培训的水平等	咨询服务的质量、与业务委托人之间的沟通的满意度等	给予当地政府的支持、对当地政府财政的支持水平、解决就业水平等
利益相关者贡献	净资产增长率、流动比率、资产负债率、银行贷款水平等	顾客对建议及执行、审计单位审计过程的支持、被审计单位的诚信等	员工的效率、服务质量、内部员工的服务时间等	对审计经费的支付水平、对审计单位的忠诚度、对审计工作的支持等	现有规定的数量、对公司要求的反馈次数、实施建议的水平等
战略	审计收入增长率、审计收益率、市场占有率、市场地位等	被审计单位数量、审计结果对被审计单位利益的影响等	招聘人数与计划相比的差额、管理人员与雇员的人数比、工资奖金水平等	业务委托人的需求以及反馈、与委托人沟通而形成的相关费用等	不遵守规定的程度、不遵守规定对成本带来的影响等
流程	新业务收入、新开拓市场收入、主要流程改进方案收益等	审计、咨询时间、新业务需求、被审计单位会计财务能力等	招聘周期、接收人员与应聘人员的比率、提供培训的有效性、完成培训员工的审计水平等	对审计业务的意见与业务要求等	对相关规定了解的程度、对内部政策了解程度等
能力	对于公司战略、与被审计单位的关系、对审计风险的控制能力等	被审计顾客的相关专业知识水平、被审计顾客的沟通能力、提供相关资料的及时性、对业务调整的反馈等	以注册会计师和审计助理的专业知识水平与实务经验、新员工素质与设定标准的比率、每个员工每年的受训时间、员工对相关规定的熟悉程度、多余人员比例、违反公司规定的程度等	对审计单位的资金投放水平、与审计单位的沟通能力、被审计单位的专业能力和水平、新业务投资水平等	对审计单位的信任程度、对审计单位的政策支持、对审计单位发展提出的意见及建议等

（五）XX 事务所绩效棱柱的评价指标选取与指标量值

绩效棱柱模型作为一种十分有效的绩效评价方式，能够更加灵活地对公司绩效进行合理的评价，但是由于评价过程涉及众多利益相关者以及利益相关者的评价指标。

因此，本案例在以 XX 会计师事务所作为案例进行评价的过程中，根据 KPI 的思想对利益相关者与绩效评价指标均进行了一定的筛选，再根据 XX 会计师事务所的实际情况进行评价。本文的定量数据的选取，来源于 XX 会计师事务所原有数据，定性数据的选取主要根据专家打分的方式。

1. XX 会计师事务所合伙人的绩效评价

从成本效益原则的角度来考虑，XX 会计师事务所合伙人以利益回报相关的财务指标和一些相关的定性指标作为衡量 XX 会计师事务所发展的依据是无可厚非的。本案例就根据这一点，按照绩效棱柱模型的不同侧面对合伙人的绩效进行评价。

1）与合伙人满意相关的测量

对于合伙人的满意度测量作为绩效棱柱的第一个侧面，体现合伙人在公司治理过程中，对于公司发展的期望。本案例根据 KPI 思想将资产报酬率、净利润增长率以及成本费用利润率，作为衡量合伙人对 XX 会计师事务所在 2012 年至 2013 年的满意度的主要指标。

2）与合伙人贡献相关的测量

合伙人对于 XX 会计师事务所的贡献，主要反映了合伙人对 XX 会计师事务所的治理能力以及对于 XX 会计师事务所发展产生的责任。作为绩效棱柱模型与合伙人的满意度相对的贡献，本案例主要采用净资产增长率、流动比率以及资产负债率来反映。

3）与合伙人相关的战略测量

合伙人相关的战略测量主要反映合伙人在既定的满意度目标下，对于战略的选择，本文主要对于 XX 会计师事务所 2012 年至 2013 年的定性指标收入增长率、投资收益率和定性指标以及关于战略调整的及时性进行测量，整体体现合伙人对于 XX 会计师事务所发展目标的选择。

4）与合伙人相关的流程测量

合伙人相关的流程度量主要反映了合伙人对 XX 会计师事务所组织架构以及管理水平。流程实施的程度，反映了合伙人对于战略目标的执行情况。由于流程的实现程度反映了 XX 会计师事务所的市场地位和核心竞争力，本案例运用新增业务收益、地区综合排名以及上级管理费用反映合伙人对于战略实现的程度。

5）与合伙人相关的能力测量

对于合伙人的能力度量，是绩效棱柱模型在 XX 会计师事务所运用的另一个重要侧面，由于合伙人的能力不但对于事务所发展状况、事务所文化形成以及事务所制度建设具有重要影响。因此本案例借助管理能力评估、在核心能力上的投资水平以及对审计风险的控制能力三个方面对合伙人的能力进行度量。

本案例根据 KPI 思想，将 XX 会计师事务所在绩效棱柱模型下合伙人相关的具体测量指标的选取如表 7-17 所示。

表 7-17　绩效棱柱模型下合伙人相关的指标选取

合伙人满意的测量评价指标				
指标	定量分析		定性分析	
	2012 年	2013 年	2012 年	2013 年
净资产报酬率	1.56	0.42	—	—
净利润增长率	2.89	-0.73	—	—
成本费用利润率	0.17	0.04	—	—
合伙人贡献相关的测量评价指标				
指标	定量分析		定性分析	
	2012 年	2013 年	2012 年	2013 年
净资产增长率	1.56	0.42	—	—
流动比率	1.68	1.60	—	—
资产负债率	0.64	0.67	—	—
合伙人相关的战略测量评价指标				
指标	定量分析		定性分析	
	2012 年	2013 年	2012 年	2013 年
收入增长率	0.10	0.13	—	—
战略调整的及时性	—	—	3.1	3.2
投资收益率的实现程度	2.58	3.13	—	—

续表

合伙人相关的流程测量指标				
指标	定量分析		定性分析	
	2012 年	2013 年	2012 年	2013 年
新增业务收益	21600	907849	—	—
地区综合排名	—	—	5	3
上级管理费用	0	700600.58	—	—

合伙人相关的能力测量指标				
指标	定量分析		定性分析	
	2012 年	2013 年	2012 年	2013 年
管理能力评估	—	—	3.2	3.5
在核心能力上的投资水平	—	—	2.7	3
对审计风险控制的能力	—	—	3.5	4

2. XX 会计师事务所被审顾客的绩效评价

对于 XX 会计师事务所来说，被审计顾客希望得到更好的服务，这一点主要依赖于审计等单位的专业能力和对于审计质量的可靠性等因素。因此，本案例以与此相关的指标作为衡量 XX 会计师事务所的主要依据。

1）与被审计顾客满意度相关的测量

被审计顾客的满意度往往影响着被审计顾客的忠诚度。面对越来越激烈的竞争，事务所与顾客关系的良好建立，是事务所面对外部环境变化以及深度利用顾客资源的主要方式。本文运用审计质量的可靠性、审计单位的专业能力作为基本要求，审计单位的服务态度作为附加要求，对 XX 会计师事务所被审计顾客满意度进行衡量。

2）与被审计顾客贡献的相关测量

被审计顾客的贡献不但对于降低事务所维系顾客关系的成本产生重要影响，对于事务所的发展也起着至关重要的作用。作为被审顾客，本案例采用四个维度进行衡量，这四个方面与事务所树立良好声誉、扩大事务所影响力、提高事务所社会地位息息相关。

3）与被审计顾客相关的战略测量

被审计顾客的战略往往决定被审顾客的审计需求，而这些审计需求往往取决于被审计单位本身的情况，由于被审计顾客公司规模参差不齐，被审计单位的需求也就存在很大差异。其次，由于审计结果对于被审顾客的影响也无法直接量化，本案例运用 KPI 的思想采取三个重要指标对被审计顾客战略相关维度进行定性分析。

4）与被审计顾客相关的流程测量

XX 会计师事务所在审计被审计顾客的过程中，由于审计双方都考虑到了成本效益原则以及所面临的风险因素，被审计单位更倾向于降低审计流程过程中的成本以实现最好的审计结果，与此同时 XX 会计师事务所与被审计顾客在审计过程中也存在着不同的风险。

5）与被审计单位相关的能力测量

被审计单位的相关能力往往决定了审计的效率，被审单位与审计单位的沟通效果以及最终审计意见的调整水平。本案例与之相关的三个指标进行衡量，不单考虑到被审计单位在审计过程中目标的实现，同时也考虑到审计单位的审计效益。

本案例根据 KPI 思想，将绩效棱柱模型下与被审计顾客相关的五个侧面的指标测量因素表示为如表 7-18 所示。

表 7-18　绩效棱柱模型下与被审计顾客相关的指标选取

与被审计顾客满意度相关的测量指标				
指标	定量分析		定性分析	
	2012 年	2013 年	2012 年	2013 年
审计质量的可靠性	—	—	4	4.5
审计单位的服务态度	—	—	3	3.2
审计单位的专业能力	—	—	3.8	4.3

与顾客贡献相关的测量指标				
指标	定量分析		定性分析	
	2012 年	2013 年	2012 年	2013 年
被审计顾客的忠诚度	—	—	2.8	3
被审计顾客对审计意见的执行水平	—	—	3	3.5
被审计单位的诚信	—	—	3.4	3.8
被审计单位对审计单位审计过程的支持水平	—	—	3.2	3.3

与顾客贡献相关的测量指标				
指标	定量分析		定性分析	
	2012 年	2013 年	2012 年	2013 年
被审计顾客的平均规模	—	—	2.9	3.3
被审顾客的业务需求	—	—	3	3.15
审计结果对被审计顾客的影响	—	—	3.8	4

与被审计顾客相关的流程测量指标				
指标	定量分析		定性分析	
	2012 年	2013 年	2012 年	2013 年
审计的频率			2.1	2.5
除财务报表审计外新增咨询业务的需求产生的费用	1 198 985.02	–7 210.27	—	—
与被审计单位相关的坏账准备	170 763.72	—	—	—

合伙人相关的能力测量指标				
指标	定量分析		定性分析	
	2012 年	2013 年	2012 年	2013 年
被审计顾客的专业知识水平	—	—	3.4	3.5
被审计顾客的沟通能力	—	—	3.6	3.6
审计意见调整的反馈	—	—	3.2	3.4

3. XX 会计师事务所内部员工的绩效评价

以注册会计师为主的审计雇员是包括 XX 会计师事务所在内非常重要的资源之一，他们往往在事务所内部的各个流程中发挥着不可替代的作用。不论是现代以人为本的管理理念，还是科斯所提出的公司契约论，公司的员工的能力与素质都会影响公司的核心竞争力，甚至对公司的可持续发展产生重要影响。对于公司内部员工，他们更加希望能够获得更加满意的工作环境、更加满意的工资待遇、赢得他人的尊重和认可等。相反对于另一个利益相关者雇主而言，对知识资源的不断重视的同时，雇主们也更希望员工可以更有效率，为公司创造更多的价值。本案例根据绩效棱柱模型以及 KPI 的思想，将科斯所提及的另一个利益相关者内部员工的绩效进行评价。

1）内部员工满意度相关的测量

作为 XX 会计师事务所人力资源的代表，员工的满意度往往取决于事务所的薪资福利以及个人的发展空间等因素。本案例始终将 KPI 的核心思想作为绩效棱柱指标的宗旨，以四项主要指标作为员工满意度进行衡量。

2）内部员工贡献的相关的测量

不论是事务所对于人力资源的管理还是员工本身的职业操守，都需要员工在工作过程中兼成本与效益原则。智力密集型公司的人力资源管理对于雇员的有效管理，一方面要关注对员工对外培训的收益，另一方面则是员工本身的贡献能力与水平。员工本身的职业操守以及道德品质也影响着员工对于公司本身的贡献力的大小。

3）内部员工相关的战略测量

以员工主要相关的战略性维度，主要是通过指标体现员工在自我发展战略目标与会计师事务所发展的耦合性。内部员工在公司发展的过程中更加注重公司对于员工的培养、公司对于人才的有效管理以及人才管理下的人才结构的选择。

4）内部员工相关的流程测量

从员工在实施审计为主的业务流程角度来看，员工更看重会计师事务所对员工的保护性。这种保护作为员工应有的权利成为员工在工作流程中看中的重要层面。

5）内部员工相关的能力测量

员工的能力反映了会计师事务所整体的综合水平，而对于员工以审计为主的业务流程操作的角度来看，会计师事务所更加注重员工的实务经验，对会计师事务所规定以及审计流程的熟悉程度。

本案例根据 KPI 思想，将绩效棱柱模型的五个侧面融入内部员工的绩效测量之中，其中各个指标的测量值如表 7-19 所示。

表 7-19　绩效棱柱模型下内部员工相关的指标选取

内部员工满意度相关的测量指标

指标	定量分析		定性分析	
	2012 年	2013 年	2012 年	2013 年
薪酬水平	24 262 125.61	31 749 079.42	—	—
福利水平	91 433.18	274 731.19	—	—
职业风险基金	6 616 453.08	4 996 002.55	—	—
提供员工培训的费用	41 014	22 274	—	—

内部员工贡献的相关的测量指标

指标	定量分析		定性分析	
	2012 年	2013 年	2012 年	2013 年
员工的工作效率	—	—	3.5	3.8
员工的服务质量	—	—	3.7	4
员工提供培训的收入	358 706.55	362 621.94	—	—

内部员工相关的战略测量指标

指标	定量分析		定性分析	
	2012 年	2013 年	2012 年	2013 年
留用人员年平均数	53 人	56 人	—	—
管理人员与员工的人数比	0.28	0.25	—	—
提供培训的有效性	—	—	3.4	3.7

内部员工相关的流程测量指标

指标	定量分析		定性分析	
	2012 年	2013 年	2012 年	2013 年
劳动保护费	1 265 069.22	2 534 400.55	—	—
职业风险金	2 154 614.09	2 244 956.94	—	—
职业责任保险费	65 852.33	37 500	—	—

内部员工相关的能力测量指标

指标	定量分析		定性分析	
	2012 年	2013 年	2012 年	2013 年
员工的水平与实务经验	—	—	3.2	3.5
每个员工每年的受训时间	2 周	3 周	—	—
员工对公司相关规定的熟悉程度	—	—	3.5	4

4. XX 会计师事务所审计业务委托人的绩效评价

会计师事务所与审计业务委托人之间的关系，往往对于审计活动过程的顺利性产生重要影响。审计业务委托人对于审计单位的要求往往倾向于审计服务的速度、准确性以及审计费用的低廉。这些方面往往对于两者的关系产生重要影响。

根据绩效棱柱模型以及 KPI 中的 SMART 思想，本案例对 XX 会计师事务所的评价侧重于以下几个方面。

1）与业务委托人满意度相关的测量

业务委托人作为受托责任的重要一方，既与被审顾客有着特殊的关系，也同样与审计单位有这微妙的业务关系。一般作为公司管理层的业务委托人对于事务所的满意度就以与此相关的几个维度进行反应，这些也是审计受托责任观的重要体现。

2）与业务委托人贡献相关的测量

从事务所角度来看，对于业务委托人的要求，既反映了业务委托人的贡献程度，也对事务所不断发展完善产生重要影响。由于本案例主要以 XX 会计师事务所的审计业务为绩效衡量的主要指标，那么事务所作为一种服务机构对于业务委托人而言更加关

注的就是审计业务经费的取得以及今后与业务委托人之间的长期合作机会。

3）与业务委托人相关的战略测量

对于业务委托人相关的战略测量主要反映业务委托人对于会计师事务所业务需求与公司发展的相关度，从另一方面也体现事务所对于业务委托人的价值。业务委托的多元化以及业务委托人对于 XX 会计师事务所经费的权衡都是业务委托人在战略发展过程中需要考虑的重要因素。

4）与业务委托人相关的流程测量

业务委托人对于业务流量的反应主要体现在事务所与公司之间的沟通与交流，业务委托人对于事务所的要求是事务所与业务委托人形成合作关系的重要因素。在与 XX 会计师事务所审计流程成本的降低是业务委托人作为一个经济主体的合理考量。

5）与业务委托人相关的能力测量

业务委托人的能力体现了业务委托人的核心能力，也从另一个侧面反映业务委托人所代表的集团或公司与事务所协作的畅通情况，为此，对业务委托人相关能力测量，影响 XX 会计师事务所的风险水平，成为 XX 会计师事务所的另一个重要绩效考核思路。

本案例根据 KPI 思想，基于绩效棱柱模型，将与业务委托人相关的五个侧面的指标度量表示为如表 7-20 所示。

表 7-20　绩效棱柱模型下与业务委托人相关的指标选取

与业务委托人满意度相关的测量指标				
指标	定量分析		定性分析	
	2012 年	2013 年	2012 年	2013 年
审计服务的质量	—	—	4	4.2
审计完成的及时性	—	—	4.5	4.5
XX 会计师事务所与业务委托人之间的沟通	—	—	3.8	4

与业务委托人贡献相关的测量指标				
指标	定量分析		定性分析	
	2012 年	2013 年	2012 年	2013 年
与主营业务相关的经费	80 521 356.38	90 929 817.28	—	—
对审计单位的忠诚度	—	—	3.2	3.5
对审计意见的修正程度	—	—	3.3	3.5

与业务委托人相关的战略测量指标				
指标	定量分析		定性分析	
	2012 年	2013 年	2012 年	2013 年
与战略相关的业务委托需求水平	—	—	2.9	3
与委托人沟通而形成的相关费用	513 933.16	2 076 676	—	—

与业务委托人相关的流程测量指标				
指标	定量分析		定性分析	
	2012 年	2013 年	2012 年	2013 年
招待费用	407 156.61	196 378	—	—
经营性应收项目的减少	−16 733 035.77	17 439 801.48	—	—
业务委托人对审计单位的意见和要求	—	—	3.5	3.8

续表

与业务委托人相关的能力测量指标				
指标	定量分析		定性分析	
	2012 年	2013 年	2012 年	2013 年
对审计单位费用的支付能力	—	—	4.5	4.7
与审计单位的沟通能力	—	—	4	4.2
业务委托人的专业能力和道德水平	—	—	3.7	3.9

5. XX 会计师事务所政府及公众等信息使用者的绩效评价

由于审计报告对于政府以及公众等这新信息使用者是十分重要的，同时公众及政府对于审计报告的反应也会对被审计单位以及审计单位产生不同程度的影响。作为绩效棱柱模型中重要的组成部分，本案例就对政府以及公众等信息使用者的绩效进行评价。

1）与政府及公众满意度相关的测量

政府与公众对事务所的满意度，主要是对事务所对政府及公众的一种社会责任。对于政府以及公众满意度的测量对于事务所树立良好公众形象，保证公信力进而形成一定的核心竞争力有着重要意义。

2）与政府及公众贡献相关的测量

政府及公众对事务所的贡献主要体现在政府对于事务所的支持水平以及公众对于事务所的认知程度，者两点都会影响 XX 会计师事务所的文化软实力在行业中的竞争水平。

3）与政府及公众相关的战略测量

与政府及公众有关的战略测量，主要体现政府及公众在社会治理以及公众运用事务所提供相关信息对政府以及公众的影响。对于与政府及公众的战略测量主要体现政府与公众的战略相对于 XX 会计师事务所的契合程度，在很大程度上当今的会计师事务所越来越注重公司内部文化养成以及公司公信力对于公众的影响。

4）与政府及公众相关的流程测量

与政府及公众相关流程方面的测量，主要考量了政府在制订相关政策以后，包括事务所在内的公众对于规定的了解程度以及实施情况。而对于事务所的内部政策了解程度以及内部审计达标水平是政府考察事务所在业务流程上是否违规的主要方式。

5）与政府及公众相关的能力测量

对于政府以及公众的能力测量，从事务所的角度来讲，主要体现了政府及公众对事务所业务的认可程度，而这种认可往往也反映了政府以及公众的能力水平。本案例根据 KPI 思想，基于绩效棱柱模型，将与政府及公众相关的能力测量指标量值表现为如表 7-21 所示。

表 7-21　绩效棱柱下与政府及公众相关指标的选取

与政府及公众满意度相关的测量				
指标	定量分析		定性分析	
	2012 年	2013 年	2012 年	2013 年
公益性捐赠支出	150 000	5 000	—	—
营业税金及附加	4 511 166.94	4 295 309.03	—	—
解决就业的水平	—	—	3.8	4

与政府及公众贡献相关的测量				
指标	定量分析		定性分析	
	2012 年	2013 年	2012 年	2013 年
现有规定的成熟度	—	—	3.2	3.6
对公司要求的反馈程度	—	—	3.8	4
提供建议的水平	—	—	3.5	3.7

与政府及公众相关的战略测量				
指标	定量分析		定性分析	
	2012 年	2013 年	2012 年	2013 年
违反规定的程度	—	—	0.5	0.3
不遵守规定对成本造成的影响	—	—	0.3	0.3

与政府及公众相关的流程测量				
指标	定量分析		定性分析	
	2012 年	2013 年	2012 年	2013 年
对规定的了解程度	—	—	3.8	4
对内部政策的了解程度	—	—	3.2	3.4
内部审计达标水平	—	—	4	4.3

续表

与政府及公众相关的能力测量				
指标	定量分析		定性分析	
	2012 年	2013 年	2012 年	2013 年
对审计单位的信任程度	—	—	4	4.3
对审计单位的政策支持	—	—	3.4	3.7

第8章 风险管理工具

第1节 风险管理的基本框架

一、风险管理的含义

企业风险管理，是指企业对风险进行有效评估、预警、应对，为企业风险管理目标的实现提供合理保证的过程和方法。企业风险，是指不确定事项对企业实现战略与经营目标产生的影响。企业风险管理并不能替代内部控制，企业应当建立健全内部控制制度，并作为风险管理的工作基础。

在理解企业风险管理时，注意以下几点：①风险管理是持续开展、贯穿整个企业的一种流程；②由企业内各级人员执行；③在战略制订中实行；④在整个企业范围内，也就是在企业的每个层面和每个单元中予以实行，包括从整个公司角度即组合的角度来审视风险；⑤旨在识别可能会对企业产生影响的潜在事件，把风险控制在企业的承受能力之内；⑥能够为企业管理层和董事会提供合理保证；⑦目的是实现一个类别或多个分立而交叠的类别中的目标——只是"实现目标的一种手段，其本身并不是目标"。

企业可根据风险的来源、影响、性质、责任主体等不同标准，建立起符合风险管理需要的，满足系统性、完整性、层次性、可操作性、可扩展性等要求的风险分类框架。风险管理领域应用的管理会计工具，一般包括风险矩阵、风险清单等。企业可结合自身的风险管理目标和实际情况，单独或综合应用不同风险管理工具。

二、风险管理的基本原则

企业进行风险管理，一般应遵循以下原则：

（1）合规性原则。企业风险管理应符合相关政策的要求和监管制度的规定。

（2）融合性原则。企业风险管理应与企业的战略设定、经营管理和业务流程相结合。

（3）全面性原则。企业风险管理应覆盖企业的所有的风险类型、业务流程、操作环节和管理层级与环节。

（4）重要性原则。企业应对风险进行评价，确定需要进行重点管理的风险，并有针对性地实施重点风险监测，及时识别、应对。

（5）平衡性原则。企业应权衡风险与业绩和风险管理成本与风险管理收益之间的关系。

三、风险管理的应用环境

（1）企业应强化风险管理意识，形成与本企业经营状况相适应的风险管理理念，培育和塑造良好的风险管理文化，建立风险管理培训、传达、监督和激励约束机制，将风险管理意识转化为员工的共同认识和自觉行动。

（2）企业应根据相关法律法规的要求和风险管理的需要，建立组织架构健全、职责边界清晰的风险管理结构，明确董事会、监事会、经营管理层、业务部门、风险管理部门和内审部门在风险管理中的职责分工，建立风险管理决策、执行、监督与评价等职能既相互分离与制约又相互协调的运行机制。

（3）企业应建立健全能够涵盖风险管理主要环节的风险管理制度体系。一般应包括风险管理决策制度、风险识别与评估制度、风险监测预警制度、应急处理制度、风险管理考核制度、风险管理评价制度等。

（4）企业应将信息技术应用于风险管理的主要环节，并建立与财务信息系统和业务信息系统的信息共享机制与方式。

四、风险管理的应用程序

企业应用风险管理工具，一般按照风险管理目标的设立、风险识别、风险分析、风险监测与预警、风险应对、风险管理沟通、风险管理考核、风险管理有效性评价等程序进行。

（一）风险管理目标的设定

风险管理目标是在确定企业风险偏好的基础上，将企业的总体风险和主要类型的风险控制在风险容忍度范围之内。每个企业都面临着来自外部和内部的一系列风险，设定目标是有效进行事项识别、风险评估和风险应对的前提。目标设定应与企业的风险偏好相协调，后者决定了企业的风险承受度。

1. 战略目标

战略目标是企业高层次的目标，它与企业的使命、愿景相协调，并支持使命和愿景。战略目标反映了企业管理层就企业如何努力为其利益相关者创造价值所做出的选择，管理层要识别与此选择相关的风险点，并考虑他们对企业可能产生的影响。

2. 其他目标

在战略目标的基础上得考虑其他目标。尽管不同企业的其他相关目标有所不同，但大致上可以分为经营目标、报告目标和合规性目标。

1）经营目标

经营目标与企业经营的效率和效果有关，包括业绩和盈利目标以及保护资产不受损失等。经营目标需要反映企业所处的特定的市场、行业和外部环境，例如，经营目标需要与有关质量的竞争压力、缩短新产品投放市场的周期或者生产技术的变革相关。

2）报告目标

报告目标与报告的可靠性有关，包括内部和外部报告，并且可能涉及财务与非财务信息。

3）合规性目标

合规性目标与符合相关法律和法规有关，取决于外部因素，在一些情况下对所有企业而言都很类似，而在另一些情况下则在一个行业内有共性。

一项行动计划有助于实现多个控制目标。一般来说，报告目标和合规性目标相对比较容易实现，在企业的控制范围之内；而经营目标比较难以实现，取决于外部因素：①外部竞争对手的状况；②环境因素；③政治因素；④法律因素。内部控制有助于减轻外部因素的影响。

与目标设定相关的两个概念非常重要：风险偏好与风险承受度。①风险偏好。风险偏好，是指企业愿意承担的风险及相应的风险水平。企业的风险偏好与企业的战略直接相关，企业在制订战略时，应考虑将该战略的既定收益与企业的风险偏好结合起来，目的是要帮助企业的管理者在不同战略间选择与企业的风险偏好相一致的战略。在战略制订过程中运用风险管理方法，有助于企业管理层选择一个符合自身风险偏好的企业战略。②风险容忍度。风险容忍度，是指企业在风险偏好的基础上，设定的风险管理目标值的可容忍波动范围。风险容忍度与企业的目标相关，是相对于实现一项具体目标而言可接受的偏离程度。风险容忍度有两重含义：作为风险偏好的边界和企业采取行动的指标。在风险偏好以外，企业可以设置若干承受度指标，以显示不同的警示级别。

值得注意的是，风险偏好和风险容忍度是针对公司的重大风险制订的，对企业的非重大风险的风险偏好和风险容忍度不一定要十分明确，甚至可以先不提出，企业的风险偏好依赖于企业的风险评估的结果。由于企业的风险不断变化，企业需要持续进行风险评估，并调整自己的风险偏好。

（二）风险识别

企业应根据风险形成机制，从企业的内部和外部识别可能影响风险管理目标实现的风险因素和风险事项。风险识别需要研究和回答的问题包括：①现在的和潜在的风险有哪些；②哪些风险应予研究；③引起风险事件的主要原因是什么；④这些风险所引起的后果如何；⑤识别风险的各种管理措施是否到位。在识别风险时，企业应当考虑在整个企业范围内的各种可能产生风险和机会的内部和外部因素。

对于风险管理主体来说，凭借其经验和一般知识便可识别和分析其面临的常见风险。但对于新的、潜在的风险，其识别和分析难度较大，需要按照一定的方法，在必要时还要借助外部力量，来进行识别与分析。主要方法包括情景分析法、历史分析法、流程分析法、风险问卷法和财务报表法等。

1. 情景分析法

情景分析法常常以头脑风暴的形式，来发现一系列主要的与经济、政治、技术、文化等相关的影响企业业绩的风险因素。这种方式可以识别世界将来发展的一个趋势。一旦某种趋势被识别出后，跟着就要分析这种趋势对企业将会产生怎样的影响，然后发现一系列存在的或潜在的风险因素。

从战略层次看，情景分析法对于识别由于新技术的出现、产业结构变化以及经济状况的变化等这些宏观环境所导致的风险特别有效。情景分析法也能被用在偏策略的层次来发现一些现存的风险因素，以及这些风险因素产生的影响。

2. 历史事件分析法

历史事件分析法通过分析历史风险事件来总结经验，进而识别将来可能发生的潜在风险。一般情况下，先收集一些产生不良后果的历史事件案例，然后分析总结导致这些事件发生的风险因素。而且这个分析过程也包括对那些在实际中没导致损失但却暗示着潜在危机的事件的分析。例如，零部件出现短缺、客户需求突然发生变化、生产和产品质量发现问题等等。

历史事件分析法的缺点是重大风险事件是很少发生的，实务中并不存在足够的风险事例用来分析。历史事件分析法的另一个问题是它只能识别那些已经发生过的事件风险因素，容易忽视一些新的还没有出现过的重要风险因素，特别是那些与技术更新、行业实践与产业动态相关而从没出现过的风险因素。

3. 流程分析法

企业风险因素也可以通过分析业务流程而识别出。这种方法首先绘制出展现不同业务功能的业务流程图，而且这个流程图必需足够详尽包括从起点到终点的整个可供分析的业务流程。这个流程图里的每一步都代表一个独立的业务流程，要弄清楚关于这个流程的细节，包括它的目的、如何进行、由谁来进行以及所以可能导致的失误。业务流程图完成后，它就可以被用来分析并发现控制缺陷、潜在失效环节以及其他的薄弱环节。要特别留意那些不同的部门或组织的交接处可能产生的潜在风险。这个分析可以识别出那些并没有展示在现有流程中的被遗漏的控制程序，另外它还可以识别出那些被错置的任务和职责，而它们可能导致流程错误或失控。

流程分析法对于识别那些与不良执行相关的风险因素特别有效。与历史事件分析法不同，流程分析法可以在损失实际发生之前就识别出那些潜在的风险。它也可以帮助弄清这些潜在风险对整个企业运营将会产生的影响大小。不同的风险识别方法适合于识别一定层次的风险。流程分析法和历史事件分析法可以用来识别操作层的风险。市场风险几乎都是通过历史事件分析法识别的。另外，虽然历史事件分析可能难于用来识别像名誉风险这样的无形风险，但它却可以估计出风险事件的频度和量度。最后，情景分析法可以被灵活的使用，识别战略层次的各种主要风险。

4. 风险问卷法

风险问卷又称为风险因素分析调查表。风险问卷法是以系统论的观点和方法来设计问卷，并送给企业内部各类员工去填写，由他们回答本单位所面临的风险和风险因素。一般说来，各企业基层员工亲自参与到企业运作的各环节，他们熟悉业务运作的细节情况，对企业的影响因素和薄弱环节最为了解，可以为风险管理者提供许多有价值的、细节的有关局部的信息，帮助风险管理者来系统地识别风险，准确地分析各类风险。

5. 财务报表法

财务报表法就是根据企业的财务资料来识别和分析企业每项财产和经营活动可能遭遇到的风险。财务报表法是企业使用最普遍，也是最为有效的风险识别与分析方法，因为企业的各种业务流程、经营的好坏最终体现在企业资金流上，风险发生的损失以及企业实行风险管理的各种费用都会作为负面结果在财务报表上表现出来。因此，企业的资产负债表、利润表、现金流量表和各种详细附录就可以成为识别和分析各种风险的工具。

风险识别是一个动态的过程，公司应该定期评估它们的风险管理机制。影响公司的外部因素、公司所在的行业或者总体经济情况都可能导致公司面临风险的变化。新技术、分销渠道、竞争、法律法规都会产生新的风险。企业引进新的产品或技术，实施新的流程和政策，都会导致原来的风险管理机制失效。

（三）风险分析

企业应在风险识别的基础上，对风险成因和特征、风险之间的相互关系，以及风险发生的可能性、对目标影响严重程度和可能持续的时间进行分析。

（四）风险监测与预警

企业应在风险评价的基础上，针对需重点关注的风险，设置风险预警指标体系对风险的状况进行监测，并通过将指标值与预警临界值的比较，识别预警信号，进行预警分级。

（五）风险应对

风险应对是指在确定了决策的主体经营活动中存在的风险，并分析出风险概率及其风险影响程度的基础上，根据风险性质和决策主体对风险的承受能力而制订的回避、承受、降低或者分担风险等相应防范计划。制订风险应对策略主要考虑四个方面的因素：可规避性、可转移性、可缓解性、可接受性。企业应针对已发生的风险或已超过监测预警临界值的风险，采取风险承担、风险规避、风险转移、风险分担、风险转换、风险对冲、风险补偿、风险降低等策略，把风险控制在风险偏好及容忍度之内。

（六）风险管理沟通

企业应在企业内部各管理级次、责任单位、业务环节之间，以及企业与外部投资者、债权人、客户、供应商、中介机构和监管部门等有关方面之间，将风险管理各环节的相关信息进行传递和反馈。企业应建立风险管理报告制度，明确报告的内容、对象、频率和路径。

（七）风险管理考核

企业应根据风险管理职责设置风险管理相关机构和人员的风险管理考核指标，并纳入企业绩效管理，建立明确的、权责利相结合的奖惩制度，以保证风险管理活动持续性和有效性。风险管理部门应定期对各职能部门和业务部门的风险管理实施情况和有效性进行考核，形成考核结论并出具考核报告，及时报送企业经营管理层和绩效管理部门。

（八）风险管理有效性评价

企业应对风险管理制度和工具设计的健全性、实施后的有效性，以及风险管理目标的达成情况进行评价，识别是否存在重大风险管理缺陷，形成评价结论并出具评价报告。

五、企业风险管理案例 [①]

（一）企业概况

某核电企业（以下简称 AB 公司）是国内一家从事核电站运营技术集约领域科技研发和产业化经营一体化的专业化公司，公司经营范围包括为核电电力、常规电力企业提供管理服务、技术服务与咨询。

AB 公司现有员工近 1500 人，员工平均年龄 32 岁，本科以上学历员工约占总人数的 75.5%，具有正（副）高级职称员工约占总人数 14.59%。AB 公司主要为国内各核电基地的运营提供技术支持服务，由职能部门和业务中心构成，职能部门设置与常规电力企业类似，主要业务中心包括：

（1）DXZX：承担核电厂大修业务的实施；承担大修管理标准体系建设技术支持等。

（2）BZHZX：承担各在建项目生产准备支持业务；承担生产准备标准化体系建设技术支持等。

（3）BJZX：承担备件编码、备件共享、备件物流、供应商筛选与评价、委托采购、设备监造工作，承担多基地库存优化工作等。

（4）PXZX：承担高端课程开发、模拟机高级维护、核心人才培养、技能培养和防人因行为训练工作；承担运营培训标准化体系建设技术支持等。

该公司的核心任务是：行使集团公司对核电生产运营的管理职能，对核电运营企业进行业务指导和管理，专注提高安全业绩、运营业绩，代表集团公司更好地落实核安全管理责任；强化生产准备和运营管理标准化，

---

① 本案例改编自：何新威："AB 核电企业全面风险管理体系设计与应用"，华南理工大学工程硕士学位论文，2016。

向在建核电项目复制和移植某核电基地的有益经验，确保新机组在较短时间内能达到一致的较高的安全生产水平；整合技术资源，为各核电厂提供集约化与共享平台服务，加强风险控制，提高安全质量与效率，节约运营维护成本；推进核电运营人才队伍建设，统筹培养运营核心人才。

该公司的长期愿景及近期业务：通过整合集团内部运营技术资源，为各核电厂提供标准化、专业化、集约化服务，帮助各在建核电机组顺利完成生产准备任务、各在运核电机组提升安全生产业绩，并通过各项管控和支持服务业务的完成，持续提升自身能力，实现组织与员工的共同发展。

（二）AB 公司风险管理现状分析

就 AB 公司全面风险管理实施现状来看，尚存在着一些问题，使得公司全面风险管理工作不能很好地推进，难以发挥风险管理的价值。

（1）从全面风险管理的组织体系进行分析：首先，公司未设置风险管理部门，而是仅有一位兼职人员，缺乏理论知识扎实、实践经验丰富的专业化团队。其次，起牵头作用的部门与其他部门并不是上下级关系，而是平行关系，从而使得其缺乏一定的领导力和权威性，导致部门之间的协调管理受阻。此外，公司各部门及业务中心未专门配置员工负责风险管理工作，一人身兼多职的人事岗位配置无法很好地达到风险管理人员应有业务及绩效水平，进而影响公司风险管理工作的工作成效。

（2）从全面的风险管理文化建设进行分析：首先，员工对于公司风险管理理念的认识不够全面，只有一小部分员工兼职参与公司风险管理工作，其余大部分员工并不接触公司风险管理的工作。其次，公司在过去几年将风险管理的重点放在安全生产领域，而随着公司内外部环境变化日益剧烈，公司才逐渐着手管理财务、市场、法律等风险，且由于员工对于风险的理解不尽相同，各业务之间的沟通存在较大障碍。最后，风险管理的工作仅覆盖了公司本部，各业务中心尚未全面开展风险管理工作，未达到全面风险管理的要求。

（3）在全面风险管理与日常经营管理的协同方面：存在风险管理与业务"两张皮"、也就是风险管理和经营管理不能共同发展，其原因是公司在实行全面风险管理工作初期，将全面风险管理体系视为一项新增加的业务或者管理体系，这样就在企业内部形成了两套企业管理系统，即原有的企业管理系统和全面风险管理体系，导致全面风险管理与日常经营管理活动相互"打架"。

（4）从全面风险管理监督机制方面进行分析：公司缺乏全面公司风险管理监督机制，公司没有专门设立对公司各部门及业务中心的风险管理工作进行监督和考核的机构，不能及时、全面、有效地诊断和评价风险体系运作的有效性，并对现有的问题进行纠正。

（5）在全面风险管理信息系统方面：虽然公司已建立风险管理信息系统，但该系统仅是展示风险评估结果信息的平台，并不是真正意义上的风险管理信息系统，公司缺乏一个覆盖全公司信息的专属风险管理信息化平台，所以在现实工作中，风险辨识、风险分析、风险评估、风险监控等均采用线下表格方式开展，风险管理工作量大、工作效率低，风险信息沟通存在障碍，导致风险管理的实施成效不明显。

（三）AB公司全面风险管理体系设计

企业的全面风险管理体系是一套机制，包括风险管理的目标与原则、组织架构与职责、管理流程与系统、管理报告和考核。

1. 目标与原则

1）目标

全面风险管理的目标是围绕企业经营目标，有效管理企业重大风险，确保将风险控制在与总体目标相适应并可承受的范围内，促进企业战略目标的顺利实现。

2）原则

（1）战略导向原则：全面风险管理是为企业发展战略服务，其管理目标和管理活动均以企业发展战略、经营目标及年度经营任务为导向，坚持预防为主、事前控制，为企业战略目标的实现提供支持。

（2）全员参与原则：全面风险管理是全体员工的工作职责，每位员工结合自身工作，充分主动开展风险管理，从业务和流程中辨识、分析与应对风险，履行全面风险管理工作职责，自觉防范和控制风险。

（3）全方位管理原则：全面风险管理是企业各层面的工作与任务，为更好地实现企业的风险管理与日常经营管理结合发展，企业各个部门应该将企业风险管理理念贯穿于经营管理的各方面和业务流程的各环节。

（4）充分整合原则：充分整合企业所有的管理体系，通过对现有组织职能、制度程序和信息系统的梳理，加入相关风险管理要素，使风险管理工作落实到日常管理工作中。

（5）减免损失与创造价值相结合的原则：风险可能是负面的也可能是正面的。要根据企业发展战略，在重点采取承担、规避、转移、控制等手段管理风险的同时，按照企业的风险承受度，积极探索利用风险的方法，如在资金管理风险、市场经营风险等方面合理发挥风险理财功能，创造价值。

2. **组织架构与职责**

对标国资委《中央企业全面风险管理指引》并参考行业最佳实践，对《公司全面风险管理制度》的风险管理组织体系和职责设置如图 8-1 所示。

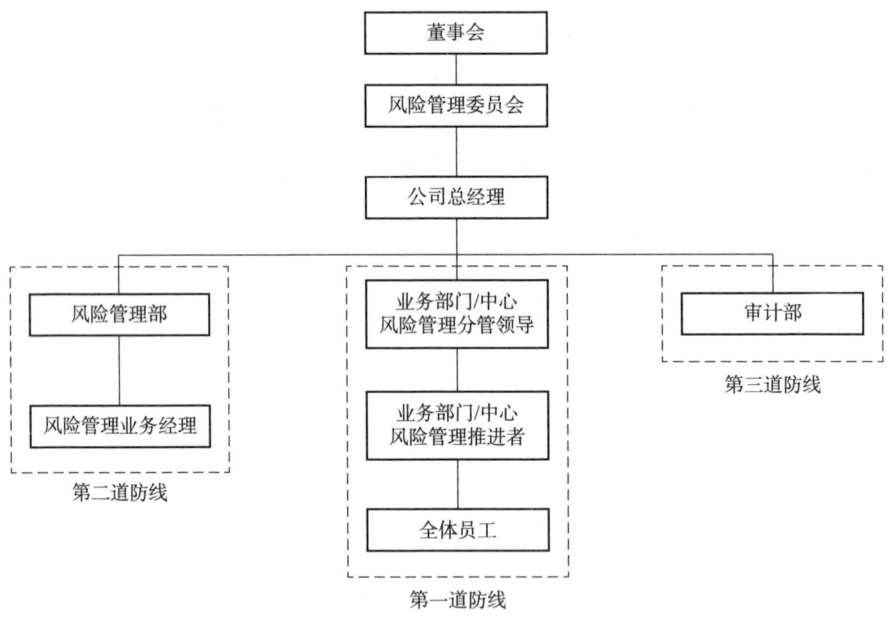

图 8-1　公司风险管理三道防线示意图

1）董事会

董事会对公司全面风险管理负最终领导责任，确保风险管理体系稳健妥善，持续监督管理层设计、执行以及监测风险管理的工作。

2）风险管理委员会

公司总经理是公司风险管理委员会的主任，委员会主要成员还包括总经理部成员、各部门负责人，主要履行以下职责：

（1）负责公司整体风险的管控，对公司风险管理体系的有效性向董事会负责；

（2）对公司的风险管理策略和重大风险管理办法进行审核批准；

（3）查阅记录公司的年度风险事件的一系列重要资料，并签字确认；

（4）根据股东要求，办理全面风险管理其他重大事项。

3）总经理

公司总经理得到公司董事会的授权，拥有对企业重要风险管理工作的决策权，主要职责如下：

（1）代表管理层向董事会确保风险管理体系的有效性并持续改进风险管理体系；

（2）确定公司全面风险管理总体目标；

（3）审批《公司全面风险管理》制度和风险管理相关工作流程；

（4）审批公司全面风险管理组织机构设置及其职责；

（5）审批公司风险监控月报，也可授权公司分管总经理审批；

（6）持续监督、评价公司全面风险管理体系建设和运作的有效性。

4）风险管理部

公司风险管理部接受集团公司的指导，主要职责如下：

（1）组织公司相关部门建立全面的风险管理体系，并根据公司发展不断进行改进；

（2）编制升级版本程序和风险管理相关工作流程；

（3）对企业各部门开展风险管理工作进行指导，并监督其工作的执行情况；

（4）编制公司全面风险管理方案；

（5）编制公司年度风险管理报告、风险监控月报；

（6）组织对公司重大风险事件的事前、事中与事后调查、评估与分析；

（7）培育公司风险管理文化；

（8）维护和管理公司风险管理信息系统；

（9）办理公司全面风险管理的其他工作。

5）审计部

审计部在公司全面风险管理工作中除了履行作为一般职能部门的职责外，还行使独立的审计监督评价职能，定期或不定期对风险管理的有效性进行监督和评审，记录监督和评审结果，并根据实际需要对内部或外部进行报告。

6）各部门/中心

各部门/中心在开展全面风险管理工作中的主要职责如下：

（1）对本部门的业务风险负责，并负责本部门业务范围内的全面风险管理工作；

（2）建立健全本部门业务风险的应急机制，制订本部门业务风险的应急预案；

（3）在风险管理部门指导下，开展本部门负管理责任的公司层面与企业发展有重要关系的风险的管理工作，其中包括对企业风险管理的最初信息进行收集整理、对风险进行识别、预测风险发生的可能性、根据风险的不同情况做出差别性的评价和解决办法、对风险实行监控、报告及预警等；

（4）制订本部门负管理责任的公司重大风险监控指标，包括指标名称、定义及计算公式、报警阈值、报警原因分析及应对措施等；

（5）研究提出由本部门负管理责任的公司重大风险管理解决方案；

（6）根据风险管理部门的要求，通过风险管理信息系统提交风险监控指标和风险预警信息；

（7）根据风险管理部门的要求，对本部门相关风险事件开展事前、事中与事后调查、评估与分析；

（8）指定1至2名风险管理推进者，负责本部门风险管理的组织、协调等工作；

（9）办理风险管理的其他工作。

3. 管理流程与系统

根据 AB 公司风险管理的实际情况和管理需要，设计风险管理工作流程如图 8-2 所示。

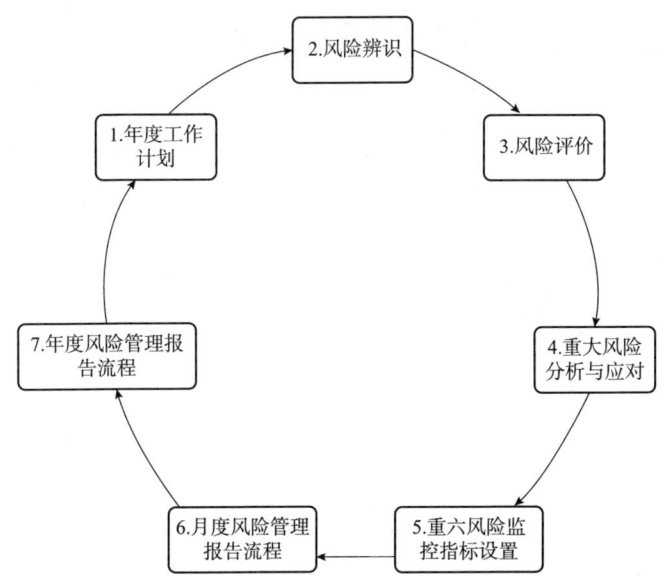

图 8-2 AB 公司风险管理工作流程

1）年度工作计划流程制订

AB 公司年度工作计划流程图如图 8-3 所示。年度工作计划流程说明如表 8-1 所示。

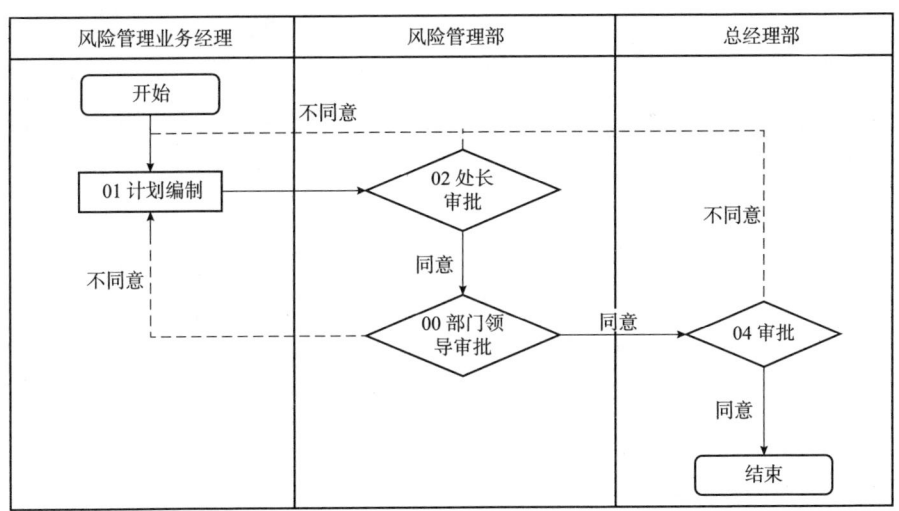

图 8-3 年度工作计划流程图

表 8-1　年度工作计划流程说明

编号	责任部门及岗位	流程步骤描述
01	风险管理业务经理	编制风险管理年度工作计划
02	风险管理归口处室	审核工作计划
03	风险管理业务经理	审批工作计划
04	总经理部风险管理分管领导	审批工作计划

2）风险辨识流程制订

AB 公司风险辨识流程图如图 8-4 所示。风险辨识流程说明如表 8-2 所示。

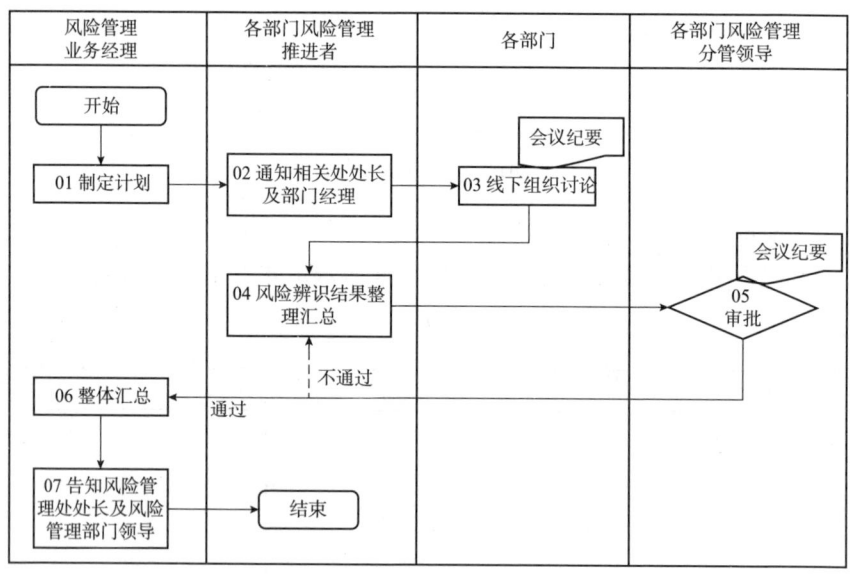

图 8-4　风险辨识流程图

表 8-2　风险辨识流程说明

编号	责任部门及岗位	流程步骤描述
01	风险管理业务经理	根据风险数据库制定风险辨识方案和问卷
02	各部门风险管理推进者	发送邮件通知给相关处的处长，抄送给部门经理
03	各部门	线下组织讨论
04	各部门风险管理推进者	部门风险辨识结果整理汇总
05	各部门风险管理分管经理	审批各部门风险辨识结果
06	风险管理业务经理	整体汇总
07	风险管理业务经理	发邮件告知风险管理归口处室，抄送给部门风险管理分管经理

3）风险评价流程制订

AB 公司风险评价流程图如图 8-5 所示。风险评价流程说明如表 8-3 所示。

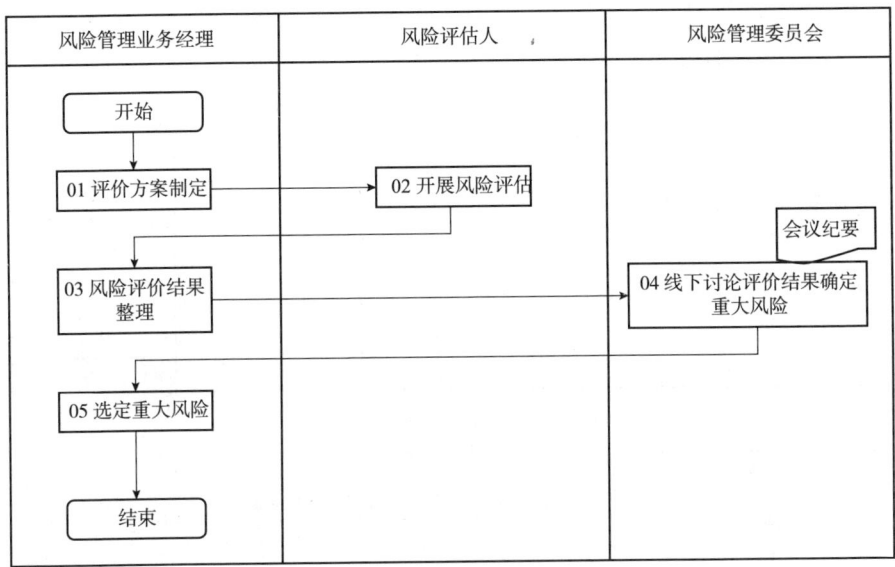

图 8-5 风险评价流程图

表 8-3 风险评价流程说明

编号	责任部门及岗位	流程步骤描述
01	风险管理业务经理	制定风险评价方案
02	风险评估人	开展风险评价
03	各部门风险管理推进者	风险评价结果整理汇总
04	风险管理领导小组	线下讨论评价结果确定重大风险及其负责部门和负责领导
05	风险管理业务经理	选定重大风险

4）重大风险分析与应对流程制订

AB 公司重大风险分析与应对流程如图 8-6 所示。流程说明如表 8-4 所示。

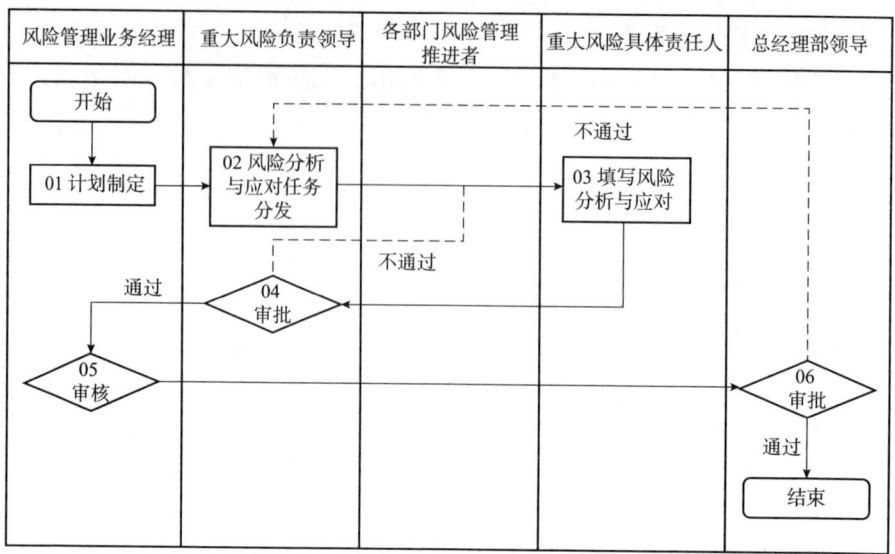

图 8-6　重大风险分析与应对流程

表 8-4　重大风险分析与应对流程说明

编号	责任部门及岗位	流程步骤描述
01	风险管理业务经理	根据选定的重大风险制定风险分析与应对计划
02	重大风险负责领导	分发风险分析与应对任务
03	重大风险具体负责人	填写风险分析与应对表
04	重大风险负责领导	对风险分析与应对内容逐条审批，不同意，将打回给风险具体负责人并重新编写
05	风险管理业务经理	汇总风险分析与应对内容，邮件通知规划考核处处长和抄送给风险管理分管经理
06	总经理部风险管理分管领导	审批

5）重大风险监控指标设置流程制订

AB 公司重大风险监控指标设置流程如图 8-7 所示。流程说明如表 8-5 所示。

表 8-5　重大风险监控指标设置流程说明

编号	责任部门及岗位	流程步骤描述
01	风险管理业务经理	根据选定的重大风险监控指标计划
02	重大风险负责领导	分发重大风险监控指标设置的任务
03	重大风险具体负责人	填写重大风险监控指标

续表

编号	责任部门及岗位	流程步骤描述
04	重大风险负责领导	对重大风险监控指标进行审批，不同意，将打回给风险具体负责人并重新编写
05	风险管理业务经理	汇总全部重大风险监控指标内容，邮件通知风险管理处处长和抄送给风险管理部领导
06	总经理部领导	审批公司重大风险监控指标

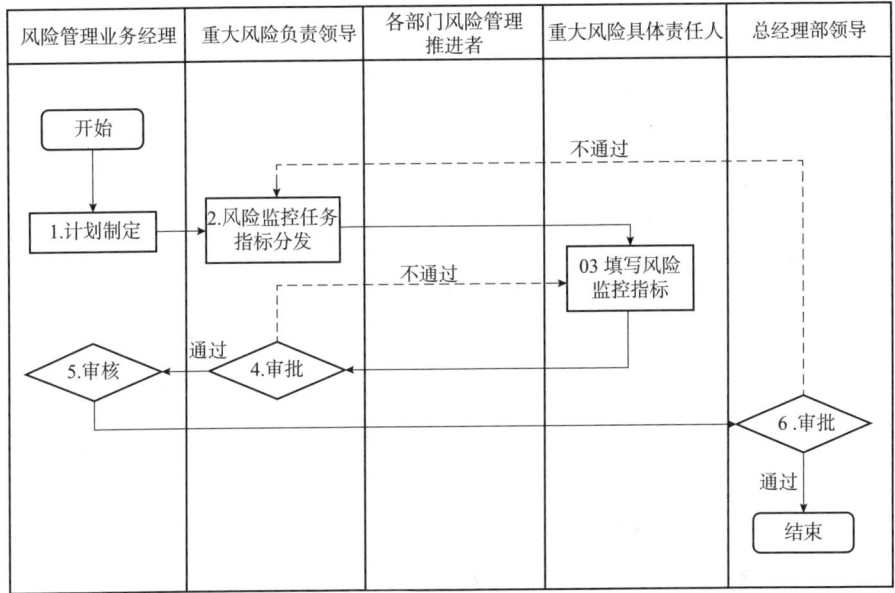

图 8-7　重大风险监控指标设置流程

6）月度风险管理报告流程制订

AB 公司月度风险管理报告流程如图8-8所示。流程说明如表8-6所示。

表 8-6　月度风险管理报告流程说明

编号	责任部门及岗位	流程步骤描述
01	风险管理业务经理	制定计划
02	各部门风险管理推进者	分发组织相关人员填写月报
03	各部门风险管理分管经理	审批月报
04	风险管理业务经理	整理汇总
05	风险管理业务经理	发邮件告知风险管理归口处室抄送给风险管理部领导

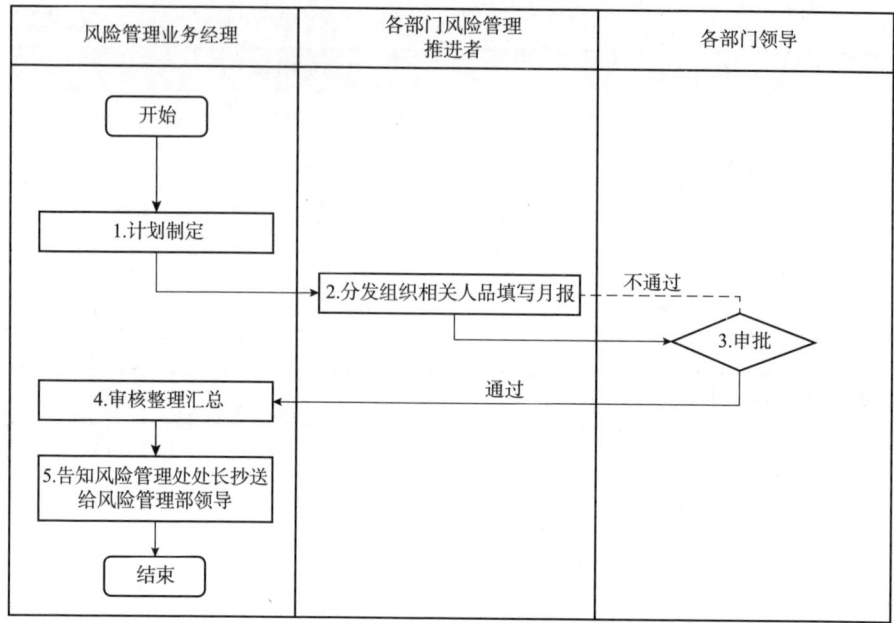

图 8-8 月度风险管理报告流程图

7）年度风险管理报告流程制订

AB 公司年度风险管理报告流程如图 8-9 所示。流程说明如表 8-7 所示。

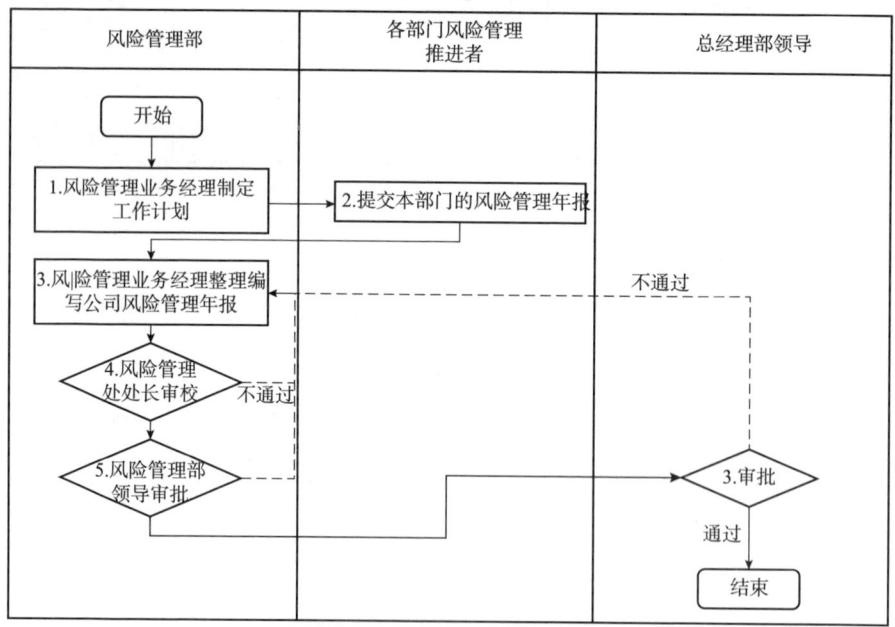

图 8-9 年度风险管理报告流程

表8-7　年度风险管理报告流程说明

编号	责任部门及岗位	流程步骤描述
01	风险管理部	制定年度风险管理报告编制计划
02	各部门风险管理推进者	提交本部门风险管理年度报告
03	风险管理部	整理汇总编制公司年度风险管理报告
04	风险管理部	风险管理处审核
05	风险管理部	风险管理分管领导审核
06	总经理部领导	审批

8）风险管理信息化系统

AB公司风险管理信息化建设如图8-10所示，风险管理信息系统功能地图如图8-11所示。AB公司风险管理信息化建设分为两个阶段。第一阶段是明确信息化需求，包括落实分层、分类、集中原则，实现风险管理与内控工作融合，推动全面风险管理体系落地，实现全面风险管理工作日常化管理。第二个阶段是明确信息化解决方案，包括分析风险、管理风险、监控风险和评价风险。

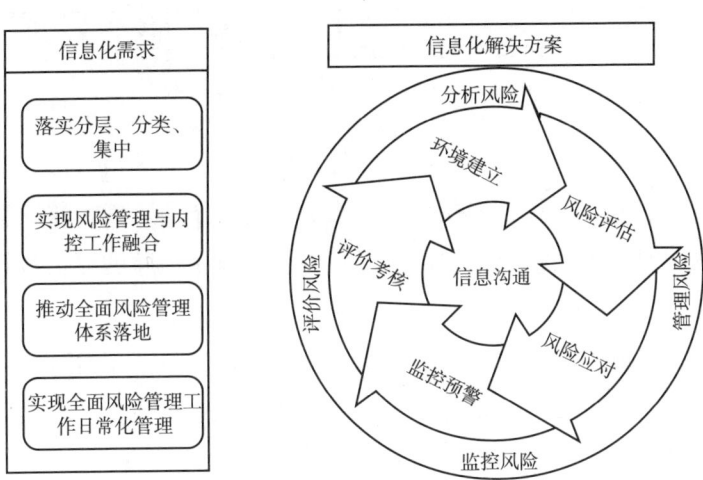

图8-10　风险管理信息化建设示意图

4. 管理报告与考核

1）风险管理报告体系

风险管理信息传递的基本平台是每一个企业都需要建立，AB公司也不例外，也就是建立上下一体、信息完整、报告及时、渠道畅通、重大事项

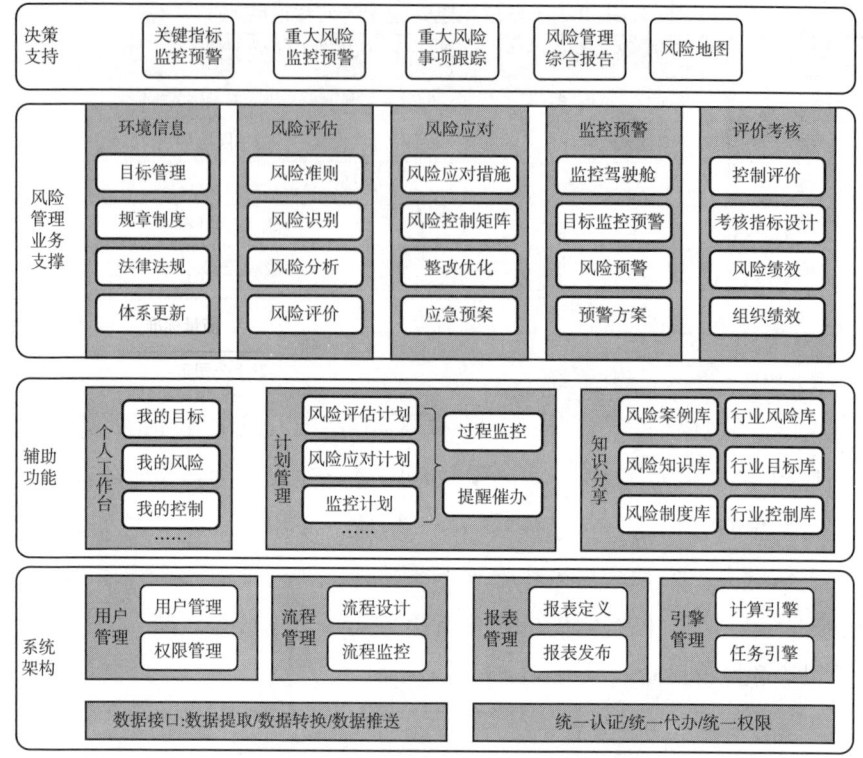

图 8-11　风险管理信息化建设示意图

和日常管理有机结合的风险管理报告体系。上面提到的报告体系包括企业的各风险部门在解决相关的风险时提出的可行性解决方案、年度重大风险管理解决方案的落实情况报告；对于发生及未发生风险的评估报告和全面风险管理年度工作报告。

　　风险管理报告体系如表 8-8 所示，是企业在风险管理时进行部门间信息相互传递的手段，该体系可以对各部门的信息进行收集、交换和反馈，从而实现对企业风险的全方位监控，并及时应对风险的发生。

表 8-8　风险管理报告体系说明表

报告名称	编制主体	报告对象	报告频次/年
年度风险评估报告	风险管理部	部门经理层、董事会	1
年度全面风险管理报告	风险管理部	部门经理层、董事会、国资委	1
重大风险管理解决方案	风险管理责任部门	部门经理层	1
重大风险月度监控预警报告	风险管理部	部门经理层、董事会	12

2）风险管理考核体系

可以有效保障企业全面开展风险管理工作的有效监督手段是风险管理考核体系，如图 8-12 所示，它主要是风险管理职能部门对其风险管理工作进行监督，然后根据监督结果进行评价。监督的主要内容企业风险管理工作的执行及落实等情况，并针对存在问题提出改进建议。

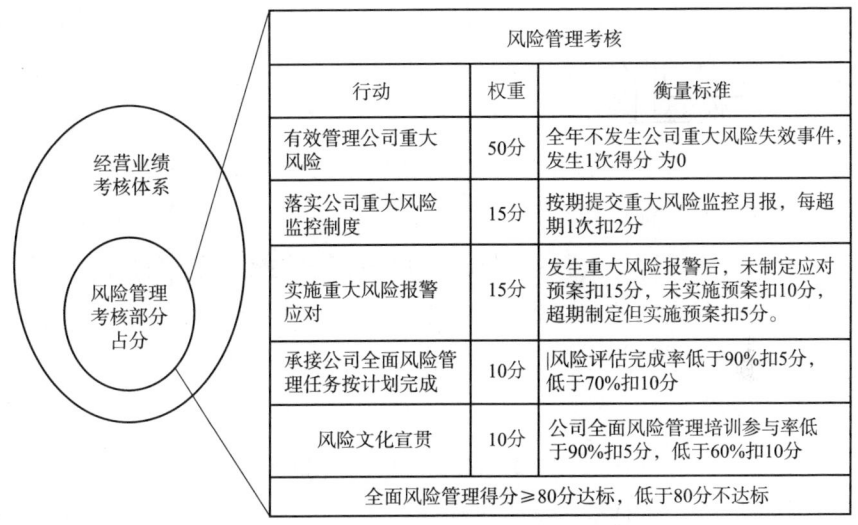

风险管理考核		
行动	权重	衡量标准
有效管理公司重大风险	50分	全年不发生公司重大风险失效事件，发生1次得分 为0
落实公司重大风险监控制度	15分	按期提交重大风险监控月报，每超期1次扣2分
实施重大风险报警应对	15分	发生重大风险报警后，未制定应对预案扣15分，未实施预案扣10分，超期制定但实施预案扣5分。
承接公司全面风险管理任务按计划完成	10分	风险评估完成率低于90%扣5分，低于70%扣10分
风险文化宣贯	10分	公司全面风险管理培训参与率低于90%扣5分，低于60%扣10分
全面风险管理得分≥80分达标，低于80分不达标		

图 8-12　AB 公司风险管理考核体系示意图

（四）AB 公司 2015 年度全面风险管理开展情况

1. 目标设定

2015 年 9 月，AB 公司召开启动会，启动下一年度风险管理评估工作。2015 年 10 月，AB 公司召开公司管理层会议，以公司重大形势分析为输入，研讨产出公司下一年度的战略焦点方向及年度目标。

2015 年 AB 公司经营目标为：

（1）财务目标：成本费用占收比 XX%；利润总额 XX 亿；人均收入 XX 万元等。

（2）客户与运营目标：能力因子 XX %；平均大修工期 XX 天；生产准备支持任务完成率 100 %；战略行动按计划完成率 100 % 等指标。

（3）学习与发展：科研计划完成率 100 %；战略焦点目标完成率 100 % 等指标。

（4）安全质量环境：安质环考核事件为零等指标。

（5）合法合规与廉洁从业：达到一档要求指标。

（6）党建工作：达到优秀。

2. 风险识别

风险识别是发现、承认和描述风险的过程。AB 公司通过召开公司级管理务虚会、战略焦点研讨会，全面系统地查找影响企业经营目标的各项经营活动及业务流程中存在的风险，组织 12 个部门、50 人次（部门管理层人员 12 人）的风险管理访谈，在此基础上使用统一的风险语言对风险进行描述，结合《中央企业全面风险管理指引》及公司管理需要对风险进行归类，对企业的风险管理和内部控制进行结合，并将其相结合的相关要求放入到企业风险事件库中进行统一管理，建立了全面的风险事件库，为公司后续风险管理与内部控制提供原始积累，为公司迎接集团公司关于风险管理成熟度评价提供原始积累。

3. 风险评价

步骤一：AB 公司结合公司实际经营情况，制订及审批风险评价标准，风险发生可能性评价标准如表 8-9 所示，风险影响程度评价标准如表 8-10 所示，组织 12 个业务部门及业务中心开展风险评价，参与率达 90.8%。

表 8-9　风险发生可能性评价标准

程度	分值	评分标准
很高	5	风险事件频繁发生，每月发生一次以上
高	4	风险事件可能性很高，每 3 个月发生一次以上
中	3	风险事件发生的可能性较高，每 6 个月会发生一次以上
低	2	风险事件发生的可能性较低，每两年会发生一次以上
微小	1	风险事件发生的可能性很低，5 年内不会发生

表 8-10　风险影响程度评价标准

程度	分值	持续健康发展	经济价值	人员健康安全	无形资产
很高	5	对公司未来长期竞争能力、持续发展产生严重影响，甚至危及生存	对公司资产/利润的影响在 1 000 万元以上	一次死亡 3 人以上（含）的重大事故	传媒广泛报道，引起国家注意，对公司商誉、地位、形象造成严重不良影响

续表

程度	分值	持续健康发展	经济价值	人员健康安全	无形资产
高	4	对公司未来长期竞争能力、持续发展产生较大影响，造成战略目标难以实现	对公司资产／利润的影响在 500 万至 1 000 万元之间	造成 1 人以上次死亡，或导致严重的职病	大量传媒报道，引起公众注意，对公司商誉、地位、形象造成较大不良影响
中	3	对公司长期竞争能力、持续发展造成一定影响，阻碍战略目标顺利实现	对公司资产／利润的影响在 100 万至 500 万元之间	造成人员伤残或导致职业病	本地传媒报道，对公司商誉、地位、形象造成一定的负面影响
低	2	对公司长期竞争能力、持续发展影响较小	对公司资产／利润的影响在 20 万至 100 万元之间	对人员健康造成损害，但不致构成伤残	少量传媒报道，对公司商誉、地位、形象造成暂时的负面影响
微小	1	对公司长期竞争能力、持续发展影响很小	对公司资产／利润的影响在 20 万元以下	对人员健康造成损伤微小	对公司商誉、地位、形象没有影响，或影响很小

步骤二：根据各部门及中心进行风险评价的量化结果，按照每一项风险的发生可能性得分和影响程度得分，绘制风险管理矩阵或风险管理图谱，如图 8-13 所示，由风险管理等级图谱可得，业务部门及中心评价出的前 14 项风险，如表 8-11 所示。

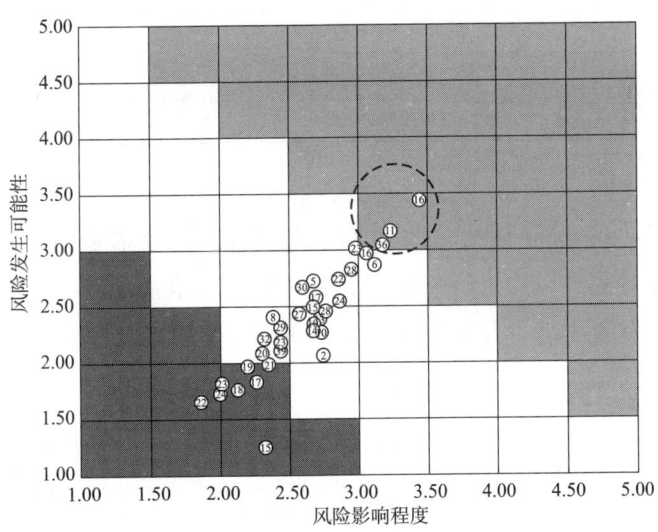

图 8-13　AB 公司风险管理等级图谱

表 8-11 业务部门及中心评价出的前 14 项风险

风险编号	风险名称	风险编号	风险名称
16	现金流风险	31	廉政风险
11	产品供求与客户管理风险	26	大修项目管理风险
36	标准化管理风险	42	国际化经营风险
6	组织管理风险	7	成本费用风险
12	市场经营风险	14	生产准备风险
38	信息系统风险	37	安全生产风险
9	核心能力风险	41	保密风险

步骤三：针对业务部门评价出的前 14 项风险，设计总经理部调查问卷，组织总经理部进行评价，得出排名靠前的 9 项风险，如表 8-12 所示。

表 8-12 排名靠前的 9 项风险

排序	风险名称	得票
1	核心能力风险	7
2	标准化管理风险	6
3	大修项目管理风险	5
4	现金流风险	5
5	安全生产风险	4
6	市场经营风险	4
7	产品供求与客户管理风险	4
8	成本费用风险	4
9	组织管理风险	4

4. 风险分析

通过统计业务部门评价结果、总经理部调查问卷结果，初步确定公司重大风险并对重大风险进行分析，对关联项进行整合，最终确定需要公司层面进行管控的 7 项重大风险如表 8-13 所示，7 项重大风险主要风险点如表 8-14 所示。

表 8-13 7 项重大风险

排序	调整前	调整后	调整理由
1	核心能力风险	安全生产风险	经过分析，在风险辨识阶段，应收账款回收滞后等风险被归为现金流风险，导致现金流风险 得分较高
2	标准化管理风险	市场与客户管理风险	
3	大修项目管理风险	核心能力风险	

续表

排序	调整前	调整后	调整理由
4	现金流风险	大修项目管理风险	
5	安全生产风险	标准化管理风险	考虑到该风险与产品、客户、经营具有较大关联性,将三者合并为市场与客户管理风险
6	市场经营风险	组织管理风险	
7	产品供求与客户管理风险	成本费用风险	
8	成本费用风险		结合 AB 公司经营实际情况,经深入调查分析,对七项重大风险进行排序
9	组织管理风险		

表 8–14　7 项重大风险主要风险点

序号	风险名称	主要风险点
1	安全生产风险	发生工业安全、消防安全和多基地交通安全等事故
2	市场与客户管理风险	新产品开发不力,产品更新换代滞后、竞争力不足,市场需求下滑,客户关系维护不当,应收账款回收滞后,项目报价时效性不足,项目验收不及时,项目合同执行偏差等
3	核心能力风险	核心能力规划不足,推进不力
4	大修项目管理风险	大修工期滞后、检修质量不合格、承包商管理不到位、大修新员工占比大、多基地人员管理难度大等
5	标准化管理风险	标准化配套制度与程序建设滞后、群厂对于标准化业务接受和认同程度不足、"算大账"模式未能实现群厂落地、公司对各项目部管理标准化不完善等
6	组织管理风险	组织分工不清晰,内部机构和岗位设计不科学,岗位晋升、绩效评估、奖金分配不合理,人员离职偏高
7	成本费用风险	成本控制意识不强,标准成本定额制定不准确等

5. 风险应对

公司已完成风险评价、分析,针对公司可能面临的风险,根据可能导致风险发生的原因及发生的程度,为了达到最好的控制风险效果选择合适的风险管理工具,对其风险进行管理。针对公司重大、重要和一般风险,分不同情况制订风险应对措施。公司的风险辨识环节是针对公司年度经营目标开展的,在风险应对这个环节,对每一项应对措施均纳入年度重点工作计划及绩效考核体系,形成《AB 公司全面风险管理解决方案》进行统一管理。限于篇幅,本文对公司工作年度重点任务及工作计划、《AB 公司全面风险管理解决方案》不作介绍。

6. 重大风险监控

关键环节一：针对 7 项重大风险，公司制订了 20 项重大风险监控指标，其中，前瞻性指标占 70%，确定了 63 项风险应对措施和 40 项报警应对预案，为公司重大风险的有效管控奠定基础。限于篇幅，本文对重大风险监控方案不作详细介绍，仅给出"安全生产风险"监控表。

关键环节二：公司全年实施重大风险监控、报告、预警及应对机制。重大风险管理的责任部门根据设置的风险监控指标每月定期向风险管理归口部门提交监控数据，对于触发报警的风险事件，重大风险管理的责任部门及时启动风险应急预案，深入分析报警原因并制订风险应对措施，确保有效管控各项风险。风险管理归口部门每月定期对重大风险监控数据进行汇总、分析，对风险应急预案的执行情况进行监督及评价，向总经理部汇报月度风险监控报告。

第 2 节　风险矩阵工具详解及应用案例

一、风险矩阵的含义

风险矩阵（也称风险热度图、风险坐标图等），是指按照风险发生的可能性和风险发生后果的严重程度，将风险绘制在矩阵图中，展示风险及其重要性等级的风险管理工具。风险矩阵的基本原理是根据企业风险偏好，判断并度量风险发生可能性和后果严重程度，计算风险值，以此作为主要依据在矩阵中描绘出风险重要性等级。

企业应用风险矩阵，应明确应用主体（企业整体、所属企业或部门），确定所要识别的风险，定义风险发生可能性和后果严重程度的标准，以及定义风险重要性等级及其表示形式。

风险矩阵适用于企业各类风险重要性等级的展示，也适用于各类风险的分析评价和沟通报告环节。

风险矩阵的主要优点有：一是为企业确定各项风险重要性等级提供了

流程化、规范化、可视化的工具，增强风险沟通和报告效果，有利于企业采取有效的监管预警和及时应对；二是简便明了、直观易懂，列示形式灵活多样，适用于各类企业不同类型和不同层级的风险管理责任部门应用。

风险矩阵的主要缺点有：一是需要对风险重要性等级标准、风险发生可能性、后果严重程度等做出主观判断，可能影响使用的准确性；二是应用风险矩阵所确定的风险重要性等级是通过相互比较确定的，因而无法将列示的个别风险重要性等级通过数学运算得到总体风险的重要性等级。

二、风险矩阵的应用环境

（1）企业应用风险矩阵工具，应综合考虑所处的外部环境、企业内部的财务和业务情况以及企业风险管理目标、风险偏好、风险容忍度、风险管理能力等。

（2）企业应用风险矩阵工具，应由承担风险管理责任的职能部门和业务部门负责具体实施。企业风险管理专职部门负责风险矩阵工具应用的培训、组织、协调、指导，并根据承担风险管理责任部门绘制的风险矩阵列示的风险重要性等级，汇总编制企业整体的风险矩阵。

（3）企业必要时可组成风险管理专家组，以便对风险发生可能性和后果严重程度做出客观、全面的分析和评价。

三、风险矩阵的应用程序

企业应用风险矩阵工具，一般按照绘制风险矩阵坐标图、制订风险重要性等级标准、分析与评价各项风险、风险矩阵中描绘出风险点、对风险矩阵展示的风险信息进行沟通报告和持续修订等程序进行。

（一）绘制风险矩阵坐标图

企业应以风险后果严重程度为横坐标、以风险发生可能性为纵坐标，绘制风险矩阵坐标图。企业可根据风险管理精度的需要，确定定性、半定量或定量指标来描述风险后果严重程度和风险发生可能性。表示风险后果严重程度的横坐标等级可定性描述为"微小、较小、较大和重大"（也可采用 1、2、3、4 四个半定量分值），表示风险发生可能性的纵坐标等级可定性描述为"不太可能、偶尔可能、可能、很可能"（也可采用 1、2、3、4 四个半定量分值），从而形成 16 个（4×4）方格区域的空白风险矩阵图（如图 8-14 所示）。还可以根据需要通过定量指标更精确地描述风险后果严重程度和风险发生可能性。

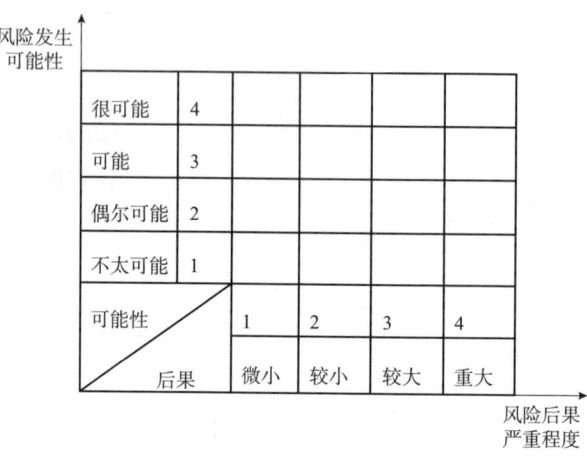

图 8-14　风险矩阵图

（二）制订风险重要性等级标准

企业在确定风险重要性等级时，应综合考虑风险后果严重程度和发生可能性以及企业的风险偏好，将风险重要性等级划分为可忽视的风险、可接受的风险、要关注的风险和重大的风险等级别。对于使用半定量和定量指标描绘的矩阵，企业可将风险后果严重程度和发生可能性等级的乘积（即风险值）划分为与风险重要性等级相匹配区间（见表 8-15）。

表 8-15　风险重要性等级判断参考标准

风险值	风险等级代码	风险级别描述	等级含义
1—4	I	可忽视的风险	无需采取控制措施
5—8	II	可接受的风险	可考虑建立规章制度，定期检查
9—12	III	要关注的风险	采取明确的预警监控和应对措施
13—16	IV	重大的风险	需配置资源，积极应对

（三）分析与评价各项风险

企业在逐项分析和评价需在风险矩阵中展示的风险时，注意考虑各风险的性质和企业对该风险的应对能力，对单个风险的发生后果严重程度的量化应注重参考相关历史财务数据。该过程可以通过相关问卷或表单辅助进行。综合各方专家意见后，得到每一风险发生可能性和后果严重程度的评分结果。

（四）在风险矩阵中描绘出风险点

企业应将每一风险发生的可能性和后果严重程度的评分结果组成的唯一坐标点标注在建立好的空白风险矩阵图中，标明各点的含义并给风险矩阵命名，完成风险矩阵的绘制。

（五）对风险矩阵展示的风险信息进行沟通报告

企业应将绘制完成的风险矩阵及时传递给企业管理层、各职能部门和业务部门。企业还可将风险矩阵纳入企业风险管理报告，以切实指导风险预警和应对活动，提高风险管理效果。

（六）持续修订

企业应根据风险管理的需要或企业管理层的要求，定期或不定期地更新风险矩阵所展示的各类风险及其重要性等级。

四、风险评估标准案例

以下为某化工集团公司在分析风险事件发生的可能性、风险事件发生后对经营目标的影响程度时所采用的评估标准。对风险发生可能性的评估标准如表 8-16 所示。

表 8-16　对风险发生可能性的评估标准

事项	评估分值				
	1	2	3	4	5
评估说明	风险发生的可能性非常小，几乎不会发生	风险发生的可能性很小	风险有可能发生	风险很有可能发生	风险极有可能发生
参照标准一	X<5%	5% ≤ X<10%	10% ≤ X<25%	25% ≤ X<50%	X ≥ 50%

续表

事项	评估分值				
	1	2	3	4	5
参照标准二	集团总部平均每5年发生一次	集团总部平均每3年发生一次	集团总部平均每年发生一次	集团总部平均每半年发生一次	集团总部平均每季度发生一次以上
参照标准三	各二级单位几乎都不会发生	在个别二级单位内发生	在少数二级单位内发生	在部分二级单位内发生	在多数二级单位内发生
大型灾难事故参照标准	今后10年内发生的可能少于1次	今后5年内可能发生1次	今后3年内可能发生1次	今后1年内可能发生1次	今后一年内至少发生1次

对风险事件发生的影响程度分别从对目标与运营、财务、集团公司声誉和安全健康环保四个维度进行评估，如表8-17、表8-18、表8-19和表8-20所示。

表8-17　风险事件发生的影响程度的评估标准（目标与运营维度）

事项	评估分值				
	1	2	3	4	5
评估说明	对集团经营目标和日常运营有轻微影响	对集团经营目标和日常运营有较小影响	对集团经营目标和日常运营有中等影响	对集团经营目标和日常运营有较大影响	对集团经营目标和日常运营有重大影响
参照标准	影响集团某一个非重要管理类目标注1	影响集团某几个非重要管理类目标	影响集团某一个重要管理类目标	影响集团某几个重要管理类目标	影响集团部分重要管理类目标
	对集团整体运营有轻微影响，短期内可自行消除	对集团整体运营有较小影响，短期内需付出一定代价恢复	对集团整体运营有中等影响，一定时间内需付出一定代价恢复	对集团整体运营有较大影响，较长时间内需付出一定代价恢复	对集团整体运营有重大影响，较长时间内需付出较大代价恢复

表8-18　风险事件发生的影响程度的评估标准（财务维度）

事项	评估分值				
	1	2	3	4	5
评估说明	轻微的财务影响	较小的财务影响	中等的财务影响	较大的财务影响	重大的财务影响
蓝星集团	不超过4 500	4 500—18 000	18 000—45 000	45 000—72 000	72 000以上

表 8-19 风险事件发生的影响程度的评估标准（集团声誉维度）

事项	评估分值				
	1	2	3	4	5
评估说明	给集团造成轻微影响，短期内可自行消除	给集团造成较小影响，短期内需付出一定代价恢复	给集团造成中等影响，一定时间内需付出一定代价恢复	给集团造成较大影响，较长时间内需付出一定代价恢复	给集团造成极为重大影响，较长时间内需付出较大代价恢复
参照标准	负面消息在公司范围内流传	负面消息在集团范围内流传	负面消息在局部地域领域流传	负面消息在多个地域领域内流传	负面消息在海内外流传
	基本不会引起监管机构/上级单位注意	引起监管机构/上级单位关注	集团/下属单位被监管机构/上级单位要求内部整改	集团/下属单位被监管机构/上级单位通报或公开谴责	集团/下属单位被监管机构/上级单位勒令停业整顿
	基本不会引起合作伙伴[注1]注意	少数合作伙伴关注集团负面消息，收紧同集团合作条件	部分合作伙伴关注集团负面消息，收紧同集团合作条件或暂停合作	主要合作伙伴关注集团负面消息，暂停或停止同集团合作	部分主要合作伙伴暂停或停止同集团合作
	基本不会引起员工/公众关注	员工/公众开始关注集团负面消息	员工工作效率效果降低公众对集团产品/服务的忠诚度降低	员工无法正常工作公众抵制集团产品/服务	引发公众/员工群体性事件

表 8-20 风险事件发生的影响程度的评估标准（安全健康环保维度）

事项	评估分值				
	1	2	3	4	5
评估说明	影响个别职工/公众健康/安全	影响极少数职工/公众健康/安全	影响少数职工/公众健康/安全	影响部分职工/公众健康/安全	影响一定数量职工/公众健康/安全
参照标准	一般重伤事故	一般死亡事故	较大事故	重大事故	特别重大事故

参考文献

［1］安德烈·德瓦尔.成功实施绩效管理［M］.北京：电子工业出版社，2003.

［2］彼得·德鲁克.公司绩效测评［M］.北京：中国人民大学出版社，1999.

［3］陈琴.LY公司供应配送业务的诊断研究［D］.广州：华南理工大学，2013.

［4］戴维·帕门特.关键绩效指标：KPI的开发、实施和应用［M］.北京：机械工业出版社，2012.

［5］董天颂.作业成本法在建筑施工企业中的应用研究［D］.天津：天津大学，2012.

［6］杜亚光.《管理会计基本指引》的几点解读［J］.会计之友，2016（18）：21-23.

［7］鄂世佳.A公司管理会计报告的优化设计研究［D］.大庆：东北石油大学，2015.

［8］费雷德·R·戴维.战略管理：概念与案例［M］.13版.北京：中国人民大学出版社，2012.

［9］费雷德·R·戴维.战略管理：理论与案例——获取竞争优势的方法［M］.14版.北京：经济科学出版社，2015.

［10］高子涵.高速公路建设项目成本管理报告体系构建研究——基于A高速公路公司的实地研究［D］.成都：西南财经大学，2014.

［11］宫丽娜.LY公司资金管理研究［D］.大连：大连理工大学，2014.

［12］龚明雷.基于情景分析的供应链风险管理研究［D］.上海：上海交通大学，2008.

［13］郭焱，陈丽然，杨鸿泽.企业战略：分析、预测、评价、模型与案例［M］.天津：天津大学出版社，2012.

［14］何新威.AB核电企业全面风险管理体系设计与应用［D］.广州：华南理工大学，2016.

［15］赫尔曼·阿吉斯.绩效管理［M］.北京：中国人民大学出版社，2013.

［16］加里·P·莱瑟姆，肯尼斯·N·韦克斯利.绩效管理［M］.北京：中国人民大学出版社，2002.

［17］加里·P·莱瑟姆.绩效考评——致力于提高企事业组织的综合实力［M］.北京：中国人民大学出版社，2002.

［18］蒋占华.最新管理会计学［M］.北京：中国财政经济出版社，2014.

［19］金晓霞.H公司人力资源管理经验研究［D］.兰州：兰州理工大学，2013.

［20］李国敏.价值工程法在房地产项目产品决策中的应用［J］.项目管理技术.2005（008）：34-36.

［21］李京.HA（恒安）公司战略作业成本法的应用研究［D］.沈阳：沈阳工业大学，2015.

［22］李守武.管理会计工具手册.（第二册）［M］.北京：中国财政经济出版社，2016.

［23］李守武.管理会计工具手册.（第一册）［M］.北京：中国财政经济出版社，2016.

［24］李伟.腾讯公司发展战略研究［D］.青岛：中国海洋大学，2014.

［25］林新奇.绩效管理［M］.北京：中国人民大学出版社，2016.

［26］刘本良.工程项目投资管理和信息化研究［D］.天津：天津大学，2012.

［27］刘建峰.A汽车4s店售后服务管理创新研究［D］.长春：吉林大学，2014.

［28］卢珺.制造企业全面预算管理报告体系设计——以中国二重为例［D］.成都：西南财经大学，2013.

［29］罗伯特·S·卡普兰，戴维·P·诺顿.平衡计分卡：化战略为行动［M］.广州：广东经济出版社，2004.

［30］罗伯特·卡普兰，大卫·诺顿.战略地图：化无形资产为有形成果［M］.刘俊勇，孙薇译.广州：广东经济出版社，2005.

［31］罗胜强.管理会计指引讲解：重点、难点与案例解析［M］.北京：新华出版社，2018.

［32］罗熙昶.战略规划：公司实现持续成功的方法、工具和实践［M］.上海：上海财经大学出版社，2018.

［33］骆凡.基于价值链的产品生命周期成本管理研究［D］.贵阳：贵州财经学院，2011.

［34］迈克尔·波特.竞争战略［M］.陈小悦译.北京：华夏出版社，2005.

［35］迈克尔·希特.战略管理：竞争与全球化［M］.12版.北京：机械工业出版社，2018.

［36］梅里亚姆·韦伯斯特公司.韦氏词典［M］.北京：世界图书出版公司，1996.

［37］尼利.战略绩效管理：超越平衡计分卡［M］.北京：电子工业出版，2004.

［38］彭伟成.基于价值工程法的高校网络课程建设研究［D］.赣州：赣南师范学院，2010.

［39］史文丰.京东商城的竞争战略研究［D］.济南：山东大学，2014.

［40］孙茂竹，文光伟，杨万贵.管理会计学［M］.7版.北京：中国人民大学出版社，2017.

［41］万学森.基于作业成本法的成本管理信息系统研究［D］.北京：北京交通大学，2012.

［42］王馨瑶.集团型企业财务全面预算管理系统的设计与开发［D］.长沙：湖南大学，2016.

［43］王瑜洋.绩效棱柱模型在XX会计师事务所的应用研究［D］.重庆：重庆理工大学，2015.

［44］吴斌，顾天辉.现代企业战略管理［M］.3版.北京：首都经济贸易大学出版社，2016.

［45］吴刚.绩效管理［M］.北京：清华大学出版社，2016.

［46］夏冰月.基于作业基础管理的我国商业健身俱乐部战略成本管理研究［D］.北京：北京体育大学，2011.

［47］徐大勇.企业战略管理［M］.北京：清华大学出版社，2015.

［48］杨丰锐.商业银行绩效管理系统的设计与实现［D］.成都：电子科技大学，2015.

［49］杨建华.房地产开发项目目标成本管理研究［D］.重庆：重庆大学，2014.

［50］张长胜.企业全面预算管理［M］.北京：北京大学出版社，2013.

［51］张凡.Schindler公司销售业务现状与问题分析［D］.天津：天津大学，2013.

［52］张楠.作业基础预算在H公司中的应用研究［D］.保定：河北大学，2017.

［53］郑路.株洲NF公司ERP项目实施过程及管理研究［D］.株州：湖南工业大学，2015.

［54］中国注册会计师协会.财务成本管理［M］.北京：中国财政经济出版社，2019.

［55］周礼庆.K公司生产业务流程优化研究［D］.广州：广东工业大学，2013.